余叔岩年谱

张斯琦 ◎ 著

图书在版编目（CIP）数据

余叔岩年谱/张斯琦著. —北京:中华书局,2020.1
ISBN 978-7-101-14177-1

Ⅰ.余… Ⅱ.张… Ⅲ.余叔岩（1890~1943）-年谱
Ⅳ.K825.78

中国版本图书馆 CIP 数据核字（2019）第 227614 号

书　　名	余叔岩年谱	
著　　者	张斯琦	
责任编辑	许旭虹	
出版发行	中华书局	
	（北京市丰台区太平桥西里 38 号　100073）	
	http://www.zhbc.com.cn	
	E-mail:zhbc@zhbc.com.cn	
印　　刷	北京市白帆印务有限公司	
版　　次	2020 年 1 月北京第 1 版	
	2020 年 1 月北京第 1 次印刷	
规　　格	开本/710×1000 毫米　1/16	
	印张 32　插页 16　字数 395 千字	
印　　数	1-2000 册	
国际书号	ISBN 978-7-101-14177-1	
定　　价	98.00 元	

余叔岩先生像

　　京剧，本是一种舞台戏剧艺术，生于民间，立于庙堂，因其所处的文化土壤与时代背景，百年来得以蓬勃发展。作为中华传统文化在戏剧领域里的重要载体，京剧在近代社会所产生的影响及发挥的作用，几乎是其他戏剧艺术无法并肩的。似乎可以这样说——京剧所承载的文化与社会意义，已经超出了一个戏剧剧种本身固有的使命。

　　无论这种现象福兮祸兮，却已使得京剧行业的从业者，具有了更多超乎舞台表演者的身份。如伶界大王谭鑫培，"三大贤"梅兰芳、杨小楼、余叔岩及其所代表的京剧大师群体，他们在舞台上创造出彪炳千古的写意戏剧体系，在文化上与诗词、书法、绘画一样，传承着中国的千年文脉，在社会上形成了广远的审美风潮。在经济上所采用的运营与盈利模式，足以成为后世的模范。若遵循中国传统史家的修史规范，这些艺术大师当列入"艺术列传"而无愧。

　　在这样的大师群体中，余叔岩是一个极有代表性的人物，可又是一位很具独特性的艺术家。他少年走红京津，不久湮没无闻，28岁东山再起，38岁即从剧坛隐退，不再进行营业演出，直至54岁因病逝世。就在这看似短暂的艺术生涯里，余叔岩在祖父余三胜、老师谭鑫培的基础上，创造出了余派艺术，他与梅兰芳、杨小楼并称"三大贤"，是京剧鼎盛时期的最重要领军人物之一，他留下的"十八张半"唱片，被诸多后学奉为法帖。

　　然而除了二十余张唱片、二十几张经典剧照及几段不知所踪的私人录影外，余叔岩并没有给后人留下更多可供追摹的艺术资料。从隐退开始，余叔岩就逐渐被一种光环笼罩着。他去世后，这种光环变得更加扑朔。直到今天，关于余叔岩的舞台艺术与个人经历，许多都变成了无从考证的稗官野史；后人对余派艺术的传习研究，也在不同理解中呈现出多种趋向。无论对于剧学还是史学，都是一个遗憾。

以往对余叔岩艺术生涯的记录与研究，大都集中在1918年—1928年这十年之间。若说身体状态、嗓音条件，确实是余叔岩舞台生活的巅峰时期。可从一个艺术家的成长历程来看，这十年仅仅是浮出水面的冰山一角。"小小余三胜"时期大量高频率、高强度的演出，对于余叔岩的日后成就是一个极其重要的铺垫。有一点值得注意的现象是，即使到1918年后，余叔岩的发音用嗓、剧词场次乃至艺术风格也并不完全是谭派，其中仍带有为数不少的家学痕迹，这与他少年时期的学戏、演出经历是密不可分的。因此这本年谱的修撰，尽可能地整理了"小小余三胜"时期的史料，特别是演出记录，更能清楚地看到余叔岩创立余派艺术的来龙去脉。

余叔岩留给后人的作品主要是唱片录音，他非常看重唱片灌制，唱段皆是精挑细选，腔词进行重新打磨，对嗓音状态近乎挑剔，所以他1925年起正式发行的"十八张半"几乎都很完美。这也导致后人在传习余派的时候，过于看重余叔岩的唱腔，甚至到了神乎其神的程度。从余叔岩的演出记录来看，那些偏重演唱的剧目，有时恰恰不是他的演出重点或拿手戏，像《搜孤救孤》，演出次数就非常有限。余叔岩最擅长的，正是那些唱念做舞并重的综合性剧目。如《定军山》《琼林宴》《盗宗卷》，大概是他一生演出频率最高的三出戏，其中以念做为主的《盗宗卷》，是他1918年复出时搭喜群社的首演剧目，到1936年他舞台生活末期，又在萧振瀛宅堂会演了这出戏。从当时的剧评来看，余叔岩临场竞技时，因嗓音状态不佳，演唱偶有不如人意之处，但他能用眼神、表情、念白、身段、武工进行弥补。余叔岩的舞台艺术是全面的，表现手法是丰富多样的。这一点，后来的马连良就从余叔岩身上借鉴了颇多经验，今天继承余派的演员应该格外注意。

余派艺术的传承，在京剧各大流派中很特殊。余叔岩平生收徒甚少，而早期传人如杨宝忠、王少楼、谭富英等，与晚期传人孟小冬、李少春，又呈现出一些不尽一致的面貌，这当然跟余叔岩本人各个时期的不同风格有关。本年谱着意记录了余叔岩弟子的艺术活动情况，包括每个人大致的组班经历、拜师时间等，对于考察他们传承余派艺术的个人特点，是有一定帮助的。20世纪30年代到40年代，余叔岩退出舞台，以教学为主，他本人的艺术风格也产生了一些变化，从他长城、国乐两期唱片录音可以听得出。一方面他的艺术修养日益精深，演唱更加考究，但另一方面由于舞台演出很少，有些唱腔也不免会有"文胜质"之感。一个演员如果长时期脱离舞台，他的创作在实用性上，或多或少都会受到影响。这种风格，后来在孟小冬及其海外传人的身上，体现得更为明显。

余派艺术传承的特殊之处，还在于业余爱好者的作用。余叔岩身边一直都有一些文化层次很高、经济水平很好的朋友，为余叔岩充当参谋，对余派艺术十分热爱。其中最有代表性的就是李适可、张伯驹等人，他们看余叔岩演出、听余叔岩吊嗓，有机会向余叔岩学习问艺，也参与一些余派戏的编创，所掌握的演戏门径可能比专业演员还要多。但这些名票本身受各种条件的局限，或极少上台，或嗓音不佳，因而他们传递下来的余派戏常会有各异之处。同时这些名票也进行唱腔创作设计，作品大都非常精巧考究，但多少存在舞台实用性的问题。对于这些传承者的艺术活动，本年谱均择要记录。希望今天继承余派的演员，重视这些先贤的传承作用，还要能做到"兼听则明"。

历来出版的艺术、戏剧类书籍报刊中，有不少关于余叔岩剧艺及其个人经历的回忆文字。这些作者所写的事，有亲历，有耳闻，有推断，故其可信度与准确度良莠不齐。如某位余叔岩同时期的红生演员写回忆文章，说余叔岩首次赴沪时唱《战太平》，这出戏还没有完全

学会，用《镇潭州》《阳平关》的开打、《别母乱箭》的身段"攒了一出《战太平》"云云。查余叔岩的演出记录，他1919年搭喜群社时就贴过《战太平》，1920年首次赴沪前在中兴社又贴过《战太平》。那么这位老演员的回忆就显然有些靠不住了。其文还谈到余叔岩最后一次登台唱《盗宗卷》，是张伯驹为母亲八十岁做寿，假称一个演员借余叔岩的行头，结果那个演员没到，只能由余叔岩代乏等等，这种情节更是完全与事实不符了，姑且不说余叔岩最后一次登台不是唱的《盗宗卷》，无论张伯驹还是余叔岩，凭两个人的交情都不可能做出这样的事来。

贤如刘曾复先生，在回忆1935年余叔岩为湖北水灾义演《打棍出箱》的时候，也不免将时间错记成1934年。对京剧艺术的研究，特别是京剧史，应该多借鉴一些史学、校勘学的方法，尽量做到严谨准确。这本年谱的编撰，虽然有很多粗陋之处，但还是本着这种精神来完成的。

余叔岩所处的，是一个文化艺术异彩纷呈的时代。这样的背景下，才会有京剧的崛起，才有会"三大贤""四大名旦""四大须生"这样顶级艺术大师的出现。余叔岩本人是一个中心，在他身边围绕着一个群体，他们的协作与竞争，使京剧具有了雄踞艺坛的源动力。仅就老生行而论，余叔岩之外，同辈中有王凤卿、时慧宝、王又宸、谭小培、言菊朋、罗小宝等非常杰出的艺术家，他们的艺术水平、号召能力可以说绝不在余叔岩之下。今人无论是演出实践，还是史论研究，正应该放宽视野。谭派也好，余派也好，都是具有广谱性的流派艺术。

本年谱在记述余叔岩个人艺术生涯的同时，力求体现出国剧发展的万千气象：一、记录余叔岩本人的演出时，将同台合作者及同班的前后戏码尽量保存完整，以求展现当时京剧演出的严密体系；二、记述余叔岩本人演出之外，保存了一些同时期主要班社的信息，如杨小楼、梅兰芳、王凤卿等人的演出状况，在一些年份的正文前面都加有按语，介绍这一年北京剧界的主要班社及剧场情况。一些重要的时政事件，也列入正文之中。年谱还选录了一些京剧界的大事，以及一些演员如汪桂芬、刘鸿升、李鑫甫、刘春喜等人的传略，看似与余叔岩本人无关，实则是余叔岩个人生活、从艺的重要背景。

为一位在社会上产生深刻影响的戏剧艺术大师修撰年谱，这个工作本身就是史学研究的分内之事。但我在年谱的修撰过程中，还是有一点奢望：希望这部年谱不仅仅是故纸堆中的整理结果，亦能产生一些现实观照。今天的演员如果能从这些历史文献中，得到一些剧艺上的启示，抑或一些精神上的鼓舞，从而重振国剧，那就真的是"幸甚至哉"了！

张斯琦

目　录

凡　例 *1*

谱　前 *001*

正　谱 *003*

一八九〇年（清光绪十六年·庚寅）一岁 *003*

一八九一年（清光绪十七年·辛卯）二岁 *003*

一八九四年（清光绪二十年·甲午）五岁 *003*

一八九五年（清光绪二十一年·乙未）六岁 *003*

一八九八年（清光绪二十四年·戊戌）九岁 *004*

一九〇〇年（清光绪二十六年·庚子）十一岁 *004*

一九〇二年（清光绪二十八年·壬寅）十三岁 *005*

一九〇三年（清光绪二十九年·癸卯）十四岁 *005*

一九〇五年（清光绪三十一年·乙巳）十六岁 *005*

一九〇六年（清光绪三十二年·丙午）十七岁 *023*

一九〇七年（清光绪三十三年·丁未）十八岁 *053*

一九〇八年（清光绪三十四年·戊申）十九岁 *084*

一九〇九年（清宣统元年·己酉）二十岁 *086*

一九一〇年（清宣统二年·庚戌）二十一岁 *087*

一九一一年（清宣统三年·辛亥）二十二岁 *087*

一九一二年（民国元年·壬子）二十三岁 *087*

一九一三年（民国二年·癸丑）二十四岁 *089*

一九一四年（民国三年·甲寅）二十五岁 *090*

一九一五年（民国四年·乙卯）二十六岁 *094*

一九一六年（民国五年·丙辰）二十七岁 *097*

一九一七年（民国六年·丁巳）二十八岁 *098*

一九一八年（民国七年·戊午）二十九岁 *112*

一九一九年（民国八年·己未）三十岁 *130*

一九二〇年（民国九年·庚申）三十一岁 *171*

一九二一年（民国十年·辛酉）三十二岁 *202*

一九二二年（民国十一年·壬戌）三十三岁 *237*

一九二三年（民国十二年·癸亥）三十四岁 *263*

一九二四年（民国十三年·甲子）三十五岁 *297*

一九二五年（民国十四年·乙丑）三十六岁 *317*

一九二六年（民国十五年·丙寅）三十七岁 *345*

一九二七年（民国十六年·丁卯）三十八岁 *363*

一九二八年（民国十七年·戊辰）三十九岁 *384*

一九二九年（民国十八年·己巳）四十岁 *407*

一九三〇年（民国十九年·庚午）四十一岁 *410*

一九三一年（民国二十年·辛未）四十二岁 *414*

一九三二年（民国二十一年·壬申）四十三岁 *421*

一九三三年（民国二十二年·癸酉）四十四岁 *441*

一九三四年（民国二十三年·甲戌）四十五岁 *442*

一九三五年（民国二十四年·乙亥）四十六岁 *442*

一九三六年（民国二十五年·丙子）四十七岁 *449*

一九三七年（民国二十六年·丁丑）四十八岁 *453*

一九三八年（民国二十七年·戊寅）四十九岁 *459*

一九三九年（民国二十八年·己卯）五十岁 *461*

一九四〇年（民国二十九年·庚辰）五十一岁 *471*

一九四一年（民国三十年·辛巳）五十二岁 *473*

一九四二年（民国三十一年·壬午）五十三岁 *474*

一九四三年（民国三十二年·癸未）五十四岁 *477*

谱 后 *482*

参考文献 *487*

代后记 *489*

凡　例

　　本年谱分谱前、正谱、谱后三部分。谱前述余姓之由来，及余叔岩家族之传承谱系；正谱记录余叔岩本人学艺、演出、家庭生活、社会活动等一生之经历；谱后记载余叔岩身后，其弟子、家人的主要活动，及与余叔岩余派艺术相关的社会活动。

　　本年谱之纪年月日，除纪年保留干支外，月日均循新历，以阿拉伯数字记数，部分日期新旧历并存，旧历以汉字记数。

　　年谱正文，主要记述与余叔岩相关之记录、时政要事以及与谱主无直接联系之剧界要事。

　　年谱每年正文前之概述，及部分事件之时间、经过有考异、辨析、补充者，均以按语形式刊出。

　　年谱中之引文，有正文引用来源，有时人所写戏剧评论，亦有部分伶人之传略，均用仿宋体。

　　凡演出之记录，如某人某戏，则多为当日演出之全部记录；若某人演某戏，则为当日演出剧目之节录，或为原始资料记载不全。部分营业演出及堂会戏，只有日期，未见具体剧目记载，均作“待考”。

　　旧时戏剧广告及戏报，常有同剧不同名之情况，如《打渔杀家》亦作《庆顶珠》，《游龙戏凤》亦作《梅龙镇》，《盗宗卷》亦作《兴汉图》，《南天门》亦作《广华山》，《打严嵩》亦作《开山府》，《坐楼杀惜》亦作《乌龙院》，《八大锤》亦作《断臂说书》，《击鼓骂曹》亦作《群臣宴》，《问樵闹府·打棍出箱》亦作《琼林宴》；也有

同剧同名不同字的情况，如《落马湖》《骆马湖》，《洪洋湖》《洪洋洞》，《鱼肠剑》《鱼藏剑》。凡此种种，本年谱均保留原始写法，不做统一。

原始文献中人名凡有不同写法，本年谱正文及按语中均统一，"俞振廷""俞振亭"均作"俞振庭"，"范保亭"均作"范宝亭"，"小翠花"均作"筱翠花"，"杨保忠"均作"杨宝忠"，"杨保森"均作"杨宝森"，"想九霄"均作"响九霄"，"路修廷"均作"路修亭"，"诸茹香"均作"诸如香"，"高秋蘋"均作"高秋颦"。若是引用文献涉及人名不同写法，则一仍其旧，不做统一。

谱　前

考《余氏家谱》及石印本《余叔岩》，余氏出自雷州海康县擎雷山长茅余氏之后，在夏为余罕，传至秦为由余，遂以余为氏，后因以为姓。递传至五十八世为余天锡，在宋理宗嘉熙二年，官至枢密院使，参知政事，《宋史》有传，致仕后徙于罗田，爰世其居，又传二十五世，为余叔岩祖父余三胜。

余叔岩七世祖：

余之榛，字山友，生康熙己巳十一月廿三日戌时，卒乾隆丁丑四月廿一日巳时。妣氏周生康熙癸酉年五月十五日寅时，卒乾隆壬申九月十四日申时。子六：延熏，延炬，延行，延焕，延焞，延炆；女一，适周。

余叔岩六世祖：

余延焕，字文明。妣氏周。子一：良璧。

余叔岩五世祖：

余良璧，字辉彩，生乾隆丁卯二月廿八日辰时。妣氏肖生乾隆乙丑八月廿三日辰时。子一：善继；女二，适王，适江。

余叔岩曾祖：

余善继，字腾交，生乾隆甲午十二月廿八日子时，卒道光十七年正月十七日子时；妣氏周生乾隆乙未三月十一日未时，卒道光十六年十月十五日酉时，合葬直隶天津府天津县西门外屋里小筲子口佛寿宫安徽义地中心午山子向。子二：开龙，开贵。

余叔岩祖父：

余三胜，谱名开龙，字起云，生嘉庆壬戌二月十日卯时，卒同治丙寅六月十三日亥时，葬直隶天津街大笤子口。妣氏何生道光辛巳四月五日辰时。子二：科昌，科荣。

余叔岩父：

余紫云，谱名科荣，字松廷，生咸丰乙卯八月七日寅时。妣氏沈。子四：长子第福，字伯清；次子第禄；三子第祺，即余叔岩；四子第祉，即余胜荪，字卓夫。一女，名素霞，适果湘林。

余叔岩祖父余三胜《黄鹤楼》塑像　　　　　余叔岩之父余紫云

正 谱

一八九〇年（清光绪十六年·庚寅）一岁

11月28日（农历十月十七日），余叔岩生于北京。

是年，5月谭鑫培、陈德霖选入升平署任职，6月15日高庆奎生，7月杨月楼卒，12月29日言菊朋生。

是年，张之洞创办汉阳铁厂，曾国荃创办江南水师学堂。

一八九一年（清光绪十七年·辛卯）二岁

余叔岩之父余紫云在四喜班演戏。

一八九四年（清光绪二十年·甲午）五岁

10月22日，梅兰芳生于北京。

是年，中日甲午战争爆发。次年4月在日本签订《马关条约》。

一八九五年（清光绪二十一年·乙未）六岁

9月14日—10月4日，余叔岩父余紫云在上海天福茶园及丹桂茶园演出，剧目有《彩楼配》《四郎探母》《一口剑》《虹霓关》《双摇会》《闺房乐》《游龙戏凤》《玉堂春》等。

《镇潭州》余叔岩幼师姚增禄饰岳飞（右）

一八九八年（清光绪二十四年·戊戌）九岁

余叔岩师从姚增禄学戏，并出演于景泰园及南药王庙。

一九〇〇年（清光绪二十六年·庚子）十一岁

余叔岩师从吴连奎学戏。

是年1月5日，荀慧生生；1月7日，尚小云生；8月21日，于连泉生。

是年，庚子国变，八国联军攻占北京，慈禧太后与光绪帝西逃。

一九〇二年 (清光绪二十八年·壬寅) 十三岁

余叔岩在湖广会馆堂会上演出《鱼肠剑》。

一九〇三年 (清光绪二十九年·癸卯) 十四岁

冬，谭鑫培、余紫云合组福庆班演于天和园，余叔岩亦登台演出《战蒲关》《三娘教子》等，还曾配演《三娘教子》薛倚。

按：1930年4月《全民报·名伶访问记》中，余叔岩自述其十四岁赴天津德胜魁名班坐科学艺三年，待考。

一九〇五年 (清光绪三十一年·乙巳) 十六岁

按：是年余叔岩以"小小余三胜"之名在天津演出，由长兄余伯钦为之操琴，先在绘芳茶园隶玉成班，与水仙花、金秀山、金少山、德珺如等人合演；后在天仙茶园隶德胜魁名班，与王克琴、陈文启、朱素云等人合演。

2月13日绘芳茶园玉成班夜戏：

全班合演《大赐福》，杨德奎、瑞九山《一捧雪》，金福仙、苟二哥《喜荣归》，冯黑灯、天明亮《剑峰山》，元元旦、活吕布《关王庙》，德珺如《监酒令》，小小余三胜《定军山》，水仙花、张喜华、黄长凤、何景云《铁弓缘》。

2月19日绘芳茶园玉成班夜戏：

全班合演《大赐福》，王玉福、金俊林《樊城》，何景云、王金立《临潼山》，天明亮、黄长凤《十字坡》，水仙花、张喜华《翠屏山》，金少山、杰虎《御果园》，德珺如、荣福《岳家庄》，小小余三胜、杨德胜《定军山》，刘廷顺、冯黑灯《天飞阁》。

记者问：金君在宝胜和搭班以后，是否到别处去了？

少山答：后来有一次被人用封假信给诳到天津，那里有个戏馆子叫作"绘芳茶园"，演了七天，家里人不知道是上哪里去了，特别着急。好容易得到信才到天津去给找回来，和我一同被骗去的是余叔岩，他本来在宝胜和叫"小紫云"，到天津去改叫"小小余三胜"，我们是"同去同回"。

这趟天津绘芳茶园的经过是这样：我算被骗去的，人家小小余三胜（余叔岩）可不能说是被骗了去的。因为他们在背地里已然讲好包银。我这档子是天津人托的田际云。那时先严正有皇差，在内廷演戏，本来是初一、十五，但有续皇差之说，一续就是好几天。田际云在一天的下午五六点钟写了一个字纸，作为先严的口气，其实那字条说的是假话。这条是给先师德珺如德先生的，大意说是天津有人来约，请德先生随便处理，德先生看那话口，像是先严已经允许，就叫我第二天下了天津。在那里头一天打炮是余叔岩的《失街亭》，彼时我不唱司马懿。在倒二来的《御果园》，这一下两个人全红了。同台角色还有已故我们盟兄弟五爷范宝亭，那阵他的武戏正冲，一个跟头过顶多高。还有天津本地花脸苏廷奎等。那个班子亦是风搅雪，两下锅，有一个开场的梆子花脸净唱《五梅驹》。唱了没有几天，先严的皇差完了。就问德先生，德先生说了我上了天津，先严一听很是着急，说谁让他去的？德先生说您不是给来了个纸条儿吗？先严说我哪来了什么纸条儿？及至取出一看，先严说是完全没这回事，于是老哥俩急忙到天津绘芳园，老板自然特别道歉，并托出人来挽留先严和德先生唱四天。连帮带续倒唱了一个星期。那时的直隶总督似是杨文敬公（士骧）。还在某衙门里唱了一天堂会。唱完之后，先严和德先生先回来，我们到底唱了一个月。我在天津薄有声誉者，实在是这回打的根基。

（景孤血《金少山访问记》，《戏世界》1946年第243期）

余叔岩少年时期《定军山》剧照

2月21日绘芳茶园玉成班夜戏：

盖天雷、王金立《新戏》，王九山、姚凤山《草桥关》，姚增禄、杰虎《步战》，张喜华、冯黑灯、范宝亭、刘长瑞《挑滑车》，溜溜旦、活吕布《女状元》，小小余三胜、金少山《黄金台》，李玉廷、水仙花《蝴蝶梦》，荀二哥、范福泰《大劈棺》。

2月22日绘芳茶园玉成班夜戏：

盖天雷、小宝林《两狼山》，王九山、姚凤山《牧虎关》，元元旦、活吕布《日月图》，张喜华、范宝亭、刘廷顺、冯黑灯《嘉兴府》，金福仙、荀二哥《玉玲珑》，周春奎、德珺如《探母》，小小余三胜、金少山《天水关》，天明亮、黄长凤《演火棍》。

2月23日绘芳茶园玉成班日戏：

盖天雷、李玉廷《封官》，金俊林、九魁《摘缨会》，元元旦、活吕布《少华山》，天明亮、黄长凤《泗州城》，荣处、荣福《钓金龟》，何景云、溜溜旦《芦花计》，金福仙、荀二哥《浣花溪》，小小余三胜、金少山《二进宫》，张喜华、范福泰《长坂坡》。

2月23日绘芳茶园玉成班夜戏：

盖天雷、白牡丹《五梅驹》，王九山、姚凤山《战北原》，活吕布、元元旦《富春楼》，刘廷顺、张喜华、冯黑灯、刘长瑞《义旗令》，周春奎、荣处《马蹄金》，小小余三胜、金少山《鱼肠剑》，范宝亭、天明亮《蟠桃会》。

2月24日绘芳茶园玉成班夜戏：

杨德胜、三宝升《伐东吴》，溜溜旦、何景云《盘山》，周春奎、瑞九山《五雷阵》，水仙花、德珺如《虹霓关》，马德成、冯黑灯《独木关》，小小余三胜、金少山《黄金台》，金秀山、荣处《打龙袍》，响九霄、洋娃子《凤仪亭》，张喜华、天明亮《青石山》。

2月25日绘芳茶园玉成班夜戏：

全班合演《大献瑞》，盖天雷、李玉廷《西川图》，高德胜、元元旦《佘塘关》，何景云、活吕布《宫门带》，小小余三胜、瑞九山《打棍出箱》，马德成、冯黑灯《招贤镇》，溜溜旦、洋娃子《烛影计》，德珺如、荣福《监酒令》，响九霄、活吕布《柜中缘》。

2月26日绘芳茶园玉成班夜戏：

天明亮、张喜华《取金陵》，何景云、溜溜旦《牧羊圈》，金福仙、水仙花《双摇会》，洋娃子、响九霄《烈女传》，小小余三胜、金少山《空城计》，金秀山、马德成《盗御马》，罗百岁《连升三级》，周春奎、德珺如《回龙阁》，刘廷顺、冯黑灯《闹江州》。

2月27日绘芳茶园玉成班夜戏：

天明亮、刘明瑞《红桃山》，金福仙《小上坟》，荣处《吊金龟》，洋娃子《串龙珠》，小小余三胜、金少山《二进宫》，金秀山、王雨田、德珺如《忠孝全》，罗百岁《请医》，张喜华、冯黑灯、马德成、杨德奎《贺狼山》。

2月28日绘芳茶园玉成班夜戏：

瑞九山《战北原》，张喜华、金福仙《火焰山》，小小余三胜《卖马》，洋娃子、冯黑灯《上天台》，响九霄、活吕布、元元旦、王子实《珍珠衫》，罗百岁《打砂锅》，荣福、荣处、德珺如、水仙花《四进士》。

3月2日绘芳茶园玉成班夜戏：

李玉廷《百寿图》，荣福、荣处《母女会》，张喜华、范福泰《四盘山》，小小余三胜《问樵闹府》，德珺如、水仙花《穆柯寨》，响九霄、溜溜旦、活吕布、元元旦《兴周灭纣》，天明亮、黄长凤、范宝亭、刘长瑞《新戏》。

3月3日绘芳茶园玉成班日戏：

盖天雷《沙驼国》，王玉福《出祁山》，荣处《吊金龟》，何景云、溜溜旦《海潮珠》，周春奎、荣处《牧羊卷》，小小余三胜《文昭关》，水仙花、冯黑灯、张喜华、刘长瑞、傅蕙仙《战宛城》。

3月3日绘芳茶园玉成班夜戏：

全班合演《百寿图》，黄长凤、孙福祥、天明亮、徐天元《泗州城》，金福仙《百万斋》，小小余三胜《洪羊洞》，德珺如《探亲》，

金秀山、张喜华《阳平关》，响九霄、溜溜旦、活吕布、洋娃子、元元旦《兴周灭纣》。

3月4日绘芳茶园玉成班夜戏：

全班合演《百寿图》，金香翠《三疑计》，小小余三胜、金少山《空城计》，响九霄、冯黑灯、刘廷顺、天明亮《兴周灭纣》，德珺如、水仙花《马上缘》，周春奎、金福仙、荣处、荣福《四郎探母代回令》。

3月24日绘芳茶园玉成班夜戏：

冯黑灯、张喜华《取金陵》，响九霄、元元旦、溜溜旦、洋娃子《女状元》，小小余三胜、陈小魁《失街亭·空城计·斩马谡》，响九霄、活吕布、溜溜旦、何景云《女状元》，孙福祥、刘长瑞、徐天元《万佛山》。

3月26日绘芳茶园玉成班日戏：

盖天雷、白牡丹《李陵碑》，王玉福、姚凤山《九莲灯》，元元旦、玉凤《双合印》，周春奎、陈小魁《黄金台》，金福仙、苟二哥《虹霓关》，溜溜旦、何景云《桑园会》，响九霄、洋娃子《凤仪亭》，小小余三胜、杨德胜《定军山》，黄长凤、冯黑灯《四杰村》。

3月26日绘芳茶园玉成班夜戏：

李玉廷、王子实《大回朝》，王瑞福、冯黑灯《应天球》，何景云、盖天雷《战太平》，金福仙、苟二哥《浣花溪》，溜溜旦《拣柴》，响九霄、活吕布《凤仪亭》，小小余三胜、陈小魁《天水关》，张喜华、刘长瑞、艾云飞、范福泰《青石山》。

3月27日绘芳茶园玉成班夜戏：

傅蕙仙、张喜华、艾云飞、金福仙《战宛城》，小小余三胜、姚凤山、陈小魁《鱼肠剑》，响九霄、元元旦、溜溜旦、瑞九山、何景云、洋娃子、刘廷顺、活吕布、王子实《兴周灭纣》。

3月28日绘芳茶园玉成班日戏：

盖天雷《赤桑镇》，王瑞福《战樊城》，杨德奎《盗宗卷》，元元旦《日月图》，周小奎《朱砂痣》，张喜华、艾云飞《莲花湖》，洋娃子

《大骂阎》，响九霄、活吕布《双挂印》，小小余三胜《群臣宴》，孙福祥、黄长凤《演火棍》。

3月28日绘芳茶园玉成班夜戏：

刘长瑞、徐天元《蟠桃会》，响九霄、活吕布、金福仙、何景云《女状元》，小小余三胜《打棍出箱》，响九霄、元元旦、溜溜旦、王子实《女状元》，张喜华、冯黑灯、艾云飞《霸王庄》。

3月30日绘芳茶园玉成班夜戏：

盖天雷、李玉廷《取洛阳》，刘长瑞、黄长凤《雄黄阵》，金福仙、杨德奎《乌龙院》，洋娃子、溜溜旦、张喜华、冯黑灯《回荆州》，小小余三胜、陈小奎《奇冤报》，元元旦、活吕布、何景云、傅蕙仙《斗牛宫》。

3月31日绘芳茶园玉成班夜戏：

刘长瑞、黄长凤《招贤镇》，响九霄、溜溜旦、洋娃子、何景云《富春院》，小小余三胜、陈小魁《空城计》，活吕布、响九霄、元元旦、洋娃子《富春院》，刘长瑞、冯黑灯、艾云飞、张喜华《闹昆阳》。

4月1日绘芳茶园玉成班日戏：

李玉廷《广泰庄》，王九山《白良关》，元元旦《忠孝图》，陈小魁《锁五龙》，金福仙、杨德奎《梅龙镇》，小小余三胜、陈小魁《捉放曹》，刘长瑞、刘廷顺、张喜华、黄长凤《闹江州》。

4月1日绘芳茶园玉成班夜戏：

盖天雷《取洛阳》，金福仙《百万斋》，刘长瑞、冯黑灯、艾云飞、张喜华《战猇亭》，小小余三胜、陈小魁《洪羊洞》，响九霄、洋娃子、溜溜旦、活吕布、何景云、元元旦、王子实《善游斗牛宫》。

4月2日绘芳茶园玉成班日戏：

李玉廷《清河桥》，王玉福《战樊城》，王九山《草桥关》，金福仙、杨德奎《胭脂虎》，刘长瑞、黄长凤《西游计》，溜溜旦、洋娃子《回荆州》，小小余三胜《庆顶珠》，响九霄、活吕布、元元旦、刘廷顺《错错错》。

4月2日绘芳茶园玉成班夜戏：

金福仙、元元旦、张喜华、刘长瑞《战宛城》，溜溜旦《子母炮》，小小余三胜、陈小魁《天水关》，响九霄、冯黑灯、洋娃子、何景云、活吕布、王子实《兴周灭纣》。

　　按：4月2日后，《大公报》停载戏剧广告，后演出记录据《津报》整理，11月10日《津报》预告特请京都内城名角小小余三胜，此后广告或作"小余三胜"，或作"余三胜"，均是余叔岩本人，略写或因报馆为节省篇幅计。

11月11日天仙茶园德胜魁名班夜戏：

十二红、一声雷《五雷阵·孙庞斗智》，张长奎《双天师》，陈喜凤《游龙戏凤》，凤英《朱砂痣·认子》，王克琴《玉姣拾镯》，小小余三胜《文昭关》，小黑灯、小活猴、小金红、小金茂《恶虎村·三雄绝义》。

11月12日天仙茶园德胜魁名班日戏：

小胜甲《太君辞朝》，小凤英《鱼肠剑》，陈宝凤、陈喜凤《乌龙院·杀媳》，王克琴《遗翠花》，小小余三胜《群臣宴·骂曹操》，小宝亭、小活猴、十二红、一阵风、小金茂、小胜银、小云凤、小云楼《河间府》。

11月12日天仙茶园德胜魁名班夜戏：

十二红《全家福禄》，水上飘《巧对银杯》，陈喜凤《鸿鸾天禧》，陈宝凤《当铜卖黄马》，王克琴《卖胭脂》，小小余三胜《黄金台》，小金茂、小活猴、小黑灯、小金红、一阵风、八百黑《全本金钱豹》。

11月13日天仙茶园德胜魁名班夜戏：

二奎官《九龙杯》，小降州《九件衣》，小金茂、小活猴《独臂擒方腊》，王克琴《富春楼》，陈喜凤《三司会审》，小小余三胜《捉放宿店》，小云凤、一阵风《演火棍·打韩昌》。

11月14日天仙茶园德胜魁名班夜戏：

十二红《韩琦杀庙》，张长奎《李密投唐》，小活猴、小黑灯、一阵风《白水滩·大战青面虎》，王克琴《少华山代宿店》，薛宝珍《彩楼配》，陈喜凤《杀狗劝妻》，小小余三胜《庆顶珠》，一阵风、小宝亭、小活猴、小云凤《无底洞》。

11月15日天仙茶园德胜魁名班夜戏：

全班合演《斩黄袍》，小黑灯、小金茂、小活猴、小宝亭、草上飞、小金来《收关胜》，张长奎《牧虎关》，王克琴《梵王宫》，薛宝珍《宇宙锋》，陈喜凤《蝴蝶杯》，小小余三胜、二奎官、刘海运、清客串《问樵闹府·打棍出箱》，小金茂、小金红、小云凤、小云楼、小宝亭《英雄会》。

11月16日天仙茶园德胜魁名班夜戏：

小降州《扫地挂画》，任增印《渔家欢乐》，小金凤《忠孝节义》，凤英《一出祁山》，小黑灯《大兴梁山》，王克琴《青云下书》，薛宝珍《巧落花园》，小小余三胜《琼林宴》，小金红、小活猴《大闹乾元洞》。

11月17日天仙茶园德胜魁名班夜戏：

小降州《扫地挂画》，任增印《渔家欢乐》，小金凤《忠孝节义》，凤英《一出祁山》，小黑灯《大兴梁山》，王克琴《青云下书》，薛宝珍《巧落花园》，小小余三胜《琼林宴》，小金红、小活猴《大闹乾元洞》。

按：《津报》广告，此二日戏码全同，或为补演。

11月18日天仙茶园德胜魁名班夜戏：

小凤英《鱼中藏剑》，小云楼、小金红、一阵风、小活猴《闹马家湖》，朱天祥、张长奎《双带箭》，苏处、张宝昆《孝感天》，陈文启《钓金龟》，王克琴《送银灯》，小小余三胜《庆顶珠》，一阵风、小金茂、小黑灯、小紫仙《闹百草山》。

11月19日天仙茶园德胜魁名班日戏：

全班合演《天官赐福》，蒲州红《怒斩黄袍》，小活猴《闹蜈蚣岭》，王克琴《大铁弓缘》，陈文启《陈州放粮》，朱天祥、张宝昆《借赵云》，陈宝凤、陈喜凤《乌龙院·宋江闹院》，小小余三胜《鱼藏剑·刺

王僚》，小黑灯、草上飞、一阵风、小活猴、八百黑、小胜甲《飞波岛》。

11月19日天仙茶园德胜魁名班夜戏：

小凤英《六郎归位》，陈宝凤、苏处《朱砂红痣》，陈喜凤《双钉计》，陈文启、刘海运《六殿》，朱天祥、张宝昆《黄鹤楼》，王克琴《珍珠汗衫》，小小余三胜《定军山》，小活猴、小金茂、一阵风、草上飞、小黑灯、小金来《蔡家庄》。

11月20日天仙茶园德胜魁名班夜戏：

蒲州红《忠心保国》，任增印《拾友回店》，小凤英、苏雨清《教子》，小活猴、小金茂、小黑灯《花蝴蝶》，陈文启《目连救母》，张宝昆、朱天祥《九龙山》，王克琴《杀狗劝妻》，小小余三胜《捉放曹》。

11月21日天仙茶园德胜魁名班夜戏：

全班合演《天官赐福》，水上飘《汴梁杀宫》，小桂芬《举鼎观画》，一阵风、小黑灯、小金茂《金钱豹》，陈文启《望儿楼》，王克琴《梵王宫》，张宝昆、朱天祥《辕门射戟》，陈喜凤《断桥相会》，小小余三胜、张长奎、苏雨清、王凤山、小客串《洪羊洞》。

11月22日天仙茶园德胜魁名班夜戏：

小凤英《夺取西川》，苏雨清、朱天祥、王凤山《战蒲关》，一阵风、小黑灯、小活猴《白水滩》，王克琴《卖胭脂》，张宝昆《罗成叫关》，陈文启《太君辞朝》，小小余三胜《托兆碰碑》，小金红、草上飞、一阵风《溪皇庄》。

11月23日天仙茶园德胜魁名班夜戏：

小活猴《盗二龙山》，薛宝珍《彩楼招亲》，陈宝凤、苏雨清《朱砂红痣》，小黑灯、一阵风、小活猴《恶虎村》，陈文启《目连救母》，王克琴、龙宝林《富春楼》，张宝昆《监酒令》，小小余三胜、张长奎、朱天祥《托兆碰碑》。

11月24日天仙茶园德胜魁名班夜戏：

全班合演《万寿堂》，小凤英、二奎官《鱼肠剑》，张长奎《草桥关》，朱天祥《回龙阁》，小黑灯、小金茂、小金红《剑峰山》，张宝昆、张长奎《岳家庄》，小小余三胜《当锏卖马》，王克琴、刘海运、小降州、龙宝林、小太德《翠屏山》。

11月25日天仙茶园德胜魁名班夜戏：

蒲州红《大闹公堂》，小凤英《过文昭关》，一阵风、小黑灯、小金红《莲花湖》，陈文启《吊得金龟》，张宝昆、朱天祥《金锁阵》，王克琴《玉娇拾镯》，小小余三胜、张长奎、刘海运、苏雨清、清客串《伐齐东》。

11月26日天仙茶园德胜魁名班日戏：

蒲州红《八美图》，童子红、二奎官《空城计》，小黑灯、小活猴、八百黑《收关胜》，小凤英《捉放曹操》，陈文启、张长奎《断后龙袍》，陈喜凤《梅龙镇》，王克琴《青云下书》，小小余三胜《庆顶珠》。

11月26日天仙茶园德胜魁名班夜戏：

童子红《观阵》，小凤英《六郎归位》，一阵风、小黑灯、小金红《八蜡庙》，陈文启、张长奎《打龙袍》，陈宝凤、张宝昆《黄鹤楼》，王克琴《珍珠汗衫》，陈喜凤《三堂会审》，小小余三胜、苏雨清、小客串《桑园寄子》。

是日，中国同盟会机关报《民报》，在日本东京创刊，孙中山在发刊词中首提"民族""民权""民生"之"三民主义"。

11月27日天仙茶园德胜魁名班夜戏：

小降州《庄子劈棺》，二奎官《一出祁山》，小黑灯、小活猴、一阵风《金钱豹》，小金红、金仙、金红《海潮珠》，张宝昆《玉门关》，陈文启《六殿》，王克琴《梵王宫》，小小余三胜、张长奎、刘海运《奇冤报》。

11月28日天仙茶园德胜魁名班夜戏：

全班合演《大赐福》，水上飘、小降州、蒲州红《三疑计》，朱天祥《芦花河》，一阵风、小黑灯、小活猴《白水滩》，小刘七《丑表功》，张宝昆、张长奎《飞虎山》，王克琴《遗翠花》，陈文启《滑油

山》，金仙、金红《辛安驿》，小小余三胜《问樵闹府》。

11月29日天仙茶园德胜魁名班夜戏：

全班合演《大献瑞》，水上飘、八百黑、蒲州红《忠保国》，小黑灯、小活猴《河间府》，张长奎、朱天祥《断密涧》，金仙、金红《破洪州》，张宝昆《万里封侯》，陈文启《太君辞朝》，陈喜凤《断桥亭》，小小余三胜《文昭关》，一阵风、小黑灯《刺王僚》。

11月30日天仙茶园德胜魁名班夜戏：

一阵风《汴梁杀宫》，朱天祥、苏雨清《战太平》，天明亮、小金红《五老聚会》，陈文启、苏宝珍《探寒窑》，金仙、金红《丁山招亲》，张宝昆《辕门射戟》，王克琴《春秋配》，小小余三胜、张长奎、王凤山《鱼藏剑·刺王僚》。

12月1日天仙茶园德胜魁名班夜戏：

蒲州红《葭萌关》，张长奎《雅观楼》，小活猴、小金红、小黑灯《闹马家湖》，金仙、金红《虹霓关》，陈喜凤、朱天祥、刘海运《浣花溪》，陈文启《孟津河》，王克琴《血手印》，小小余三胜、张宝昆《举鼎观画带跑城发兵》。

12月2日天仙茶园德胜魁名班夜戏：

小刘七《宝儿闹院》，张长奎、苏雨清《牧虎关》，小金红、小黑灯、一阵风《收关胜》，金仙、金红《董家山》，陈文启《长寿星》，张宝昆《罗成叫关》，陈喜凤《蝴蝶杯》，小小余三胜、朱天祥、薛宝珍《献长安》。

12月3日天仙茶园德胜魁名班日戏：

童子红《杀伍府》，小凤英《楚将投吴》，金仙、金红《忠孝图》，陈宝凤《教子》，王克琴《珍珠衫》，陈文启、张长奎《断后》，陈喜凤《鸿鸾天禧》，小小余三胜《定军山》，天明亮、小活猴、小金茂、草上飞、一阵风《迷人馆》。

12月3日天仙茶园德胜魁名班夜戏：

全班合演《五福堂》，小活猴、小金红《溪皇庄》，金仙、金红

《义妖传》，陈宝凤《打渔杀家》，万盏灯《玉娇拾镯》，陈喜凤、尤宝林、小降州《拜寿算粮》，陈文启《目连救母》，王克琴《青云下书》，小小余三胜、朱天祥、张长奎《洪羊洞》。

12月4日天仙茶园德胜魁名班夜戏：

蒲州红《包公铡侄》，凤英、二奎官《金台拜帅》，天明亮《双泗州城》，金仙红《汴梁杀宫》，陈文启《望儿楼》，万盏灯《血手印》，王克琴《翠香下书》，小小余三胜、张长奎、朱天祥《失街亭·空城计·斩马谡》。

余叔岩少年时期《空城计》饰诸葛亮

12月5日天仙茶园德胜魁名班夜戏：

尤宝林《蝴蝶梦》，薛宝珍《彩楼配》，万盏灯《牧羊卷》，一阵风、小黑灯、小金红《花蝴蝶》，陈文启《药茶计》，陈宝凤、陈喜凤《翠屏山》，王克琴《梵王宫》，小小余三胜、张长奎、朱天祥《群臣宴》。

12月6日天仙茶园德胜魁名班夜戏：

全班合演《文王访贤》，八百黑《五雷阵》，小凤英《鱼肠剑》，金仙、金红《打樱桃》，一阵风、小金红、小黑灯、小活猴《大金钱豹》，陈文启、张长奎《断后龙袍》，万盏灯《苏三起解》，陈喜凤《玉堂春》，小小余三胜、清客串、王凤山《琼林宴》。

12月7日天仙茶园德胜魁名班夜戏：

蒲州红《葭萌关》，一阵风、小活猴、小黑灯《白水滩》，张长奎《草桥关》，金仙、金红《双锁山》，陈福元《双跑马》，天明亮《大卖艺》，陈文启《六殿》，陈喜凤、小降州《双断桥》，王克琴《珍珠宝衫》，小小余三胜《庆顶珠》。

12月8日天仙茶园德胜魁名班夜戏：

全班合演《福寿禄》，小凤英、朱天祥、苏雨清《鼎足三分（落凤坡·金雁桥·擒张任）》，陈宝凤《大伐齐东》，王克琴《送银灯》，陈文启《孟津河》，陈喜凤《游龙戏凤》，小小余三胜、清客串、王凤山、小金茂、蒲州红《桑园寄子》。

12月9日天仙茶园德胜魁名班夜戏：

万盏灯《韩琦杀庙》，小凤英、薛宝珍《朱砂痣》，张长奎、朱天祥《李密投唐》，一阵风、小活猴、小金茂《三雄绝义》，金仙、金红《虹霓关》，陈文启《滑油山》，王克琴、陈宝凤、陈喜凤《双翠屏山》，小小余三胜《铁莲花》。

12月10日天仙茶园德胜魁名班日戏：

蒲州红《渭水河》，小凤英《天水关》，一阵风、小金红、小活猴《大收关胜》，金仙、金红《花园赠珠》，陈文启《望儿楼》，陈宝凤

《乌龙院》，王克琴《遗翠花》，小小余三胜《文昭关》。

蒲州红《列女传》，小德芬《凤鸣关》，小金红、一阵风《八蜡庙》，金仙、金红《七星庙》，陈宝凤《连环套》，王克琴《卖胭脂》，陈文启《长寿星》，陈喜凤《蝴蝶杯》，小小余三胜《鱼肠剑》。

苏宝珍《怒打金枝》，金仙、金红《压发》，小黑灯、一阵风、小活猴、小金红、小金茂、小降州《金钱豹》，陈文启《药茶计》，陈喜凤《算粮》，王克琴《青云下书》，小小余三胜、朱天祥、张长奎《一出祁山》。

蒲州红《法门寺》，小凤英《取西川》，一阵风、草上飞、小黑灯、小金茂、小活猴、小金红《茂州庙》，薛宝珍《彩楼配》，小双处《朱砂痣》，小小余三胜《定军山》，九岁红、任灵芝《翠屏山》。

小德芬《卖黄马》，一阵风、水上飘、小黑灯、小金红、小活猴、小云楼《嘉兴府》，金仙、金红《辛安驿》，陈宝凤《庆顶珠》，陈文启《探寒窑》，陈喜凤《忠孝图》，王克琴《拾玉镯》，小小余三胜、张长奎、王凤山《捉放曹》。

全班合演《天官赐福》，蒲州红、水上飘《三疑计》，薛宝珍《金水桥》，金仙、金红《放牛》，小金茂、一阵风、小活猴《平江南》，陈宝凤《审刺客》，陈文启、张长奎《断后》，王克琴《梵王宫》，陈喜凤《三司会审》，小小余三胜《大报仇》。

全班合演《天官赐福》，小降州《蝴蝶梦》，小凤英《金台拜帅》，朱天祥《武昭关》，水上飘、小金红、小活猴《溪皇庄》，金仙、金红《海潮珠》，王克琴《珍珠衫》，陈喜凤《双钉计》，小小余三胜

《双狮图代跑城》。

12月15日天仙茶园德胜魁名班夜戏：

全班合演《天官赐福》，蒲州红、十二红《五雷阵》，小刘七《宝儿闹院》，小活猴、小黑灯《河间府》，金仙、金红《月明珠》，陈宝凤、苏宝珍《牧羊卷》，陈喜凤《鸿鸾天禧》，王克琴《拷打捡柴》，小小余三胜、刘海运、张长奎《金台拜帅》。

12月16日天仙茶园德胜魁名班夜戏：

全班合演《十王庙》，小凤英《朱砂痣》，金仙、金红《汴梁杀宫》，一阵风、小活猴、小黑灯《大战白水滩》，王克琴《遗翠花》，陈文启《六殿》，陈喜凤《梅龙镇》，小小余三胜、张长奎、朱天祥、叶德凤、王凤山《失街亭·空城计·斩马谡》。

12月18日天仙茶园德胜魁名班夜戏：

全班合演《群仙上寿》，小凤英《夺取西川》，小金红、小金茂、小活猴《马家湖》，金仙、金红《梵王宫》，张长奎《李密投唐》，王克琴《珍珠衫》，张子良《算粮登殿》，陈文启、吴彩霞《孝义节》，小小余三胜《奇冤报》，朱素云、陈文启、张长奎《飞虎山》。

12月19日天仙茶园德胜魁名班日戏：

全班合演《全家福》，蔡德凤、王凤山《沙陀国》，一阵风、小金红、小活猴《八蜡庙》，金仙、金红《大铁弓缘》，德建堂、吴彩霞、陈文启《乾坤带》，陈喜凤、张长奎《双钉计》，达子红《铁冠图》，张子良《牧羊山》，小小余三胜《定军山》。

12月19日天仙茶园德胜魁名班夜戏：

全班合演《渭水河》，小凤英《捉放曹》，一阵风、小黑灯、小金红《金钱豹》，达子红《广泰庄》，陈宝凤《九更天》，王克琴《镔铁剑》，张子良《忠孝牌》，德建堂、吴彩霞、陈文启《探母代回令》，小小余三胜、朱素云、陈文启《八大锤》。

12月20日天仙茶园德胜魁名班夜戏：

全班合演《群仙上寿》，童子红《韩琦杀庙》，金仙、金红《宿店》，一阵风《大白水滩》，慈瑞泉《老黄请医》，达子红《乌玉宝带》，吴彩霞《三娘教子》，朱素云《黄鹤楼》，王克琴《富春楼会》，小小余三胜《洪羊洞》。

12月21日天仙茶园德胜魁名班夜戏：

全班合演《全家福禄》，小凤英《朱砂红痣》，小黑灯《捉拿侯七》，张长奎《陈州放粮》，陈文启《断后龙袍》，德建堂《夺取成都》，王克琴《珍珠汗衫》，小小余三胜、吴彩霞《献长安》，达子红、张子良《回荆州》，朱素云《白门楼》。

12月22日天仙茶园德胜魁名班夜戏：

全班合演《全家福禄》，小凤英《一出祁山》，达子红《临潼山》，德建堂、陈文启《四盘山》，王克琴《卖胭脂》，张子良《拾万金》，朱素云《探庄射灯》，陈喜凤《玉堂春》，小小余三胜《捉放曹》，小活猴《三雄绝义》。

12月23日天仙茶园德胜魁名班夜戏：

全班合演《大赐福》，小德芬《文昭关》，小凤英《鱼肠剑》，小金红《收关胜》，达子红《斩黄袍》，王克琴《青云下书》，陈宝凤《庆顶珠》，朱素云《玉门关》，陈喜凤《蝴蝶杯》，小小余三胜《失空斩》。

12月24日天仙茶园德胜魁名班日戏：

全班合演《大赐福》，金仙、金红《杨继业招亲》，达子红《过关》，小胜甲《见娘》，王克琴《少华山》，陈宝凤《朱砂痣》，小小余三胜《琼林宴》，陈喜凤《杀狗》，朱素云《飞虎山》，小金茂《八美图》。

12月24日天仙茶园德胜魁名班夜戏：

小降州《宝儿闹院》，小凤英《六郎归位》，小活猴《大花蝴蝶》，金仙、金红《海潮珠》，达子红《辕门斩子》，王克琴《送银灯》，陈宝凤、陈喜凤《闹乌龙院·坐楼杀惜》，小小余三胜、朱素云《朱仙镇·八大锤》。

12月25日天仙茶园德胜魁名班夜戏：

蒲州红《十殿王府》，朱天祥《夺太平桥》，小凤英《刘璋让

位》，达子红《骂阎》，十二红、八百黑《汴梁图》，小黑灯《大金钱豹》，朱素云《岳家庄》，陈喜凤《拜寿算粮》，小小余三胜《托兆碰碑》。

12月26日天仙茶园德胜魁名班夜戏：

全班合演《全家福禄》，小活猴《闹蜈蚣岭》，金仙、金红《辛安驿》，郭仙舟《行路哭灵》，王克琴《遗失翠花》，小双处《夺取成都》，九岁红、陈喜凤、小旋风、陈宝凤、清客串、刘海运《双翠屏山》，小小余三胜《群臣宴》，小活猴、一阵风《盗宝》。

《对刀步战》余叔岩饰周遇吉，小活猴饰李洪基

一九〇六年（清光绪三十二年·丙午）十七岁

按：自1905年12月27日到1906年6月25日，《津报》戏剧广告未见余叔岩演出记录。6月25日起，余叔岩仍以"小小余三胜"之名在天津演出，于天仙茶园隶鸣凤班，初与田际云、李吉瑞、尚和玉、黄处、马吉祥、刘永奎等人合作，所演《九更天》《金光洞》《鱼肠剑》《朱砂痣》《取帅印》诸剧为其1918年复出后所未见。8月30日起杨小楼亦在津演出，以艺名"小杨猴"与余叔岩同隶鸣凤班，此期当为杨余二人首度合作。

6月25日天仙茶园鸣凤班夜戏：

白茂增《白良关》，童子红《五雷阵》，王益芳、一杆旗、王德义《收关胜》，金福仙、张七《送盒子》，王克琴、林凤仙《拾玉镯》，张凤奎、于报《奇冤报》，李吉瑞、王德义、范宝亭《大蟒山》，小小余三胜、马吉祥、路修亭《失街亭·空城计·斩马谡》。

6月26日天仙茶园鸣凤班日戏：

盛玉奎、小三胜《百寿图》，童子红《斩黄袍》，一杆旗、王永景、范宝亭《雄黄阵》，小四宝、于报《卖饽饽》，王克琴、赵广义《少华山》，金福仙、张七《探亲》，小金山《牧虎关》，小小余三胜《庆顶珠》，林凤仙、白文奎《胭脂虎》，李吉瑞、王益芳、小春来《茂州庙》。

6月26日天仙茶园鸣凤班夜戏：

王座廷《赤桑镇》，金福仙、宋福兰《双沙河》，王克琴、赵广义《池水驿》，王益芳、一杆旗、王永景《花蝴蝶》，张凤奎《洪羊洞》，林凤仙、小四宝《双摇会》，小小余三胜、小金山《黄金台》，李吉瑞、白文奎、马吉祥、姜春桂《黄鹤楼》。

6月27日天仙茶园鸣凤班日戏：

鲍宝奎《摘缨会》，童子红《取南昌》，王益芳、路修亭、一杆旗《翠凤楼》，小四宝、于报《背板凳》，王克琴、赵广义《春秋配》，金福仙、张七《荷珠配》，小金山《打龙袍》，白文奎、林凤仙《乌龙

院》，小小余三胜《九更天》，李吉瑞、马吉祥、一杆旗、季永堂、范宝亭《罗四虎》。

6月27日天仙茶园鸣凤班夜戏：

鲍宝奎《龙虎斗》，童子红《串龙珠》，金福仙、姜春桂《虹霓关》，白文奎、一杆旗、小春来《盗魂铃》，林凤仙、赵广义《忠孝图》，小金山、马吉祥《草桥关》，王克琴、于报《铁弓缘》，小小余三胜、李吉瑞、王益芳、路修亭、刘永奎《定军山·阳平关》。

6月28日天仙茶园鸣凤班夜戏：

王座廷《高平关》，路修亭《伐东吴》，黄处《阴果报》，王益芳、王永景、白茂增《九花洞》，马吉祥、金福仙《龙凤配》，白文奎、张七、林凤仙《浣花溪》，小小余三胜、刘永奎《捉放曹》，李吉瑞、王德义、王永景《独木关》。

6月29日天仙茶园鸣凤班夜戏：

姜春桂、盛玉奎《九龙山》，童子红《铁冠图》，王益芳、小春来、王永景《金沙滩》，王克琴、赵广义《送银灯》，小小余三胜、张七《当锏卖马》，小四宝、于报《烧灵改嫁》，李吉瑞、马吉祥、季永堂《连环套》。

6月30日天仙茶园鸣凤班夜戏：

鲍宝奎《盘河战》，刘永奎、黄处《探阴山》，王益芳、范宝亭、王德义《双星斗》，王克琴、于报《玉玲珑》，小小余三胜、小金山《鱼肠剑》，杨翠喜、赵广义《蝴蝶杯》，李吉瑞、马吉祥、范宝亭《殷家堡》。

7月1日天仙茶园鸣凤班日戏：

王座廷《封官》，童子红《五雷阵》，姜春桂、黄处《岳家庄》，王益芳、刘凤祥、范宝亭、一杆旗、路修亭《双嘉兴府》，金福仙、张七《探亲》，王克琴、赵广义《遗翠花》，林凤仙、于报《入府》，杨翠喜《血手印》，小小余三胜、刘永奎《骂曹》，李吉瑞、马吉祥、范宝亭《骆马湖》。

7月1日天仙茶园鸣凤班夜戏：

全班合演《大献瑞》，童子红《乌玉带》，王益芳、刘凤祥、范宝亭《连营寨》，王克琴、路修亭《三疑计》，白文奎、黄处《桑园寄子》，杨翠喜、李吉瑞《翠屏山》，林凤仙、于报《鸿鸾禧》，小小余三胜、马吉祥、一杆旗《金光洞·乾元山》。

7月2日天仙茶园鸣凤班夜戏：

全班合演《大赐福禄》，王座廷《凤鸣关》，童子红《杀府》，刘永奎《草桥关》，王益芳、一杆旗、王永景《铁笼山》，林凤仙、张七《紫荆树》，路修亭、杨翠喜《梅龙镇》，小小余三胜、于报《奇冤报》，李吉瑞、马吉祥、一杆旗《刺巴杰》。

7月3日天仙茶园鸣凤班夜戏：

全班合演《大赐福》，王座廷《高平关》，小凤英、刘永奎、小四宝、于报《黄金台》，一杆旗、王益芳、小春来《泗州城》，林凤仙、张七《下河南》，杨翠喜、赵广义《卖胭脂》，小小余三胜、刘永奎《托兆碰碑》，李吉瑞、马吉祥、一杆旗、路修亭、王德义《恶虎村》。

7月4日天仙茶园鸣凤班夜戏：

全班合演《大献瑞》，盛玉奎《风云会》，蒋双奎《六殿》，王益芳、一杆旗、小春来、刘凤祥、范宝亭《收关胜》，金福仙、张七《送盒子》，杨翠喜、赵广义《关王庙》，王克琴、于报《小上坟》，小小余三胜、白茂增《打棍出箱》，李吉瑞、王永景、范宝亭、王德义、季永堂《大蟒山》。

7月5日天仙茶园鸣凤班夜戏：

全班合演《大献瑞》，童子红、十三红《探母》，路修亭、小春来、范宝亭《喜崇台》，赵广义、王克琴《池水驿》，白文奎、马吉祥、李吉瑞、姜春桂、鲍宝奎《黄鹤楼》，林凤仙、小四宝《双摇会》，小小余三胜、黄处《桑园寄子》，高福安、一杆旗、王益芳《白水滩》。

7月6日天仙茶园鸣凤班日戏：

王座廷《全家福》，白茂增、盛玉奎《铡美案》，童子红、十三红

《串龙珠》，金福仙《贪欢报》，白文奎、姜春桂《举鼎》，九阵风、韩德林、朱玉康《取金陵》，王克琴、于报《卖绒花》，杨翠喜、郑铁棍《女起解》，小小余三胜、林凤仙《乌龙院》，马吉祥、李吉瑞、王益芳、一杆旗《罗四虎》。

7月6日天仙茶园鸣凤班夜戏：

全班合演《大赐福》，王座廷《凤鸣关》，刘永奎、黄处《探阴山》，张七、金福仙《虹霓关》，王益芳、九阵风、朱玉康《泗州城》，杨翠喜、李起山《玉堂春》，林凤仙、王克琴《拾玉镯》，小小余三胜《文昭关》，高福安、马吉祥、李吉瑞、一杆旗、小春来《八蜡庙》。

7月7日天仙茶园鸣凤班夜戏：

全班合演《万寿堂》，盛玉奎、刘三成《龙虎斗》，童子红《铁冠图》，高福安、王益芳、一杆旗、王德义《金雁桥》，白文奎、林凤仙《胭脂虎》，杨翠喜、九阵风、赵广义、小春来《金山寺》，小小余三胜《伐东吴》，李吉瑞、金福仙、郑铁棍《狮子楼》。

7月8日天仙茶园鸣凤班日戏：

童子红《十王府》，小凤英《战成都》，王克琴、赵广义《送灯》，高福安、王益芳、马吉祥、一杆旗《花蝴蝶》，杨翠喜、路修亭《梅龙镇》，林凤仙、白文奎《浣花溪》，小小余三胜、白茂增《黄金台》，刘永奎、马吉祥、小春来、范宝亭、王永景、王德义《二本铁公鸡》。

7月8日天仙茶园鸣凤班夜戏：

盛玉奎《御林军》，童子红《战太平》，金福仙、蒋双奎《双沙河》，杨翠喜《日月图》，高福安、王益芳、王永景、一杆旗、九阵风《翠凤楼》，王克琴、于报《玉玲珑》，林凤仙、赵广义《铁弓缘》，小小余三胜、马吉祥、路修亭、刘永奎《空城计》，李吉瑞、白文奎、小春来《三四本铁公鸡》。

7月9日天仙茶园鸣凤班夜戏：

全班合演《封官》，白茂增《大回朝》，金福仙、张七《董家山》，九阵风、一杆旗、马吉祥《普球山》，杨翠喜、李起山《忠孝牌》，王克琴、赵广义《富春楼》，高福安、小春来、范宝亭《金钱豹》，小小余三胜、李吉瑞、王益芳、路修亭、韩德林《定军山·阳平关》。

7月10日天仙茶园鸣凤班夜戏：

全班合演《大献瑞》，盛玉奎、白茂增《百寿图》，童子红《乌玉带》，高福安、马吉祥、路修亭《长坂坡》，赵广义、杨翠喜《遗翠花》，于报、林凤仙《入侯府》，小小余三胜、白茂增《托兆碰碑》，李吉瑞、王益芳、九阵风《拿谢虎》。

7月11日天仙茶园鸣凤班夜戏：

王座廷《高平关》，刘永奎、白茂增《白良关》，金福仙、姜春桂《马上缘》，高福安、马吉祥、王益芳《恶虎村》，杨翠喜、童子红《大登殿》，林凤仙、张七《鸿鸾禧》，小小余三胜、黄处《朱砂痣》，李吉瑞、王德义、刘凤祥《独木关》。

7月12日天仙茶园鸣凤班夜戏：

全班合演《富贵长春》，童子红、路修亭《斩黄袍》，刘永奎《草桥关》，王克琴、赵广义《梵王宫》，高福安、王永景、刘凤祥《盘肠战》，马吉祥、金福仙《龙凤配》，小小余三胜、黄处《庆顶珠》，李吉瑞、林凤仙、张七《翠屏山》，范宝亭、九阵风、王益芳《铁笼山》。

7月13日天仙茶园鸣凤班夜戏：

全班合演《万寿堂》，姜春桂、盛玉奎《九龙山》，徐来福、童子红《铁冠图》，高福安、范宝亭、王益芳《连营寨》，宋福兰、林凤仙《紫霞宫》，于报、王克琴《小上坟》，小小余三胜、刘永奎《捉放宿店》，李吉瑞、小春来、马吉祥《酸枣林·刺巴杰·巴骆和》。

7月14日天仙茶园鸣凤班日戏：

全班合演《大献瑞》，鲍宝奎《盘河战》，童子红《柴桑口》，王益芳、九阵风、马吉祥《双嘉兴府》，张七、金福仙《查关》，于报、林凤仙《下河南》，小素云、杨翠喜《血手印》，白文奎、王克琴《乌龙院》，小小余三胜、刘永奎《骂曹》，高福安、李吉瑞《大蟒山》。

7月14日天仙茶园鸣凤班夜戏：

全班合演《富贵长春》，白茂增《大回朝》，童子红《取南昌》，宋福兰、金福仙《双沙河》，朱玉康、韩德林、王益芳《收关胜》，赵广义、杨翠喜、王克琴《双玉镯》，小小余三胜《卖马》，小四宝、林凤仙《双摇会》，李吉瑞、高福安、马吉祥《八蜡庙》。

7月15日天仙茶园鸣凤班日戏：

全班合演《万寿堂》，鲍宝奎、李志芬《摘缨会》，童子红、李起山《串龙珠》，金福仙、张七《虹霓关》，王克琴、赵广义《少华山》，杨翠喜《日月图》，林凤仙、白文奎《胭脂虎》，小小余三胜、白茂增、于报《打棍出箱》，高福安、马吉祥、李吉瑞、九阵风、王益芳《骆马湖》。

7月15日天仙茶园鸣凤班夜戏：

盛玉奎《龙虎斗》，刘永奎、黄处《探阴山》，金福仙、小四宝、张七《贪欢报》，王克琴、赵广义《池水驿》，杨翠喜《三疑计》，王益芳、九阵风、高福安《大白水滩》，于报、林凤仙《卖绒花》，白文奎、李吉瑞《黄鹤楼》，小小余三胜、小春来、九阵风《乾元山·金光洞》。

7月16日天仙茶园鸣凤班夜戏：

全班合演《大献瑞》，姜春桂、白茂增《岳家庄》，九阵风、王德义、朱玉康《取金陵》，金福仙、张七《送盒子》，杨翠喜、小素云《卖胭脂》，小小余三胜、黄处《桑园寄子》，李吉瑞、马吉祥、刘永奎《连环套》。

7月17日天仙茶园鸣凤班夜戏：

全班合演《大献瑞》，盛玉奎《御林郡》，童子红《铁冠图》，杨翠喜、小素云《关王庙》，九阵风、王益芳、朱玉康《翠凤楼》，高福安、范宝亭、小四宝《艳阳楼》，李吉瑞、金福仙、小春来《狮子楼》，小小余三胜、路修亭、马吉祥、刘永奎《失街亭·空城计·斩马谡》。

7月18日天仙茶园鸣凤班夜戏：

全班合演《封官》，童子红《战太平》，小四宝、白茂增《黄金台》、九阵风、马吉祥、小春来《普球山》、王克琴、赵广义《送银灯》、李吉瑞、蒋双奎、黄处《庆顶珠》、林凤仙、白文奎《浣花溪》、小小余三胜、刘永奎《天水关》、高福安、王益芳、路修亭《挑滑车》。

7月19日天仙茶园鸣凤班夜戏：

全班合演《大赐福》、王座廷《氾水关》、童子红、徐来福《洪州堂》、金福仙、姜春桂《马上缘》、高福安、马吉祥、刘永奎《长坂坡》、林凤仙、于报《入侯府》、小小余三胜、盛玉奎、鲍宝奎《文昭关》、李吉瑞、王益芳、小春来、朱玉康、九阵风、韩德林《郑州庙》。

7月20日天仙茶园鸣凤班夜戏：

童子红《广泰庄》、九阵风、韩德林、朱玉康《红桃山》、小四宝《烧灵改嫁》、高福安、范宝亭《金钱豹》、于报、林凤仙、赵广义《鸿鸾禧》、小小余三胜《托兆碰碑》。

7月21日天仙茶园鸣凤班日戏：

白茂增《御果园》、童子红《逃国》、金福仙、张七《董家山》、高福安、路修亭、王益芳《莲花湖》、王克琴、赵广义《少华山》、白文奎、林凤仙、胡凤廷《胭脂虎》、杨翠喜、小素云《忠孝牌》、小小余三胜、蒋双奎、刘永奎《黄金台》、李吉瑞、马吉祥、朱玉康《刺巴杰》。

7月21日天仙茶园鸣凤班夜戏：

全班合演《大献瑞》、盛玉奎《九龙山》、白文奎、刘永奎、白茂增《六部大审》、杨翠喜、小素云《玉堂春》、王克琴、赵广义《池水驿》、高福安、九阵风、王益芳《大白水滩》、林凤仙、于报《打杠子》、小小余三胜、刘永奎《骂曹》、李吉瑞、马吉祥《骆马湖》。

7月22日天仙茶园鸣凤班日戏：

王座廷《葭萌关》、童子红《探母》、白茂增《草桥关》、王益芳、九阵风、朱玉康、韩德林、王永景《铁笼山》、杨翠喜、王克琴《拾玉镯》、高福安《鸳鸯楼》、林凤仙、张七、小四宝《双摇会》、小小余三胜、马吉祥《洪羊洞》、李吉瑞、白文奎《铁公鸡》、九阵风、朱玉康、韩德林《摇钱树》。

7月22日天仙茶园鸣凤班夜戏：

全班合演《大赐福》，童子红《取南昌》，王益芳、九阵风、路修亭《双嘉兴府》，金福仙、张七《送盒子》，王克琴、于报《满台飞》，杨翠喜、小素云《富春楼》，小小余三胜、蒋双奎、林凤仙《乌龙院》，李吉瑞、马吉祥《连环套》。

7月23日天仙茶园鸣凤班夜戏：

全班合演《大赐福》，童子红《斩黄袍》，张七、金福仙《虹霓关》，高福安、九阵风、马吉祥、朱玉康、韩德林《花蝴蝶》，小素云、杨翠喜《遗翠花》，王克琴、于报《玉玲珑》，小小余三胜、刘永奎《捉放宿店》，李吉瑞、王德义、郑铁棍《独木关》。

7月24日天仙茶园鸣凤班夜戏：

全班合演《大赐福》，宋福兰、赵广义《双锁山》，鲍宝奎、白茂增《双带箭》，九阵风、一杆旗、王益芳《双泗州城》，王克琴、小素云、杨翠喜、徐来福《算粮登殿》，张七、白文奎《奇冤报》，于报、林凤仙《下河南》，小小余三胜、高福安、刘永奎、路修亭《双定军山》。

7月25日天仙茶园鸣凤班夜戏：

全班合演《大献瑞》，白茂增《铡包勉》，童子红《铁冠图》，赵广义、金福仙《双沙河》，王益芳、一杆旗、九阵风《翠凤楼》，于报、王克琴《鸿鸾禧》，高福安、刘凤祥、王座廷《盘肠战》，小素云、杨翠喜《蝴蝶杯》，小小余三胜、马吉祥、路修亭《空城计》。

7月26日天仙茶园鸣凤班夜戏：

全班合演《大赐福》，白茂增《大回朝》，童子红、徐来福《串龙珠》，王益芳、一杆旗、九阵风、范宝亭《收关胜》，白文奎、范宝亭《胭脂虎》，杨翠喜、路修亭《三疑计》，小小余三胜、刘永奎《取帅印》，李吉瑞、小四宝、林凤仙《翠屏山》，高福安、马吉祥、刘凤祥《绿牡丹》。

7月27日天仙茶园鸣凤班日戏：

盛玉奎、鲍宝奎《龙虎斗》，童子红《战太平》，路修亭、小春来、朱玉康《莲花湖》，于报、王克琴《卖胭脂》，九阵风、一杆旗《双卖艺），杨翠喜、小素云《关王庙》，白文奎、林凤仙《乌龙院》，小小余三胜、黄处、姜春桂、金福仙《九更天》，高福安、马吉祥、王益芳《长坂坡》。

7月27日天仙茶园鸣凤班夜戏：

穆春山、王座廷《凤鸣关》，童子红《铁冠图》，刘永奎、白茂增《白良关》，一杆旗、王永景《朝金顶》，王克琴《富春楼》，杨翠喜、郑铁棍《女起解》，高福安、范宝亭、九阵风《金钱豹》，林凤仙、白文奎《浣花溪》，小小余三胜、白茂增《打棍出箱》，李吉瑞、王德义、郑铁棍《独木关》。

7月28日天仙茶园鸣凤班日戏：

王座廷《取洛阳》，金福仙、姜春桂《马上缘》，童子红、九岁红《探母》，白文奎、九阵风《盗魂铃》，王克琴、张七《铁弓缘》，杨翠喜、小素云《玉堂春》，林凤仙、于报《入侯府》，小小余三胜、盛玉奎、鲍宝奎《伐东吴》，王益芳、马吉祥、张德俊《花蝴蝶》。

7月28日天仙茶园鸣凤班夜戏：

全班合演《大献瑞》，白茂增《百寿图》，九阵风、一杆旗、韩德林《喜崇台》，蒋双奎、三虎《钓金龟》，林凤仙、童子红《忠孝图》，王克琴、赵广义《梵王宫》，杨翠喜、于报《卖绒花》，马吉祥、高福安《恶虎村》，小春来、李吉瑞《狮子楼》，小小余三胜、白茂增、鲍宝奎《托兆碰碑》。

7月29日天仙茶园鸣凤班日戏：

姜春桂、白茂增《岳家庄》，九思红、路修亭《斩黄袍》，张德俊、范宝亭、九阵风《白水滩》，王克琴、于报《闹松林》，杨翠喜、小素云《日月图》，高福安、王德义《伐子都》，恩晓峰、张七、林凤仙《翠屏山》，小小余三胜、盛玉奎《文昭关》，李吉瑞、马吉祥、孙玉清《连环套》。

7月29日天仙茶园鸣凤班夜戏：

盛玉奎、胡凤廷《御林郡》，刘永奎《探阴山》，高福安、九阵

凤、一杆旗《郑州庙》，王克琴、杨翠喜《玉镯计》，李吉瑞、高福安、马吉祥《黄鹤楼》，小小余三胜、盛玉奎《鱼肠剑》，林凤仙、张七《双摇会》，恩晓峰、马吉祥《探母回令》，王益芳、刘凤祥、王德义《连营寨》。

7月30日天仙茶园鸣凤班日戏：

鲍宝奎《摘缨会》，九思红、童子红《十王府》，小四宝《天水关》，张德俊、王德义、范宝亭《挑滑车》，金福仙、于报《董家山》，王克琴、赵广义《遗翠花》，马吉祥、九阵风、一杆旗《普球山》，林凤仙、郑铁棍《紫荆树》，小小余三胜、张七《卖马》，高福安、王益芳《金雁桥》。

7月30日天仙茶园鸣凤班夜戏：

全班合演《大赐福》，童子红、王座廷《广泰庄》，金福仙、姜春桂《虹霓关》，高福安、马吉祥、王益芳《罗四虎》，杨翠喜、九思红《三疑计》，王克琴、于报《打樱桃》，恩晓峰、林凤仙《梅龙镇》，小小余三胜、张七《奇冤报》，李吉瑞、小春来、白文奎、王德义《三四本铁公鸡》。

7月31日天仙茶园鸣凤班夜戏：

全班合演《大献瑞》，鲍宝奎、穆春山《盘河战》，徐来福、九思红《烟鬼叹》，王益芳、张德俊、一杆旗、路修亭、小春来《八蜡庙》，杨翠喜、小素云《白蛇传》，恩晓峰、林凤仙《乌龙院》，小小余三胜、刘永奎《黄金台》，李吉瑞、孙玉清、马吉祥《骆马湖》。

8月1日天仙茶园鸣凤班夜戏：

全班合演《大赐福》，童子红《乌玉带》，刘永奎、白茂增《草桥关》，九阵风、一杆旗、王益芳、朱玉康、韩德林《铁笼山》，金福仙、张七《送盒子》，高福安、刘凤祥《杀楼》，林凤仙、宋福兰《紫霞宫》，恩晓峰、蒋双奎、小四宝《戏迷传》，小小余三胜、九阵风、马吉祥《金光洞》。

8月2日天仙茶园鸣凤班夜戏：

全班合演《大献瑞》，王座廷、十三红《封官》，白茂增《御果园》，朱玉康、孙玉清、范宝亭《采石矶》，杨翠喜、小素云《富春楼》，王克琴、于报《满台飞》，高福安、九阵风、王益芳《白水滩》，小小余三胜、刘永奎《捉放宿店》。

8月3日天仙茶园鸣凤班夜戏：

全班合演《大献瑞》，白茂增、盛玉奎《九龙山》，童子红、徐来福《铁冠图》，王益芳、张德俊、路修亭、王德义《双嘉兴府》，王克琴、于报《鸿鸾禧》，张凤奎、鲍宝奎《朱砂痣》，杨翠喜、赵广义《池水驿》，小小余三胜、刘永奎《击鼓骂曹》，高福安、马吉祥、孙玉清《挑滑车》。

8月6日天仙茶园鸣凤班夜戏：

王座廷《高平关》，张蕴秋、姜春桂、刘三成《岳家庄》，张德俊、王益芳、一杆旗、马吉祥、九阵风《翠凤楼》，小四宝、蒋双奎《烧灵改嫁》，张凤奎、盛玉奎《洪羊洞》，杨翠喜、小素云《血手印》，小小余三胜、于报、刘永奎《取帅印》，高福安、范宝亭、九阵风《金钱豹》。

8月7日天仙茶园鸣凤班夜戏：

全班合演《大献瑞》，叶德凤、盛玉奎《龙虎斗》，童子红《探母》，马吉祥、九阵风、张德俊、小春来《丁甲山》，小小余三胜、白茂增《庆顶珠》，张凤奎、刘永奎《捉放曹》，小小余三胜、张七、金福仙、高福安《双翠屏山》，王益芳、王德义、朱玉康《连营寨》。

8月8日天仙茶园鸣凤班夜戏：

全班合演《大赐福》，鲍宝奎《摘缨会》，童子红、徐来福《红州堂》，张蕴秋、金福仙《虹霓关》，刘凤祥、王益芳、小春来、王德义《金沙滩》，白文奎、王克琴、张七《乌龙院》，小小余三胜、马吉祥、孙玉清《失街亭·空城计·斩马谡》，高福安、白文奎、刘凤祥《三四本铁公鸡》。

8月9日天仙茶园鸣凤班夜戏：

鲍宝奎、盛玉奎《太平桥》，童子红、王座廷《斩黄袍》，杨翠喜、韩德林、朱玉康、九阵风《金山寺》，金福仙、张七《董家山》，白文奎、刘永奎《洪羊洞》，小小余三胜、蒋双奎《打棍出箱》，高福安、马吉祥、刘永奎、王德义、王永景、刘凤祥《长坂坡》。

8月10日天仙茶园鸣凤班夜戏：

鲍宝奎、叶德凤《战盘河》，刘永奎《探阴山》，小春来、一杆旗、王永景、张德俊《盗仙草》，杨翠喜、路修亭《三疑计》，于报、王克琴《打樱桃》，小小余三胜、张蕴秋、清客串《朱砂痣》，高福安、九阵风、王益芳、马吉祥、一杆旗、朱玉康、王德义《恶虎村》。

8月11日天仙茶园鸣凤班夜戏：

全班合演《富贵长春》，王座廷《全家福》，童子红《逃国》，马吉祥、一杆旗、路修亭《八蜡庙》，张七、金福仙《送盒子》，杨翠喜、赵广义《富春楼》，王克琴、于报《玉玲珑》，小小余三胜、刘永奎、蒋双奎《黄金台》，高福安、小四宝、范宝亭《艳阳楼》。

8月12日天仙茶园鸣凤班日戏：

王座廷《汜水关》，童子红《串龙珠》，金福仙、于报《双沙河》，杨翠喜《忠孝牌》，高福安、路修亭、王德义《伐子都》，白文奎《状元谱》，杨翠喜、赵广义《遗翠花》，王克琴、白文奎《胭脂虎》，小小余三胜、刘永奎《寄子》，马吉祥、蒋双奎、九阵风《普球山》。

8月12日天仙茶园鸣凤班夜戏：

王座廷《凤鸣关》，童子红《五雷阵》，马吉祥、九阵风、朱玉康《盗魂铃》，张七、于报《忠孝全》，王克琴、杨翠喜《拾玉镯》，高福安、金福仙《狮子楼》，王克琴、小四宝《双摇会》，小小余三胜、刘永奎《捉放宿店》，王益芳、九阵风、一杆旗《铁笼山》。

8月13日天仙茶园鸣凤班夜戏：

全班合演《富贵长春》，王座廷《封官》，宋福兰、赵广义《双锁山》，刘永奎《白良关》，黑旋风《忠孝图》，小客串、马吉祥、九阵风

《花蝴蝶》，王克琴、于报《小上坟》，小小余三胜、刘永奎《骂曹》，高福安、刘凤祥、孙玉清《盘肠大战》。

8月15日天仙茶园鸣凤班夜戏：

鲍宝奎《百寿图》，童子红《探阴山》，刘永奎《牧虎关》，小客串、小四宝、小春来《艳阳楼》，王克琴、于报《打樱桃》，小小余三胜、白茂增、蒋双奎《打棍出箱》，高福安、范宝亭、九阵风《大白水滩》。

8月16日天仙茶园鸣凤班夜戏：

全班合演《大献瑞》，姜春桂《岳家庄》，童子红《柴桑口》，刘永奎《草桥关》，小四宝、于报《烧灵改嫁》，杨翠喜《扫雪》，小客串、马吉祥、九阵风《恶虎村》，王克琴、赵广义《卖胭脂》，小小余三胜、孙玉清、刘永奎、高福安、路修亭《定军山·阳平关》。

8月17日天仙茶园鸣凤班夜戏：

叶德凤《龙虎斗》，王座廷、童子红《太平城》，九阵风、一杆旗、小春来《双泗州城》，王克琴、黑旋风《三疑计》，金福仙、小四宝《探母》，杨翠喜《日月图》，小小余三胜、马吉祥、刘永奎《空城计》，高福安、张德俊、九阵风《茂州庙》。

8月18日天仙茶园鸣凤班夜戏：

全班合演《大献瑞》，胡凤廷、盛玉奎《御林郡》，蒋双奎《滑油山》，赛活猴、朱玉康、九阵风《摇钱树》，姜春桂、金福仙《董家山》，童子红、杨翠喜《大登殿》，赵广义、王克琴《池水驿》，小小余三胜、刘永奎、盛玉奎《洪羊洞》，高福安、马吉祥、范宝亭、孙玉清、刘凤祥《长坂坡》。

8月19日天仙茶园鸣凤班日戏：

全班合演《大献瑞》，叶德凤、鲍宝奎《盘河战》，童子红《男起解》，路修亭、张德俊、一杆旗《嘉兴府》，王克琴、赵广义《梵王宫》，金福仙、马吉祥《龙凤配》，小小余三胜、黄处《打渔杀家》，林凤仙、白文奎《胭脂虎》，高福安、范宝亭、九阵风《金钱豹》，小小余三胜、小四宝、杨翠喜《翠屏山》。

8月19日天仙茶园鸣凤班夜戏：

全班合演《大赐福》，童子红《取南昌》，金福仙、姜春桂《马上缘》，小客串、孙玉清、刘凤祥《盘肠战》，杨翠喜、王克琴《玉镯计》，马吉祥、九阵风、一杆旗《翠凤楼》，林凤仙、白文奎《浣花溪》，小小余三胜、鲍宝奎《托兆碰碑》，高福安、白文奎、刘凤祥、小春来《三四本铁公鸡》。

8月20日天仙茶园鸣凤班日戏：

王座廷《全家福》，童子红《杀府》，孙玉清、刘凤祥《采石矶》，金福仙、姜春桂《双沙河》，黄处、张蕴秋《落花园》，林凤仙、白文奎《乌龙院》，杨翠喜、九阵风、朱玉康《全本白蛇传》，王克琴、于报《打樱桃》，小小余三胜、蒋双奎、刘永奎《黄金台》，马吉祥、一杆旗、高福安《丁甲山》。

8月20日天仙茶园鸣凤班夜戏：

全班合演《万寿堂》，白茂增《御果园》，客串、童子红、路修亭《回荆州》，王克琴、赵广义《遗翠花》，杨翠喜、小素云《忠孝牌》，小四宝、林凤仙《双摇会》，小小余三胜、盛玉奎、鲍宝奎《文昭关》，马吉祥、一杆旗、高福安、刘凤祥、九阵风、朱玉康《花蝴蝶》。

8月21日天仙茶园鸣凤班夜戏：

全班合演《富贵长春》，王座廷《凤鸣关》，童子红、清客串《乌玉带》，刘凤祥、范宝亭、九阵风《收关胜》，赵广义、王克琴《富春楼》，白文奎《举鼎》，林凤仙《入侯府》，小小余三胜《伐东吴》，高福安、马吉祥、白文奎《溪皇庄》。

8月22日天仙茶园鸣凤班夜戏：

全班合演《大赐福禄》，王座廷《高平关》，白茂增《铡美案》，童子红、清客串《柳林池》，高福安、王德义、范宝亭《伐子都》，杨翠喜《送银灯》，于报、王克琴《玉玲珑》，小小余三胜、刘永奎《捉放宿店》，马吉祥、九阵风、一杆旗《普球山》。

8月23日天仙茶园鸣凤班夜戏：

全班合演《大赐福》，王座廷《封官》，白茂增、刘永奎《白良关》，一杆旗、马吉祥、黄处《下河东》，杨翠喜《蝴蝶杯》，高福安、范宝亭、小四宝《艳阳楼》，小小余三胜、林凤仙《乌龙院》，白文奎、蒋双奎《奇冤报》，小小余三胜、九阵风、马吉祥《乾元山·金光洞》。

8月24日天仙茶园鸣凤班夜戏：

全班合演《万寿堂》，鲍宝奎、李志芬《千秋岭》，宋福兰《双锁山》，王德义、刘凤祥、小春来、王永景、范宝亭《大神州擂》，刘永奎《草桥关》，王克琴、于报《满台飞》，小小余三胜、金福仙、蒋双奎《九更天》，林凤仙、赵广义《忠孝图》，马吉祥、高福安、九阵风、王德义《恶虎村》。

8月25日天仙茶园鸣凤班夜戏：

全班合演《大献瑞》，盛玉奎、童子红《御林郡》，四月鲜《三疑计》，刘永奎《探阴山》，马吉祥、刘凤祥、范宝亭、九阵风、一杆旗《翠凤楼》，杨翠喜《玉堂春》，林凤仙、于报《鸿鸾禧》，小小余三胜、刘永奎《击鼓骂曹》，高福安、朱玉康、王德义、孙玉清、刘凤祥《挑滑车》。

8月26日天仙茶园鸣凤班日戏：

王座廷《汜水关》，四月鲜、童子红《白蟒山》，金福仙、姜春桂《查关》，刘凤祥、九阵风、一杆旗《双泗州城》，林凤仙《紫荆树》，宋福兰、杨翠喜《血手印》，小四宝、白文奎《铁莲花》，王克琴《打樱桃》，小小余三胜、蒋双奎《打棍出箱》，高福安、马吉祥、孙玉清、刘永奎、范宝亭《长坂坡》。

8月26日天仙茶园鸣凤班夜戏：

白茂增《大回朝》，四月鲜、童子红《铁冠图》，九阵风、孙玉清、朱玉康《取金陵》，金福仙、姜春桂《贪欢报》，白文奎、杨翠喜《玉镯计》，高福安、范宝亭、一杆旗《大白水滩》，林凤仙、胡凤廷《下河南》，小小余三胜、马吉祥、路修亭、刘凤祥《斩马谡》。

8月27日天仙茶园鸣凤班夜戏：

全班合演《万寿堂》，姜春桂、盛玉奎《九龙山》，张蕴秋、黄处《孝感天》，九阵风、小春来、朱玉康《摇钱树》，姜春桂、金福仙《董家山》，四月鲜、杨翠喜《大登殿》，赵广义、林凤仙《遗翠花》，白文奎、白茂增《洪羊洞》，小小余三胜、高福安、孙玉清、范宝亭《定军山·阳平关》。

8月28日天仙茶园鸣凤班日戏：

四月鲜、童子红《杀府》，王益芳、路修亭、九阵风《大闹嘉兴府》，白文奎、林凤仙《胭脂虎》，小素云、杨翠喜《忠孝牌》，马吉祥、一杆旗、高福安《丁甲山》，小小余三胜、王克琴《乌龙院》，小春来《飞坡岛》，田际云、王子实、李春桂、王凤奎、唐玉喜《惠兴女士》。

8月28日天仙茶园鸣凤班夜戏：

全班合演《大赐福》，童子红《取南昌》，赵广义、金福仙《马上缘》，高福安、马吉祥、王益芳、刘永奎《花蝴蝶》，小素云、杨翠喜《日月图》，白文奎《大审》，于报、王克琴《玉玲珑》，尚和玉、九阵风、张增明、一杆旗《铁笼山》，小小余三胜、小四宝、林凤仙《翠屏山》。

8月29日天仙茶园鸣凤班日戏：

全班合演《全家福》，李志芬、金福仙《双沙河》，王益芳、一杆旗、九阵风《收关胜》，赵广义、王克琴《梵王宫》，小素云、杨翠喜《池水驿》，白文奎《举鼎》，林凤仙、于报、小四宝《双摇会》，小小余三胜、黄处《桑园寄子》，高福安、马吉祥、季永堂、季永本《罗四虎》。

8月29日天仙茶园鸣凤班夜戏：

盛玉奎《御林郡》，四月鲜、路修亭《回荆州》，高福安、马吉祥、九阵风、一杆旗《四杰村》，白文奎、林凤仙《浣花溪》，小小余三胜、张蕴秋《打渔杀家》，王克琴《拾玉镯》，尚和玉、一杆旗、九阵风《艳阳楼》，王益芳、马德来、刘凤祥《连营寨》，田际云、王凤奎、李玉桂《惠兴女士》。

8月30日天仙茶园鸣凤班夜戏：

全班合演《大赐福》，王座廷《凤鸣关》，王克琴、赵广义《富春楼》，刘永奎《断密涧》，王益芳、刘凤祥、王德义《金沙滩》，杨翠喜、于报《小上坟》，小小余三胜《文昭关》，小杨猴、马吉祥、九阵风《恶虎村》。

　　按：小杨猴，即杨小楼。1917年石印本《余叔岩》："又应绘芳园之聘，嗣因杨小楼赴津，叔岩仍返下天仙，与杨小楼同隶一园，可称一时瑜亮，每月包银约千余元。"

8月31日天仙茶园鸣凤班夜戏：

全班合演《大赐福》，童子红《太平城》，路修亭、王克琴《三疑计》，刘永奎《白良关》，尚和玉、张增明、九阵风《水帘洞》，于报、林凤仙《温凉盏》，小小余三胜《鱼肠剑》，小杨猴、范宝亭、马吉祥《长坂坡》。

9月1日天仙茶园鸣凤班夜戏：

白茂增《百寿图》，童子红《铁冠图》，孙玉清、马吉祥《下河东》，马长奎、林凤仙《高三上坟》，高福安、王益芳、九阵风《大白水滩》，小四宝、于报《烧灵改嫁》，小小余三胜《卖马》，小杨猴、九阵风、张增明、范宝亭、朱玉康《铁笼山》。

是日，清廷颁布《宣示预备立宪谕》。

9月2日天仙茶园鸣凤班日戏：

全班合演《大回朝》，童子红《临潼山》，金福仙《查关》，王克琴、赵广义《铁弓缘》，尚和玉、马吉祥、张德俊、张增明、王德义《贾家楼》，杨翠喜《关王庙》，高福安、孙玉清《盘肠大战》，林凤仙、于报《鸿鸾禧》，小小余三胜、刘永奎《捉放曹》，小杨猴、蒋双奎、九阵风《青石山》。

9月2日天仙茶园鸣凤班夜戏：

全班合演《大赐福》，童子红《取南昌》，杨翠喜《女起解》，王克琴、赵广义《送灯》，高福安、尚和玉、张德俊《伐子都》，林凤仙、于报

《下江南》，小杨猴、马吉祥、孙玉清《盗御马·连环套·盗双钩》，小小余三胜、黄处《朱砂痣》。

9月3日天仙茶园鸣凤班日戏：

童子红、四月鲜《乌玉带》，刘永奎、黄处《探阴山》，王益芳、范宝亭、王德义《玉天仙》，小四宝《背板凳》，王克琴、赵广义《少华山》，马吉祥《丑表功》，杨翠喜《玉堂春》，小小余三胜《打棍出箱》，九阵风、王德义、朱玉康《取金陵》。

9月3日天仙茶园鸣凤班夜戏：

全班合演《大赐福》，童子红、王座廷《广泰庄》，杨翠喜《池水驿》，金福仙、姜春桂《虹霓关》，尚和玉、范宝亭、张德俊、王德义、九阵风《收关胜》，王克琴《打樱桃》，小小余三胜、刘永奎《托兆碰碑》，小杨猴、季永堂、张增明、范宝亭、九阵风《飞叉阵》。

9月4日天仙茶园鸣凤班夜戏：

全班合演《大献瑞》，穆春山《盘河战》，四月鲜、童子红《柳林池》，尚和玉、张增明、九阵风《英雄义》，金福仙、小四宝《贪欢报》，王克琴、赵广义《遗翠花》，小小余三胜、白茂增、刘永奎《洪羊洞》，小杨猴、马吉祥、季永堂《霸王庄》。

杨小楼《青石山》饰关平

9月5日天仙茶园鸣凤班日戏：

全班合演《大献瑞》，鲍宝奎《山海关》，童子红《十王府》，孙玉清、王德义、范宝亭《采石矶》，小四宝、于报《卖饽饽》，白文奎《法门寺》，金福仙、姜春桂《马上缘》，杨翠喜《日月图》，小小余三胜、黄处《打渔杀家》，王克琴、宋福兰《采花赶府》，九阵风、马吉祥、小杨猴、张德俊、张增明《大闹画春园》。

9月5日天仙茶园鸣凤班夜戏：

王座廷《封官》，四月鲜、童子红《杀府逃国》，刘永奎、白茂增《草桥关》，金福仙、姜春桂《董家山》，尚和玉、王益芳、九阵风《嘉兴府》，小素云、杨翠喜、王克琴《玉镯计》，小小余三胜、黄处《桑园寄子》，小杨猴、范宝亭、王德义、马吉祥、朱玉康《五人义》。

9月6日天仙茶园鸣凤班夜戏：

白茂增《大回朝》，童子红、四月鲜《柴桑口》，黄处《因果报》，金福仙、小四宝《双钉计》，尚和玉、九阵风、王德义《翠凤楼》，杨翠喜《卖胭脂》，小小余三胜、刘永奎、马吉祥《失街亭·空城计·斩马谡》，小杨猴、范宝亭、张增明《挑滑车》。

9月7日天仙茶园鸣凤班日戏：

穆春山《庆阳图》，四月鲜《白蟒山》，金福仙、孙玉清《胭脂虎》，马吉祥、张德俊、九阵风《丁甲山》，王克琴、杨翠喜、童子红、王座廷《双拜寿·大登殿》，小小余三胜、刘永奎《黄金台》，王益芳、王德义、范宝亭《连营寨》。

9月7日天仙茶园鸣凤班夜戏：

全班合演《大赐福》，盛玉奎《龙虎斗》，童子红、王座廷《逃国》，金福仙、白茂增《岳家庄》，尚和玉、九阵风、张德俊《喜崇台》，王克琴、于报《玉玲珑》，小小余三胜、刘永奎、杨翠喜《翠屏山》，小杨猴、白文奎、马吉祥、孙玉清、范宝亭《八大锤》。

9月8日天仙茶园鸣凤班日戏：

全班合演《大赐福》，王座廷《全家福》，四月鲜、童子红《四郎

探母》，王益芳、张德俊、季永堂《花蝴蝶》，王克琴、于报、李起山《卖绒花》，小小余三胜、姜春桂、于报、金福仙《九更天》，尚和玉、孙玉清、刘永奎、黄处、马吉祥《长坂坡》。

9月8日天仙茶园鸣凤班夜戏：

全班合演《富贵长春》，盛玉奎《御林郡》，王座廷、童子红《战太平》，王益芳、王德义、范宝亭《金沙滩》，杨翠喜、小素云、陈三《忠孝图》，刘永奎、白文奎《六部大审》，小四宝、王克琴《双摇会》，小小余三胜《骂曹》，小杨猴、马吉祥、九阵风《殷家堡》。

9月9日天仙茶园鸣凤班日戏：

全班合演《大赐福》，四月鲜、童子红《临潼山》，刘永奎、白茂增《白良关》，王益芳、张德俊、王德义、范宝亭、九阵风《收关胜》，王克琴、张茂林《三疑计》，杨翠喜《富春楼》，黄处、白文奎《朱砂痣》，小小余三胜《文昭关》，马吉祥、金福仙《龙凤配》，小杨猴、尚和玉、九阵风《八蜡庙》。

9月9日天仙茶园鸣凤班夜戏：

全班合演《百寿图》，童子红、四月鲜《回荆州》，姜春桂、金福仙《双沙河》，尚和玉、范宝亭、九阵风《铁笼山》，王克琴《花园赠珠》，小小余三胜《鱼肠剑》，于报、杨翠喜《小上坟》，小杨猴、尚和玉、马吉祥、刘永奎、白茂增《连环套》。

9月10日天仙茶园鸣凤班夜戏：

鲍宝奎《清河桥》，黄处、刘永奎、小四宝《二进宫》，九阵风、王益芳、朱玉康《泗州城》，金福仙、于报《探亲》，元元红《探母回令》，王克琴、赵广义《送灯》，小小余三胜、小杨猴、马吉祥、孙玉清、范宝亭《定军山·阳平关》。

9月11日天仙茶园鸣凤班夜戏：

全班合演《大赐福》，王座廷《凤鸣关》，金福仙、于报《下河南》，白茂增《御果园》，尚和玉、范宝亭、张德俊《花果山·水帘洞》，白文奎、蒋双奎《奇冤报》，杨翠喜《血手印》，小小余三胜、刘永奎《取帅印》，小杨猴、白文奎、马吉祥、王益芳、刘永奎《溪皇庄》。

9月12日天仙茶园鸣凤班夜戏：

王座廷《封官》，孙玉清《九龙山》，张玉林、四月鲜《柳林池》，金福仙《查关》，王益芳、张德俊、九阵风《大白水滩》，杨翠喜《关王庙》，小小余三胜、刘永奎《捉放曹》，小杨猴、马吉祥、范宝亭、马德来、朱玉康《贾家楼》。

9月13日天仙茶园鸣凤班日戏：

童子红、四月鲜《乌玉带》，刘永奎、白茂增《双包公案》，王益芳、九阵风、王德义、范宝亭、张增明《大闹嘉兴府》，杨翠喜《女起解》，小四宝、金福仙《贪欢报》，王克琴《铁弓缘》，白文奎、黄处《寄子》，小小余三胜《伐东吴》，蒋双奎、于金喜《入侯府》，小杨猴、马吉祥、范宝亭《金锁阵》。

9月13日天仙茶园鸣凤班夜戏：

全班合演《大赐福》，黄处、刘永奎《探阴山》，王座廷《高平关》，金福仙、姜春桂《虹霓关》，王益芳、马吉祥、王德义、九阵风、朱玉康《翠凤楼》，王克琴《打樱桃》，杨翠喜《玉堂春》，小小余三胜《卖马》，小杨猴、范宝亭、九阵风《金钱豹》。

9月14日天仙茶园鸣凤班夜戏：

王座廷《汜水关》，童子红、四月鲜《牧羊卷》，王益芳、朱玉康、张德俊《金雁桥》，金福仙、于报《送盒子》，于金喜、蒋双奎《一斗金》，小小余三胜、白茂增《打棍出箱》，王克琴《卖绒花》，小杨猴、范宝亭、马吉祥《骆马湖》。

9月15日天仙茶园鸣凤班夜戏：

全班合演《万寿堂》，李志芬、鲍宝奎《盘河战》，四月鲜、童子红《杀府》，王益芳、王德义、范宝亭《连营寨》，金福仙、于报《董家山》，杨翠喜《卖胭脂》，小小余三胜、刘永奎《黄金台》，小杨猴、马吉祥、范宝亭、孙玉清、季永堂《恶虎村》。

9月16日天仙茶园鸣凤班日戏:

盛玉奎《龙虎斗》,四月鲜、童子红《白蟒山》,金福仙、姜春桂《得意缘》,王益芳、九阵风、范宝亭《花蝴蝶》,于报、小四宝《背板凳》,刘永奎、杨翠喜《拾玉镯》,王克琴、白文奎、蒋双奎《法门寺》,小小余三胜、马吉祥、孙玉清《失街亭·空城计·斩马谡》,小杨猴、蒋双奎、九阵风《青石山》。

9月16日天仙茶园鸣凤班夜戏:

盛玉奎《御林郡》,童子红《男起解》,刘永奎《草桥关》,马吉祥、蒋双奎、九阵风《普球山》,杨翠喜《遗翠花》,于金喜、王克琴《双摇会》,小小余三胜、鲍宝奎、白茂增《托兆碰碑》,小杨猴、范宝亭、王德义、九阵风、朱玉康《铁笼山》。

9月17日天仙茶园鸣凤班日戏:

全班合演《大献瑞》,穆春山、鲍宝奎《摘缨会》,刘永奎《牧虎关》,王益芳、九阵风、朱玉康《泗州城》,金福仙、于报《荷珠配》,小杨猴、白文奎《黄鹤楼》,王克琴、杨翠喜、张玉林、童子红《拜寿·算粮·反长安·大登殿》,小小余三胜《庆顶珠》,小杨猴、范宝亭、季永堂《飞叉阵》。

9月17日天仙茶园鸣凤班夜戏:

全班合演《大赐福》,童子红、王座廷《取南昌》,金福仙、宋福兰《双沙河》,王益芳、九阵风、范宝亭《收关胜》,张凤奎《朱砂痣》,王克琴、于报《玉玲珑》,小小余三胜、刘永奎、白茂增《洪羊洞》,小杨猴、马吉祥、季永堂《霸王庄》。

9月18日天仙茶园鸣凤班日戏:

全班合演《大赐福》,穆春山《庆阳图》,张玉林《烟鬼叹》,刘永奎、小四宝《遇皇后》,马吉祥、九阵风、范宝亭《丁甲山》,白文奎、王克琴《胭脂虎》,杨翠喜《蝴蝶杯》,小小余三胜《文昭关》,张凤奎《鱼肠剑》,王益芳、范宝亭、张德俊《金沙滩》。

9月18日天仙茶园鸣凤班夜戏：

王座廷《全家福》，刘永奎、白茂增《白良关》，童子红《五雷阵》，九阵风、朱玉康、张德俊《蟠桃会》，金福仙、于报《探亲家》，王克琴、张玉林《三疑计》，小小余三胜、杨翠喜、小四宝《翠屏山》，小杨猴、白文奎、马吉祥、黄处、刘永奎《长坂坡》。

9月19日天仙茶园鸣凤班夜戏：

全班合演《大献瑞》，鲍宝奎《山海关》，刘永奎《御果园》，童子红、张玉林、四月鲜《回荆州》，小小余三胜《伐东吴》，小杨猴、马吉祥、九阵风《画春园》，金福仙、于报《下河南》，小小余三胜、王克琴《乌龙院》，小杨猴、范宝亭、小四宝、张增明《艳阳楼》。

9月20日天仙茶园鸣凤班夜戏：

全班合演《大赐福》，童子红、四月鲜《乌玉带》，刘永奎《铡包勉》，金福仙、姜春桂《马上缘》，小小余三胜、白茂增《当铜卖马》，小杨猴、孙玉清、马吉祥、范宝亭、九阵风《殷家堡》，杨翠喜、小素云《日月图》，小小余三胜、盛玉奎、鲍宝奎《定军山》，小杨猴、范宝亭、王德义《水帘洞》。

9月21日天仙茶园鸣凤班夜戏：

鲍宝奎《太平桥》，童子红《探母》，金福仙《虹霓关》，小小余三胜《骂曹》，小杨猴、刘永奎、范宝亭《阳平关》，杨翠喜《满台飞》，张黑、李吉瑞、马吉祥《盗御马》。

9月22日天仙茶园鸣凤班夜戏：

穆春山《摘缨会》，四月鲜、童子红《忠保国》，张德俊、王益芳、范宝亭、张增明《收关胜》，金福仙、于报《游界关》，王克琴《梵王宫》，小杨猴、王德义、白茂增、范宝亭《八门金锁阵》，小小余三胜、刘永奎、蒋双奎《黄金台》，张黑、马吉祥、李吉瑞、九阵风《刺巴杰·巴骆和》。

9月23日天仙茶园鸣凤班日戏：

全班合演《富贵长春》，王座廷、童子红《广泰庄》，刘永奎、白茂

增《双包案》，金福仙、于报《董家山》，张凤奎《文昭关》，王克琴、杨翠喜《拾玉镯》，张黑、李吉瑞、九阵风、王益芳《殷家堡》，小小余三胜、黄处《桑园寄子》，白文奎、小杨猴、蒋双奎、马吉祥《八大锤》。

9月23日天仙茶园鸣凤班夜戏：

王座廷《高平关》，金福仙、薛宝珍、白茂增、姜春桂《岳家庄》，杨翠喜《忠孝牌》，张凤奎《朱砂痣》，王克琴、于报《玉玲珑》，小杨猴、王益芳、九阵风《大闹嘉兴府》，小小余三胜、蒋双奎、白茂增《打棍出箱》，张黑、李吉瑞、孙玉清、马吉祥《骆马湖》。

9月24日天仙茶园鸣凤班日戏：

全班合演《百寿图》，黄处、薛宝珍《孝感天》，金福仙、姜春桂《双沙河》，尚和玉、九阵风、张增明《铁笼山》，杨翠喜《关王庙》，小小余三胜、刘永奎《捉放曹》，九阵风、王益芳、白茂增、王德义、张德俊《花蝴蝶》。

9月25日天仙茶园鸣凤班夜戏：

盛玉奎、姜春桂《九龙山》，王座廷、童子红《杀府逃国》，刘永奎、黄处《探阴山》，尚和玉、张增明、王德义《英雄义》，张黑《丑表功》，小小余三胜《卖马》，李吉瑞、杨翠喜、郑铁棍、小四宝、孙玉清《翠屏山》，小杨猴、马吉祥、范宝亭、张增明、张德俊《贾家楼》。

9月26日天仙茶园鸣凤班日戏：

童子红《取南昌》，金福仙、于报《董家山》，尚和玉、张增明、王德义、孙玉清《对刀步战》，杨翠喜《女起解》，王克琴、赵广义《池水驿》，李吉瑞、王益芳、张德俊、九阵风《茂州庙》，白文奎、马吉祥《洪羊洞》，小小余三胜《庆顶珠》，小杨猴、范宝亭、张黑、九阵风《飞叉阵》。

9月26日天仙茶园鸣凤班夜戏：

王座廷《凤鸣关》，童子红、四月鲜《白蟒山》，刘永奎、黄处《铡美案》，王克琴、于报《打樱桃》，杨翠喜、李起山《玉堂春》，李吉瑞、王德义、张增明、张德俊《大蟒山》，小小余三胜、白茂增《两狼

尚和玉

山》，尚和玉、小杨猴、马吉祥、张黑、王益芳、九阵风《恶虎村》。

9月27日天仙茶园鸣凤班夜戏：

全班合演《万寿堂》，童子红、四月鲜《铁冠图》，鲍宝奎《龙虎斗》，王益芳、张德俊、王德义、朱玉康、范宝亭《连营寨》，王克琴、张玉林《三疑计》，小小余三胜、蒋双奎《奇冤报》，李吉瑞、金福仙、郑铁棍《狮子楼》，小杨猴、张黑、马吉祥、范宝亭、王德义《盗御马·连环套·盗双钩》。

9月28日天仙茶园鸣凤班日戏：

白茂增《大回朝》，金福仙、孙玉清《胭脂虎》，童子红《临潼山》，九阵风、王益芳、张德俊《泗州城》，王克琴、于报《卖绒花》，杨翠喜、赵广义《忠孝图》，小杨猴、马吉祥、朱玉康《霸王庄》，小

小余三胜、鲍宝奎《文昭关》，李吉瑞、白文奎、马吉祥、姜春桂《黄鹤楼》。

9月28日天仙茶园鸣凤班夜戏：

全班合演《大赐福》，童子红《请太公》，刘永奎、王克琴、于报《紫荆树》，张黑、张增明、郑铁棍、孙玉清《巧连环》，白文奎、李吉瑞、张德俊、王德义《三四本铁公鸡》，杨翠喜、小素云《富春楼》，小小余三胜、盛玉奎、刘永奎《鱼肠剑》，小杨猴、九阵风、范宝亭《铁笼山》。

9月29日天仙茶园鸣凤班夜戏：

王座廷《全家福》，金福仙、姜春桂《马上缘》，白茂增《御果园》，王益芳、九阵风、张德俊《收关胜》，杨翠喜、小素云《池水驿》，小杨猴、九阵风、王德义《画春园》，小小余三胜、刘永奎《取帅印》，李吉瑞、张黑、九阵风、马吉祥、尚和玉、张德俊《卧虎沟》。

9月30日天仙茶园鸣凤班日戏：

刘永奎、薛宝珍《铡美案》，张玉林、童子红、四月鲜《回荆州》，金福仙、于报《查关》，白文奎、黄处《朱砂痣》，张黑《盗银壶》，小杨猴、九阵风、王益芳《青石山》，小小余三胜、王克琴《乌龙院》，李吉瑞、王德义、范宝亭、郑铁棍、刘三成《独木关》。

9月30日天仙茶园鸣凤班夜戏：

穆春山《清河桥》，金福仙、姜春桂《虹霓关》，黄处、蒋双奎、薛宝珍《孝感天》，四月鲜《白蟒山》，王克琴、小素云《送灯》，九阵风、王益芳、王德义《花蝴蝶》，杨翠喜、于报《小上坟》，小小余三胜、孙玉清、马吉祥《失空斩》，小杨猴、李吉瑞、张黑、马吉祥《八蜡庙》。

10月1日天仙茶园鸣凤班夜戏：

盛玉奎《御林郡》，童子红、张玉林《探母》，王益芳、范宝亭、朱玉康《金沙滩》，杨翠喜《血手印》，白文奎《清官册》，王克琴、于报《董家山》，小小余三胜、刘永奎《击鼓骂曹》，小杨猴、张黑、李吉瑞、马吉祥、白文奎、九阵风、刘永奎、金福仙《大溪皇庄》。

10月2日天仙茶园鸣凤班日戏：

全班合演《大赐福》，童子红、王座廷《广泰庄》，金福仙、小四宝、于报《贪欢报》，白文奎《桑园寄子》，小小余三胜、韩长宝、李吉瑞、王益芳《双定军山·阳平关》，杨翠喜、王克琴《拾玉镯》，小杨猴、张黑、九阵风《殷家堡》。

10月2日天仙茶园鸣凤班夜戏：

全班合演《富贵长春》，穆春山、鲍宝奎《盘河战》，童子红、王座廷《战太平》，韩长宝《除三害》，小小余三胜、九阵风、范宝亭《乾元山·金光洞》，王克琴、于报《打樱桃》，张黑、九阵风《小磨房》，杨翠喜、李吉瑞《翠屏山》，小杨猴、白文奎、马吉祥、王益芳、黄处《长坂坡》。

10月3日天仙茶园鸣凤班日戏：

全班合演《大献瑞》，穆春山《百寿图》，四月鲜、童子红《乌玉带》，杨翠喜《梵王宫》，白文奎《六部大审》，小杨猴、王益芳、九阵风《嘉兴府》，王克琴、小四宝《双摇会》，小小余三胜、刘永奎《黄金台》，李吉瑞、张黑、马吉祥、孙玉清、张增明《骆马湖》。

10月3日天仙茶园鸣凤班夜戏：

王座廷《封官》，童子红、四月鲜《铁冠图》，刘永奎《草桥关》，韩长宝《伐东吴》，范宝亭、王德义、张增明、朱玉康《喜崇台》，杨翠喜、张玉林《梅龙镇》，王克琴《玉玲珑》，小小余三胜《打棍出箱》，小杨猴、九阵风、范宝亭《金钱豹》。

10月4日天仙茶园鸣凤班日戏：

全班合演《大献瑞》，穆春山《山海关》，童子红《十王府》，韩长宝、刘永奎《天水关》，杨翠喜《双断桥》，白文奎《举鼎》，王克琴《胭脂虎》，李吉瑞、范宝亭、张增明《大蟒山》，小小余三胜、金福仙《九更天》，小杨猴、九阵风、王益芳《大白水滩》。

10月4日天仙茶园鸣凤班夜戏：

全班合演《万寿堂》，白茂增《龙虎斗》，金福仙、姜春桂《双沙

河》，杨翠喜、王克琴、张玉林《大登殿》，小长胜、黄处《探阴山》，小杨猴、白茂增、姜春桂《九龙山》，小小余三胜、刘永奎《捉放曹》，李吉瑞、张黑、马吉祥《刺巴杰》。

10月5日天仙茶园鸣凤班夜戏：

全班合演《富贵长春》，王座廷《全家福》，童子红、四月鲜《柳林池》，蒋双奎《钓金龟》，王克琴、于报《鸿鸾禧》，韩长宝《凤鸣关》，小杨猴、范宝亭、小四宝《艳阳楼》，小小余三胜《二进宫》，李吉瑞、尚和玉、张黑、马吉祥、王德义、刘永奎、孙玉清《头本三侠五义》。

10月6日天仙茶园鸣凤班夜戏：

全班合演《富贵长春》，王座廷《佘唐关》，童子红《杀府》，九阵风、小四宝、于报《锯大缸·百草山》，韩长宝、黄处《战太平》，杨翠喜《关王庙》，小杨猴、朱玉康、范宝亭《八门金锁阵》，小小余三胜《两狼山》，李吉瑞、张黑、金福仙、尚和玉、马吉祥《二本三侠五义》。

10月7日天仙茶园鸣凤班日戏：

童子红、王座廷《取南昌》，金福仙《马上缘》，小长胜、小长奎《铡美案》，杨翠喜《女起解》，白文奎、黄处《三娘教子》，小杨猴、九阵风、尚和玉、朱玉康《翠凤楼》，小小余三胜、孙玉清《文昭关》，李吉瑞、张黑、白文奎、马吉祥《铜网阵》。

10月7日天仙茶园鸣凤班夜戏：

王座廷《高平关》，童子红、四月鲜《白蟒山》，韩长宝《搜救孤》，王克琴、于报《卖绒花》，杨翠喜《玉堂春》，小杨猴、范宝亭、九阵风、朱玉康、张增明《花果山·水帘洞》，小小余三胜、小长胜《鱼肠剑》，李吉瑞、张黑、范宝亭、九阵风、尚和玉、朱玉康、孙玉清《三本三侠五义》。

10月8日天仙茶园鸣凤班日戏：

王座廷《全家福》，韩长宝、小长胜《战北原》，刘永奎《白良关》，杨翠喜、王克琴《拾玉镯》，小杨猴、马吉祥、九阵风《下河东》，李吉瑞、金福仙《狮子楼》，白文奎《奇冤报》，小小余三胜、张黑《庆顶珠》，李吉瑞、小杨猴、小小余三胜、白文奎、马吉祥、杨翠喜、九阵风《八蜡庙》。

10月8日天仙茶园鸣凤班夜戏：

全班合演《百寿图》，童子红、四月鲜《回荆州》，小长胜《御果园》，小杨猴、马吉祥、范宝亭《五人义》，小小余三胜《洪羊洞》，王克琴、小四宝《双摇会》，李吉瑞、张黑、马吉祥、尚和玉、金福仙、蒋双奎、范宝亭《四本三侠五义》。

10月9日天仙茶园鸣凤班夜戏：

王座廷《高平关》，童子红、四月鲜《牧羊卷》，金福仙、姜春桂、薛宝珍《岳家庄》，小长胜《锁五龙》，小杨猴、马吉祥、王德义、孙玉清、范宝亭《贾家楼》，杨翠喜、于报《小上坟》，小小余三胜《桑园寄子》，李吉瑞、尚和玉、王德义《独木关》。

10月10日天仙茶园鸣凤班日戏：

全班合演《大赐福》，王座廷《汜水关》，童子红、四月鲜《洪州堂》，金福仙《送盒子》，小长胜、小长奎《除三害》，王克琴《小上坟》，杨翠喜《日月图》，李吉瑞、刘永奎、尚和玉《头二本铁公鸡》，白文奎《朱砂痣》，小小余三胜、王益芳、韩长宝、小杨猴《定军山·阳平关》。

10月10日天仙茶园鸣凤班夜戏：

全班合演《富贵长春》，童子红、四月鲜《临潼山》，黄处《孝感天》，小长胜、小长奎《龙虎斗》，小杨猴、范宝亭、张德俊《铁笼山》，杨翠喜《卖胭脂》，小小余三胜、马吉祥、刘永奎《失街亭·空城计·斩马谡》，李吉瑞、尚和玉、白文奎《三四本铁公鸡》。

10月11日天仙茶园鸣凤班夜戏：

全班合演《大赐福》，王座廷、童子红《广泰庄》，小长胜、小长奎《双包案》，韩长宝、孙玉清《雪杯圆》，杨翠喜《打杠子》，小杨猴、范宝亭、王德义《飞叉阵》，小小余三胜、刘永奎、鲍宝奎《击鼓骂

曹》，李吉瑞、张黑、九阵风、孙玉清、尚和玉《卧虎沟》。

10月12日天仙茶园鸣凤班夜戏：

王座廷《封官》，四月鲜、童子红《乌玉带》，韩长宝《伐东吴》，金福仙、于报、姜春桂《下河南》，杨翠喜、张玉林《三疑计》，李吉瑞、王益芳、九阵风《大白水滩》，小小余三胜、刘永奎《取帅印》，于金喜《烧灵》，小杨猴、张黑、马吉祥、刘永奎、范宝亭《盗御马·连环套·盗双钩》。

10月13日天仙茶园鸣凤班夜戏：

童子红、四月鲜《铁冠图》，白茂增、刘永奎《草桥关》，韩长宝《凤鸣关》，金福仙、小四宝《贪欢报》，杨翠喜、赵广义《忠孝牌》，小杨猴、九阵风、王益芳、尚和玉《画春园》，小小余三胜、小长胜《二进宫》，李吉瑞、孙玉清、张黑、王德义、马吉祥《骆马湖》。

10月14日天仙茶园鸣凤班日戏：

王座廷《五梅驹》，小长胜、小长奎《天水关》，韩长宝《九更天》，于报、小四宝、王克琴《双摇会》，杨翠喜《池水驿》，王德义《酸枣林》，李吉瑞、张黑、马吉祥《刺巴杰》，白文奎《举鼎观画》，小小余三胜、刘永奎《捉放宿店》，小杨猴、王益芳、蒋双奎、九阵风《青石山》。

10月14日天仙茶园鸣凤班夜戏：

鲍宝奎《战樊城》，盛玉奎《长亭会》，韩长宝《文昭关》，黄处《浣纱记》，小长胜、小长奎《鱼肠剑》，小长胜《刺吴王》，小桂元、张玉林《回朝登殿》，王克琴、于报《董家山》，尚和玉、王益芳、张增明《英雄义》，小小余三胜《打棍出箱》，李吉瑞、杨翠喜《翠屏山》，小杨猴、范宝亭、九阵风《金钱豹》。

10月15日天仙茶园鸣凤班夜戏：

王座廷《汜水关》，童子红《串龙珠》，张黑《关王庙》，金福仙、姜春桂《马上缘》，杨翠喜、小素云《梵王宫》，李吉瑞、马吉祥、王益芳《郑州庙》，小小余三胜、蒋双奎、刘永奎《黄金台》，小杨猴、马吉祥、九阵风《八大锤》。

10月16日天仙茶园鸣凤班夜戏：

鲍宝奎《盘河战》，童子红、四月鲜《柳林池》，黄处、刘永奎《探阴山》，金福仙、于报《荷珠配》，尚和玉、张增明、九阵风《铁笼山》，小小余三胜《托兆碰碑》，小杨猴、李吉瑞、张黑、白文奎、马吉祥、九阵风、金福仙、刘永奎《大溪皇庄》。

一九〇七年（清光绪三十三年·丁未）十八岁

按：本年余叔岩仍以"小小余三胜"之名在天津天仙茶园演出。2月26日起，周信芳以"麒麟童"之艺名同隶鸣凤班演出，并与余叔岩合演《战蒲关》《捉放曹》诸剧。

巳、酉之际，应天津下天仙之约，与余叔岩并肩而立。叔岩艺名小小余三胜，年虽幼稚，文武兼优，大为津人所喜，园主礼遇极隆，月俸一千二百元，此在北方已为最高之价，信芳竟能位相比肩，声望伯仲。每与叔岩合演《战蒲关》，叔岩饰王霸，信芳饰刘忠；《定军山·阳平关》，信芳演《定军山》，叔岩演《阳平关》。观者无所轻重，同表欢迎。

（静盒《周信芳》，《全民报》1932年6月11日）

1月2日天仙茶园鸣凤班夜戏：

全班合演《大赐福》，童子红、张玉林《请太公》，王益芳、张德俊、白茂增、九阵风、黑石头《花蝴蝶》，金福仙、于报《董家山》，小莲芬《对银杯》，郎德山《草桥关》，小小余三胜、刘永奎《骂曹》，李吉瑞、张黑、马吉祥、孙玉清、九阵风、王德义《卧虎沟》。

1月3日天仙茶园鸣凤班夜戏：

王座廷《高平关》，十里香、赵广义《破红州》，王益芳、张德俊、张增明、王德义、朱玉康《金沙滩》，于金喜、于报《查界关》，小莲

芬、童子红《桑园会》，白文奎、郎德山、刘永奎《洪羊洞》，小小余三胜《鱼肠剑》，李吉瑞、尚和玉、马吉祥、刘永奎、张黑《头二本三侠五义》。

1月4日天仙茶园鸣凤班夜戏：

全班合演《大赐福》，陈月楼、小莲芬、刘永奎、王益芳、白茂增、四月鲜、张德俊、张增明《拾黄金》，杨翠喜《富春楼》，小小余三胜、姜春桂《取帅印》，白文奎、郎德山《法门寺》，李吉瑞、尚和玉、马吉祥、刘永奎、张黑《三四本三侠五义》。

1月5日天仙茶园鸣凤班夜戏：

王座廷《封官》，金福仙、十里香《双沙河》，尚和玉、张德俊、张增明、王德义《花果山·水帘洞》，杨翠喜、于报《打杠子》，小莲芬、童子红《三疑计》，郎德山、孙玉清、黄处《下河东》，白文奎、白茂增《清官册》，小小余三胜、蒋双奎《当铜卖马》，李吉瑞、张黑、马吉祥《全本连环套》。

1月6日天仙茶园鸣凤班日戏：

全班合演《大赐福》，王德义、张增明、朱玉康《喜崇台》，刘永奎、白茂增《头本草桥关》，金福仙、姜春桂《虹霓关》，小莲芬、童子红《三上轿》，小小余三胜、郎德山《空城计》，李吉瑞、于报、杨翠喜、小四宝《翠屏山》。

1月6日天仙茶园鸣凤班夜戏：

韩长宝《凤鸣关》，十里香、赵广义《辛安驿》，王益芳、张德俊、张增明《收关胜》，杨翠喜《日月图》，小莲芬、童子红《南天门》，郎德山、刘永奎、白茂增《二本草桥关》，小小余三胜《寄子》，白文奎《举鼎》，李吉瑞、马吉祥、尚和玉、陈月楼、张黑、九阵风、小小余三胜《八蜡庙》。

1月7日天仙茶园鸣凤班夜戏：

白茂增《大回朝》，金福仙、姜春桂《马上缘》，杨翠喜《池水驿》，小莲芬、童子红《回荆州》，尚和玉、小四宝、朱玉康《艳阳楼》、黄处、白文奎《朱砂痣》，小小余三胜、刘永奎《捉放曹》，李吉瑞、马吉祥、张黑、张增明、王益芳《恶虎村》。

1月8日天仙茶园鸣凤班夜戏：

全班合演《大赐福》，王座廷《汜水关》，于金喜、于报《查界关》，尚和玉、王益芳、张德俊《大闹嘉兴府》，杨翠喜《卖胭脂》，白文奎、刘永奎《六部大审》，小莲芬、马长奎《纺棉花》，小小余三胜、鲍宝奎《托兆碰碑》，李吉瑞、马吉祥、张黑《殷家堡·骆马湖》，

1月9日天仙茶园鸣凤班夜戏：

盛玉奎《御林郡》，童子红、四月鲜《乌玉带》，杨翠喜《送银灯》，王益芳、张德俊、张增明《白水滩》，小莲芬、童子红《算粮拜寿》，白文奎、黄处《牧羊卷》，小小余三胜、蒋双奎《庆顶珠》，李吉瑞、马吉祥、张黑《铜网阵》。

1月10日天仙茶园鸣凤班夜戏：

十里香、马长奎《紫霞宫》，王益芳、马吉祥、张黑《翠凤楼》，小四宝、于金喜、于报《双摇会》，小莲芬、童子红《柳林池》，白文奎、蒋双奎、于报《奇冤报》，杨翠喜、小素云《玉堂春》，小小余三胜、刘永奎、鲍宝奎《击鼓骂曹》，尚和玉、李吉瑞、王德义《独木关》。

1月11日天仙茶园鸣凤班夜戏：

鲍宝奎、刘三成《清河桥》，十里香、赵广义《红梅阁》，尚和玉、张增明、张德俊《铁笼山》，杨翠喜《遗翠花》，小莲芬《双带箭》，白文奎、于金喜《乌龙院》，小小余三胜、刘永奎、蒋双奎《黄金台》，李吉瑞、马吉祥、张黑《酸枣岭·刺巴杰·巴骆和》。

1月12日天仙茶园鸣凤班夜戏：

全班合演《大赐福》，童子红、王座廷《取南昌》，金福仙、蒋双奎《董家山》，小莲芬《忠孝图》，薛凤池、马吉祥、孙玉清《挑滑车》，杨翠喜、于报《小上坟》，小小余三胜、蒋双奎、白茂增《打棍出箱》，李吉瑞、白文奎、尚和玉《三四本铁公鸡》。

1月13日天仙茶园鸣凤班日戏：

白茂增《大回朝》，韩长宝《凤鸣关》，十里香、赵广义《双合印》，杨翠喜、于报《卖绒花》，小莲芬、童子红《牧羊卷》，张黑《阎王乐》，薛凤池、王益芳《大白水滩》，小小余三胜《文昭关》，李吉瑞、马吉祥、白文奎《黄鹤楼》。

1月13日天仙茶园鸣凤班夜戏：

十里香、赵广义《佘唐关》，于金喜、蒋双奎《顶砖》，尚和玉、马吉祥、王德义《长坂坡》，杨翠喜、小四宝《拾玉镯》，小莲芬《对银杯》，白文奎、白茂增《洪羊洞》，李吉瑞、金福仙《狮子楼》，小小余三胜《鱼肠剑》，薛凤池、王益芳、马吉祥《花蝴蝶》。

1月14日天仙茶园鸣凤班日戏：

张玉林、李起山《请太公》，韩长宝《伐东吴》，刘永奎《草桥关》，金福仙、蒋双奎《虹霓关》，王益芳、张明增、张德俊《收关胜》，小莲芬、童子红《三疑计》，小小余三胜、白茂增《托兆碰碑》，杨翠喜、于报《小上坟》，李吉瑞、小小余三胜、白文奎、薛凤池、马吉祥、金福仙《八蜡庙》。

1月14日天仙茶园鸣凤班夜戏：

盛玉奎《御林郡》，十里香、金福仙《双沙河》，尚和玉、张增明、张德俊《水帘洞》，杨翠喜、于报《闹松林》，小莲芬《忠孝牌》，白文奎、黄处《桑园寄子》，张德俊、王益芳、薛凤池《盘肠战》，小小余三胜、白茂增《卖马》，李吉瑞、马吉祥、张黑、刘永奎、白茂增《盗御马·连环套·盗双钩》。

1月15日天仙茶园鸣凤班日戏：

全班合演《大赐福》，韩长宝《战太平》，金福仙、姜春桂《马上缘》，薛凤池、王德义、朱玉康《伐子都》，白文奎、姜春桂《拾玉镯》，恩晓峰、蒋双奎《戏迷传》，小小余三胜、黄处、刘永奎《二进宫》，李吉瑞、张黑、马吉祥、尚和玉、孙玉清《恶虎村》。

1月15日天仙茶园鸣凤班夜戏：

盛玉奎、鲍宝奎《龙虎斗》，十里香、赵广义《破红州》，薛凤池、王益芳、王德义《金雁桥》，白文奎、黄处《朱砂痣》，小莲芬、童子红《桑园会》，尚和玉、小四宝、张增明《艳阳楼》，小小余三胜、马吉祥、刘永奎《空城计》，李吉瑞、杨翠喜、小四宝《翠屏山》。

1月16日天仙茶园鸣凤班日戏：

童子红、王座廷《取南昌》，十里香、赵广义《辛安驿》，尚和玉、张增明、张德俊《英雄义》，杨翠喜《日月图》，白文奎、于报《铁莲花》，恩晓峰、黄处、蒋双奎《四郎探母》，小小余三胜《奇冤报》，李吉瑞、薛凤池、马吉祥《大蟒山》。

1月16日天仙茶园鸣凤班夜戏：

王座廷《封官》，姜春桂、金福仙《岳家庄》，薛凤池、张增明、王益芳、张德俊《大闹嘉兴府》，小四宝、于金喜《双摇会》，杨翠喜《富春楼》，白文奎、白茂增《清官册》，小莲芬、十里香《算粮拜寿》，小小余三胜、刘永奎《捉放曹》，李吉瑞、马吉祥、张黑、一杆旗、朱玉康《殷家堡·骆马湖》。

1月17日天仙茶园鸣凤班夜戏：

全班合演《大赐福》，韩长宝、黑石头《除三害》，杨翠喜《池水驿》，尚和玉、张增明、张德俊《贾家楼》，白文奎、刘永奎、黄处《法门寺》，薛凤池、小莲芬、童子红《美人计·回荆州》，小小余三胜、白茂增、陈玉石《击鼓骂曹》，李吉瑞、朱玉康、张增明《独木关》。

1月18日天仙茶园鸣凤班日戏：

刘永奎、白茂增《白良关》，杨翠喜《血手印》，小莲芬、童子红《回朝登殿》，杜云卿、杜美卿《双摇会》，小小余三胜、张凤廷《文昭关·鱼肠剑》，恩晓峰、小桃、小翠、赵紫云、小四宝《双翠屏山》，尚和玉、李吉瑞、小小余三胜、薛凤池、白文奎、马吉祥、杨翠喜《八蜡庙》。

1月18日天仙茶园鸣凤班夜戏：

刘三成、周小喜《盘河战》，十里香、赵广义《红梅阁》，刘永奎《探阴山》，薛凤池、尚和玉、张德俊《莲花湖》，小莲芬、童子红《柳林池》，白文奎、黄处《牧羊卷》，杨翠喜《玉堂春》，小小余三胜、孙玉清、蒋双奎《庆顶珠》，李吉瑞、马吉祥、张黑《骆马湖》。

1月19日天仙茶园鸣凤班日戏：

全班合演《大赐福》，张德俊、韩长宝、白茂增《阳平关》，小莲芬、张玉林《乌玉带》，杨翠喜《日月图》，杜云美、于报《探亲家》，杜云卿《大劈馆》，张凤廷、黄处《朱砂痣》，小桃、小翠《胭脂虎》，小小余三胜、刘永奎《取帅印》，薛凤池、李吉瑞、张黑《溪皇庄》。

1月19日天仙茶园鸣凤班夜戏：

全班合演《大献瑞》，十里香、金福仙《双沙河》，尚和玉、张增明、张德俊《铁笼山》，杨翠喜《卖绒花》，白文奎《状元谱》，小莲芬《双断桥》，薛凤池、王益芳、季永平《白水滩》，小小余三胜、刘永奎《黄金台》，李吉瑞、张黑、马吉祥、姜春桂、白文奎《铜网阵》。

1月20日天仙茶园鸣凤班日戏：

王座廷、李起山《金殿封官》，蒋双奎、金福仙《玉玲珑》，薛凤池、王益芳、尚和玉《花蝴蝶》，白文奎、姜春桂《双狮图》，杨翠喜、于报《小上坟》，小小余三胜、白茂增、鲍宝奎《托兆碰碑》，李吉瑞、马吉祥、张黑、张德俊、张增明《刺巴杰》。

1月20日天仙茶园鸣凤班夜戏：

白茂增《大回朝》，十里香、马长奎《紫霞宫》，于金喜、于报《董家山》，小四宝、杨翠喜《拾玉镯》，薛凤池、孙玉清、朱玉康、张德俊、张增明《挑滑车·牛头山》，小莲芬、童子红《南天门》，小小余三胜、刘永奎、马吉祥《空城计》，尚和玉、白文奎、王益芳、李吉瑞《三四本铁公鸡》。

1月21日天仙茶园鸣凤班日戏：

刘永奎《大回朝》，金福仙、姜春桂《马上缘》，尚和玉、刘长林、张增明《金钱豹》，赵紫云《十八扯》，白文奎、黄处《朱砂痣》，杨翠喜、王克琴《拾玉镯》，小小余三胜《碰碑》，恩晓峰、小桃《翠屏山》，三麻子、马吉祥、牛春化、刘长林、十六红《古城会》。

1月21日天仙茶园鸣凤班夜戏：

全班合演《大赐福》，韩长宝、黑石头《战太平》，张德俊、尚和玉、朱玉康、张增明《英雄义》，张凤廷《文昭关》，元元红《柴桑口》，薛凤池、马吉祥、孙玉清《挑滑车》，杨翠喜、于报《小上坟》，小小余三胜、白茂增《打棍出箱》，小桃、白文奎《浣花溪》，李吉瑞、朱玉康、张增明《独木关》。

2月18日天仙茶园鸣凤班日戏：

王座廷《封官》，白茂增、韩长宝《战太平》，童子红、金福仙《下河南》，童子红、杜云红《乌玉带》，十里香、杨翠喜《关王庙》，白文奎《六部大审》，小桃、杜云美、杜云卿《四摇会》，小小余三胜、麒麟童《战蒲关》，薛凤池、李吉瑞、马吉祥、张黑、九阵风《双八蜡庙》。

2月18日天仙茶园鸣凤班夜戏：

鲍宝奎《清河桥》，杜云玲、杜云喜《白蛇传》，王益芳、薛凤池、张德俊《嘉兴府》，马长奎、杨翠喜《女起解》，赵广义、杜云卿《富春楼》，蒋双奎、麒麟童《戏迷传》，小翠、小桃《打樱桃》，小小余三胜《捉放曹》，李吉瑞、尚和玉、朱玉康《独木关》。

2月27日天仙茶园鸣凤班日戏：

鲍宝奎《龙虎斗》，九阵风、杨翠喜、张凤廷、朱玉康《金山寺·双断桥》，麒麟童、小四宝、杜云美《戏迷全传》，于报、杜云美《探亲家》，赵广义、杜云卿《梵王宫》，黄处、白文奎《朱砂痣》，马吉祥、小桃《龙凤配》，小小余三胜、张黑《庆顶珠》，李吉瑞、薛凤池、尚和玉《大蟒山》。

2月27日天仙茶园鸣凤班夜戏：

王福全《御林郡》，童子红、杜云红《柳林池》，尚和玉、九阵风、

薛凤池《嘉兴府》，小翠《除三害》，麒麟童《伐东吴》，姜春桂、杜云卿《铁弓缘》，杨翠喜《富春楼》，于报、小桃《打樱桃》，小小余三胜、白茂增《击鼓骂曹》，李吉瑞、张凤廷、朱玉康《独木关》。

2月28日天仙茶园鸣凤班夜戏：

鲍宝奎《百寿图》，胡凤廷、张德俊、韩长宝《八大锤》，赵广义、杜云卿《关王庙》，马长奎、杜云红《女起解》，李起山、杨翠喜《玉堂春》，姜春桂、白文奎《举鼎》，小小余三胜、白茂增《黄金台》，李吉瑞、薛凤池、白文奎、金福仙、马吉祥《双八蜡庙》。

3月1日天仙茶园鸣凤班夜戏：

全班合演《大赐福》，杜云红、王座廷、童子红《回荆州》，小翠、白茂增《当锏卖马》，薛凤池、张凤廷、张德俊《白水滩》，杨翠喜、小素云《卖胭脂》，小桃、于报《双钉计》，小小余三胜、孙玉清《文昭关》，李吉瑞、马吉祥、尚和玉、九阵风、张黑《卧虎沟》。

3月2日天仙茶园鸣凤班夜戏：

王座廷《全家福》，金福仙《虹霓关》，黄处、小翠《打金枝》，薛凤池、尚和玉、九阵风、张增明、季永堂《花蝴蝶》，杜云美、于报《送盒子》，小小余三胜、马吉祥、王福全《失街亭·空城计·斩马谡》，李吉瑞、小桃、小四宝、孙玉清《翠屏山》。

3月3日天仙茶园鸣凤班日戏：

王座廷、李起山《金殿封官》，赵广义、十里香《双锁山》，韩长宝、白茂增《断密涧》，小翠、黑石头《搜救孤》，薛凤池、尚和玉、朱玉康、九阵风《英雄义》，小桃、于报《玉玲珑》，小小余三胜、白茂增《鱼肠剑》，李吉瑞、马吉祥、薛凤池、孙玉清、张黑《骆马湖》。

3月3日天仙茶园鸣凤班夜戏：

十里香《紫霞宫》，赵广义、金福仙《马上缘》，九阵风、张凤廷、朱玉康《泗州城》，麒麟童《铁莲花》，小桃、于报《双钉计》，薛凤池、张德俊、张增明《盘肠战》，杜云卿、杨翠喜《拾玉镯》，小小余三胜、白茂增《托兆碰碑》，尚和玉、马吉祥、李吉瑞、孙玉清、白文奎

《黄鹤楼》。

3月4日天仙茶园鸣凤班夜戏：

童子红《请太公》，金福仙《双沙河》，尚和玉、张德俊、张凤廷、张增明《金雁桥》，小翠、白茂增《天水关》，小小余三胜、麒麟童《捉放曹》，小桃、于报《鸿鸾禧》，李吉瑞、尚和玉、马吉祥、九阵风、张黑《恶虎村》。

3月5日天仙茶园鸣凤班日戏：

韩长宝《雪杯圆》，杜云红、杨翠喜、杜玉玲《三疑计》，小翠《取成都》，尚和玉、张德俊、九阵风《铁笼山》，麒麟童《凤鸣关》，白文奎、杜云卿、于报《浣花溪》，小小余三胜、黄处《二进宫》，薛凤池、李吉瑞、马吉祥、张凤廷、张黑《大溪皇庄》。

3月5日天仙茶园鸣凤班夜戏：

金福仙、姜春桂《岳家庄》，赵广义、十里香《红梅阁》，薛凤池、朱玉康、张德俊《连营寨》，小桃、黄处《浣纱记》，杨翠喜、郑铁棍《大劈棺》，杜云美、于报《探亲家》，小小余三胜、白茂增《洪羊洞》，尚和玉、李吉瑞、白文奎《三四本铁公鸡》。

3月6日天仙茶园鸣凤班夜戏：

穆春山、鲍宝奎《清河桥》，杜云红、童子红《大登殿》，九阵风、朱玉康《女三战》，白文奎、黑石头《清官册》，尚和玉、张增明、小四宝《艳阳楼》，小小余三胜、白茂增《骂曹》，杨翠喜、于报《小上坟》，李吉瑞、白文奎、张凤廷、马吉祥、张黑《铜网阵》。

3月7日天仙茶园鸣凤班日戏：

金福仙《打面缸》，尚和玉、九阵风、张凤廷《金钱豹》，杜云卿、马长奎《高三上坟》，薛凤池、张凤廷、孙玉清《挑滑车》，杨翠喜、十里香《遗翠花》，杜云美、麒麟童《乌龙院》，小小余三胜、白茂增《取帅印》，小翠、小桃《双摇会》，李吉瑞、九阵风、白文奎《盗魂铃》。

3月7日天仙茶园鸣凤班夜戏：

王座廷《金殿封官》，韩长宝、张德俊、张增明、张凤廷《朱仙镇·八大锤》，杜云卿《辛安驿》，杨翠喜、于报《打杠子》，尚和玉、九阵风、朱玉康《水帘洞》，小桃、白文奎《胭脂虎》，小小余三胜、麒麟童《战蒲关》，李吉瑞、张黑、黑石头、马吉祥《盗御马·连环套》。

3月8日天仙茶园鸣凤班夜戏：

王座廷《氾水关》，杜云春、杜云玲《雷峰塔》，小四宝、金福仙《清州城》，王益芳、张德俊、张增明《收关胜》，杨翠喜、小素云《玉堂春》，麒麟童、韩长宝《定军山》，小桃、于报《入侯府》，小小余三胜、黄处《庆顶珠》，李吉瑞、马吉祥、薛凤池、张黑《双八蜡庙》。

3月9日天仙茶园鸣凤班夜戏：

鲍宝奎、黑石头《清河桥》，杜云红、童子红《柳林池》，王益芳、薛凤池、九阵风、尚和玉、张黑《嘉兴府》，白文奎、姜春桂、于报《举鼎观画》，杨翠喜、小素云《富春楼》，小小余三胜、白茂增《黄金台》，李吉瑞、张德俊、张增明《独木关》。

3月10日天仙茶园鸣凤班日戏：

王座廷《锁五龙》，金福仙《虹霓关》，杜云红《乌玉带》，王益芳、张增明、张德俊《铁笼山》，杜云美《卖绒花》，杨翠喜《血手印》，尚和玉、薛凤池《莲花湖》，杜云红、杜云喜、杜云铃《铁弓缘》，小翠、小桃《打樱桃》，小小余三胜《文昭关》，九阵风、李吉瑞、薛凤池、张黑《刺巴杰》。

3月10日天仙茶园鸣凤班夜戏：

金福仙、十里香《双沙河》，尚和玉、薛凤池、王益芳、马吉祥《翠凤楼》，杨翠喜、张玉林《梅龙镇》，麒麟童《搜救孤》，白文奎、黄处《朱砂痣》，小翠、小桃《董家山》，李吉瑞、九阵风《狮子楼》，小小余三胜、白茂增《鱼肠剑》，杜云红、杜云美、赵广义《斗牛宫》。

3月11日天仙茶园鸣凤班夜戏：

鲍宝奎《盘河战》，杜云红、杜云铃《忠孝牌》，尚和玉、薛凤池、九阵风、张增明《拿花蝴蝶》，小桃、于报《一匹布》，杜云卿、杨翠喜《拾玉镯》，小小余三胜、白茂增、马长奎《空城计》。

3月12日天仙茶园鸣凤班夜戏：

杜云喜、杜云铃《白蟒山》，九阵风、王益芳、朱玉康《泗州城》，杜云美、于报《送盒子》，白文奎、黄处《牧羊卷》，杨翠喜《池水驿》，薛凤池、尚和玉、张德俊《英雄义》，小桃《玉玲珑》，小小余三胜、麒麟童《捉放曹》，李吉瑞、马吉祥、张黑、孙玉清、朱玉康《殷家堡·骆马湖》。

3月13日天仙茶园鸣凤班日戏：

童子红、杜云红《九件衣》，小翠《搜救孤》，杨翠喜、小素云《日月图》，王益芳、薛凤池《盘肠战》，杜云美、于报《打杠子》，麒麟童《戏迷传》，杜云卿、赵广义《卖胭脂》，白文奎《法门寺》，小桃、于报《荷珠配》，李吉瑞、金福仙《狮子楼》，小小余三胜、马吉祥、尚和玉、九阵风《金光洞·乾元山》。

3月13日天仙茶园鸣凤班夜戏：

童子红《广泰庄》，金福仙、姜春桂《马上缘》，薛凤池、朱玉康、张增明、张玉林《连营寨》，杜云卿《忠孝图》，麒麟童、蒋双奎《铁莲花》，杨翠喜、于报《小上坟》，小小余三胜、白茂增《托兆碰碑》，白文奎、小翠《浣花溪》，张黑、李吉瑞、九阵风、尚和玉《卧虎沟》。

3月14日天仙茶园鸣凤班日戏：

姜春桂、孙玉清《九龙山》，韩长宝《雪杯圆》，杜云红、王座廷《火焰驹》，尚和玉、张增明、九阵风《金钱豹》，杨翠喜、李起山《玉堂春》，薛凤池、麒麟童、马吉祥《阳平关》，小桃、杜云卿、蒋双奎、于报《头二本双钉计》，小小余三胜、黄处《二进宫》，李吉瑞、白文奎《三本铁公鸡》。

3月14日天仙茶园鸣凤班夜戏：

王座廷《御林郡》，杨翠喜、童子红《三疑计》，张黑、李起山、徐来福《盗银壶》，麒麟童《盗宗卷》，尚和玉、张增明、张德俊《铁

笼山》，小小余三胜、马吉祥《洪羊洞》，李吉瑞、小桃、小四宝、杜云红、蒋双奎《双翠屏山》。

3月15日天仙茶园鸣凤班夜戏：

张玉林、童子红《请太公》，韩长宝、黑石头《除三害》，尚和玉、张德俊、张增明、季永平、朱玉康《八门金锁阵》，杨翠喜、小四宝《拾玉镯》，小桃、于报、姜春桂《鸿鸾禧》，小小余三胜、白文奎、蒋双奎《打棍出箱》，李吉瑞、白文奎、张黑、马吉祥《铜网阵》。

3月16日天仙茶园鸣凤班夜戏：

王座廷《汜水关》，杜云铃、杜云喜《白蛇传》，尚和玉、张德俊、朱玉康、张增明《花果山·水帘洞》，麒麟童、鲍宝奎《凤鸣关》，杨翠喜《遗翠花》，杜云美、小四宝《探亲家》，小小余三胜、孙玉清《文昭关》，四杜、小桃、小翠、李吉瑞、薛凤池、马吉祥、张黑《溪皇庄》。

3月17日天仙茶园鸣凤班日戏：

童子红、张玉林《斩黄袍》，杜云美、于报《下河南》，薛凤池、朱玉康、张德俊、张增明《挑滑车》，杜云铃、杜云卿、赵广义《辛安驿》，小桃、于报《查关》，小小余三胜、麒麟童、黄处《战蒲关》，李吉瑞、马吉祥、张黑《盗御马·连环套》。

3月17日天仙茶园鸣凤班夜戏：

韩长宝《八大锤》，杜云红、童子红《柳林池》，麒麟童《伐东吴》，杜云卿、赵广义《富春楼》，白文奎、郎德山《法门寺》，小桃、于报《入侯府》，龚处、马长奎《六殿》，小小余三胜、孙玉清《鱼肠剑》，李吉瑞、马吉祥、张黑、九阵风、薛凤池、杜云红、杜云美《八蜡庙》。

3月18日天仙茶园鸣凤班夜戏：

白茂增《大回朝》，尚和玉、九阵风、张德俊《收关胜》，麒麟童《战太平》，小桃、于报《董家山》，薛凤池、九阵风、张凤廷《白水滩》，白文奎、姜春桂《双狮图》，郎德山、马吉祥《头二本草桥关》，龚处《钓金龟》，小小余三胜、张黑、黄处《庆顶珠》，李吉瑞、朱玉康、张增明《独木关》。

全班合演《大献瑞》，鲍宝奎《清河桥》，杜云红、童子红《乌玉带》，薛凤池、尚和玉、张德俊《英雄义》，白文奎、黄处《朱砂痣》，杜云卿、赵广义《梵王宫》，小桃、白文奎《胭脂虎》，龚处《滑油山》，小小余三胜、郎德山《黄金台》，马吉祥、李吉瑞、张黑、九阵风《刺巴杰》。

杜云红、童子红《回荆州》，八百红、四月鲜《法场换子》，薛凤池、张德俊、张凤廷《盘肠战》，杜云卿、赵广义《关王庙》，小桃、白文奎、于报《乌龙院》，龚处、郎德山《打龙袍》，小小余三胜、黑石头《击鼓骂曹》，李吉瑞、尚和玉、马吉祥、九阵风、朱玉康《恶虎村》。

张福全《御林郡》，杜云红、张玉林《登殿》，八百红、四月鲜《柴桑口》，马吉祥、薛凤池、韩长宝《阳平关》，白文奎、黄处《牧羊卷》，小桃、于报《玉玲珑》，龚处、三虎《药茶计》，小小余三胜、郎德山、孙玉清《捉放宿店》，李吉瑞、杜云美、张黑、尚和玉《殷家堡》。

全班合演《大赐福》，王座廷《封官》，韩长宝《凤鸣关》，尚和玉、薛凤池、九阵风《翠凤楼》，白文奎、姜春桂《状元谱》，杜云卿、赵广义《采花赶府》，小小余三胜、白茂增、马吉祥《空城计》，小桃、于报《小上坟》，李吉瑞、张黑、朱玉康《骆马湖》。

四月鲜、童子红《杀府》，薛凤池、尚和玉、马吉祥《贾家楼》，麒麟童、小四宝、蒋双奎《戏迷全传》，杜云卿、赵广义《卖胭脂》，白文奎、黄处《桑园寄子》，李吉瑞、九阵风、郑铁棍《狮子楼》，小

桃、于报《打樱桃》，小小余三胜、马吉祥、尚和玉、九阵风《乾元山·金光洞》。

3月24日天仙茶园鸣凤班日戏：

童子红《逃国》，杜云红、王座廷《火焰驹》，尚和玉、朱玉康、九阵风《铁笼山》，杜云卿、马长奎《高三上坟》，小桃、黄处、麒麟童《四郎探母》，薛凤池、张凤廷《盘肠大战》，杜云美、于报《送盒子》，小小余三胜、马吉祥《洪羊洞》，李吉瑞、张黑、马吉祥、白文奎《铜网阵》。

3月24日天仙茶园鸣凤班夜戏：

孙玉清、姜春桂《九龙山》，杜云红、童子红《柳林池》，薛凤池、张增明、朱玉康、季永平、张德俊《连营寨》，杜云卿、杜云红《遗翠花》，麒麟童、小四宝《铁莲花》，杜云美、小桃、赵广义《双沙河》，小小余三胜、清客串《托兆碰碑》，李吉瑞、尚和玉、白文奎《三四本铁公鸡》。

3月25日天仙茶园鸣凤班夜戏：

王座廷《金殿封官》，杜云铃、杜云喜《白蟒山》，姚岗《打柴训弟》，尚和玉、薛凤池、九阵风《嘉兴府》，小小余三胜、鲍宝奎《文昭关》，白文奎、郎德山、于报《忠孝全》，龚处、王福全《望儿楼》，李吉瑞、小四宝、小桃、薛凤池、于报《翠屏山》。

3月26日天仙茶园鸣凤班夜戏：

童子红《取南昌》，杜云红、杜云铃、杜云喜《忠孝牌》，薛凤池、张凤廷、朱玉康、张德俊、张增明《伐子都》，白文奎、黑石头《清官册》，小桃、于报《查关》，郎德山、黄处《牧虎关》，龚处《辞朝》，小小余三胜、清客串《鱼肠剑》，李吉瑞、马吉祥、张黑《卧虎沟》。

3月27日天仙茶园鸣凤班夜戏：

全班合演《大赐福》，童子红、四月鲜《串龙珠》，麒麟童《伐东吴》，尚和玉、张增明、张德俊、张玉山《花果山·水帘洞》，白文奎、姜春桂《举鼎》，薛凤池、张凤廷、九阵风《白水滩》，小桃、于报《入府》，小小余三胜、张黑《庆顶珠》，李吉瑞、张凤廷、黑石头《独木关》。

3月28日天仙茶园鸣凤班日戏：

韩长宝《战太平》，杜云红、童子红《三疑计》，九阵风、张德俊、朱玉康《泗州城》，杜云美、于报《闹松林》，杜云卿、赵广义《富春楼》，尚和玉、薛凤池、张增明《英雄义》，小桃、白文奎《胭脂虎》，小小余三胜《打棍出箱》，李吉瑞、张黑、马吉祥《连环套》。

3月28日天仙茶园鸣凤班夜戏：

全班合演《万寿堂》，韩长宝、朱玉康、张增明《朱仙镇·八大锤》，杜云红、杜云喜、杜云铃《双断桥》，杜云卿、赵广义《梵王宫》，白文奎、黄处《朱砂痣》，小桃、姜春桂《鸿鸾禧》，小小余三胜、清客串《黄金台》，李吉瑞、薛凤池、马吉祥、杜云美、尚和玉、杜云红《八蜡庙》。

3月29日天仙茶园鸣凤班夜戏：

全班合演《大赐福》，黄处、姜春桂《岳家庄》，韩长宝、小客串《除三害》，尚和玉、张德俊、张增明《收关胜》，杜云美、于报《下河南》，杜云卿、赵广义、杜云红《辛安驿》，白文奎、小桃《乌龙院》，小小余三胜、黑石头《骂曹》，九阵风、李吉瑞、张黑《刺巴杰》。

3月30日天仙茶园鸣凤班夜戏：

杜云红、童子红《回荆州》，尚和玉、小四宝《艳阳楼》，杜云铃、杜云卿《铁弓缘》，小桃、于报《铁莲花》，小小余三胜、清客串《捉放曹》，李吉瑞、张黑、马吉祥、薛凤池、杜云红、杜云卿、杜云美、杜云铃、小桃《大溪皇庄》。

3月31日天仙茶园鸣凤班日戏：

全班合演《大赐福》，王座廷《汜水关》，盖七省、四月鲜《云罗山》，薛凤池、朱玉康、九阵风《花蝴蝶》，张黑《盗银壶》，杜云红、杜云卿《采花赶府》，白文奎、黄处《桑园寄子》，小桃、于报《打樱桃》，小小余三胜、尚和玉、韩长宝、马吉祥、李吉瑞《定军

山·阳平关》。

3月31日天仙茶园鸣凤班夜戏：

王福全、周小喜《御林郡》，杜云红、童子红《乌玉带》，薛凤池、张凤廷《挑滑车》，杜云卿、赵广义《关王庙》，小龚处《滑油山》，小桃、白文奎、于报《浣花溪》，小小余三胜、马吉祥《空城计》，李吉瑞、尚和玉、马吉祥、张黑、杜云美、九阵风《骆马湖》。

4月1日天仙茶园鸣凤班夜戏：

韩长宝《凤鸣关》，杜云红、王座廷《火焰驹》，尚和玉、九阵风、薛凤池、张德俊、张凤廷《嘉兴府》，白文奎《洪羊洞》，杜云美、于报《探亲家》，小龚处《钓金龟》，小小余三胜《取帅印》，李吉瑞、马吉祥、张黑、郑铁棍、孙玉清《殷家堡·骆马湖》。

4月2日天仙茶园鸣凤班日戏：

鲍宝奎《摘缨会》，杜云红、童子红《列女传》，九阵风、张德俊、朱玉康《摇钱树》，杜云美、郑铁棍《卖绒花》，薛凤池、张凤廷《盘肠战》，杜云卿、童子红《大劈棺》，小小余三胜、黄处、清客串《二进宫》，李吉瑞、马吉祥、白文奎《黄鹤楼》。

4月2日天仙茶园鸣凤班夜戏：

杜云红、童子红《柳林池》，薛凤池、马吉祥、张黑、九阵风《独虎营》，小龚处《药茶计》，王子云、蒋双奎《别宫祭江》，小小余三胜、蒋双奎《奇冤报》，讷绍先、姜春桂《牧虎关》，白文奎、李吉瑞、尚和玉《铁公鸡》。

4月4日天仙茶园鸣凤班夜戏：

王福全、韩长宝《伐东吴》，杜云红、四月鲜《对银杯》，马吉祥、尚和玉、黄处《长坂坡》，白文奎、王子云《朱砂痣》，小桃、杜云美、于报、赵广义《双沙河》，讷绍先、蒋双奎《打龙袍》，小小余三胜、清客串《托兆碰碑》，李吉瑞、张德俊、薛凤池、张增明《大蟒山》。

4月5日天仙茶园鸣凤班夜戏：

全班合演《大献瑞》，朱玉康、韩长宝、张增明、张德俊《朱仙镇·八大锤》，蒋双奎、王子云《探窑》，杜云红、杜云卿《遗翠花》，白文奎、姜春桂《举鼎》，薛凤池、九阵风、张凤廷《白水滩》，小小余三胜、讷绍先《鱼肠剑》，李吉瑞、小桃、小四宝、于报、孙玉清《翠屏山》。

4月6日天仙茶园鸣凤班夜戏：

王座廷《封官》，杜云红、童子红《三疑计》，九阵风、朱玉康、张德俊《泗州城》，杜云卿、赵广义《富春楼》，薛凤池、马吉祥《丁甲山》，杜云美、于报《送盒子》，讷绍先、孙玉清、王福全《白良关》，小小余三胜、黄处《庆顶珠》，李吉瑞、黑石头、张增明、郑铁棍《独木关》。

4月7日天仙茶园鸣凤班日戏：

王座廷、童子红《取南昌》，杜云红、杜云铃《雷峰塔》，尚和玉、九阵风、朱玉康、张凤廷、张德俊《铁笼山》，杜云卿、赵广义《梵王宫》，讷绍先、周小喜《御果园》，小小余三胜、蒋双奎《打棍出箱》，李吉瑞、马吉祥、季永堂《连环套》。

4月7日天仙茶园鸣凤班夜戏：

张凤廷、朱玉康、张德俊《金沙滩》，韩长宝《除三害》，杜云红、童子红《乌玉带》，王子云、黄处《五花洞》，蒋双奎、杜云美《下河南》，杜云卿、马长奎《高三上坟》，讷绍先、孙玉清《铡美案》，小小余三胜、清客串《黄金台》，马吉祥、尚和玉、李吉瑞、九阵风、白文奎《八蜡庙》。

4月8日天仙茶园鸣凤班日戏：

鲍宝奎《清河桥》，韩长宝《雪杯圆》，杜云铃、杜云红、杜云喜、童子红《拜寿算粮》，九阵风、尚和玉、张德俊、孙玉清《取金陵》，杜云美、于报《十二红》，杜云卿、赵广义《关王庙》，小小余三胜、王子云《寄子》，李吉瑞、薛凤池、马吉祥、张凤廷《大溪皇庄》。

4月8日天仙茶园鸣凤班夜戏：

福晓田、鲍宝奎《龙虎斗》，杜云红、童子红《大登殿》，尚和玉、

薛凤池、张德俊《英雄义》，讷绍先、三虎《锁五龙》，杜云卿、杜云红、杜云铃、赵广义《辛安驿》，杜云美、姜春桂《玉玲珑》，小小余三胜、福晓田《骂殿》，李吉瑞、九阵风、马吉祥、李永宝《刺巴杰》。

4月9日天仙茶园鸣凤班夜戏：

福晓田《大回朝》，杜云红、杜云喜、童子红《忠孝牌》，薛凤池、马吉祥、韩长宝《阳平关》，杜云美、马长奎《打杠子》，杜云卿、张玉林《梅龙镇》，尚和玉、小四宝、张增明《艳阳楼》，小小余三胜、讷绍先《捉放曹》，李吉瑞、张德俊、张凤廷、九阵风、张玉山《郯州庙》。

4月10日天仙茶园鸣凤班夜戏：

姜春桂、黄处《岳家庄》，韩长宝《伐东吴》，杜云红、童子红《牧羊卷》，朱玉康、张德俊、九阵风、张增明《金山寺》，杜云美、于报、小四宝《双摇会》，薛凤池、孙玉清、张德俊、张增明《挑滑车》，小小余三胜、讷绍先《洪羊洞》，李吉瑞、马吉祥、孙玉清《骆马湖》。

4月11日天仙茶园鸣凤班夜戏：

胡凤廷、王福全《御林郡》，杜云红、童子红《回荆州》，薛凤池、季永堂、九阵风、张德俊、张增明《拿花蝴蝶》，杜云美、于报、姜春桂《鸿鸾禧》，小小余三胜、讷绍先《取帅印》，李吉瑞、九阵风、郑铁棍《狮子楼》，尚和玉、马吉祥、孙玉清、王子云《长坂坡》。

4月13日天仙茶园鸣凤班夜戏：

王座廷《氾水关》，韩长宝、王子云《浣纱记》，杜云卿、赵广义《少华山》，小何九、薛凤池、九阵风《白水滩》，白文奎、杜云美《胭脂虎》，许德义、张德俊、张凤廷《收关胜》，小小余三胜、孙玉清《文昭关》，李吉瑞、尚和玉、张凤廷、郑铁棍、张增明《独木关》。

4月14日天仙茶园鸣凤班日戏：

张玉林、童子红《请太公》，韩长宝、黑石头《搜救孤》，王子云《一口剑》，九阵风、朱玉康、张德俊《泗州城》，杜云美、于报《查界关》，尚和玉、薛凤池、张增明《英雄义》，小小余三胜、清客串《托兆碰碑》、李吉瑞、马吉祥、季永堂、张德俊、张凤廷《恶虎村》。

4月14日天仙茶园鸣凤班夜戏:

全班合演《大献瑞》,鲍宝奎《清河桥》,杜云红、童子红《马蹄金》,尚和玉、马吉祥、张德俊、九阵风《翠凤楼》,白文奎、姜春桂《举鼎》,许德义、小何九、九阵风《金钱豹》,小小余三胜、清客串《鱼肠剑》,杜云卿、小四宝、李吉瑞、于报《翠屏山》。

4月15日天仙茶园鸣凤班夜戏:

四月鲜、童子红《杀府》,韩长宝、黑石头《除三害》,小何九、张德俊、张增明、张凤廷、朱玉康《金雁桥》,白文奎、王子云《朱砂痣》,许德义、朱玉康、九阵风《铁笼山》,小小余三胜、杜云卿《富春楼》,赵广义、蒋双奎《庆顶珠》,李吉瑞、白文奎、尚和玉《八蜡庙》。

4月16日天仙茶园鸣凤班夜戏:

童子红、王座廷《取南昌》,尚和玉、九阵风、朱玉康、张增明、张德俊《花果山·水帘洞》,杜云美、于报《送盒子》,白文奎、王子云《寄子》,杜云卿、杜云喜、杜云红《采花赶府》,小小余三胜、清客串《黄金台》,李吉瑞、薛凤池、马吉祥、小何九、九阵风《溪皇庄》。

4月17日天仙茶园鸣凤班夜戏:

韩长宝、朱玉康、张凤廷、张德俊《朱仙镇·八大锤》,杜云红、童子红《乌玉带》,尚和玉、九阵风、张玉山《金钱豹》,白文奎、讷绍先、王子云《法门寺》,杜云美、于报《玉玲珑》,小小余三胜、黑石头《骂曹》,李吉瑞、九阵风、马吉祥、张增明、张凤廷《酸枣林·刺巴杰·巴骆和》。

4月18日天仙茶园鸣凤班夜戏:

全班合演《大赐福》,郎德山、鲍宝奎《龙虎斗》,杜云红、童子红《三疑计》,薛凤池、张凤廷、张德俊、张玉山、张增明《盘肠大战》,杜云美、于报《探亲家》,小小余三胜、清客串《捉放曹》,李吉瑞、马吉祥、季永堂、黑石头、孙玉清《盗御马·连环套·盗双钩》。

4月19日天仙茶园鸣凤班夜戏：

全班合演《大献瑞》，王福全、胡凤廷《御林郡》，杜云红、童子红《九件衣》，尚和玉、九阵风、张增明、张德俊、白文奎《铁笼山》，白文奎、黑石头《清官册》，小小余三胜、蒋双奎《打棍出箱》，马吉祥、九阵风、杜云美、李吉瑞、张凤廷《殷家堡》。

4月20日天仙茶园鸣凤班夜戏：

全班合演《长生乐》，王座廷《汜水关》，杜云红、童子红《登宝殿》，九阵风、朱玉康、季永堂《金山寺》，白文奎《五丈原》，讷绍先《草桥关》，尚和玉、马吉祥、薛凤池《贾家楼》，小小余三胜、小客串《托兆碰碑》，李吉瑞、杜云美、小四宝、孙玉清、于报《翠屏山》。

4月21日天仙茶园鸣凤班日戏：

李起山、王座廷《请太公》，韩长宝《雪杯圆》，姜春桂、王子云《岳家庄》，九阵风、朱玉康、张德俊《泗州城》，杜云卿、杜云美《双摇会》，尚和玉、薛凤池、范宝亭《英雄义》，小小余三胜、讷绍先《黄金台》，李吉瑞、马吉祥、季永堂《恶虎村》。

4月21日天仙茶园鸣凤班夜戏：

全班合演《大赐福》，杜云红、童子红《乌玉带》，讷绍先《白良关》，薛凤池、孙玉清、张凤廷《挑滑车》，杜云卿、陈月楼《关王庙》，尚和玉、小四宝、范宝亭《艳阳楼》，小瑶卿、陈月楼《遗翠花》，小小余三胜、马吉祥、孙玉清《失街亭·空城计·斩马谡》，李吉瑞、白文奎、尚和玉《三四本铁公鸡》。

4月22日天仙茶园鸣凤班日戏：

鲍宝奎《摘缨会》，韩长宝《应天球》，杜云红《火焰驹》，九阵风、范宝亭、张凤廷《朝金顶》，讷绍先、小四宝《断后龙袍》，杜云卿、张玉林《游龙戏凤》，尚和玉、九阵风、薛凤池《嘉兴府》，小瑶卿《女起解》，小小余三胜《文昭关》，李吉瑞、白文奎、马吉祥、孙玉清《黄鹤楼》。

4月22日天仙茶园鸣凤班夜戏：

宋福兰、王座廷《佘唐关》，韩长宝、王子云《浣纱记》，讷绍先、顾彩芳《御果园》，尚和玉、薛凤池、九阵风、季永堂、张德俊《收关胜》，白文奎、杜云卿《浣花溪》，小小余三胜、于报《鱼肠剑》，元元红、小瑶卿、童子红《美人计·回荆州·芦花荡》，李吉瑞、马吉祥、孙玉清《骆马湖》。

4月23日天仙茶园三庆班日戏：

韩长宝、黑石头《搜救孤》，小四宝、于报《烧灵》，杜云红、张玉林《竹影计》，杜云美、于报《下河南》，尚和玉、马吉祥、孙玉清《长坂坡》，杜云卿、童子红《大劈棺》，小小余三胜、王子云、讷绍先《二进宫》，李吉瑞、季永堂、薛凤池、朱玉康《郑州庙·拿谢虎》。

4月23日天仙茶园三庆班夜戏：

童子红《药王卷》，韩长宝、王德山《伐东吴》，马吉祥、九阵风、蒋双奎《普球山》，白文奎、姜春桂《举鼎观画》，杜云美、于报《送盒子》，薛凤池、九阵风、范宝亭《白水滩》，小瑶卿、陈月楼《梵王宫》，小小余三胜、讷绍先《取帅印》，元元红《柴桑口》，李吉瑞、尚和玉、朱玉康《独木关》。

4月24日天仙茶园三庆班日戏：

杜云喜、杜云铃《宿花亭》，韩长宝、朱玉康《探庄射灯》，王子云《探寒窑》，讷绍先、于报《忠孝全》，马吉祥《丑表功》，尚和玉、薛凤池、范宝亭《伐子都》，杜云红、杜云卿、陈月楼《辛安驿》，小小余三胜、蒋双奎《铁莲花》，李吉瑞、白文奎、九阵风《盗魂铃》。

4月24日天仙茶园三庆班夜戏：

童子红《太平桥》，朱玉康、韩长宝、张德俊《朱仙镇·八大锤》，讷绍先《草桥关》，杜云美、于报《闹松林》，季永平、白文奎、张德俊《丁甲山》，杜云卿、杜云红、杜云喜《采花赶府》，小小余三胜《骂曹》，小瑶卿、元元红《桑园会》，薛凤池、李吉瑞、马吉祥、小四宝、尚和玉《八蜡庙》。

4月25日天仙茶园三庆班日戏：

王座廷《取南昌》，韩长宝《九更天》，小四宝《打面缸》，讷绍先、孙玉清《铡美案》，尚和玉、范宝亭、九阵风《金钱豹》，白文奎《朱砂痣》，杜云美《卖绒花》，薛凤池、范宝亭、朱玉康《金雁桥》，杜云红、张少棠《拾玉镯》，小小余三胜、王子云《庆顶珠》，李吉瑞、马吉祥《独木关》。

4月25日天仙茶园三庆班夜戏：

王福全、黑石头《龙虎斗》，杜云红《雷峰塔》，杜云美、于报《送盒子》，尚和玉、范宝亭、张德俊《花果山》，杜云卿《铁弓缘》，小小余三胜、马吉祥、讷绍先《洪羊洞》，小瑶卿、元元红《牧羊卷》，李吉瑞、九阵风、郑铁棍《狮子楼》，薛凤池、张凤廷、朱玉康、季永堂《连营寨》。

4月26日天仙茶园三庆班日戏：

鲍宝奎《山海关》，杜云红、童子红《芦花计》，盖七省《座窑》，马吉祥、张少棠《青风寨》，杜云卿《高三上坟》，九阵风、张德俊、朱玉康、范宝亭《摇钱树》，小小余三胜、讷绍先《奇冤报》，李吉瑞、薛凤池、尚和玉、韩长宝、张凤廷《定军山·阳平关》。

4月26日天仙茶园三庆班夜戏：

王座廷、童子红《汜水关》，讷绍先《锁五龙》，薛凤池、季永堂、张凤廷、范宝亭《花蝴蝶》，杜云卿、张少棠《忠孝图》，尚和玉、九阵风、范宝亭、朱玉康《铁笼山》，小瑶卿、元元红《天门走雪》，小小余三胜《寄子》，马吉祥、李吉瑞、孙玉清、季永堂《连环套》。

4月28日天仙茶园三庆班日戏：

杜云红、王座廷《火焰驹》，讷绍先《白良关》，九阵风、朱玉康、张增明《泗州城》，杜云卿、童子红《汴梁图》，白文奎、黑石头《六部大审》，尚和玉、薛凤池、张凤廷《英雄义》，杜云美、小四宝《双摇会》，小瑶卿、元元红《回龙阁》，小小余三胜《捉放曹》，李吉瑞、马吉祥、九阵风《恶虎村》。

4月28日天仙茶园三庆班夜戏：

杜云红、童子红《乌玉带》，尚和玉、九阵风、张凤廷《翠凤楼》，白文奎、杜云卿、于报《浣花溪》，薛凤池、张凤廷、孙玉清《挑滑车》，元元红《探母》，小小余三胜、讷绍先、刘永奎《空城计》，小瑶卿《血手印》，李吉瑞、马吉祥、杜云美、孙玉清、范宝亭《殷家堡·骆马湖》。

4月29日天仙茶园三庆班夜戏：

小小余三胜、刘永奎演《托兆碰碑》。

4月30日天仙茶园三庆班夜戏：

全班合演《大赐福》，王座廷《全家福》，韩长宝《除三害》，杜云美、马长奎《闹松林》，驴肉红《拾黄金》，尚和玉、王子云、马吉祥、张增明《长坂坡》，小小余三胜《卖马》，小瑶卿《女起解》，李长山、九阵风、范宝亭《大白水滩》，金月梅、李吉瑞、白文奎、于报、小四宝《翠屏山》。

5月1日天仙茶园三庆班夜戏：

全班合演《大赐福》，王座廷《葭萌关》，刘永奎《草桥关》，杜云美、姜春桂、于报《玉玲珑》，尚和玉、小四宝、范宝亭、季永堂、张增明《艳阳楼》，驴肉红《卖豆腐》，李长山《黄逼宫》，小小余三胜《文昭关》，金月梅、白文奎、蒋双奎《乌龙院》，李吉瑞、马吉祥、孙玉清《骆马湖》。

5月2日天仙茶园三庆班夜戏：

王福全、盛玉奎《风云会》，童子红《临潼山》，小四宝、于报《烧灵改嫁》，小小余三胜、蒋双奎《取帅印》，驴肉红《丑别窑》，薛凤池、马吉祥、白文奎、尚和玉、小小余三胜《八蜡庙》，金月梅、于报、张蕴秋《虹霓关》，李吉瑞、朱玉康、张增明、黑石头、张玉山《独木关》。

5月3日天仙茶园三庆班夜戏：

全班合演《大献瑞》，王座廷、童子红《取南昌》，杜云美、郑铁棍《卖绒花》，尚和玉、九阵风、张少棠《收关胜》，驴肉红《教学》，马

吉祥、九阵风、李长山《恶虎村》，金月梅、杜云卿《拾玉镯》，小小余三胜《鱼肠剑》，薛凤池、李吉瑞、朱玉康、范宝亭《大蟒山》。

5月4日天仙茶园三庆班夜戏：

全班合演《大献瑞》，鲍宝奎《山海关》，童子红、杜云红《乌玉带》，驴肉红《活捉三郎》，尚和玉、张增明、朱玉康《伐子都》，赛吕布、金月梅《关王庙》，小小余三胜《骂曹》，薛凤池、张玉山、朱玉康《连营寨》。

5月5日天仙茶园三庆班夜戏：

全班合演《大赐福》，王座廷《封官》，尚和玉、朱玉康、张玉山《八门金锁阵》，驴肉红、马长奎《阎王乐》，唐景云、张少棠《双锁山》，李长山、九阵风、范宝亭《薛家窝》，杜云卿、杜云美《双摇会》，小小余三胜、王子云《庆顶珠》，李吉瑞、马吉祥、季永堂《连环套》。

5月6日天仙茶园三庆班夜戏：

全班合演《大赐福》，童子红、王座廷《太平城》，驴肉红《盗青》，尚和玉、范宝亭、张玉山《花果山》，杜云美、于报《送盒子》，唐景云《红梅阁》，薛凤池、朱玉康、孙玉清《挑滑车》，金月梅、赛吕布《富春楼》，小小余三胜《洪羊洞》，李吉瑞、九阵风、李长山、马吉祥、金月梅《大溪皇庄》。

5月7日天仙茶园三庆班夜戏：

全班合演《大献瑞》，刘永奎、鲍宝奎《兄弟会》，驴肉红《作文》，唐景云、张少棠《辛安驿》，薛凤池、尚和玉、张增明《英雄义》，金月梅《日月图》，小小余三胜、张少棠、刘永奎《黄金台》，九阵风、李吉瑞、马吉祥、季永堂、范宝亭《酸枣林·刺巴杰·巴骆和》。

5月8日天仙茶园三庆班夜戏：

王座廷、四月鲜《五梅驹》，刘永奎《草桥关》，驴肉红《拾金》，唐景云《紫霞宫》，尚和玉、张增明、薛凤池《英雄义》，金月梅、白文奎《胭脂虎》，小小余三胜、马吉祥、孙玉清《空城计》，李长山、九阵风、范宝亭《大白水滩》。

5月9日天仙茶园三庆班夜戏:

全班合演《大赐福》,王座廷《汜水关》,唐景云、张少棠《双合印》,尚和玉、薛凤池、九阵风《嘉兴府》,小来凤、小四宝《贪欢报》,刘鸿升、蒋双奎《打龙袍》,小小余三胜《鱼肠剑》,小杨猴、马吉祥、季永堂、刘永奎、孙玉清《连环套》。

5月10日天仙茶园三庆班夜戏:

全班合演《大赐福》,童子红、四月鲜《杀府》,刘永奎《御果园》,九阵风、尚和玉、薛凤池《翠凤楼》,唐景云《池水驿》,白文奎、黑石头《六部大审》,小来凤、蒋双奎《一斗金》,小小余三胜《打棍出箱》,小杨猴、刘鸿升、马吉祥、傅小山、孙玉清《长坂坡》。

5月11日天仙茶园三庆班夜戏:

全班合演《五福堂》,《御林郡》,驴肉红《教五子》,唐景云、马长奎《关王庙》,尚和玉、九阵风、范宝亭、张玉山、季永堂《收关胜》,白文奎、黑石头《清官册》,金月梅、活吕布《蝴蝶杯》,小小余三胜、刘永奎《捉放曹》,薛凤池、马吉祥、范宝亭、九阵风、季永堂《恶虎村》。

5月12日天仙茶园三庆班夜戏:

全班合演《五福堂》,黑石头、鲍宝奎《百寿图》,驴肉红《活捉三郎》,九阵风、张增明、朱玉康《泗州城》,唐景云、张少棠《破红州》,尚和玉、范宝亭、小四宝《艳阳楼》,小小余三胜、薛凤池、金月梅、白文奎《双翠屏山》,李长山、九阵风、朱玉康《连营寨》。

5月13日天仙茶园三庆班夜戏:

全班合演《大献瑞》,鲍宝奎《山海关》,驴肉红《烟鬼叹》,小四宝《烧灵改嫁》,唐景云、张少棠《双锁山》,薛凤池、尚和玉、张增明《伐子都》,金月梅、赛吕布《虹霓关》,小小余三胜《骂曹》,李长山、马吉祥、九阵风、孙玉清、范宝亭《殷家堡·骆马湖》。

5月14日天仙茶园三庆班夜戏:

童子红《太平桥》,小来凤、马长奎《闹松林》,驴肉红《疯僧扫秦》,尚和玉、九阵风、范宝亭《金钱豹》,金月梅、于报《满台飞》,小小余三胜、刘永奎《取帅印》,薛凤池、马吉祥、范宝亭《牛头山·挑滑车代下书》。

5月15日天仙茶园三庆班夜戏:

穆春山《北壁关》,小来凤、于报《送盒子》,驴肉红《拾黄金》,唐景云《辛安驿》,李吉瑞、范宝亭、张增明、朱玉康《独木关》,金月梅、赛吕布《日月图》,小小余三胜《托兆碰碑》,李吉瑞、尚和玉、小小余三胜、小四宝、九阵风、朱玉康、马吉祥、范宝亭、蒋双奎、刘永奎《双八蜡庙》。

5月16日天仙茶园三庆班夜戏:

小来凤《卖绒花》,驴肉红、四月鲜《烟鬼叹》,尚和玉、九阵风、马德来、范宝亭、朱玉康《花果山·水帘洞》,唐景云、张少棠《红梅阁》,李吉瑞、范宝亭、马吉祥、季永堂《恶虎村》,小小余三胜《庆顶珠》,李吉瑞、金月梅、小四宝《翠屏山》,薛凤池、朱玉康、九阵风《连营寨》。

5月17日天仙茶园三庆班夜戏:

童子红、四月鲜《乌玉带》,小来凤、小四宝《贪欢报》,薛凤池、孙玉清、范宝亭《盘肠战》,金月梅、唐景云《拾玉镯》,李吉瑞、九阵风、尚和玉《殷家堡》,小小余三胜、刘永奎《黄金台》,李吉瑞、马吉祥、范宝亭、孙玉清、郑铁棍《骆马湖》。

5月18日天仙茶园三庆班夜戏:

盛玉奎、王福全《龙虎斗》,童子红《串龙珠》,小四宝、小来凤《双摇会》,唐景云、张少棠《双合印》,薛凤池、范宝亭、九阵风《大白水滩》,金月梅、赛吕布《富春楼》,李吉瑞《狮子楼》,小小余三胜、马吉祥、孙玉清、朱玉康、刘永奎《失街亭·空城计·斩马谡》,九阵风、朱玉康、张玉山《飞坡岛》。

5月19日天仙茶园三庆班日戏：

王座廷《取洛阳》，小来凤、蒋双奎《一斗金》，范宝亭、朱玉康、张玉山《金沙滩》，驴肉红《小拜门》，唐景云、张少棠《双锁山》，薛凤池、马吉祥、九阵风《花蝴蝶》，金月梅、赛吕布《小逛庙》，小小余三胜、刘永奎《洪羊洞》，李吉瑞、范宝亭、李长山《大蟒山》。

5月19日天仙茶园三庆班夜戏：

姜春桂《摘缨会》，刘永奎《草桥关》，小四宝、于报《烧灵》，唐景云、马长奎《紫霞宫》，薛凤池、朱玉康、范宝亭《伐子都》，金月梅、赛吕布《关王庙》，小小余三胜、刘永奎《鱼肠剑》，李吉瑞、马吉祥、九阵风、朱玉康、张增明《酸枣林·刺巴杰·巴骆和》。

5月20日天仙茶园三庆班夜戏：

童子红、王座廷《请太公》，刘永奎《铡美案》，小四宝、于报《闹松林》，驴肉红、马长奎《教学》，九阵风、范宝亭、朱玉康《水淹泗州城》，金月梅、赛吕布《卖胭脂》，小小余三胜《文昭关》，薛凤池、马吉祥、朱玉康、孙玉清、季永堂《挑滑车·牛头山代下书》。

5月21日天仙茶园三庆班夜戏：

童子红、王座廷《汜水关》，驴肉红、马长奎《丑别窑》，小四宝、郑铁棍《卖绒花》，唐景云、张少棠《破红州》，薛凤池、马吉祥、九阵风《独虎营》，金月梅、于报《双钉计》，小小余三胜、刘永奎《捉放宿店》，李长山、九阵风、范宝亭、朱玉康、张玉山《嘉兴府》。

5月23日天仙茶园三庆班夜戏：

全班合演《大献瑞》，小来凤、于报《送盒子》，驴肉红《盗青》，刘永奎《御果园》，唐景云、张少棠《双锁山》，薛凤池、范宝亭、孙玉清《盘肠大战》，金月梅、赛吕布《虹霓关》，小小余三胜、蒋双奎《打棍出箱》，李长山、马吉祥、九阵风《恶虎村》。

5月24日天仙茶园三庆班夜戏：

全班合演《大赐福》，童子红《临潼山》，小来凤《下河南》，李长山、范宝亭、九阵风《大白水滩》，唐景云、张少棠《佘唐关》，金月

梅、赛吕布《蝴蝶杯》，马吉祥、九阵风《下河东》，小小余三胜《托
兆碰碑》，薛凤池、刘永奎、张增明、朱玉康《头二本铁公鸡》。

5月25日天仙茶园三庆班夜戏：

全班合演《长生乐》，童子红《药王卷》，刘永奎、蒋双奎《打
龙袍》，九阵风、朱玉康、范宝亭《泗州城》，唐景云、张少棠《双合
印》，驴肉红《拾金》，金月梅、小四宝《双摇会》，小小余三胜、薛凤
池、李长山、马吉祥、范宝亭《定军山·阳平关》。

5月27日天仙茶园三庆班夜戏：

顾彩芬、王福全《御林郡》，唐景云、赵广义《池水驿》，王金玉、
杜云铃、杜云喜《三疑计》，薛凤池、马吉祥、刘永奎《花蝴蝶》，高玉
仙、姜春桂《打樱桃》，刘鸿升《白良关》，小小余三胜、王子云《桑园
寄子》，俞振庭、九阵风、范宝亭《铁笼山代草上坡》。

5月28日天仙茶园三庆班日戏：

姜春桂、盛玉奎《百寿图》，刘永奎、王福全《草桥关》，唐景
云、童子红《汴梁图》，高玉仙、姜春桂《举鼎》，杜云美、孙玉清《胭
脂虎》，王金玉、张玉林《算粮》，杜云卿、杜云红《遗翠花》，刘鸿
升、小小余三胜《二进宫》，俞振庭、薛凤池、马吉祥《贾家楼》。

5月28日天仙茶园三庆班夜戏：

童子红、穆春山《战太平》，唐景云、赵广义《红梅阁》，薛凤池、
九阵风、范宝亭《连营寨》，高玉仙、于报《董家山》，王金玉、张玉
林《登殿》，杜云美、杜云卿《双摇会》，小小余三胜、刘鸿升《取帅
印》，俞振庭、范宝亭、朱玉康《草上坡·铁笼山》。

5月29日天仙茶园三庆班夜戏：

王座廷《氾水关》，唐景云、赵广义《双合印》，薛凤池、马吉祥、
九阵风《恶虎村》，高玉仙、张玉林、童子红《红州堂》，杜云卿、孙玉
清《浣花溪》，小小余三胜、鲍宝奎《文昭关》，杜云美、仇瑞林《探
亲》，俞振庭、范宝亭、朱玉康《草上坡·铁笼山》。

5月30日天仙茶园三庆班夜戏：

童子红、王座廷《取南昌》，唐景云、赵广义《紫霞宫》，薛凤池、九阵风、朱玉康《郑州庙》，王金玉、张玉林《马蹄金》，杜云美、仇瑞林《下河南》，刘鸿升、刘永奎《白良关》，小小余三胜、王子云《庆顶珠》，俞振庭、九阵风、范宝亭《闹昆阳·飞叉阵》。

5月31日天仙茶园三庆班夜戏：

张玉林、童子红《斩黄袍》，小四宝、于报《背板凳》，薛凤池、范宝亭、九阵风《白水滩》，杜云卿、赵广义《梵王宫》，刘鸿升《铡美案》，小小余三胜、刘永奎《托兆碰碑》，俞振庭、张德俊、孙玉清、范宝亭、朱玉康《牛头山代下书·挑滑车》。

6月1日天仙茶园三庆班夜戏：

姜春桂、顾彩芬《岳家庄》，薛凤池、马吉祥、九阵风《翠凤楼》，杜云美、仇瑞林《卖绒花》，王金玉、童子红《牧羊卷》，杜云卿、赵广义《关王庙》，小小余三胜、刘鸿升、刘永奎《洪羊洞》，俞振庭、九阵风、范宝亭《花果山·水帘洞》。

6月2日天仙茶园三庆班夜戏：

王座廷、穆春山《凤鸣关》，薛凤池、九阵风、马吉祥《罗四虎》，王奎玉、童子红《乌玉带》，俞振庭、范宝亭、朱玉康《八门金锁阵》，小四宝、于报《烧灵》，杜云卿、赵广义、唐景云《双辛安驿》，小小余三胜、刘鸿升《鱼肠剑》，俞振庭、范宝亭、九阵风《金钱豹》。

6月3日天仙茶园三庆班夜戏：

王座廷《百寿图》，杜云喜、杜云红《双断桥》，薛凤池、九阵风、朱玉康《嘉兴府》，张凤奎、王子云《朱砂痣》，杜云美、蒋双奎《玉玲珑》，小小余三胜、刘永奎《卖马》，罗百岁《请医》，杜云美、杜云红、杜云卿、杜云铃、马长奎、四月鲜《斗牛宫》。

6月4日天仙茶园三庆班夜戏：

王座廷《葭萌关》，王金玉、张玉林《忠孝牌》，九阵风、张德俊、朱玉康、季永平、季永堂《泗州城》，杜云美、唐景云《双沙河》，薛

凤池、范宝亭《金雁桥》，刘鸿升《探阴山》，张凤奎《举鼎》，罗百岁《连升三级》，小小余三胜《空城计》，杜云卿、赵广义、王座廷《二本斗牛宫》。

6月5日天仙茶园三庆班夜戏：

全班合演《大赐福》，王福全、顾彩芬《御林郡》，薛凤池、马吉祥、刘永奎、张德俊、九阵风《花蝴蝶》，王金玉、童子红《杀庙》，张凤奎《取成都》，小四宝《入侯府》，小小余三胜、刘鸿升《搜救孤》，罗百岁《定计化缘》，范宝亭、九阵风、朱玉康《喜崇台》。

6月6日天仙茶园三庆班夜戏：

童子红、穆春山《战太平》，九阵风、朱玉康、张德俊《取金陵》，白文奎、刘鸿升、王子云《法门寺代大审》，杜云美、孙玉清《胭脂虎》，小小余三胜《问樵闹府·打棍出箱》，罗百岁《送亲演礼》，小小余三胜、薛凤池、杜云卿、唐景云、小四宝、蒋双奎、于报《双翠屏山》。

6月7日天仙茶园三庆班夜戏：

全班合演《大赐福》，范宝亭、九阵风、张玉山、张德俊《收关胜》，王金玉、杜云喜《三疑计》，王子云、张凤奎《三娘教子》，刘鸿升、蒋双奎《打龙袍》，罗百岁、于报《打砂锅》，小小余三胜、鲍宝奎《伐东吴》，白文奎、薛凤池、范宝亭、张玉山《三四本铁公鸡》。

6月8日天仙茶园三庆班夜戏：

王座廷、李起山《汜水关》，张德俊、九阵风、马德来、朱玉康《金山寺》，王金玉、童子红《牧羊卷》，张凤奎、叶德凤《鱼肠剑》，杜云美、仇瑞林《查关》，白文奎、罗百岁《浣花溪》，蒋双奎、小小余三胜《金台拜帅》，薛凤池、马吉祥、刘鸿升、王子云、孙玉清《长坂坡》。

6月9日天仙茶园三庆班日戏：

张德俊、杜云红、童子红《回荆州》，唐景云、马长奎《小放牛》，杜云喜、王金玉《双断涧》，薛凤池、张玉山、张德俊《挑滑车》，张凤奎、刘永奎《天水关》，杜云卿《富春楼》，刘鸿升《铡美案》，罗百岁、杜云美《探亲家》，小小余三胜、王子云《桑园寄子》，马吉祥、九阵凤、蒋双奎《普球山》。

全班合演《大赐福》，赵广义、唐景云《紫霞宫》，九阵凤、马吉祥、朱玉康《翠凤楼》，刘鸿升、刘永奎《白良关》，张凤奎《朱砂痣》，杜云卿、蒋双奎、小四宝《双摇会》，小小余三胜、刘永奎、鲍宝奎《托兆碰碑》，罗百岁、仇瑞林《绒花计》，薛凤池、马德来、朱玉康、张玉山《连营寨》。

叶德凤《百寿图》，范宝亭、薛凤池、朱玉康、张德俊《金雁桥》，小红元、姜春桂《举鼎观画》，杜云卿、赵广义《遗翠花》，张鸿宝、刘鸿升、刘永奎《洪羊洞》，杜云美、于报《送盒子》，尹红兰、蒋双奎、清客串《朱砂痣》，小小余三胜、九阵凤、马吉祥、朱玉康《乾元山·金光洞》。

因是年天津报纸多散佚，故自六月后余叔岩演出记录不详。

姜春桂《战盘河》，童子红《柴桑口》，小桂芬《庆顶珠》，赵紫云、范宝亭、薛凤池《莲花湖》，云金红、云金仙《马上缘》，白文奎、曹宝峰、蒋双奎《法门寺》，尚和玉、范宝亭、张德俊《艳阳楼》，小小余三胜、刘永奎《捉放宿店》，李吉瑞、张黑、九阵凤、张德俊、小幺六《卧虎沟》。

童子红《取南昌》，刘永奎、曹宝峰《大闹江州》，溜溜旦《忠孝牌》，金福仙、小幺六《双沙河》，小桂芬《凤鸣关》，云金仙、云金红《小放牛》，尚和玉、五阵凤、九阵凤《铁笼山》，小小余三胜、双处、张蕴秋、孙玉清《鼎盛春秋·文昭关·浣纱记·鱼肠剑》，张德俊《教场演操》，白文奎、范宝亭、薛凤池《三四本铁公鸡》，朱玉康《火烧向帅》。

一九〇八年（清光绪三十四年·戊申）十九岁

是年，余叔岩仍在天津演戏。

6月10日，汪桂芬卒于北京。

　　汪氏名讴，号美仙，字艳秋，又号叔坪，又号晏亭，小名惠成，人又多以大头呼之。行三，昆季三人，其兄惠元、惠恒均外行，原籍湖北汉阳府汉川县江川郡人，寄居京兆宛平，生于咸丰十年岁次庚申八月十四日酉时，其妻王氏大兴人，有女二人。桂芬之父，鼎鼎大名武老生、掌春台部汪年保，号雨楼，与任七十、杨月楼、俞润仙、谭鑫培等为同时人物。年保元配之妻吕氏，继室蒋氏，即翠云主人、名昆旦蒋兰香号芷沅之胞妹。桂芬自幼龄投入春茂主人昆生陈兰笙（号星垣）之门下，同门师兄弟如少主人名武生陈桂宝（号丹仙）暨青衣兼武旦韩桂喜（号凤仙）、花旦兼小生陈桂寿（蟾仙）。桂芬初学花衫兼老生，后改老旦，其最得意之戏，如《打杠子》《卖饽饽》《荡湖船》《扫地挂画》《女店荣归》《金马门》《醉写》《御林郡》《江东桥》《樊城长亭》《昭关》《浣纱记》《鱼肠剑》《五台山》《戏凤》《取帅印》《洪羊洞》《战长沙》《二进宫》《挡曹》《天水关》《捉放曹》《战成都》《钓金龟》《药茶计》《打龙袍》《母女会》《六殿》《长寿星》《女骂曹》等戏。自十八龄满师后，因哑嗓改场面，承鼎鼎大名文场面充大老板程长庚琴师樊三（号棣生）之衣钵。桂芬善识音乐，在三庆班效力，值程长庚末季时，樊三故后，该伶年甫廿三岁，给程长庚接充琴手年余，偷学程派腔调。嗣因家道中落，赋闲寄居师门春茂堂暨其执友韵秀主人尉迟韵卿处，立有聚泉山房汪寓，如遇各饭馆有人邀其拉胡琴，即藉此消遣。值光绪七年岁次辛巳七月二十八日，北城郎家胡同丙辰翰林礼部尚书余世丈昆腔大顾曲家宗室延树南宅作寿，招三庆班全包堂会，经徐小香、何桂山、杨月楼等介绍，与鄙人相识，均称此子文场面甚佳，故是日邀其充琴手，往西城红罗厂余金兰友顾曲家、壬辰进士、兵部郎中、奉天觉罗庆石臣宅作寿，招嵩祝成班堂会，余先同陈三福演《捉放曹》。桂芬充琴手甚佳，后因余执友名老旦梅竹芬，即今梅荣斋之祖，因病未到，临时烦其同鄜人演《打龙袍》。桂芬饰李后，腔调非常动听，颇受台下欢迎，蒙庆石臣赞赏，俟后即可改老旦，必能成名。嗣于闰七月初三日经春台班主俞润仙（即今振庭之父）要求鄜人介绍，邀其搭班，遂于是月初九日在广德楼登台，演《钓金龟》，初十日演《药茶计》，十一日演《六殿》，十二日同陈三福演《遇后打龙袍》，颇受台下欢迎。此后遂于十七日起在三庆园改演老生，如《黄金台》《战成都》《捉放曹》《长亭昭关》等戏。此其名震剧界之始也，且有程长庚复活之谣。该伶搭春台班有年，与班主俞润仙交友甚厚，有托妻寄子之谊。该伶于光绪十八年岁次壬辰八月间往申江数年，经班主俞润仙时常遣该班值事人张玉贵、赵锦荣、陆得山、高德禄等照管其家属。嗣于二十四年岁次戊戌闰三月，桂芬回京师，仍搭春台班，二年值二十六年岁次庚子京师大扰，该班报散。该伶总未搭班，专应外串堂会，有别号"八不见"之谣。因邀其演戏应允，后临时不见，而是以有此盛名也。嗣因二十八年岁次壬寅十月初十日，恭逢清孝钦显皇后万寿，传进升平署供奉内廷。后因该伶好道，晚年饰道服，自称"德生道士"，向不顾妻子儿女，伶界皆知之。离居东单牌楼米市大街甘面胡同西口内路北元通观，数年后因劳成疾，故于该观内，时年四十七岁，系光绪三十二年岁次丙午七月二十五日丑时也。

（退庵居士《故名伶汪桂芬传》）

按：汪桂芬卒年月日，世传为光绪三十二年（1906）农历七月二十五，但据孙宝瑄《忘山庐日记》及光绪三十四年内廷"日记档"，汪实卒于五月十二，即6月10日。文瑞图之文亦有误。

11月14日，清光绪帝卒；15日，慈禧太后卒。

12月2日，宣统帝即位。

一九〇九年（清宣统元年·己酉）二十岁

12月9—27日，谭鑫培赴上海，在沪演出于新舞台。

是年，余叔岩以"小余三胜"之名，在倍克公司灌制唱片《空城计》《碰碑》《打渔杀家》，并于当年因咳血自天津回京休养，始从钱金福学戏。

> 钱宝森先生说："叔岩跟我父亲（钱金福）学戏，是从他十九岁那年在天津吐血回京休息时开始的。初学时，叫他试走台步，发现叔岩有甩胯骨的毛病，就先给他治这种病。方法是用一根木棍，两手拿住两头，横靠腰间，这样走起来胯骨就不会甩了。叔岩在我家，每天走台步，又教他'前手、后手'等身段的基本原理，同时，教戏、教把子，指定由我陪他打把子。叔岩学玩意儿既有兴趣，又有耐心，就这样断断续续学了十年。"
>
> （梅兰芳《舞台生活四十年》第三集）

余叔岩在倍克公司灌制的《空城计》《托兆碰碑》唱片

一九一〇年（清宣统二年·庚戌）二十一岁

是年，余叔岩父余紫云卒。

　　按：余紫云去世时间，尚存光绪二十五年即1899年一说，今从果素英及余慧清回忆，当在宣统二年。

一九一一年（清宣统三年·辛亥）二十二岁

10月9日，上海《申报》广告，歌舞台夜戏有小小余三胜《钓金龟》；10月10日，上海《申报》广告，歌舞台夜戏有小小余三胜《四郎探母》；10月11日，上海《申报》广告，歌舞台夜戏有小小余三胜《白虎堂》。仅此三场。

此三场戏中"小小余三胜"是否为余叔岩，待考。

一九一二年（民国元年·壬子）二十三岁

2月12日，清隆裕太后颁布退位诏书，清政府统治结束。

3月10日，袁世凯就任中华民国大总统。余叔岩因与其子袁克定友善，入总统府担任随从武官，有时亦在总统府中登台演出。据薛观澜回忆，余叔岩曾在总统府堂会中为谭鑫培配演《四郎探母》之六郎。

　　余叔岩七年前曾在河南练兵，回京后曾得授文虎章。

　　　　　　　　　　　　　　（《时报》1920年10月2日第三版）

11月14—28日，谭鑫培携孙怡云、金秀山、德珺如、金少山等人在沪出演于新新舞台。

冬，余叔岩迎娶陈德霖之女陈淑铭为妻。

是年，余叔岩经陈德霖介绍，从陈彦衡学戏。

　　陈富年同志说："叔岩跟先父学戏是民国元年（一九一二年）

余叔岩岳父陈德霖

余叔岩之妻陈淑铭

开始的。那时他天天到西四牌楼受壁胡同我家上课。清早就来了，先哼腔，跟着上胡琴吊嗓，足足要用三个钟头的功，然后，我母亲下一碗面给叔岩吃了才走。叔岩也教我打把子，一同练功的还有钱宝森。他第一出学的是《托兆碰碑》，第二出《琼林宴》，第三出《失街亭·空城计·斩马谡》。先父觉得他天分极高，不但腔儿一学就会，对于出字收音，吞吐劲头都很能领会，也肯用心往深里钻，所以教得很有兴趣。当他学会了《琼林宴》以后，我父亲叫他上台试试看。叔岩因为嗓子没有把握，不敢唱。我父亲就鼓励他说：'我给你拉胡琴，保险砸不了。'就介绍他在彦明允家堂会中首次演出《琼林宴》(《问樵闹府·打棍出箱》)，先父为他操琴，那天还有谭派名票王君直的《托兆碰碑》，也是先父操琴。演出后的舆

陈彦衡（右二）、余叔岩（右三）、丁吉甫（右四）、陈富年（右一）在陈宅合影

论：叔岩的嗓子虽不如王君直的清亮腴润，但唱做结合得好，《琼林宴》胜过《碰碑》。以后叔岩又陆续学了《捉放曹》《卖马》《桑园寄子》《连营寨》《八大锤》《探母回令》《武家坡》《击鼓骂曹》《定军山》《战太平》……十几出谭派戏的唱腔。"

（梅兰芳《舞台生活四十年》第三集）

一九一三年（民国二年·癸丑）二十四岁

1月11—17日，谭鑫培在沪出演于新新舞台。

1月18日《申报》广告，新新舞台夜戏有"北京客串"小余三胜、曹甫臣《空城计》，戏码排在倒三，大轴为麒麟童《独木关》，仅此一条。"小余三胜"是否为余叔岩，待考。

3月，在李准（字直绳）家演堂会，剧目有丁吉甫《落花园》，王君直《碰碑》，恩禹之、程继仙《群英会》，梅兰芳、王蕙芳《虹霓关》，余叔岩、黄润甫、金秀山、刘春喜、王长林《空城计》，陈彦衡操琴。

　　按：此次堂会陈彦衡在《旧剧丛谈》中记在民国二年春间，查李准自订年谱，当在公历3月。

陈彦衡

民二春间，李君直绳宅中堂会，挽余为提调一切。是日之剧，票友内行参半，有丁吉甫《落园》，王君直《碰碑》，恩禹之、程继先《群英会》，梅兰芳、王蕙芳《虹霓关》。最末则叔岩《空城计》，外串金秀山司马懿、黄润甫马谡、李顺亭王平、王长林老军，凡老谭配角，应有尽有。此剧上场，已逾午夜，坐客观至终剧无一去者，而叔岩之名遂喧腾于众口矣。叔岩天资聪颖，模拟谭派颇具形似，惟才力薄弱，鑫培之精采沈着处殊不能到。其加入春阳友社，与票友串演时，正刻意追随老谭，颇见进境。

及后成名，唱法身段每好自出心裁，随意增易，谭氏规模相去越远。然较之他人，路数犹为纯正，故以今日之须生而论，叔岩可谓铁中铮铮者也。

（陈彦衡《旧剧丛谈》）

一九一四年（民国三年·甲寅）二十五岁

春，樊棣生成立春阳友会，地址在浙慈会馆，特邀钱金福、姚增禄、鲍吉祥、李顺亭、王荣山、曹二庚、律佩芳、诸如香等来此授艺和指导排练。陈德霖、王瑶卿、梅兰芳、姜妙香、姚玉芙、刘砚芳、余叔岩等以会员身份参加活动。红豆馆主、卧云居士、郭仲衡、言菊朋、包丹庭、朱琴心、王又荃、贾福堂、松介眉、张小山、蒋君稼、赵子仪、恩禹之、乔荩臣、世哲生、林钧甫、铁麟甫、李吉甫、柏心庭、孙庆棠、赵翰卿、樊杏初、许松庭、文一舟、潘致忱、周裕庭、钱仲明、邱伯安、沈云阶、陈远亭等名票均在该处活动。

　　樊棣生先生说："一九一三年（民国二年），我们在李经畲、丙庵父子家里聚会，有王君直、陈彦衡、程继仙、金仲仁等，还请了王长林教《琼林宴》《审头刺汤》《群英会》等戏。余叔岩也常来一起研究。民国三年，我发起成立春阳友会，叔岩是创办人之一，李经畲是名誉会长，还聘请梅兰芳、姜妙香、姚玉芙等为名誉会员。地点在三里河东大市浙慈馆，没有电灯设备，每逢星期日白天彩排，所用班底方洪顺、汪金林、白年、律佩芳、诸如香、曹二庚等，大半是当年在同庆班陪谭鑫培唱戏的老人。检场刘十也是傍谭多年的老手，他还带了徒弟贾文会来一同做活，小贾以后就傍上叔岩。

　　春阳友会彩排，戏票只收铜元十枚，不对外，购票须会友介绍，每场要开销五十几元，但收入只有三十几元，其余由我垫出。如遇堂会、义务戏收入较多，就另约钱金福、王长林、李顺亭等参加。当时叔岩学谭很用功，他指定要这些人陪他唱，我们也觉得他有出息，就照他的意思约角。叔岩在春阳友会前后四年光景，起头因为嗓子没有复原，遇到义务戏，有时在前面唱一出。以后嗓子好转，就大半唱大轴或倒第二。叔岩是个有心胸的人，可也真机灵。他虽然拜了谭老，但许多谭派戏都是听会的。他一边听，一边跟陈十二爷、王四爷（君直）研究腔儿、字儿，请钱金福、王长林说身段做派，甚至向检场、上手请教。走票时，这些老先生陪他唱，打鼓是耿五和我，胡琴是李润峰、龚静轩，堂会里陈十二爷也给他拉过胡琴，以后王四爷介绍李佩卿，他从此就傍上叔岩。叔岩在春阳友会连学带

前排左起：陈德霖、龚云甫、王长林、钱金福
后排左起：叶庸方、张荣奎

练，就渐渐红起来了。

王荣山谈起叔岩在"春阳友会"走票时的情况说："那时叔岩的境况是相当艰苦的，上辈传来的一些房产古玩，弟兄几人分家后，坐吃山空，而学戏是要花钱送礼的。手头一天比一天困难，他的夫人陈氏（按：即陈德霖的女儿）把首饰变卖了供他求学。叔岩有时为了学戏练功，怀里揣着两个卷子（面粉做的）充饥，甚至一夜不回家，就在会馆门洞里的马凳上睡一觉，五更起来，接着到窑台喊嗓。"

我说："您说到这里，我想起民国初年，有几次去叔岩家里，总看见他在练功。有一次是冬天，他把凉水泼在地下，让它凝结成冰，他就扎着靠，穿厚底靴，在冰上'起霸'跑'圆场'，为的是在最滑的地面上，能够行动自如，到台毯上就不会出事故，遇到新台毯，就更见功效。"

王荣山接着说："我那时也因倒仓休息，与叔岩一同练功喊嗓，同听谭老板的戏，分工记忆，彼此交换。叔岩每天忙得很，一天的时间都排得严严的。早晨溜完嗓，就找裘桂仙调嗓。

按：裘桂仙早年唱铜锤花脸，一度嗓音失润，改拉胡琴，曾为谭鑫培伴奏，以后嗓又恢复，重登舞台，晚年与余叔岩合作。裘起得晚，叔岩捶裘的脚叫醒他，裘起床后，也不漱洗，拿起胡琴就给他调嗓，往往一口气连唱两三出。开头唱二簧，当中西皮，最后仍归二簧，每次总有一出《上天台》，大家给他起个外号"余三出"。

（梅兰芳《舞台生活四十年》第三集）

10月14日，谭鑫培在文明园演《举鼎观画》。

10月15日，谭鑫培在文明园演《桑园寄子》。

10月16日，谭鑫培在文明园演《捉放曹》。

10月17日，谭鑫培在文明园演《八大锤》。

10月18日，谭鑫培在文明园演《战太平》。

10月19日，谭鑫培在文明园演《击鼓骂曹》。

12月27日，谭鑫培在天乐园演《别母乱箭》。

一九一五年（民国四年·乙卯）二十六岁

1月10日，余叔岩、陈德霖等人赴彰德袁世凯家演堂会，第一日剧目为《雁门关》《落花园》《浣花溪》，第二日剧目为《孝义节》《探母回令》《虹霓关》《黄鹤楼》。谭鑫培是否同往河南，待考。

谭鑫培前在第一舞台呈演义务戏三日，因年纪较长，甚觉劳累，兹闻得数日之休养，精神照常，月之十日为袁大公子之招待，同陈德霖、王蕙芳等乘京汉火车前往河南矣。

（《谭鑫培赴河南》，《顺天时报》1915年1月13日）

名伶陈德霖、王蕙芳、金仲仁、小小余三胜、姜妙香、谢宝云、慈瑞泉、李春林等，经王文卿君介绍，上月赴彰德演剧，曾志他报，现陈等已于日前连翩返京。闻此次在彰德大总统家内共演剧二日，第一日《雁门关》《落花园》《浣花溪》，第二日演《孝义节》《探母回令》《虹霓关》《黄鹤楼》，并闻陈等此次演剧，所得戏资极多。惟金仲仁极为袁寒云君优待，临行时晤谈许久，并赠尺头两卷，银洋一百元，特派一队官，送至彰德车站始回云。

（《群强报》1915年1月17日）

2月5日广德楼义务夜戏：

王荣山《卖马》，小荣升《奇冤报》，李鑫甫《战太平》，姜妙香《监酒令》，俞振庭、姚宝森《艳阳楼》，余叔岩《打棍出箱》，路三宝、王蕙芳《樊江关》，梅兰芳、时慧宝、王凤卿、高庆奎、谢宝云、陈德霖《四郎探母》。

是日，谭鑫培、汪笑侬、王瑶卿、吴彩霞、刘春喜、慈瑞泉、王长林在丹桂园演夜戏《珠帘寨》。

8月23—9月4日，谭鑫培末次赴沪演出，在九亩地新舞台。

9月15日，《青年》杂志在上海创刊，陈独秀任主编，新文化运动拉开序幕。

9月30日会贤堂堂会：

全班合演《天官赐福》《百寿图》《大回朝》，钱仲铭《长寿星》，许德义《蟠桃会》，赵玉卿《岳家庄》，贾福堂、松介眉《遇后》，乔荩臣、王华甫、陈远亭《落马湖》，柏心亭、赵芝香《探母》，慈瑞泉、诸如香《荷珠配》，恩禹之、赵芝香《浣纱记》，许德义《铁笼山》，顾赞臣《捉放曹》，恽薇孙《审头刺汤》，书子元《探阴山》，董伯平《凤鸣关》，诸如香、慈瑞泉《小放牛》，陈远亭、松介眉《雪杯圆》，恩禹之、德振庭、贾福堂《群英会》，章小山、王长林《小放牛》，王君直《击鼓骂曹》，鲁俊卿《落花园》，余叔岩《打棍出箱》，张小山《五台山》，郭仲衡《取成都》，梅兰芳、姜妙香《玉堂春》，言菊朋、章小山《武家坡》，九阵风《演火棍》。

11月18日，谭鑫培、黄润甫、李连仲、李顺亭在文明园演日戏《失街亭》。

11月19日，谭鑫培、王长林、俞赞庭、俞振庭在文明园演日戏《清风亭》。

11月20日，谭鑫培、王长林、李连仲、李寿山在文明园演日戏《问樵闹府》。

11月21日，谭鑫培、罗百岁、黄润甫、王长林、李顺亭、迟子俊在文明园演日戏《辕门斩子》。

民国四年，老谭贴演《辕门斩子》。这本是刘鸿声的拿手戏之一，谭久未演此戏，大家知道此老好胜，必有可观。许多研究谭派的人如红豆馆主（溥侗）、陈彦衡、言菊朋……都到场观摩。叔岩约了恒诗峰同看。那天，谭的唱腔、做工，异常精彩，与刘鸿声迥不相同，见宗保、见八贤王、见佘太君、见穆桂英，神情变化，层次分明，并且处处顾到杨延昭的元帅身份，大家觉得耳目一新，不暇应接。叔岩看完戏就约恒诗峰到正阳楼小吃，在吃饭时，恒诗峰看他心不在焉地嘴里哼腔，就问他琢磨什么？他说："刚才《斩子》里那句：'叫焦赞和孟良急忙招架'，我觉得'和孟良'的腔很耳熟，仿佛在哪儿碰到

过。但一时想不起来。"饭毕,同到余家聊天,叔岩躺在炕上,还是翻来覆去研究这句腔。

第二天,恒诗峰又到余家去串门,叔岩从客堂里迎出来,带笑拍着手对他说:"昨儿那个腔,我找着准家啦,敢情就是《珠帘寨》里,李克用唱的'千里迢迢路远来'的腔移过来的。"接着就把"和孟良""路远来"两个腔对照着念给恒诗峰听。叔岩还说:"谭老板的腔所以难学,就是拆用巧妙,他把七字句的末三字,挪到十字句的当中,所以不好找了。"

(梅兰芳《舞台生活四十年》第三集)

是年,余叔岩拜谭鑫培为师。

按:关于余叔岩拜谭鑫培为师的时间,现存史料有1914年、

谭鑫培

1915年、1916年三种说法。今从石印本《余叔岩》记载并薛观澜、余慧清、陈富年等人回忆，当在1915年，陈富年回忆拜师时间在谭鑫培自沪归来之后，经余叔岩义父总统府王文卿介绍。

是年，余叔岩长女余慧文出生。

一九一六年（民国五年·丙辰）二十七岁

1月5日，谭鑫培、李寿山、李顺亭、赵芝香、李寿峰、唐何亭在吉祥园演日戏《南阳关》。

1月6日，谭鑫培、王长林、黄润甫、李寿山、李敬山在吉祥园演日戏《问樵闹府·打棍出箱》。

《南天门》谭鑫培饰曹福，王瑶卿饰曹玉莲

1月7日，谭鑫培、陈德霖、李寿峰、李寿山、迟子俊、罗福山在吉祥园演日戏《南天门·走雪山》。

1月8日，谭鑫培、程继先、黄润甫、谢宝云在吉祥园演日戏《八大锤》。

3月27日浙慈会馆春阳友会日戏：

佚名《审刺客》，耿百岁《下河南》，陈远亭《托兆碰碑》，庄肃侯《打侄上坟》，恩禹之、赵芝香《审头》，郭仲衡《鱼肠剑》，余叔岩、世哲生《连营寨》。

6月4日，谭鑫培、郝寿臣在文明园演日戏《空城计》。

6月5日，谭鑫培，王长林在文明园演日戏《奇冤报》。

6月6日，谭鑫培在文明园演日戏《击鼓骂曹》。

是日，袁世凯去世，黎元洪出任大总统。

10月22日，谭鑫培、李连仲、李顺亭在第一舞台演夜戏《失街亭》。

10月23日，谭鑫培、贾洪林、李连仲在第一舞台演夜戏《碰碑》。

11月12日，谭鑫培、贾洪林、李连仲在第一舞台演夜戏《捉放曹》。

11月13日，谭鑫培、陆杏林、谢宝云在第一舞台演夜戏《状元谱》。

11月15日，谭鑫培、李连仲在第一舞台演夜戏《击鼓骂曹》。

12月2日，谭鑫培、陈德霖在第一舞台演《御碑亭》。

一九一七年（民国六年·丁巳）二十八岁

1月9日，谭鑫培在吉祥园演日戏《碰碑》。

1月12日，谭鑫培、梅兰芳在广和楼演日戏《汾河湾》。

时场外方演《孝义节》，陈德霖尚未出幕，亦与听花相见叙旧。一面周旋，一面随铁庵引导至谭伶化妆处，为一小室，宽仅三尺余，长亦不盈丈，中横一小桌，一桌置一镜，桌后置一小皮椅。余等入，铁庵与谭唱喏问讯，谭随离座肃，余及听花就坐，颇极殷恳，余及听花恐碍其化妆，踌躇就坐而已。听花与谭素相识，爰为余介绍谭为乡人，颇生乡土之感。余习闻人言及报纸所载，每云谭为黄陂或应山人，当以籍贯询之，悉其乃江夏籍。询其曾回故乡否，答云曾于二年前往汉，就近渡江□视一次。问春秋几何，答以七十有一年矣。言际似不胜韶华之感者，其耳目口齿均极健康，遂以"如君强健或当寿至期颐"慰之。谭云"上寿所不敢望，吾之志愿，但期于此国家多事之秋，马革裹尸亡于行阵间足矣"。余方讶其言，谭旋云"余辈伶人，岂真有阵亡之理，以如是暮年，有时袍笏登场，一气不来，岂非阵亡之实现乎"。余及听花闻之，为之解颐不置。余云"以君暮年，长日登台，颇觉困怠否？"谭云"以现在精力，难能常演，如做工过于吃力之剧，则为精力所限未敢冒昧尝试之。即如日昨天津孙家鼐相国之孙某作寿，托人约我赴津演《探母代回令》全本，此剧场面及跪拜几逾十次，且以如此严寒，更未敢远道赴津，却之，孙宅，乃改就顺治门大街江西会馆为称觞演剧之所，至剧目则临时再定。并云今日吉祥之剧，亦系为同业年关生计起见"。余云"老板之所以倾倒五城者，非仅以剧事见称，人实半为重义所致"。谭闻之色笑且云"前此安徽义赈，余少尽义务，竟蒙大总统奖以金质徽章，实增惭愧"。余云"留声机中所有，《探母》及《战太平》两出，能将当日杨延辉富贵而故乡，花云为国忘家种种神气和盘托出，实系声华并茂之作，绝非鸿声辈所能窥其万一"。谭云"《战太平》一曲，演者非置身剧中，不能得其神似，最为难工，《探母》等剧犹其次焉耳"。语至此，打雁之丁山已出场矣，跟包某扶谭出化妆室，谭举手示与余等为礼。旋见兰芳妆毕，向谭请安，谭以小子好运等语谓之，复戏索杭州褙料等土产（梅时新由沪杭回京）。

（《新春一日游记》，《顺天时报》1917年1月17—18日第五版）

1月28日总统府堂会戏：

朱桂芳、许德义《蟠桃会》，贾洪林、王蕙芳《戏凤》，王凤卿《文昭关》，刘鸿升、路三宝、龚云甫、小余三胜、王瑶卿《全本穆柯寨》，梅兰芳《醉酒》，谭鑫培、萧长华《清风亭》，杨小楼、贾洪林、朱幼

芬、郝寿臣、姚玉芙《长坂坡》。

2月10日（旧历正月十九日），余叔岩业师姚增禄去世，享年七十八岁。

2月22日，李鑫甫逝世，终年三十五岁。

剧界称文武兼擅昆乱不当者，首推谭鑫培与王福寿。谭、王外当以李鑫甫为继起第一人物，鑫甫生平凡谭能演者，渠无不能演，勿论挂髯与否扎靠与不扎靠，概能擅长，且绿袍戏如《水淹七军》《古城会》等出与王鸿寿相颉颃，为余最倾慕之脚色也。

上载李伶由外埠返京，目睹男伶界之颓败，忧而成疾，数月医药罔效，竟于月之廿二日溘然长逝，哀哉痛哉。

鑫甫小字库儿，现年三十五岁，老生李寿峰、花脸李寿山之弟也。幼演老生，倒嗓后改演武生，嗣兼演文武老生、做工老生、红净诸工，如《定军山》《阳平关》《战太平》《九更天》《庆顶珠》《刺巴杰》均其得意妙剧也。搭同庆时声誉正红，隶谭氏部下，谭极器重之认为义子，其最精戏即为谭之所传也。搭长春鸿奎班，名望尚佳，后由外江归京，而文明而同乐，日渐退化，声价日落。然识鑫甫之真能为者，始终欢迎。鑫甫一生，恃才傲物，为同业所忌，知鑫甫者莫如俞振庭。今其死矣，吾知振庭骤闻凶耗，必为之流涕也。

（隐侠《哀李鑫甫》，《顺天时报》1917年2月26日第五版）

3月3日，谭鑫培与陈德霖在吉祥园合演《南天门》。

陈富年同志说："谭老与陈老夫子在吉祥园合演《南天门》。适先父去沪未归，我一人去听戏找不到座。那时吉祥还是茶园式，每桌六人，可以包桌，叔岩托他岳父留了一张桌在'小池子'里，他邀我到他身旁坐下。座中有谭派票友王君直、莫敬一。那天，陈德霖唱第一句帘内〔导板〕：'急急忙忙走得慌'，嗓音满宫满调，唱腔迂回曲折，得了一个满堂彩。人家觉得老谭怕要相形见绌，哪知他在第四句'虎口内逃出了两只羊'特别卯上，使炸音，高亢雄健，出人意表，观众的彩声超过了前面的导板。当时叔岩对我说：'谭老板的本钱真足，我可不能照他那么唱，悠着点儿才保险。'（徐兰沅先生说：'那次《南天门》是我拉的，虎口下不唱'内'字，而代以'哦'的衬音，比'内'字更难唱。谭的嗓子高音宽亮，所以可贵。我为谭拉《南天门》前后三次，吉祥是末一次。'）当曹福唱到'轻轻刺破红绣花鞋'忽然下面加了四个字（是'跨句'性质，例如《珠帘寨》里'贤弟休回长安转，就在沙陀过几年'下面又跨上'落得个清闲'），仓促间都未听清楚，叔岩得意地说：'我听出来啦，是"好把路挨"四个字。这句加得好，不但腔儿收得有味，并且把"刺破绣鞋"是为了好赶路的道理也讲清楚了。'以后，叔岩就照这样唱，成为准词。其实谭老生平只唱过这一次，先父听谭戏最多，可是没有听到，后来我把那天的情形告诉他，他说'叔岩可谓有心人'。"

（梅兰芳《舞台生活四十年》第三集）

3月4日，谭鑫培在吉祥园演《洪羊洞》。

3月5日，谭鑫培之孙谭升格（即谭富英）经过听花、文瑞图等人中介，入富连成科班学戏。

阴历二月二十二日，为谭君鑫培七孙、小培长子升格迁入富连成社就学之吉辰。是日天朗风和，埃尘不起，盆梅放香，林鸟和鸣。上午九钟，余因负两中保之资格（退庵居士此晨有事不能来会，昨晚寄信特托余代理），乘车出城。迫至大外廊营谭宅门口，有升格出迎，导入内室。小培及夫人并道寒暄毕，闲谈少刻，茶点心备陈。余与小培特于其夫人面前谆戒升格，入社以后宜孜孜勤学，以期大成，而显家门。誓勿浮夸怠慢，荒于艺事。升格正襟俯允。至十钟十分，升格辞别乃母，乃母颇有惜别之意，盖此亦人之恒情耳。余以吉事可庆慰释之。遂与小培拉升格出门，共坐车赴富连成社，至则社长叶君鉴贞、教员萧君长华出迎，入室茶叙。少焉，叶君导升格至神牌前，余等随之。升格恭供香火，行跪礼，余等继之，升格又跪拜，于叶君及余之前行礼。礼毕，叶引导余等入升格住房及各室仔细参观。时正亭午，余等将兴辞他之，忽被叶君招车赴煤市街致美斋午餐，一钟半乃偕

《南天门》谭鑫培饰曹福、王瑶卿饰曹玉莲

赴广和楼。云闻此日下午二钟,小培携带日用品数件再赴富连成社,以供升格日用。其新制之寝具系退庵居士所赠,其意在表微意并为纪念。并闻升格入社隶籍三科,其学名曰富英,盖取诸社名及谭氏堂号(堂号曰英秀)云。

(辻听花《谭升格就学记》,《顺天时报》1917年3月18日第五版)

3月15日,吉祥园日戏,谭鑫培演《捉放曹》。

3月24日浙慈会馆龙泉孤儿院特请春阳友会全体会员筹款日戏:

松介眉、乔荩臣、恩禹之《岳母刺字》,世哲生、广仲虎、潘治臣、孙庆堂、林钧甫《安天会》,余叔岩、贾福堂、陈远亭《击鼓骂曹》,赵翰卿、孙庆堂、潘治臣《挑滑车》,郭仲衡、铁林甫《举鼎观画》,柏心庭、程砚秋《朱砂痣》。

3月25日浙慈会馆龙泉孤儿院特请春阳友会全体会员筹款日戏:

铁林甫、林钧甫、钱仲明、文郁周《岳家庄》,合演《四五花洞》,余叔岩、贾福堂、周裕庭《问樵闹府·打棍出箱》,世哲生、林钧甫、潘治臣、莫敬一《铁笼山代探营·草坡》,郭仲衡、孙庆堂《取成都》,恩禹之、乔荩臣《马鞍山》。

票价:楼上堂客五十枚,楼下官客四十枚。

4月1日,福州火灾义赈夜戏,谭鑫培演《捉放曹》。

4月8日,那家花园欢迎陆荣廷堂会,谭鑫培演《洪羊洞》,为其最后一场演出。

江宇澄等二百余人公请陆荣廷号幹卿督军,借余花园演戏,余亦作客,宾主畅聚,寅时始散。

(《那桐日记》1917年4月8日)

谭老原定演《碰碑》,是日因有采薪之忧,拟告假。于是某某军官大怒,急饬传谭到场,不问其有病无病也。移时有一武勇之军人乘摩托车请谭老来,其老朽龙钟,如起诸九泉者,然观其状,的确有病,遂将戏码改为《洪羊洞》矣。

（《星期日那宅剧场之形形色色》，《顺天时报》1917年4月11日第五版）

5月10日，谭鑫培逝世，享年七十岁。

5月12日，余叔岩参加谭鑫培接三仪式。

　　二十二日为已故老友谭君鑫培接三之辰，是晚八钟，余偕退庵居士前赴谭宅致祭。余等入门正值预备送库，颇极拥挤。迨进入礼堂，灵几之上香烛彩花，供献完备。族人戚友，严肃侍守。居士先行参拜，并继而抚棺恸哭曰：余亦将死。余行礼表哀，以巾拭泪毕，急拉居士进入别室，时有许多相识恭迎优待。余入室倚椅，泪又潸然而下，肠殆寸裂。盖今兹坐处，即一月十四日余与谭君握手畅谈之地，英秀堂匾额依然在望，几行桌椅陈列如昨，今一切物件俱用白纸封之。曾几何时，谭君杳然作古矣，且余所携之吴铁庵亦远在营口矣。余凭椅而坐，不禁精神恍惚，茫然如梦，始知人生世间如白驹过隙。继而送库之时至矣，余出室进礼堂前，小培君素衣跪礼，余默然回礼。适有升格（富连成社学名曰谭富英）进来曰"辻先生"。斯时余心之恸益不可遏，皇皇然如有所失，无言可对，仅握其手而已。纸库送毕，余即归寓。闻是晚来宾，剧界人数甚众，兹将所知开列于后：侯幼云、路玉珊、王琴侬、刘鸿升、李顺亭、田际云、时慧宝、德珺如、刘景然、贾洪林、刘春喜、张淇林、李寿峰、朱文英、胡素仙、吴顺林、王月芳、吴彩霞、王凤卿、田桐秋、程继先、梅兰芳、李宝琴、俞振庭、陆杏林、迟子俊、杨小楼、杨孝亭、王长林、孙佐臣、姚佩秋、冯蕙林、王蕙芳、乔慧兰、李连仲、陈德霖、王福寿、陈文启、张彩林、余叔岩、陈子田、诸如香、孙藕香、张宝昆、许荫棠、许德义、贯增、龚云甫、王瑶卿、茹莱卿、黄润卿、金仲仁、王金林、陈福胜、叶鉴贞、萧长华、钱金福、李寿山、陈桐仙、陈桐云、曹小凤等。

　　（辻听花《谭宅接三小记》，《顺天时报》1917年5月15日第五版）

5月29日，余叔岩参加谭鑫培伴宿送库仪式。

　　今日（阴历四月初九日）正值已故谭鑫培伴宿送库之期，下午五钟，余偕退庵居士前赴谭宅致祭。礼行毕，入室啜茶，仰见院内祭幛挽联高揭四壁，不知凡几，令人一望不觉泣下。各界人士（梨园行人最多）之来吊唁者，或相聚唏嘘，或围桌坐席，其数不下三百人。稍顷，余亦入席，迨六钟报起橮来，僧众奏乐先行，后有家族捧送金颗，余等亦相继鱼贯而出，过李铁拐斜街、樱桃斜街，出琉璃厂新开马路，更南至官菜院前空地，行送库礼。其家族匍匐道谢，众客始散，时正六旬半钟。是日赴谭宅之剧界人士，举余所知者大约如左：王瑶卿、王凤卿、朱幼芬、路三宝、吴彩霞、王琴侬、荣蝶仙、朱文英、陈德霖、王月芳、田桐秋、李宝琴、乔慧兰、贾洪林、李寿峰、杨小楼、茹莱卿、周瑞安、张淇林、叶春善、贯大元、吴铁庵、蒋明斋、姚玉珩、姚佩秋、姚佩兰、田际云、侯幼云、龚云甫、孙苾卿、陈古香、周小楼、商养农、王玉堂、余玉琴、吴顺林、陈文启、陈德霖夫人、德珺如夫人、王瑶卿夫人、梅兰芳夫人、朱幼芬夫人。张斌舫、岳书云、袁俊卿、侗厚斋、乐砥舟、诚裕如、祝惺元、化秀峰、随芝甫、殿朗轩。商养泉、刘鉴怀、张明泉、陈子芳、戒台寺达文、柏林寺澄海、贤良寺法安、观音堂广禅、白云观陈明彬、胡素仙、梅兰芳、诸如香、罗福山、陈琴芬、杨明全、俞振庭、刘春喜、杨韵芳、李顺亭、刘鸿升、许荫棠、刘仲伯、程继先、德珺如、金仲仁、陆杏林、果湘林、蔡和泰、范福泰、钱金福、余叔岩、李成林、迟子俊、李寿山、时德保、孟小如、萧长华、蔡荣贵、刘景然、郝寿臣、曹心泉、宋恩福、王福寿、迟月亭、张彩林、张宝昆、王长林、田宝林、王琴侬夫人、王月芳夫人、贾洪林夫人、茹莱卿夫人、张淇林夫人、姚佩秋夫人、侯幼云夫人、吴顺林夫人、迟子俊夫人、冯蕙林夫人、王蕙芳夫人等。

（辻听花《谭宅送库小记》，《顺天时报》1917年5月31日第五版）

5月30日，余叔岩参加谭鑫培出殡。

今日（阴历四月初十日）辰刻为已故谭鑫培灵柩出殡之期，余九旬半钟赴谭宅，见大栅栏观音寺李铁拐斜街一带人山人海，车水马龙，极为拥挤。入谭宅，先至谭君柩前行礼，后入小培君室茶叙。继

而出殡准备告毕，执绋诸客鱼贯出门。时已十一钟，挽联、宝盖、对子马、肖像等沿途排列，灿若云霞。次僧众奏乐先行，后有家族麻冠斩衣集于素幕下，徒步而行。次即灵枢，最后有堂客，素衣白车随之。余偕张君淇林同行，经李铁拐斜街、观音寺街、大栅栏至前门大街。伫立路旁，眺望葬仪，行列长约二里，街路两旁，观者如堵，各铺楼上亦皆有人俯视，途中拍照其光景者三处。三旬半钟，由骡马市大街南入丞相胡同，经官菜园安抵观音院，灵枢浮厝一静室内，恭备果菜捧花烧香，僧道喇嘛奏乐诵经。家族先行跪礼，戚友继之，余亦进前行三鞠躬礼，以为最后之诀别。礼毕，导众客入别厅就席吃斋。斋毕，时已五钟，余告别谭氏家族，出寺门驱车进城。是日梨园行人送殡者如杨小楼、贾洪林、陈德霖、王瑶卿、姚佩秋、朱幼芬等约百余人，颇极一时之盛云。

呜呼谭伶，剧界一艺员耳，今日出殡，其葬仪之盛，固有不如王侯者，然经过街衢约五六里之遥，路旁观众接踵摩肩，几无隙地。回忆清德宗皇后之大葬，以及袁项城之出殡，其盛况亦不过是。谭伶名望之大，从可知矣。

（辻听花《谭伶出殡小记》，《顺天时报》1917年6月1日第五版）

各界挽联：

> 西照已衔山，为子野特弄清歌，盗骨凄凉真绝调
> 南归曾几日，闻何戡竟成永别，回肠辗转不胜情——代陆巡阅使

> 老伶官不愧龙头，听咀嚼宫商，万国流传成韵事
> 弱女子也随骥尾，叹描摹钗扇，一时倾倒总浮名——刘喜奎

> 地老天荒大名长在
> 山颓木坏吾道其孤——梅兰芳

> 天产异人，为梨园空前绝后
> 世称一派，兴戏业述古编新——王又宸

> 绝响遏行云，此日竟归天上有

留声满寰海,他年益信古来稀——**祝惺元**

省铎名振宇宙,荣光宜不朽

余韵声昭退迩,英魂竟趋冥——**余润卿**

燕山萍水,同是童年,往事真如一梦过

乐府霓裳,竟成绝响,故交尚有几人存——**李毓如**

此曲几回闻,人间绝响广陵散

暮春三月尽,江南忍忆落花时——**溥侗**

奇才吾楚多,叹三世衣钵互传,因缘香火

绝调广陵散,有几人绛帐入座,痛哭春风——**余叔岩**

齿高德邵,思霁月光风,几杖雍容钦雅望

子孝孙贤,羡阶兰庭桂,箕裘绍述赖贻谋——**贾洪林**

君如天宝宫人,遗事重谈伤白发

我亦贞元朝士,泪痕无限湿青衫——**傅岳棻**

(《顺天时报》1917年5—6月第五版连载)

6月,在岳父陈德霖的组织下,余叔岩重回天津演出。

6月15日天津升平舞台夜戏:

"小小余三胜"大轴《问樵闹府·打棍出箱》。

6月21日天津升平舞台夜场:

"小小余三胜"大轴《周梁桥》。

6月24日天津升平舞台日场:

"小小余三胜"压轴《罗裙计》,尚和玉大轴《战冀州》。

6月24日天津升平舞台夜场:

"小小余三胜"、陈德霖、麒麟童大轴《四郎探母》。

余叔岩嗓音失润时,不愿长期出台。天津为其旧游之地,迭次派人到平坚约,情不可却。怵于力薄,气味不合者,复难期合作。惟德霖以翁婿的关系,每次莅津,立即偕往,津人久耳其名,念之弥切,见其面有皱纹,未尝不吃吃而笑。及闻其圆润清亮之音,又一变而为欢呼声矣。丁巳之际,余陈在天津升平舞台出演,原议十日为期,最后之日

为《探母回令》，上座极佳，仅就德霖之装饰而言，已为津地所罕见。自始至终，处处皆由彩声。薛凤池力请再演五日，叔岩同意，德霖谓盛极而衰，若无好戏继其后，无异自讨无趣。凤池长跽以请，德霖只允候之于旅社，不能继续登场。次晚，叔岩、凤池之《阳平关》，吾偕季冶弟前往，池座减售铜元二十枚，观者尚不及三百人。叔岩舞刀绝妙，唱工亦可听。前台之武戏未告终，后台之武戏已起打。盖管衣箱者，窃去行头若干件，送入质库，作为嫖赌之资。叔岩亦失蟒靠等物。既经查明，不服责问，始而口角冲突，继而诉诸武力，乃仅演一日即止。或谓因无德霖之戏，叔岩独力难支，不能再行演唱。老夫子实有其胜人处也。自此以后，每年德霖必到津数次，收入甚丰。

（大方《豆棚瓜架·陈德霖》，《全民报》1931年5月29日）

8月22日第一舞台京兆水灾义务夜戏：

王荣山《战太平》，吴彩霞、胡素仙《五花洞》，杨小朵、路三宝《贪欢报》，余叔岩《打棍出箱》，许荫棠《打金枝》，黄润卿《卖身投靠》，高庆奎《镇潭州》，王瑶卿、龚云甫、高庆奎、王蕙芳、贾洪林《八本雁门关》，杨小楼、钱金福、小桂凤、郝寿臣《战宛城》。

8月23日第一舞台京兆水灾义务夜戏：

许荫棠、裘桂仙《取荥阳》，孟小如、胡素仙《御碑亭》，王凤卿、余小琴《朱砂痣》，余叔岩、郝寿臣《阳平关》，高庆奎、李顺亭《战蒲关》，王瑶卿、王蕙芳《天河配》，龚云甫、陈德霖《孝义节》，梅兰芳、姚玉芙、贾洪林、姜妙香《金山寺》，杨小朵、小桂凤、黄润卿、路三宝《四双摇会》，杨小楼《骆马湖》。

8月24日第一舞台京兆水灾义务夜戏：

许荫棠、高庆奎《黄鹤楼》，余叔岩、方洪顺《宁武关》，孟小如、胡素仙《二进宫》，小桂凤、黄润卿《鸿鸾禧》，时慧宝《桑园会》，杨小朵、朱桂芳、王长林《百草山》，王瑶卿、路三宝、金仲仁《得意缘》，王凤卿、王蕙芳、龚云甫、陈德霖《探母回令》，梅兰芳《千金一笑》，杨小楼《安天会》。

9月7日，余叔岩、陈德霖、裘桂仙、孙佐臣等人赴天津演出赈灾义务戏四天，有《打棍出箱》《二进宫》《孝义节》等戏。

10月5日—9日，余叔岩参加谭鑫培安葬仪式。

老伶谭君鑫培于本年阴历三月二十日逝世，屈指匆匆，行将半载，其灵柩暂厝于官菜园观音院内。日前为谭君灵柩正式下葬之期，是日余因事忙碌不能参列，兹就谭君小培所谈，特将其葬仪大略揭志如左，用为纪念。

民国六年阴历八月二十日早七钟，谭氏家族及诸戚友联袂出宅，到观音院向柩行礼，系用三十二杠换班。八钟由庙中起杠，出官菜园，经彰仪门大街西行至彰仪门内，北折出西便门沿城根北行，渐达西直门车站。时已十钟四十五分，十一钟灵柩由站上车，十一钟半开车，十二钟四十五分抵门头沟。下车徒步护柩，南越一岭，至苏家店行程仅十里，道路崎岖，行步颇艰，柩抵茔地，时已四钟五十分矣。

闻谭氏茔地原系戒台寺之庄园，光绪三十二年有老和尚妙公者赠之鑫培，建有碑碣，并非谭氏累世之茔地，又非谭氏自购者（如日前某报所载，该地系同仁堂乐氏赠与谭氏，全属误传）。盖鑫培在世与戒台寺关系颇密，每岁参诣烧香一次，历有年所（小培先祖父并未葬在此地，系于光绪十五年在永定门外老茔地下葬）。

灵柩至茔地内，暂停于席棚内。既而多数僧侣烧香诵经，谭氏家族先前行礼，戚友既而致祭。然后一同到戒台寺下院休憩。此地距戒台寺尚有十里山路稍离。次日即八月二十一日午时举行下葬仪式，烧香诵经无异昨日。

小培先母经民国二年已葬在此地，此次鑫培营葬于此，系属并葬。并闻该茔地内方圆十二亩，周围环有松树，老干槎转，浓荫蔽日；又有杨柳多株，颇有趣致。内有石路四通八达，坟前有石制祭桌，坟基为大条石，周围砌墙，并有石盖。所有大条石每条共有二千余斤，长一丈二三尺，厚七八寸，宽一尺五六寸。此外又用洋石灰撮合土做成，可以保险数百年。午后，诸事已完，有乘轿者，有骑驴者，均

往戒台寺休息云。二十三日早晨四钟小培君由山至苏家店茔地，五钟三十分（此乃下葬之第三日，谓之圆坟）用两个火烧加肉埋在坟前，又在坟前高叫三声，又围着坟墓三周，谓之叫门。叫门已后即走，百步以内不许回头，如有人回头一看即不开门矣。

葬事终后诸人即回戒台寺，惟因二十四日下雨，未能下山。二十五日午前十一点由戒台寺一同动身，下午二钟到长辛店，四钟半乘火车回京。并闻送葬亲友此次并未出帖请人，所以诸亲友多有未知者，今将所去者开列于后：王又宸、侯幼云、张淇林、刘树楠、毛文林、时慧宝、蒋明斋、路玉珊、杨小楼、田瑞山、贾洪林、余叔岩、陈德霖、姚佩秋、德珺如、吴彩霞、王长林、李成林等诸君。

以上所记，悉系小培君所谈。余聆毕之后感慨无量，不觉泣下，爰敬告九泉下之鑫培君曰：君子孙健康无恙，乞君其瞑目。且令孙升格在富连成社夙起夜寐，孜孜弗倦，将来承君之衣钵者，其升格乎！兹与鑫培君约明年清明佳节，余当斋戒沐浴，聊备清酌庶馐，往诣君墓，以吊君之灵魂云。

（辻听花《谭鑫培下葬记》，1917年10月17—18日《顺天时报》第五版）

10月5日—11月2日，《顺天时报》第五千号纪念，发起"剧界大王""坤伶第一""童伶第一"评选活动，共进行二十一期开票。其中"剧界大王"评选结果如下：梅兰芳第一，累计232,865票；余叔岩第二，累计42,552票；杨小楼第三，累计29,607票；刘鸿升第四，累计7,387票。"坤伶第一"得票最高者为刘喜奎，累计238,606票。"童伶第一"得票最高者为尚小云，累计152,525票。

暨自谭伶逝世，剧界大王承继问题迄无定论。诚以"鑫培之后无完伶"，斯固海内评剧家所同首肯也。然大王之席久悬，剧界不无群龙失首之叹。况以现今菊国之盛，人才蔚起，降格以求，当有人在。敝社将届五千号纪念良辰，兹拟举行菊选，以助兴趣。倘得同志赞许，则数月来剧界争执之问题，不难藉多数以为解决。至童伶、坤伶两界，均亦不乏名流，然若求一冠群之称，尚无定论。今一并征求众意，以奖励群伶，裨补风雅。海内同仁，尚望各抒伟见，无吝赐教是幸。

（辻听花《本社菊选之趣旨》，《顺天时报》1917年10月5日第五版）

11月6日，贾洪林去世，终年四十四岁。

贾伶号朴斋，小名儿贾狗，江苏常州府无锡县锡山郡人。其祖贾阿三号棣香，字树堂，为咸丰年间著名昆小生。其父贾大，名阿金，号渊亭，从事文场面，昆仲三人，次名老生号立川，又次工文场面号汇川。洪林母孙氏，名青衫孙八十号兰香之长女，即今名青衣陈德霖琴师孙老元号佐臣之胞妹。其妻陈氏即道光年间大名鼎鼎之昆老生陈金爵之重孙女，著名文武老生陈永年之孙女，光绪初元名昆小生陈

《桑园寄子》贾洪林饰邓伯道，陈德霖饰金氏，张荣奎饰邓元，张永成饰邓方

桂亭之长女。孙氏生子三，长洪林，次德林，再次文林，女二。洪林生于同治甲戌十三年，现年四十四岁。子一，名润官。洪林自十二岁为春茂主人、名文武昆乱老生陈丹仙名保儿之高足，能戏不下数百出，都人无不知之，且幼年搭四喜等班，唱作念均佳。其同门师兄弟如陈月秋、沈金林、夏凤林、靳香林、吴顺林、孟秋林，后投拜于谭伶鑫培者甚多，而贾伶独承其师训，从事歌舞，为做派老生中杰出之材。故于丁巳九月廿二日辰时，剧界老成又弱一个，都人士多惋惜之。

（退庵居士《故贾洪林之家史》，《顺天时报》1917年11月10日第五版）

11月27日，余叔岩参加富连成社叶春善之母送圣伴宿仪式。

是年，石印本《余叔岩》出版。

是年，余叔岩次女余慧清生。

一九一八年（民国七年·戊午）二十九岁

1月11日公府怀仁堂茶会：

余叔岩、王又宸、郝寿臣、李连仲、王长林、张文斌《空城计》，刘鸿升、姜妙香、王琴侬《草桥关》，王凤卿、李顺亭《文昭关》，梅兰芳、姚玉芙、高庆奎、李寿山《黛玉葬花》。

1月13日（农历十二月初二），杨宝忠迎娶杨少臣之女为妻，余叔岩赴杨宅参加典礼。

杨宝忠，号信臣（小小朵），已于阴历初二日与杨少臣长女结婚，举行大礼，曾志本报。是日下午五钟，余与退庵居士前赴该宅，既入彩门，瑞云缭绕，欢声满堂。余等恭申祝意，并列于筵末，偕众客举杯，大祝杨家前途之幸福。是日自晨至晚，门前车马络绎，宾客如云。除外行来宾不计外，其梨园同志到者大略如左：

陈啸云、陈嘉樑、何砚香、梅兰芳、王蕙芳、金仲仁、诸如香、吴顺林、陈德霖、陆金桂、陆凤琴、余玉琴、筱翠花、贯大元、朱文英、朱桂芳、茹莱卿、王琴侬、姜妙香、王瑶卿、王凤卿、朱桂元、荣蝶仙、梁华亭、周介宸、孟小如、德珺如、谭嘉瑞、谭小培、叶春善、周倚云、袁子明、罗福山、陈福胜、鲍吉祥、龚云甫、孙佐臣、李顺亭、张彩林、张宝昆、许荫棠、钱恩瑞、王月芳、耿仲臣、孙怡云、李宝琴、徐少珊、尉迟阑仙、余叔岩、陈鸿禧、田际云、崔松林、迟子俊、刘春喜、曹心泉、陆琴芳、张紫仙、时慧宝、李寿山、李敬山、田宝林、黄润卿、高士杰、高庆奎、钱五九、田桐秋、何振之、朱永龙、朱玉康、钱文卿、姚佩秋、姚佩兰、陈桐仙、陈桐云、慈瑞泉、万盏灯、刘凤林、赵芝香、曹慧仙、曹小凤、陈秀华、庄荫棠诸人。

（《杨宅贺客名单》，《顺天时报》1918年1月20日第五版）

1月15日总统府筵宴蒙古王公及清室贵族堂会：

陈德霖《探母》，王凤卿《文昭关·鱼肠剑》，王又宸《黄金台》，刘鸿升《上天台》，时慧宝、陈德霖、裘桂仙《二进宫》，郭宝臣、崔灵芝《回龙阁》，杨小楼、钱金福、尚小云《长坂坡》，余叔岩、王瑶卿、王长林《打渔杀家》，梅兰芳《天女散花》，杨小楼《安天会》。

2月2日天津中舞台夜戏：

"小小余三胜"压轴《周梁桥》，张少福大轴《盗银壶》。

2月18日天津中舞台日场：

"小小余三胜"压轴《打渔讨税》，尚和玉大轴《明末遗恨》。

2月18日天津中舞台夜场：

"小小余三胜"大轴《问樵闹府·打棍出箱》。

2月21日天津中舞台日场：

"小小余三胜"压轴《坠楼计》，尚和玉大轴《大反山东》。

2月21日天津中舞台夜场：

"小小余三胜"大轴《珠帘寨》。

2月22日天津中舞台日场：

"小小余三胜"大轴《五截山》。

2月22日天津中舞台夜场:

"小小余三胜"、尚和玉《战虢亭》带《哭灵牌》。

2月23日天津中舞台日场:

"小小余三胜"压轴《盗宗卷》,尚和玉大轴《少年立志》。

2月23日天津中舞台夜场:

"小小余三胜"大轴《托兆碰碑》。

3月8日堂会戏:

全班合演《大赐福》,陈荣曾《饭店认子》,侯玉山《惠明下书》,郝振基《火判》,白玉田《学堂》,陶显庭《劝农》,韩世昌《思凡》,侯益隆《送京》,王益友《夜奔》,韩世昌、白建桥、马凤鸣《游园惊梦》,梅兰芳、余叔岩、王长林、李连仲、汪金林、李敬山《庆顶珠》。

3月13日,许荫棠在北京逝世,终年六十七岁。

　　许氏名德普,字秋山,京兆大兴籍,生于咸丰壬子年十月十二日午时,故于戊午年阴历二月初一日未时,现居宣武门外棉花上二条。有子二,长全增,即名武生德义,次钧增,学文场面。孙一,明昌。荫棠自幼经营粮行,在东垻镇跑行市,票友出身,专学奎派老生。后于光绪辛巳七年三月二十一日在正阳门外大栅栏厚德福洋菜馆,投拜已故大名鼎鼎之名净穆凤山门下,又从名丑教师毓五(号鼎臣,别号玉五乱)为徒,能戏如《打金枝》《除三害》《银空山》《回龙阁》《乾坤带》《选元戎》《审刺客》《大保国》《二进宫》《捉放》《御碑亭》《黄金台》《八本雁门关》《四郎探母》《法门寺》《牧羊卷》《五雷阵》《桑园会》《天水关》《战北原》《黄鹤楼》《甘露寺》《美人计》《回荆州》《乌盆记》《赶三关》《取荥阳》《胭脂虎》《摘缨会》《铡美案》《五花洞》《全本混元盒》等戏,并受著名教师老生贾丽川、沈玉连之衣钵。嗣于光绪壬午八年四月由杨月楼、张玉贵(即名老生张喜子之弟)并鄙人介绍,与春台班主名武老生俞润仙(即菊笙)相识,因邀其搭班。遂于是年七月初四日出台,第一日在庆和园同穆凤山合演《取荥阳》,后在庆乐园同刘永春、孙怡云合演《二进宫》。又在广德楼同德珺如（官主）、汪桂芬（太君）、贾丽川（六郎）合演《四郎探母》，是日上座足有二千人之多，因此名震都门，乃有张二奎复生之谣，于以见许伶当日之盛名矣。

（退庵居士《许荫棠之略史》，1918年3月20日《顺天时报》第五版）

4月20日，刘春喜在北京病逝。

刘氏名嘉钰，号介臣，又号笛仙，又号瑞山，字仲元，行二，学名财宝，名才儿，晚年有"舍命刘"别号之称。京兆宛平人，生于同治五年岁次丙寅十二月初六日寅时，现年五十三岁，故于戊午年三月初十日丑时，十四日出殡。妻胡氏，子一女二，现居东珠市口大街铁香炉。自十龄师事西安义主人（掌春台部为大名鼎鼎名花衫）胡喜禄（号艾卿，又号丹芬）。光绪十年间，年甫十九岁初搭四喜班，学文武老生。受教师夏洪福、曹六之衣钵，与时小福、余紫云、叶中定诸人同场演戏。与王九龄并驾齐驱，有名小老生"假王九龄"之称。又搭胜春、同庆、宝胜和、太平和等班，能戏如《柴桑口》《官门带》《除三害》《牧羊卷》《战蒲关》《武家坡》《樊城·昭关》《醉写》《金马门》《骂曹》《清河桥》《取荥阳》《黄鹤楼》《二进宫》《芦花河》《采石矶》《探母》《御林郡》《挡将》《赶三关》《法门寺》《桑园会》《南阳关》《绵山》《白蟒台》《定军山》《阳平关》《下河东》《湘江会》《胭脂虎》《探庄》《雅观楼》《夜巡》《三岔口》《英雄义》《翠屏山》《庆顶珠》《卖马》《贾家楼》《镇潭州》《雄州关》《高平关》《昊天塔》《摩天岭》《对刀步战》等戏，后曾拜谭鑫培之门下，该伶善饮，有酒闹病，久未登台，卒因以殒命。噫！伶界又失一杰才也。

（退庵居士《故伶刘春喜略传》，《顺天时报》1918年4月26日第五版）

5月24日金鱼胡同那家花园中日实业公司堂会：

高庆奎、王蕙芳、王琴侬《四郎探母》，余叔岩、钱金福、王瑶卿

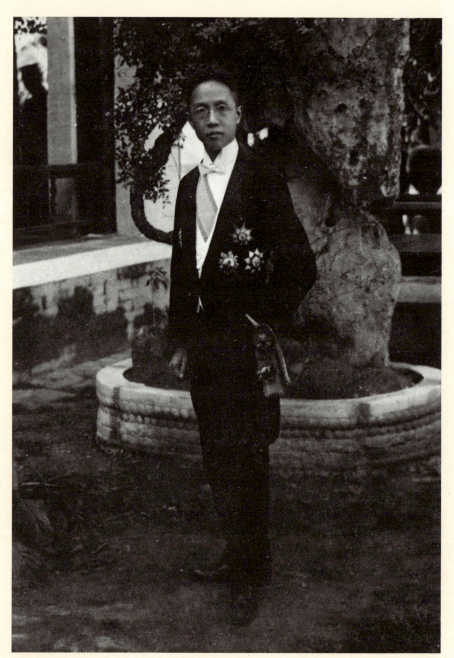

冯耿光

《珠帘寨》，杨小楼、李连仲、高庆奎、尚小云、钱金福《长坂坡》。

今日曹汝霖、陆宗舆、李士伟、仓知铁吉、冈部三郎、杨毓珹六君借予花园演剧宴客，请予戌刻小酌，观戏三出，子正散。

(《那桐日记》1918年5月24日)

5月26日金鱼胡同那家花园冯耿光太夫人七秩寿辰堂会：

全班合演《大赐福》，朱桂芳、周瑞安、迟月亭、许德义、朱湘泉、范宝亭《蟠桃会》，李顺亭《探营》，茹富兰《战濮阳》，侯益隆、韩世昌《惠明下书》，白牡丹、尚小云、程继先《虹霓关》，程砚秋、高庆奎《武家坡》，王蕙芳、程继先、张文斌《马上缘》，梅兰芳、王凤卿、姜妙香、李寿峰、姚玉芙、李寿山《跪池三怕》，杨小楼、王瑶卿、钱金福、李顺亭、李连仲、许德义、迟月亭《长坂坡》，王琴侬、时慧宝、裘桂仙《二进宫》，梅兰芳、陈德霖、王凤卿、尚小云、程砚秋、白牡丹、朱幼芬、贾碧云、芙蓉草、王蕙芳、王琴侬、姜妙香、程继先、朱桂芳、王长林、李连仲、李顺亭《满床笏》，刘鸿升、裘桂仙、郎德山《上天台》，贾碧云、慈瑞泉、陆金桂《打花鼓》，梅兰芳、陈德霖、朱幼芬、姚玉芙、李寿峰、李寿山、李敬山、赵芝香《麻姑献寿》，杨小楼、梅兰芳、余叔岩、俞振庭、王凤卿、朱桂芳、尚小云、程砚秋、慈瑞泉、李连仲、钱金福、范宝亭、许德义、俞华亭、李敬山《八蜡庙》。

冯祥光、冯耿光为其母作七旬寿，借余花园及海军联欢社演戏、宴客。余往拜寿，因人杂而回。

(《那桐日记》1918年5月26日)

戊午四月十七日，冯幼伟假金鱼胡同那琴轩宅为母作寿，昼夜演戏，以娱宾客。冯与伶界感情极洽，兰芳又非泛泛之交，几经商榷，决定网罗当时名伶，纳诸一剧之内，必绝后仅有而后快。或以合演《八蜡庙》之说进，幼伟领之，即以小楼为费德功，振庭为天霸，长林为朱光祖，后为傅小山，凤卿为施公，黄润卿为张桂兰，后为朱桂芳，钱金福为关泰，俞华庭为贺人杰，尚小云为小姐，程艳秋为丫鬟，高庆奎为院子，迟月亭为米龙，范宝亭为窦虎，李连仲为金大力，慈

瑞泉为费兴，李敬山为老道，张文斌为张妈。人才济济，真有千岩竞秀之妙。时鑫培已逝世，褚彪一角，非艺高望重者不克胜任，苦无适当合宜之人。班底为朱幼芬组织之班，武生周瑞安适在内。幼芬之意，即拟以瑞安为褚彪。惟瑞安非俞派嫡系，其艺又不足以登大雅之堂。幼芬小楼素亲近，先以此意告之，嘱为转达于众。众果不悦，皆曰：偌大之北京，竟无人能唱褚彪乎？使周瑞安而居众人之上，则此后之武戏，大可改为周戏矣。复有人曰：吾等宁不唱《八蜡庙》，开罪于冯六爷，亦不愿与瑞安并列。小楼亟止之。

众议纷纷，久而未决。小楼回顾金福云："似此，将如何？"金福云："吾自有法，特恐诸君性躁，拒不见纳耳。"众顾听命，请尽其词，金福乃云："谭老板既死，自有继承衣钵者在，余老三非其人乎？此剧之褚彪，近乎武老生，不以跳叫闹为贵，老三有幼工，饰褚彪颇合宜，诸君不以吾言为谬，当亲往说之。"众然其说，坚请即往。鑫培死已经年，叔岩嗓音未复，不敢遽然出台，盖缺乏自信力也。金福既得晤，叔岩以为不可，且久未出演斯剧，不无茫然之处，请俟考虑。金福云："是不难，汝愿任此，吾尽指导之责，一举成名，足以压倒侪辈，谭老板之地位，既归之于汝矣。"叔岩彻悟，不禁狂喜，亟愿承教。自是金福逐日至，并告知小楼振庭，业将叔岩约定。逾五日，叔岩艺成。金福又云："此剧有两点须注意，一、褚彪本无官职，在此剧中，纯系帮忙性质，戴鸭尾巾，穿古铜素褶子，始合情理。今人惟求悦目，竟穿香色蟒，较之施公之红蟒，尚超过之，是何异自封三齐王乎。二、谭老板之褚彪，与天霸双战费德功时，系老三见面，吾曾授之小楼。汝为谭之弟子，自当守之勿逾。"叔岩称是。届期，诸伶陆续至，叔岩仅演《八蜡庙》一出，又系列于大轴子，亦于昼间即到。时值初夏，天气渐热，晚饭后，时慧宝、陈德霖《大保国》，刘鸿升、裘桂仙《上天台》，相继登场。

叔岩小楼及武行中人，在院中闲话，金福口衔烟袋，独立不语，振庭急趋从外来，对众一笑，旋即扬眉吐气，大声高呼云："咱们说说《八蜡庙》哇?"小楼叔岩应之,当云:"回头咱们三个人打什么?"振庭答云:"三见面呀。"旁观则有云:"自然是打三见面。"小楼方欲有言,金福忽云:"你们打哪一个三见面呀?"振庭天性机警,一闻斯语,疑有他故,遂云:"哪个三见面呀?您何妨给我们说说呢。"金福乃口授指画,详为教导,果与普通所演者不同,观者极满意。斯剧经此组织以后,各堂会相继演唱,如三井洋行招待新闻界,梁财神演剧庆寿,均以《八蜡庙》为大轴子。

(大同《鼓瑟吹笙·记昔日之八蜡庙》,《全民报》1931年6月30日)

6月4日那家花园堂会:

剧目待考。

冯大总统、段芝泉总理差人来借予花园演戏,宴请两广巡阅使龙济光,政界萌昌等二十五人作主人,约予作陪。龙紫丞年五十二岁,云南蒙自人,善饮,极圆融。戌初到,演戏十四出,极佳,寅初散。

(《那桐日记》1918年6月4日)

6月8日兴隆街药行会馆达仁堂开幕堂会:

全班合演《财源辐辏》,李春林、方洪顺《药王卷》,侯益隆《嫁妹》,郝振基《打车》,王益友《夜奔》,韩世昌《佳期拷红》,朱桂芳、李顺亭、郭春山、许德义、朱湘泉、傅小山、王三黑、罗福山《夺太仓》,程砚秋《彩楼配》,白牡丹、程继先、李敬山、麻木子、裘桂仙《穆柯寨》,李桂芬、富竹友《武家坡》,李凤云《四杰村》,王又宸、李连仲、慈瑞泉《黄金台》,裘桂仙《御果园》,田桂凤、萧长华《送灰面》,俞振庭、迟月亭《艳阳楼》,时慧宝、尚小云《朱砂痣》,余叔岩、钱金福、慈瑞泉、王瑶卿、赵芝香《珠帘寨》,贾璧云《打花鼓》,王蕙芳、吴西禅、王凤卿、高庆奎、李敬山、杨韵芳、陈德霖、刘凤林、王丽卿、姜妙香、赵芝香《四郎探母》,杨小楼、钱金福、王长林、范宝亭、迟月亭、赵芝香、刘砚亭、朱湘泉、赵寿臣《麒麟阁》,刘鸿升、梅荣斋《上天台》,梅兰芳、姚玉芙、李寿山、高庆奎、李寿峰、朱玉龙

《天女散花》，余叔岩（褚彪）、杨小楼（花德雷）、梅兰芳、王蕙芳、贾璧云、朱幼芬、尚小云、荀慧生、朱桂芳（跑车十女）、迟月亭、李连仲、范宝亭、傅小山《溪皇庄》。

6月23日堂会戏：

全班合演《富贵长春》《百寿图》，占正亭、陈少武《风云会》，刘景然、方洪顺《开山府》，刘鑫泉、杨韵芳《打金枝》，朱桂芳、许德义、朱湘泉《蟠桃会》，孙砚亭、曹二庚《荷珠配》，张如庭、时玉奎、李顺亭《捉放曹》，沈华轩、李连仲、傅小山、慈瑞泉《恶虎村》，张如庭、福小田《黄金台》，白牡丹、陈桐云、曹二庚《贵妃醉酒》，沈华轩、李连仲、王长林《连环套》，时慧宝、吴彩霞、张荣奎、罗福山《朱砂痣》，郭仲衡、福小田《华容道》，龚云甫、扎金奎《徐母训子》，王凤卿、李顺亭《战成都》，尚小云《白蛇传》，谭小培、王长林《天雷报》，王瑶卿、王蕙芳、慈瑞泉《樊江关》，余叔岩、陈德霖《南天门》，时慧宝、时玉奎《上天台》，梅兰芳、姚玉芙、姜妙香《黛玉葬花》，刘鸿升《探阴山》。

6月26日，荀慧生与吴彩霞之妹举行结婚典礼，余叔岩赴吴宅道贺。

农历五月十八日为吴彩霞之妹与童伶白牡丹荀慧生举行结婚之佳期，是日午后五时，赴吴宅庆贺，车马盈门，来宾杂沓，祥云绕室，谈笑如涌。少顷，余与田桂凤、王月芳诸君同入雅座，共倾喜酒，逸兴颇浓。闻是日自晨至晚，戚友及内外行人赴吴宅贺喜者络绎不绝，颇极热闹，其中重要人物如左：

高士杰、福子昆、孙奎祥、陶玉政、乔慧兰、许德义、朱华亭、瞿光第、杨增鉴、黄玉亭、袁孝渊、刘砚芳、王瑶卿、杨森、王景禄、徐春明、李广福、何薇香、焦年琦、吴树泉、崔松林、高瑞峰、秦维瀛、侯德甫、罗文彬、朱文英、方应其、王长林、朱幼芬、陈葵香、陈宝铨、孟觐侯、钱文卿、朱德山、唐海亭、书三爷、李曾五、沈华轩、王又宸、姚秀岩、袁瑞山、刘海臣、雷振声、余叔岩、方文卿、孙怡云、安绍少、陈敷良、朱湘泉、陈子耀、刘景然、陈松斋、陈兆瑞、崔禄春、闫兰秋、王世昌、孙景泉、迟景福、冯润田、吴成芝、定二先生、王蕙芳、孟小如、何三爷、何六爷、李甫臣、江顺仙、迟子俊、包兴三、俞振庭、吕仁和、赵光彩、胡素仙、田桐秋、卢东半、时慧宝、汪月清、范德成、陈桐云、德丰堂韩、荀凤鸣、薛杰廷、王少田、周德胜、郭益棠、陈啸云、焦凤鸣、王月芳、穆成禄、刘鸿升、冯勇忠、陈祥林、杨钦三、薛固久、程启元、金蕙圃、骆建章、孙光通、陈嘉保、郭圃仙、增三馀、尚小云、白启兴、姜妙香、李子厚、单和润、陈福胜、高登甲、孙喜云、岳文林、荣蝶仙、张治、鲍桂山、张玉增、徐宝芳、英绪、闫瑞五、恩厚、张文斌、申振生、孟万山、尚则久、方秉忠、崇子敬、许子明、何振清、李青田、曹庚鉴、韩公平、献果和尚、李昆、迟月亭、李寿山、丁俊、段幼民、韦九峰、龚云甫、孙特民、志兴、李二、叶春善、时玉奎、陈德明、宋德禄、陈桐云、田玉祥、托拉克德、双甫亭、陆寿山、魏朵云、范宝亭、曹云、宋德元、袁子明、迟少峰、承子馀、王立本、罗福山、陈文启、李七太太、姚玉芙、方春仙、李敬山、余玉琴、王琴侬、张宝昆、花雨卿、贯大元、乐达明、王郁甫、张福增、赵子仪、耿永福、张庆元、孙立棠、梅荣斋、杨振亭、石长鉴、张华堂、梁德桂、毛翰卿、钱思锐、佟德臣、陈德霖、王维忠、松雪斋王、冯春和、程清芬、田瑞林、屈兆奎、赵熙林、陆金桂、袁保三、李寿峰、杨小楼、王左廷、张彩林、徐受其、韩大奶奶、宋文夔、孙继成、姚锡珍、陈奉云、高铁良、丁锡恩、郝寿臣、董凤岩、朱可明、冯蕙林、薛润甫、余德海、辻武雄。

（辻听花《吴彩霞之妹出阁志喜》，《顺天时报》1918年6月30日第五版）

7月21日江西会馆袁寒云所组消夏社夜戏：

萧长华《绒花计》，李顺亭《探营》，李寿峰《伏虎》，钱金福《山门》，白牡丹《小放牛》，逸叟《大嫖院》，张子仙《彩楼配》，寒云主人《惨睹》，陈德霖、余叔岩《南天门》，梅兰芳《嫦娥奔月》。

票价：楼上三元、楼下二元。

8月25日金鱼胡同那家花园何宅堂会：

全班合演《赐福》，张如庭、赵芝香、杨韵芳、吴西禅、李春林《回龙阁》，刘凤林、慈瑞泉《荷珠配》，李顺亭《探营》，朱桂芳、许德义、迟月亭、朱湘泉、范宝亭、王三黑《蟠桃会》，慈瑞泉、张彩林《连升三级》，程继先、麒麟童、李连仲《镇潭州》，程砚秋、白牡丹、姜妙香、李敬山《虹霓关》，芙蓉草、黄润卿《辛安驿》，九阵风、王长林《小放牛》，龚云甫、刘景然《长寿星》，梅兰芳、余叔岩《游龙戏凤》，贾碧云、玻璃翠《少华山》，陈德霖、王凤卿、裘桂仙《二进宫》，杨小楼、钱金福、迟月亭、傅小山、杨长喜、刘砚亭、陈玉林《铁笼山》，梅兰芳、姚玉芙、高庆奎、李寿峰、李寿山、李敬山、曹二庚《天女散花》。

今日何颂圻世兄七旬双寿，借予园演戏丑刻散，自戌刻落雨。

（《那桐日记》1918年8月25日）

8月28日金鱼胡同那家花园那桐寿辰堂会：

剧目待考。

友人梁士诒、任凤苞、胡筠、叶恭绰、曹汝霖、周自齐、孙宝琦、梁敦彦、李国杰、沈瑞麟、陆宗舆、方仁元、徐树铮、周作民等十四人为余祝寿，公送菊部全班、寿烛一对、宴席四桌、寿酒四坛，在予园演戏，自申时起至寅时初止。伊等请陪客四十八人，余又约客数十人，皆余备馔。今日梅兰芳、杨小楼、刘鸿升等演戏，各尽所长，并皆佳妙。兼之天气晴爽，人客无多，从客堂会，极人生乐事也。

（《那桐日记》1918年8月28日）

9月1日金鱼胡同那家花园外交部次长刘式训寿辰堂会：

全班合演《大赐福》，金喜棠、阎喜林《满床笏》，小俊卿《除三害》，小金钟《牧虎关》，茹富兰《临江会》，筱翠花《醉酒》，茹富蕙、小俊卿《选元戎》，茹富兰、李连贞《奇双会》，沈富贵《罗四虎》，七岁丑《拾金》，茹富兰《战濮阳》，筱翠花《出塞》，刘连湘《夺太仓》，贾碧云《辛安驿》，时慧宝、高庆奎、时玉奎、郭春山《逍遥津》，逸叟《荡湖船》，余叔岩、陈德霖《南天门》，梅兰芳、王凤卿、姜妙香、姚玉芙、李寿峰、郭春山、曹二庚《狮吼记》，杨小楼、钱金福、李顺亭、迟月亭、王长林、范宝亭、慈瑞泉、鲍吉祥《落马湖》，全班合演《蟠桃会》。

刘紫升借予园演戏作寿，自巳刻开戏，至丑刻止。

（《那桐日记》1918年9月1日）

9月8日乌宅堂会：

梅兰芳、余叔岩演《游龙戏凤》。

余叔岩、梅兰芳二伶近来两次合演《戏凤》一剧，余因事未曾往观，深以为憾。前星期日乌宅堂会二伶再演是剧，余亦在座，获聆佳奏。叔岩之嗓音固未复原，然其行腔运调颇有独到之妙，一切做派亦不失正德身份，深堪佩服。至兰芳之李凤姐，则扮相行头均极完美，殆无缺点。惟其调门过高，不大好听，殊如"自幼儿生长在梅龙镇"几句，唱工颇不合〔四平调〕。且李凤姐之态度亦太活泼，有失小家碧玉之身份，此亦白玉之微瑕也。

（辻听花《余梅两伶之梅龙镇》，《顺天时报》1918年9月13日）

9月10—18日，梅兰芳、王凤卿、余叔岩、陈德霖、裘桂仙、高庆奎、姚玉芙、姜妙香、程继先、诸如香、李寿山、李寿峰、郭春山、李敬山、罗福山、福小田、慈瑞泉、曹二庚等人赴天津陶园演出，剧目待考。《大公报》《益世报》广告仍用"小小余三胜"之名。

票价：对台正厢廿二元；东西前厢十六元；东西后厢十二元；台角特别位三元。池座一元；头等女座二元；女座一元。

9月16日李宅堂会：

全班合演《大赐福》，寿富耆、陆富安《百寿图》，尚富霞、茹富兰、茹富蕙《舟配》，马富禄、萧连芳《连升店》，常连坤、马连昆《战长沙》，马连良、李连贞《汾河湾》，方连元、何连涛、刘连湘、殷连瑞、马富禄、高连甲《百草山》，刘富英、张富举《战成都》，殷连瑞、马富禄、何连涛、高连甲《红门寺》，茹富琴《奇双会》，杜富隆、李富

万《飞虎山》，尚富霞、吴富琴、曹连孝《闹学》，马连良、茹富兰《八大锤》，全班合演《庐州城》，马连良《胭脂褶》，世哲生、九阵风《战宛城》，林钧甫《醉酒》，匏庵《拾画叫画》，程砚秋《思凡》，九阵风、王长林《小放牛》，世哲生《水帘洞》，梅兰芳、余叔岩《游龙戏凤》。

10月3日江西会馆堂会：

朱桂芳、许德义、迟月亭、范宝亭、朱湘泉、王三黑《蟠桃会》，白牡丹、慈瑞泉、张彩林《打樱桃》，王凤卿、裘桂仙、刘景然《取成都》，陈德霖、龚云甫《孝义节》，萧长华、程继先《连升三级》，梅兰芳、余叔岩、王长林、李连仲、汪金林、李敬山《庆顶珠》，刘鸿升、梅荣斋、赵芝香、慈瑞泉、罗福山、李顺亭《白虎堂》，杨小楼、余叔岩、俞振庭、俞华庭、朱桂芳、高庆奎、姚玉芙、程砚秋、李连仲、张文斌、李顺亭、慈瑞泉、李敬山、王长林《八蜡庙》。

10月7日遂安伯胡同徐宅堂会：

茹富兰《黄鹤楼》，筱翠花《醉酒》，何连涛《溪皇庄》，沈富贵《精忠传》，何连涛《铁笼山》，筱翠花《出塞》，马连良《失街亭》，沈富贵、吴富琴、韩富信《庐州城》，茹富兰《伐子都》，谭小培《碰碑》，韩世昌《思凡》，梅兰芳、余叔岩《游龙戏凤》，王凤卿《朱砂痣》，刘鸿升《失街亭》，梅兰芳、程继先、姜妙香、李寿峰《奇双会》。

10月10日，徐世昌就任民国大总统。

10月12日樊宅堂会：

全班合演《富贵长春》《回营打围》，俞华庭、徐碧云《乾元山》，五龄童、石韫玉、小鸿升《二进宫》，小王桂官《信阳州》，王斌芬、小奎官《战长沙》，筱翠花、小百岁《鸿鸾禧棒打》，徐碧云、赵连升、小振庭《蔡家庄》，小莲花、储广臣《东游》，五龄童、石韫玉、马笑云、陆凤山《探母》，筱翠花、小百岁、小桂花《马上缘》，俞振庭《铁笼山》，程砚秋、程笑瑜《佳期》，梅兰芳、王长林《起解》，韩世昌《小宴》，陈德霖、李顺亭《竹影计》，王君直、莫敬一、裘桂仙《捉放宿店》，余叔岩、钱金福、李顺亭、屈兆奎、耿喜斌、韩金福、朱玉龙、乔玉林《定军山》，王斌芬、徐碧云、小奎官《兴隆会》。

10月17日裕群社吉祥园夜戏：

张如庭、王立卿《献长安》，高庆奎《五丈原》，范宝亭、许德义《贾家楼》，余叔岩《盗宗卷》，白牡丹、程继先、裘桂仙、李连仲《穆柯寨》，梅兰芳、王凤卿、姜妙香、李顺亭《四郎探母》。

按：是为余叔岩加入梅兰芳裕群社之首场演出。

一九一八年秋，"春阳友会"的名誉会长李经畬找冯幼伟先生，研究叔岩搭班的事，李先生认为叔岩长此闲居，终非了局，劝他搭班。叔岩表示"只愿与兰弟跨刀"，请冯先生征求我的意见。

我在义务、堂会戏中，早已看过他的戏，很愿和他合作，那时，我虽搭朱幼芬的"翊群社"，但我的内兄王毓楼正和姚佩兰酝酿组织"喜群社"（姬传按：梅先生乳名"群子"，朱幼芬组织的"翊群社"，王毓楼、姚佩兰台组的"喜群社"，都以梅先生为中心，所以把"群"字嵌在中间），约好我在新明大戏院开幕演出。我提出加入叔岩，他们认为社内已有头牌老生王凤卿，戏码不好派，增加戏份开支也没有必要。我说："我已经答应叔岩了，你们务必把这件事办圆了。"最后他们表示，戏码倒第三，戏份是凤二爷的半数。当时我的戏份每场八十元，凤二哥四十元，我觉得二十元似乎少了些。王毓楼、姚佩兰说："叔岩还要带钱金福、王长林等陪他唱戏的配角，这都要另开钱，负担已经不轻了。"我就托冯先生转达这两个条件，大家以为他未必肯屈就，那知叔岩一口答应。第三天就和介绍人冯、李两位一起到了芦草园我的家里。李经畬说："叔岩二次出山，希望多多关照，戏码也要请您帮忙。"我说："我和余三哥是老弟兄，老世交，他的事我必尽力而为，咱们先想几出对儿戏，就可以和我在后面唱了。"

（梅兰芳《舞台生活四十年》第三集）

10月18日裕群社吉祥园夜戏：

梅兰芳、余叔岩《打渔杀家》。

10月19日裕群社吉祥园夜戏：

姜妙香《射戟》，许德义《收关胜》，程继仙、姚玉芙《岳家庄》，白牡丹、高庆奎《翠屏山》，陈德霖、王凤卿、裘桂仙《二进宫》，梅兰芳、余叔岩《游龙戏凤》。

10月20日下斜街全浙馆景宅堂会：

陆富安、董富庆《百寿图》，萧连芳、马富禄《长生乐》，程富云、李富春《安天会》，筱翠花、马连良《戏凤》，张富良、吴富琴《朱砂痣》，沈富贵、殷连瑞《恶虎村》，董富连、七岁丑《荷珠佩》，谭富英、陈富瑞《黄金台》，茹富蕙、苏富恩《选元戎》，茹富兰、韩富信《战濮阳》，张如庭、杨韵芳《满床笏》，朱桂芳、许德义《蟠桃会》，裘桂仙、方洪顺《草桥关》，白牡丹、程砚秋《虹霓关》，王长林、李连仲《九龙杯》，姚玉芙《彩楼配》，尚小云、高庆奎《汾河湾》，龚云甫《钓金龟》，陈德霖、余叔岩《南天门》，刘鸿升《白虎堂》，梅兰芳、王凤卿、高庆奎、姜妙香《鸳鸯狱》。

10月23日第一舞台义务戏：

余叔岩、裘桂仙《打鼓骂曹》。

10月24日第一舞台义务戏：

陶显亭《训子》，侯益隆、王益友、郝振基《棋盘会》，白玉田、张福元《藏舟》，韩世昌《刺梁》，白牡丹、尚小云、九阵风《虹霓关》，余叔岩、俞振庭《阳平关》，陈德霖、龚云甫、王瑶卿、王蕙芳《雁门关》，刘鸿声《朱砂痣》，老乡亲、裘桂仙《失街亭》，梅兰芳、王凤卿《武家坡》，杨小楼、朱桂芳《水帘洞》。

10月27日警备司令部段香岩寿辰堂会：

全班合演《富贵长春》，王斌芬《朱砂痣》，小振庭、徐碧云《蟠桃会》，六六旦《双官诰》，耿斌福《溪皇庄》，五龄童、石韫玉《四郎探母》，俞振庭《金钱豹》，芙蓉草《辛安驿》，王又宸、李连仲、范福泰、李顺亭、曹二庚《失街亭》，韩世昌《尼姑思凡》，高庆奎、尚小云《汾河湾》，卧云居士、李敬山《钓金龟》，俞华庭、小振庭、徐碧云、小宝亭、范斌禄、小小楼、王斌铭、赵绮霞《乾元山》，老乡亲、冯蕙林、李敬山《举鼎观画》，梅兰芳、冯蕙林、董玉林、李敬山、何喜春《贵妃醉酒》，余叔岩、陈德霖《南天门》，俞振庭、陈德霖、俞赞庭、范宝亭、诸如香、高庆奎、李连仲、迟月亭、李敬山《长坂坡》。

10月29日堂会戏：

全班合演《赐福》《赐寿》，王长林、朱桂芳《打瓜园》，芙蓉草、慈瑞泉《铁弓缘》，白牡丹、李敬山、张彩林《打樱桃》，张文斌、郭春山《打城隍》，侯益隆《嫁妹》，梅兰芳、王凤卿《木兰从军》，余叔岩、陈德霖《桑园寄子》，九阵风、迟月亭《雄黄阵》，龚云甫、刘景然《长寿星》，杨小楼、刘鸿升、钱金福《阳平关》，梅兰芳、陈德霖、姚玉芙、程砚秋《麻姑献寿》，孙菊仙、李顺亭《舌辩侯》，杨小楼、钱金福、许德义、朱桂芳《安天会》。

11月7日金鱼胡同那家花园三井洋行堂会：

芙蓉草《辛安驿》，白牡丹、王长林《小放牛》，田桂凤、肖二顺《送灰面》，孙菊仙、龚云甫《雪杯圆》，余叔岩、梅兰芳《游龙戏凤》，陈德霖、王凤卿、裘桂仙《大保国》，刘鸿升《探阴山》，梅兰芳《天女散花》，杨小楼、俞振庭、九阵风《八蜡庙》。

　　三井洋行经理大村得太郎借予园演戏宴客，予父子作客，酉正开戏，丑初散。

（《那桐日记》1918年11月7日）

11月13日，尚小云拟拜陈德霖为师，并已定宴万福居，竟因故未成。

11月20日那家花园曹润田封翁寿辰堂会：

全班合演《赐福》，张如庭、杨韵芳、张彩林《满床笏》，刘凤林、李敬山、朱玉龙《荷珠配》，李顺亭、杨长喜《探营》，许德义、迟月亭、王三黑《铁笼山》，裘桂仙、王丽卿《御果园》，程砚秋、程连喜、

李连仲《穆柯寨》,高庆奎、慈瑞泉《醉写》,白牡丹、程继先、赵芝香《得意缘》,朱桂芳、范宝亭、汪金林、朱湘泉《演火棍》,张文斌、慈瑞泉、李敬山、郭春山《打城隍》,余叔岩、梅兰芳、小幼芬《汾河湾》,王凤卿、陈德霖《武昭关》,梅兰芳、姜妙香、姚玉芙、乔玉林、罗福山、曹二庚《游园惊梦》。

按：曹润田即曹汝霖,《游园惊梦》一剧系梅兰芳向陈德霖学习后首次演出。

曹润田太翁今日寿辰并宴客,借予园演戏,请予作客,酉刻开戏,丑刻止。

(《那桐日记》1918年11月20日)

11月24日那家花园各督军宴会堂会日戏：

全班合演《大赐福》,张如庭、杨韵芳、刘景然、王丽卿《满床笏》,许德义、朱桂芳、范宝亭、迟月亭、王三黑、朱湘泉、杨长喜、王荣山、荣春亮、傅小山《蟠桃会》,白牡丹、姚玉芙、张彩林,方洪顺、德珺如《得意缘》,韩世昌《痴梦》,尚小云、慈瑞泉《女起解》,余叔岩、王蕙芳《南天门》,田桂凤、程继先、萧长华《拾玉镯》,王凤卿、王瑶卿、李连仲、张文斌、张彩林《万里缘》,孙菊仙、程继先、吴西禅、李敬山《状元谱》。

11月24日那家花园各督军宴会堂会夜戏：

贾碧云、王凤卿、高庆奎、孙砚亭、慈瑞泉《翠屏山》,刘鸿升、赵芝香、罗文奎《探阴山》,余叔岩、尚小云、王长林《庆顶珠》,杨小楼、钱金福、王长林、许德义、迟月亭、朱湘泉、赵芝香《麒麟阁》,刘鸿升、赵芝香、罗文奎《探阴山》,九阵风、王长林《小放牛》,老乡亲、高庆奎、李连仲、赵芝香、李敬山《逍遥津》,梅兰芳、陈德霖、朱桂芳、程继先、白牡丹、刘凤林、王丽卿、孙砚亭、郭春山、姚玉芙、李敬山《麻姑献寿》,刘鸿升、龚云甫、王琴侬、王蕙芳、张彩林、李顺亭、刘凤林、慈瑞泉、王丽卿、曹二庚《四郎探母》。

接京信,知各督军借予园演戏,宴客张作霖、龙济光、张怀芝、

128

王占元、阎锡山、孟恩远、赵倜、陈光远、倪嗣冲、卢永祥、蔡成勋、田中玉、吴光新，请予作客，予具帖辞谢，想今日人客极多，必有一番闹热也。

（《那桐日记》1918年11月24日）

11月26日吉祥园裕群社夜戏：

程继先、朱桂芳《蔡家庄》，高庆奎、白牡丹、王长林《翠屏山》，余叔岩、陈德霖《南天门》，王凤卿、裘桂仙《捉放曹》，梅兰芳、姜妙香《游园惊梦》。

11月29日江西会馆袁寒云所组温白社演夜戏：

陈德霖《刺虎》，余叔岩《宁武关》，袁寒云《奸遁》。

12月9日那家花园张作霖宴客堂会：

芙蓉草《辛安驿》，白牡丹、王长林《小放牛》，田桂凤、萧长华《送灰面》，孙菊仙、龚云甫《雪杯圆》，梅兰芳、余叔岩《游龙戏凤》，陈德霖、王凤卿、裘桂仙《大保国》，刘鸿升《探阴山》，梅兰芳、高庆奎、姚玉芙、李寿峰、李寿山、李敬山、曹二庚《天女散花》，杨小楼（费德功）、余叔岩（褚彪）、王凤卿（施公）、俞振庭（黄天霸）、九阵风（张桂兰）、程砚秋（小姐）、白牡丹（丫鬟）、高庆奎（院公）、钱金福（关泰）、王长林（朱光祖）、许德义（米龙）、张文斌（老妈）、范宝亭（窦虎）、俞华庭（贺人杰）《八蜡庙》。

奉天督军张作霖今日借北京予园演戏宴客，请予作客，予辞之。

（《那桐日记》1918年12月9日）

12月14—17日天津杨柳青石宅堂会：

戏目中有王君直演出《空城计》饰孔明，余叔岩为之配演王平，并与陈德霖合演《南天门》。

12月26日江西会馆陆芷源为父祝寿堂会：

全班合演《赐福》，王斌才、刘斌亮《百寿图》，小奎官、靳斌桐《风云会》，俞华庭、徐碧云《蟠桃会》，陆凤山、朱斌舫、王斌铭《满

床笏》，小桂花、小寿山《双摇会》，王斌芬、耿斌福、马笑云《斩黄袍》，耿斌福、徐碧云、赵连升《刺巴杰》，芙蓉草《辛安驿》，徐碧云、俞华庭、耿斌福《庆安澜》，小奎官、王幼春《失街亭》，六六旦、二宝红《玉堂春》，小小楼、范斌禄、小振庭《挑滑车》，刘春升、朱斌仙《十八扯》，小奎官《探阴山》，俞小庭、小振庭、小小楼《艳阳楼》，徐碧云、小小楼、俞小庭《娘子军》。小桂花《打面缸》，六六旦、二宝红《回荆州》《回营打围》，陶显庭《山门》，侯益隆《火判》，余叔岩、王长林《胭脂褶》，郭仲衡、贾福堂《华容道》，梨云《小放牛》，莫敬一《碰碑》，孙庆堂、铁林甫《镇潭州》，言菊朋、颜谨安、松介眉、陈德霖、尚小云《探母》，红豆馆主、钱金福、王长林、慈瑞泉、占正亭《问樵闹府·打棍出箱》，梅兰芳、余叔岩《游龙戏凤》《遇龙封官》。

一九一九年（民国八年·己未）三十岁

按：是年，余叔岩搭梅兰芳之喜群社，演出于新明大戏院，同班有王凤卿、高庆奎、贯大元、白牡丹等人，余之戏码多在倒三，位于梅兰芳、王凤卿之前，或有与梅兰芳合演诸剧，则列于大轴。同年北京剧界主要班社有：裕群社，有时慧宝、郭仲衡、吴彩霞、白牡丹等，在中和园；福庆社，有王又宸、吴彩霞、周瑞安等，在中和园；永庆社，有芙蓉草等，在丹桂园；中兴社，有杨小楼、王又宸、高庆奎、王蕙芳等，在三庆园；是年八月，杨小楼携谭小培、尚小云、白牡丹赴上海演出，即"三小一白下江南"；俞振庭斌庆社，有筱翠花、俞华庭、孙毓堃、王斌芬等，在城南游艺园、吉祥园；富连成社马连良、谭富英、何连涛等，在广和楼。奎德社，卢月霞、鲜灵芝、宋凤云等坤角在文明园。演出记录据《顺天时报》《京报》及存世戏单整理。

"红豆馆主"溥侗
在谭鑫培殁后，学谭派的票界有"五坛"之称。
即天坛贵俊卿，日坛乔荩臣，月坛王雨山，地坛
荣菊庄，社稷坛溥侗。

1月3日第一舞台贫儿学校义务戏：

占正亭《遇皇后》，张如庭《鱼肠剑》，杨韵芳、高庆奎、王荣山《战蒲关》，尚小云、龚云甫《母女会》，余小琴、王长林《溪皇庄》，王瑶卿、王蕙芳、白牡丹、王凤卿、刘景然、李寿山、郝寿臣《穆柯寨》，梅兰芳、余叔岩《游龙戏凤》，孙菊仙、李连仲、冯蕙林、吴彩霞、九阵风《四进士》，杨小楼、钱金福、迟月亭、傅小山《水帘洞》。

1月12日蒙藏俱乐部乌宅堂会：

俞华庭《恶虎村》，余叔岩、钱金福、书子元《失街亭》，包丹庭、金仲仁《镇潭州》，陈德霖、言菊朋《南天门》，红豆馆主、程继先《八大锤》，白牡丹、程砚秋、金仲仁《虹霓关》，杨小楼《骆马湖》，余叔岩、言菊朋、钱金福、红豆馆主、萧长华、白牡丹《双摇会》，梅兰芳《千金一笑》。

民国九年家母寿辰，假钟（秋岩）家花园（旧刑部街）彩觞祝寿，叔岩演《失街亭》之后，与侗厚斋先生、萧长华、钱金福、言菊朋、荀慧生合演《双摇会》，叔岩、菊朋分饰邻家老人。叔岩下午四

时即到，代为招待宾客，管理后台连演两出，并不受酬。至今思之，其情甚是可感。

（《乌泽声理事记述余叔岩轶事一束》，《三六九画报》）

按：乌泽声此文误记为民国九年。

1月16日怀仁堂徐世昌宴请两院议员堂会：

余叔岩、梅兰芳、钱金福、王蕙芳《珠帘寨》，陈德霖、龚云甫《孝义节》，梅兰芳、王凤卿、高庆奎、姜妙香、姚玉芙、李连仲《木兰从军》，余叔岩、杨小楼、钱金福、王长林、迟月亭、许德义《阳平关》。

昨日（星期四）徐大总统在怀仁堂招待两院议员，邀名伶演剧，最重要剧目有梅兰芳《木兰从军》，余叔岩、钱金福《珠帘寨》，杨小楼《阳平关》。剧中之黄忠原定王凤卿，后改余叔岩扮演云。

（《京津菊讯》，《顺天时报》1919年1月17日第五版）

1月23日新明大戏院喜群社夜戏：

李小山、陈文启《柳林会》，姚玉芙、陈文启《别宫》，余叔岩、钱金福《宁武关》，朱桂芳、贯大元、范宝亭、何佩亭《青石山》，白牡丹、程继先《马上缘》，姜妙香、高庆奎、姚玉芙《白门楼》，王毓楼、迟月亭、朱桂芳《金钱豹》，王凤卿、陈德霖、李寿山《宝莲灯》，梅兰芳、张彩林、李敬山《醉酒》。

按：是为新组喜群社首场演出。

一九一九年一月（阴历戊午年腊月），姚佩兰、王毓楼组织了喜群社，约我在新明大戏院开幕演出。我介绍余三哥（叔岩）一同参加。那个时期，我和叔岩合演的戏有《梅龙镇》《打渔杀家》《三击掌》《战蒲关》《南天门》《珠帘寨》等戏，他单唱的，除了谭派戏而外，还有一些比较冷的靠把戏和做工戏，为的是避免与王凤卿先生戏码雷同，另外也含有对观众展览剧目的意思，所以在一个月内，尽量不唱翻头的戏。当时，谭鑫培先生逝世不久，观众怀念他的艺术，因为余叔岩学谭有心得，引起大家重视，从此就成了名。

（梅兰芳《舞台生活四十年》第三集）

1月27日第一舞台正乐育化会义务戏：

侯益隆《蜈蚣岭》，韩世昌《牡丹亭》，周瑞安《艳阳楼》，白牡丹、筱翠花《双摇会》，余叔岩、郝寿臣《打棍出箱》，王凤卿、王瑶卿、陈德霖、龚云甫《雁门关》，孙菊仙、高庆奎《逍遥津》，杨小楼、王又宸《连营寨》，梅兰芳《天女散花》，俞振庭、朱桂芳、阎岚秋《青石山》。

2月5日新明大戏院喜群社夜戏：

白牡丹、刘景然、张文斌《浣花溪》，高庆奎、姚玉芙《浣纱记》，陈德霖、姜妙香《孝感天》，王凤卿、程继先、李顺亭、李寿山（黄盖）、王长林、占正亭《群英会》，梅兰芳、余叔岩《游龙戏凤》。

2月6日怀仁堂茶会堂会：

下午三点半到七点半

王长林、朱桂芳、范宝亭、朱湘泉《打瓜园》，王琴侬、钱俊仙《彩楼配》，王瑶卿、王蕙芳、程继先、李连仲《能仁寺》，余叔岩、王蕙芳、王长林、李敬山《庆顶珠》，梅兰芳、姚玉芙、姜妙香《游园惊梦》。

晚七点半到十二点

余叔岩、萧长华《胭脂褶》，韩君清《痴梦》，王瑶卿、王凤卿、王蕙芳、姜妙香、龚云甫、陈德霖、白牡丹、芙蓉草《南北合》，杨小楼、钱金福、许德义、迟月亭《状元印》，梅兰芳、陈德霖、姚玉芙、程砚秋《麻姑献寿》。

2月7日梁燕荪宴请日本驻京公使堂会：

王又宸、白牡丹《游龙戏凤》，王凤卿、陈德霖《芦花河》，余叔岩、李顺亭《兴汉图》，梅兰芳、姜妙香、姚玉芙《游园惊梦》。

2月8日新明大戏院喜群社夜戏：

高庆奎《举鼎》，姚玉芙《探窑》，余叔岩《打棍出箱》，王凤卿《鱼肠剑》，梅兰芳、白牡丹《虹霓关》。

2月9日新明大戏院喜群社夜戏：

刘凤林《过新年》，李小山《战太平》，何佩亭、王长林《五人义》，高庆奎、白牡丹《乌龙院》，姜妙香、姚玉芙《岳家庄》，王凤卿、高庆奎《战长沙》，余叔岩、程继先、李连仲《八大锤》，梅兰芳《思凡》。

2月10日新明大戏院喜群社夜戏：

刘凤林《下河南》，何佩亭、迟月亭《蔡家庄》，李小山《雪杯圆》，高庆奎、王长林《乌盆记》，朱桂芳《蔡家庄》，余叔岩、姚玉芙《桑园寄子》，梅兰芳、白牡丹、王凤卿、程继先、李顺亭、李敬山《穆柯寨》。

2月11日新明大戏院喜群社夜戏：

刘凤林《荷珠配》，迟月亭、何佩亭《独虎营》，李小山《捉放曹》，朱桂芳《娘子军》，白牡丹《得意缘》，高庆奎、李顺亭《镇潭州》，王凤卿、姚玉芙《朱砂痣》，余叔岩、梅兰芳、李敬山《打渔杀家》。

2月12日新明大戏院喜群社夜戏：

孙砚亭《顶砖》，李小山《挡曹》，白牡丹、程继先《平西》，朱桂芳、迟月亭、何佩亭《盂蓝会》，姚玉芙《孝义节》，余叔岩《洪羊洞》，梅兰芳、王凤卿、高庆奎《牢狱鸳鸯》。

2月13日新明大戏院喜群社夜戏：

余叔岩《南阳关》。

2月14日新明大戏院喜群社夜戏：

慈瑞泉、刘凤林《入府》，李小山《骆马湖》，张文斌《打城隍》，朱桂芳、迟月亭、何佩亭、范宝亭《演火棍》，高庆奎、程继先《黄鹤楼》，姜妙香《岳家庄》，余叔岩、白牡丹《坐楼杀惜》，梅兰芳、王凤卿《武家坡》。

2月15日新明大戏院喜群社夜戏：

高庆奎《奇冤报》，朱桂芳《盗仙草》，白牡丹《破洪州》，余叔

王凤卿《朱砂痣》饰韩廷凤

岩《一捧雪》，王凤卿《文昭关》，梅兰芳、姚玉芙《游园惊梦》。

2月16日新明大戏院喜群社夜戏：

陈文启《长寿星》，朱桂芳《霸王庄》，高庆奎《借赵云》，余叔岩《铁莲花》，王凤卿《华容道》，梅兰芳、姚玉芙《游园惊梦》。

2月17日新明大戏院喜群社夜戏：

陈文启《行路》，朱桂芳《演火棍》，高庆奎《斩黄袍》，余叔岩《阳平关》，王凤卿《举鼎观画》，梅兰芳《虹霓关》。

2月18日新明大戏院喜群社夜戏：

陈文启《孝感天》，朱桂芳《无底洞》，高庆奎《定军山》，余叔岩《奇冤报》，王凤卿《雄州关》，梅兰芳《苏三起解》。

2月19日新明大戏院喜群社夜戏：

姜妙香《白门楼》，高庆奎《状元谱》，余叔岩《失街亭》，王凤卿《浣纱计》，梅兰芳、朱桂芳《五花洞》。

2月20日新明大戏院喜群社夜戏：

朱桂芳《取金陵》，姜妙香、姚玉芙《掘地见母》，高庆奎、白牡丹《翠屏山》，王凤卿《群英会》，梅兰芳、余叔岩《三击掌》。

2月21日新明大戏院喜群社夜戏：

白牡丹《天门阵》，朱桂芳《泗州城》，余叔岩《黄金台》，梅兰芳、王凤卿、余叔岩、高庆奎、姜妙香、朱桂芳《回荆州》。

2月22日新明大戏院喜群社夜戏：

陈文启《择邻》，白牡丹《雌雄镖》，余叔岩《连营寨》，王凤卿《取帅印》，梅兰芳、姜妙香《玉堂春》。

2月23日新明大戏院喜群社夜戏：

朱桂芳《百草山》，白牡丹《渡仙桥》，余叔岩《击鼓骂曹》，王凤卿《捉放曹》，梅兰芳、高庆奎《奇双会》。

2月24日新明大戏院喜群社夜戏：

朱桂芳《盗魂铃》，李寿山《取洛阳》，白牡丹《胭脂虎》，余叔岩、李连仲《大报仇》，梅兰芳、王凤卿《回龙阁》。

2月25日新明大戏院喜群社夜戏：

朱桂芳《娘子军》，白牡丹《卖油郎》，高庆奎《托兆碰碑》，余叔岩《九更天》，王凤卿《黄鹤楼》，梅兰芳《琴挑》。

2月26日新明大戏院喜群社夜戏：

王荣山《战樊城》，程继先《雅观楼》，朱桂芳《瑞草园》，白牡丹《岳家庄》，王凤卿《战成都》，余叔岩、梅兰芳《黑水国》。

2月27日新明大戏院喜群社夜戏：

朱桂芳《八蜡庙》，白牡丹《探亲》，余叔岩《打侄上坟》，王凤卿《白马坡》，梅兰芳、高庆奎《春秋配》。

2月28日新明大戏院喜群社夜戏：

朱桂芳《扈家庄》，陈文启《钓金龟》，白牡丹《鸿鸾禧》，余叔岩《捉放曹》，梅兰芳、王凤卿《春秋配》。

3月1日新明大戏院喜群社夜戏：

白牡丹《马上缘》，朱桂芳《夺太仓》，高庆奎《辕门斩子》，王凤卿《磐河战》，余叔岩、梅兰芳《审头刺汤》。

3月2日新明大戏院喜群社夜戏：

刘凤林、孙砚亭《玉玲珑》，王荣山、李小山《定军山》，朱桂芳、朱湘泉、王长林、李敬山、慈瑞泉《快活林》，白牡丹、高庆奎、张文斌、丁永利、陈玉林《奇女福》，余叔岩、李顺亭、李老黑、扎金奎、张彩林《战樊城》，王凤卿、姜妙香、王长林、李玉安《举鼎观画》，梅兰芳、王毓楼、姚玉芙、程继先、何佩亭、李寿山、迟月亭、钟喜久、迟景昆、傅小山、郭春山、钱文卿、杨长喜《金山寺》。

3月3日新明大戏院喜群社夜戏：

李小山《鱼肠剑》，朱桂芳《演火棍》，白牡丹《渡仙桥》，余叔岩《葭萌关》，王凤卿《九龙山》，梅兰芳《断桥》。

3月4日新明大戏院喜群社夜戏：

余叔岩《武家坡》，王凤卿《黄鹤楼》，梅兰芳《白蛇传》。

3月5日新明大戏院喜群社夜戏：

朱桂芳《四美图》，白牡丹《得意缘》，高庆奎《斩黄袍》，余叔岩《战太平》，梅兰芳、王凤卿《桑园会》。

3月6日新明大戏院喜群社夜戏：

李小山《出祁山》，朱桂芳《红桃山》，高庆奎、白牡丹《翠屏山》，余叔岩《八大锤》，梅兰芳《藏舟》。

3月7日新明大戏院喜群社夜戏：

李小山《出祁山》，朱桂芳《红桃山》，高庆奎、白牡丹《翠屏山》，余叔岩《八大锤》，梅兰芳《藏舟》。

按：《京报》广告，此二日戏目全同，或为次日补演。

梅兰芳《打渔杀家》饰萧桂英

3月8日新明大戏院喜群社夜戏：

李小山《出祁山》，朱桂芳《取金陵》，白牡丹《会稽城》，余叔岩《太平桥》，梅兰芳、王凤卿《狮吼记》。

3月9日新明大戏院喜群社夜戏：

朱桂芳《蔡家庄》，姚玉芙《法门寺》，白牡丹《招亲》，余叔岩《托兆碰碑》，梅兰芳、王凤卿《御碑亭》。

3月10日第一舞台白云观义务戏：

王荣山《功臣宴》，刘凤林《鸿鸾禧》，张如庭《取荥阳》，陈德霖《孝义节》，张宝昆《岳家庄》，俞振庭《青石山》，白牡丹《穆柯寨》，梅兰芳《穆天王》，余叔岩、老十三旦《八大锤》，老乡亲《忠烈图》，杨小楼、钱金福、迟月亭、郭春山《水帘洞》。

3月11日第一舞台白云观义务戏：

刘凤林《顶砖》，侯俊山、余又琴《英杰烈》，俞振庭《水帘洞》，王又宸《举鼎》，王凤卿《芦花河》，孙菊仙、龚云甫《朱砂痣》，梅兰芳、余叔岩《打渔杀家》，杨小楼、王瑶卿《长坂坡》。

余叔岩之《打渔杀家》，无处不摹老谭，撒网用力尤肖，〔摇板〕"猛抬头"之头字拔得有力。〔原板〕"昨夜晚"一段，如"他劝我把打鱼的事一旦丢却"句，"把打鱼的事"五字放在一板内，字字灵捷；又如"怎奈我家贫穷无计奈何"之"家"字拖长占两板，接"贫穷"两字，极为挂劲，皆谭之妙音。惟"梦呃里南柯"之"呃"字未能挑得起，此即于天赋上见力量处。叫天清越之音，绰乎有余。叔岩干涩，自无从勉强矣。

常言"千斤话四两唱白"，以形容白口之难，而谭英秀之白口尤难学，既以湖广口音为根据，又好加闲字，如"吗""呀""哇""呵"等字，所在多有，而口吻之妙，真能设身处地，传神阿堵。然无其火候根底，勉强学之则成怪声。余叔岩本湖广的派，又亲炙谭氏，致力弥勤，故白口之妙肖不爽毫厘。此剧之"话倒是两句好话呀"两个"呀"字即深得谭氏神韵。吾人随便听过原亦无甚奇异，试一仿效其声口则

其难立见。小培、又宸之白口皆力摹老谭，然皆不如叔岩之老到。惟说"打个样儿"时之身段不甚干净，老谭一面说，一面以右手抓住教师爷，一面以左手先卸衣，折放左膝，即摘头巾，极安闲又敏捷。叔岩脱衣后未能折好，竟任其拖长于地，此为可议之讥（贾狗此处学谭极肖）。教师一角原贴傅小山，忽改王长林，实观客意外之喜。长林此剧精彩甚多，尤以第一场之扁担步，及末场背大小十八般武艺之白口为神完气足。小山武工虽好，魄力差多矣。小梅之萧女，"杀家"一场，舞双刀颇圆熟可观。是剧开始时，孙大总统菊仙立于下场门作壁上观，剧毕始去，似于叔岩颇嘉许之。菊老岸然道貌，老气横秋，高瞻远瞩之神情，颇似当年李合肥也。

（凌霄《记第一台义务戏第二夜》，《小京报》1919年3月14—15日第二版）

3月12日新明大戏院喜群社夜戏：

张彩林《温凉盏》，姜妙香《扶汉》，朱桂芳《无底洞》，高庆奎、白牡丹《翠屏山》，余叔岩《下河东》，王凤卿、姚玉芙、李寿山《法门寺》，梅兰芳、陈文启、李敬山《六月雪》。

3月13日新明大戏院喜群社夜戏：

孙砚亭《双摇会》，高庆奎、朱桂芳《刺巴杰》，白牡丹、程继仙《鸿鸾禧》，余叔岩《锤换带》，王凤卿、姚玉芙《朱砂痣》，梅兰芳《渔家乐》。

3月22日新明大戏院喜群社夜戏：

朱桂芳《扈家庄》，李小山《庆顶珠》，白牡丹、高庆奎、姜妙香、陈文启《胭脂虎》，程继先、李顺亭、李寿山《临江会》，王凤卿《朱砂痣》，梅兰芳、余叔岩《南天门》。

余叔岩忽然辍演，外间颇滋疑虑，今首次登台即演吃重之戏，信属可嘉。首场彩帘甫揭，好声雷动。几个跌扑，干净之至；脱衣身颤，均极所能。嗓音虽哑而味至隽永，是日似不如往日之干涩。南天门"三笑"及顿脚舍去情形如真。小梅之小姐表情亦好，虽不及石头，然较李连贞辈已胜多矣。飞雪用五色电光，乃映成五色瑞雪，令人齿寒。散已一钟，座客咸欣然满意，亦足见是日剧真不错也。

（登色《星期六之新明院》，《小京报》1919年3月26日第二版）

3月23日新明大戏院喜群社夜戏：

朱桂芳《十字坡》，李小山《雪杯圆》，白牡丹《浣花溪》，余叔岩《八大锤》，王凤卿《战长沙》，梅兰芳《闹学》。

3月24日新明大戏院喜群社夜戏：

李小山《赶三关》，朱桂芳《盗魂铃》，白牡丹《玉玲珑》，余叔岩《汜水关》，梅兰芳、王凤卿《桑园会》。

3月25日新明大戏院喜群社夜戏：

李小山《开山府》，姜妙香《岳家庄》，朱桂芳《取金陵》，白牡丹、高庆奎《乌龙院》，余叔岩《宫门带》，梅兰芳《出塞》。

3月26日新明大戏院喜群社夜戏：

李小山、慈瑞泉、王立卿《浣纱记》，孙砚亭、刘凤林、李敬山《打灶王》，何佩亭、钱文卿《芦花荡》，高庆奎、王长林、曹二庚《奇冤报》，程继先、朱桂芳、朱湘泉、迟月亭、迟景昆、钟喜久《蔡家庄》，姚玉芙、陈文启《别皇宫》，白牡丹、李寿山、李顺亭、李连仲、姜妙香、张文斌《穆柯寨》，梅兰芳、王凤卿、余叔岩《献长安》。

3月27日新明大戏院喜群社夜戏：

朱桂芳《泗州城》，白牡丹《花田错》，余叔岩《打登州》，王凤卿《鱼肠剑》，梅兰芳、姜妙香《千金一笑》。

3月29日新明大戏院喜群社夜戏：

朱桂芳《攻潼关》，高庆奎《辕门斩子》，白牡丹《鸿鸾禧》，王凤卿《雄州关》，梅兰芳、余叔岩《三娘教子》。

3月30日新明大戏院喜群社夜戏：

朱桂芳《蟠桃会》，白牡丹、余叔岩《会稽城》，王凤卿《浣纱记》，梅兰芳、高庆奎《邓霞姑》。

4月3日织云公所梅兰芳祖母寿堂情形

4月1日什锦花园关宅堂会：

全班合演《富贵长春》，王琴侬、姚玉芙、罗福山《孝义节》，余叔岩、梅兰芳《游龙戏凤》，陈德霖《祭塔》，杨小楼、王长林、迟月亭、钱金福、李连仲、刘砚亭《恶虎村》，红豆馆主、陈德霖、姜妙香、萧长华、言菊朋《奇双会》，王凤卿、梅兰芳《汾河湾》。

4月3日织云公所梅兰芳为祖母祝寿堂会：

梅兰芳、陈德霖《麻姑献寿》、茹莱卿《蜈蚣岭》、诸如香（邓伯道）、高庆奎（金氏）、李连仲、李寿山《反串桑园寄子》，程砚秋、钱金福、梅兰芳、王蕙芳、程继先《双摇会》，梅兰芳（张才）、王蕙芳（大老爷）、高四保、张文斌（腊梅）《打面缸》，余叔岩（高登）、王凤卿（花逢春）、梅兰芳（呼延豹）、王蕙芳（秦仁）、程继先（青面虎)、姜妙香(小可怜)、李寿山(小姐)、芙蓉草(老旦)、贯大元(贾斯文)《反串艳阳楼》。

是日，余叔岩送寿联：沧漪曲水逢修禊，清浅蓬莱正泛觞。

4月11日新明大戏院喜群社夜戏：

李小山《鱼肠剑》，孙砚廷《玉玲珑》，陈文启《钓金龟》，朱桂芳、朱湘泉《四美图》，白牡丹《小放牛》，贯大元《洪羊洞》，余叔岩《宁武关》，王凤卿、高庆奎《群英会》，梅兰芳《黛玉葬花》。

4月12日新明大戏院喜群社夜戏：

朱桂芳、朱湘泉《翠凤楼》，程继先《监酒令》，孙砚廷《双摇会》，李小山《马鞍山》，贯大元、陈文启《雪杯圆》，余叔岩、王长林《打棍出箱》，梅兰芳、王凤卿、高庆奎《木兰从军》。

4月13日新明大戏院喜群社夜戏：

李小山《上天台》，孙砚廷《铁弓缘》，朱桂芳、朱湘泉《蟠桃会》，陈文启《游六殿》，程继先、贯大元《镇潭州》，余叔岩、王长林《天雷报》，王凤卿《黄鹤楼》，梅兰芳、高庆奎《天女散花》。

4月16日陆军总长靳云鹏太夫人六十晋九寿辰堂会戏：

全班合演《富贵长春》《百寿图》，占正亭、陈少武《风云会》，王荣山、沈福山《凤鸣关》，刘鑫泉、赵芝香、王丽卿《满床笏》，朱桂芳、许德义、朱湘泉、傅小山《水晶宫》，张如庭、杨韵芳《朱砂痣》，刘凤林、小凤凰《破洪州》，德珺如、占正亭《辕门射戟》，张荣奎、赵寿臣、朱湘泉、郭春山《独木关》，张如庭、时玉奎、吴彩霞《二进宫》，郭仲衡、张荣奎、福小田《战长沙》，龚云甫、刘景然《长寿星》，德珺如、张文斌《连升店》，韩世昌《昭君出塞》，侯益隆《嫁妹》，王长林、朱桂芳、钟喜久《打瓜园》，谭小培、尚小云《武家坡》，张文斌、罗文奎《演礼》，龚云甫、时玉奎《打龙袍》，沈华轩、许德义、李顺亭、李连仲《阳平关》，白牡丹、陈桐云、沈福山、曹二庚《穆柯寨》，韩世昌、陈荣曾《春香闹学》，尚小云《玉堂春》，余叔岩、王瑶卿、李顺亭、钱金福、赵芝香、冯蕙林、慈瑞泉《珠

帘寨》，郭仲衡、龚云甫、沈华轩、吴彩霞、德珺如、李连仲、刘景然《甘露寺·回荆州·芦花荡》，梅兰芳、陈德霖、姚玉芙、李寿山、郭春山《麻姑献寿》。

4月20日浙慈会馆春阳友会演出义务戏：

王又荃、樊润田《借赵云》，郭仲衡《朱砂痣》，恩禹之、松介眉、乔荩臣、程连喜《交印刺字》，陈德霖、李顺亭《三击掌》，余叔岩、田桂凤、钱金福《战宛城》。

公启者，窃闻感人之德莫捷于声音，救国之方莫先乎教育，外左三隔半日学校设立盖有年矣。以经费难筹行竭，厥本区绅商暨春阳友会会员睹此情形，深为慨惜。用特发起筹款义务日戏，择于夏历三月二十二十一两天，仍借前门外东大市浙慈会馆开演，所收票资，充作该校经费之用。除全体会员外，并敢请著名艺员多人秉义登场，共襄斯举。先难得者陈君德霖，近以年高思静，不肯再现身于舞台，且将留须以示厌倦。生平杰作，传受已得其人。即如日前畹华与叔岩所演《南天门》一剧，即系陈君所授，衣钵托付，具有深心。今经挚友敦劝，始允登台，此后息影杜门，当歌再难。春阳友会泮复已久，兹当急公好义，竟邀全体赞成，亦为不易多得之盛况，两日戏目明日补登于后，惟望各界诸君，届期光临，既可娱情且维公益，专此奉启，无任切盼之至，此启。

发起人：元亨号玉德公，广兴水瑞丰号，万义恒，华兴厂，孙庆堂，世哲生，余叔岩，郭仲衡，铁林甫，莫敬一，张贯卿，槐荫馆主，柏心亭，樊棣生，锡子刚，马星五，樊禹川，翟海帆，宋德臣，祥瑞丰，孙俊夫，徐醒绿，樊雨田等全启。

（《群强报·本市浙慈馆春阳友会并著名艺员义务日戏》1919年4月18日）

《战宛城》余叔岩扮张绣，闻小余系初次排演。虽唱词仍用老生调，然嗓音苍韵自有深味，而穿场交打无不悉合规律，盖文武全才也。王长林"盗钩"一场略有偷减，老不足怪也。李连仲之曹操、钱金福之典韦，均今日唯一之好配角。邹氏本贴荀慧生，因病不到，遂改田桂凤，此实意想不到之事。花衫戏常与时代变化，桂凤以三十年前之作工演于今日，故见者多惊异之，不信为当年之名花旦。不知再过三十年再见此种做法、体态，又将作如何怀想矣。嗓亦不能唱，胡琴、鼓板又皆与此种老调不合拍。台下有数声倒好，殊无意识也。"刺婶"一场，敷衍过去，照例之跌扑亦完全裁去。盖久不出演，无此气力也。

  （凌霄《星期日浙慈馆义务戏略评》，《小京报》1919年4月29日第二版）

4月21日浙慈会馆春阳友会演出义务戏：

李顺亭《困曹府》，王琴侬、松介眉《孝义节》，槐荫馆主《挑滑车》，小百岁《打砂锅》，钱金福、王长林《祥梅寺》，林钧甫、恩禹之《金山寺》，郭仲衡、赵芝香、陈德霖、铁林甫、陈远亭《四郎探母》，余叔岩、田桂凤、王长林《坐楼杀惜》。

  田桂凤、王长林、余叔岩之《乌龙院》，三能品珠联璧合，自成佳构。桂凤以老辈自居，故于叔岩多所戏谑，"余叔岩、小余三胜"之称不绝于口，"活王八"下加"小子"两字，虽足表示老辈面目，究嫌太轶范围。桂凤做工之细腻老到，已入神化之境。尤以"杀惜"一场对卧时，持剪逼进宋江时之台步、眼神为最可观。唱〔平调〕虽调低嗓败而韵甚清，年衰色败而身段丰采之轻盈流利，清超脱俗，尚可想见当年也。叔岩之宋江，与老手配仍能因应咸宜，纯熟灵动，具见工力之深。唱"一言怒恼宋公明"之〔倒板〕及"他道你私通那张文远"句，调甚亢逸，〔平调〕清扬曲折，尤得谭之神。表情及身段确为谭之小影，微惜面貌带苦耳。

  王长林之张文斌，做固得神，唱亦圆湛。与桂凤常以彼此之年岁插入科诨，令人称趣。末句"你我夫妻两分离"一句改念"全仗文远一支笔"改得支砌，有心撅桂凤而桂凤仍不慌不忙接"永不离"三字。改调之是非，为长林之责任，桂凤之按部就班，不得谓之错。

（凌霄《浙慈馆观剧记略（续）》，《小京报》1919年4月24日第
二版）

4月21日，梅兰芳赴日本演出，余叔岩、王凤卿、程继先、姚佩兰、
王毓楼、王蕙芳等人在东车站送行，喜群社暂停演出。

5月1日天津孙多森宅堂会：

全班合演《百寿图》，书子元、张荣奎《御果园》，张文斌、慈瑞
泉、王长林、曹二庚《打城隍》，余叔岩、陈德霖《南天门》，白牡丹、
程继先、赵芝香《得意缘》，陈德霖、钱金福《一枝虎》，王长林、白牡
丹《小放牛》，余叔岩、程继先、钱金福、李顺亭《八大锤》。

《南天门》陈德霖珠圆玉润，余叔岩音调铿锵，叹为观止。帘
内〔导板〕商厉无比，大有振衣千仞、濯足万里之慨。"逃慌忙"之
"忙"字作两顿宕而出，"忙"字妙造自然。以下各腔均不重复，圆转
凄怆，允推杰作。叔岩学谭，得其神髓。"没奈何脱下衣一件"，身体
抖颤写寒冷状况极佳，"男儿头上有三把火"，因喉咙关系嘎调未能
使出；"搀扶小姐走了罢"步法递变，犹忆老谭演至上南天门时，念
句中有"今日登了仙界必须大笑三声"，句末后笑中带哭，即紧接"只
是苦了你了哇"，绘声绘影，令人叫绝。小余于此数句均有逊色。

大轴为余叔岩、程继先、钱金福、李顺亭之《八大锤》，本带投
宋，嗣因继先头忽晕眩，演至"说书"而止。老谭于断臂倒地后甩
发上竖，髯口下垂，一丝不乱，梨园中咸推为绝艺，叔岩火候未臻此
境，似虽苛责。"说书"时一切念做传神阿堵，妙到毫巅。散时已鱼更
三跃。

（稚圭阁主人《李公祠观剧杂记》，《小京报》1919年5月10日
第二版）

5月2日天津孙多森宅堂会：

《长生乐》《蟠桃会》《渭水河》，书子元、赵芝香《探阴
山》，李顺亭、乔玉林《探营》，刘凤林《双钉记》，莫敬一、书子
元、张荣奎《托兆碰碑》，白牡丹、刘凤林《樊江关》，钱金福、钱

文卿《芦花荡》，程继先、李顺亭《借赵云》，余叔岩、田桂凤、王长林、罗福山《坐楼杀惜》，尚小云、程继先《玉堂春》，李顺亭、书子元、王长林《梁夸才》，余叔岩、田桂凤、钱金福、王长林《战宛城》。

按：孙多森，清末秀才，与其兄创办中国首家华商面粉厂——阜新面粉厂，后任启新洋灰公司和滦州矿务公司协理，兼北京自来水公司协理。曾任中国银行总裁，并创办中孚银行。

《坐楼杀惜》，田桐秋之阎惜娇、余叔岩之宋公明、王长林起张文远、罗福山起马二娘，搭配之整齐，举世无出其右。桐秋年已迟暮，脂粉零落，虽老树著花，令人兴感。惟是艺重于色，不能专在脸子上用工夫。桐秋享盛名已在二十年前，予以为似此类戏现在是听一回少一回，不禁感慨系之。小余唱作，一禀谭氏，神气绝佳。惟杀惜后搜检书信时不应将书拆开细审，一因慌忙中无此暇逸，二因招文袋内万不能仅置封面，必为书信无疑。此节系桐秋向予言之，特揭出以饷阅者。可见小余学业，一经老辈指摘，终有漏洞。演戏之难，诚难矣。

（稚圭阁主人《李公祠观剧杂记（续）》，《小京报》1919年5月11日第二版）

5月4日，"五四"运动在北京爆发。

按：吉祥园演出，系俞振庭临时组织。

5月8日吉祥园演出：

李顺亭《风云会》，筱翠花《探亲》，俞赞庭《挑滑车》，俞振庭《金钱豹》，孙菊仙《奇冤报》，余叔岩、陈德霖《南天门》。

5月14日吉祥园演出：

李顺亭《风云会》，筱翠花《探亲》，俞赞庭《挑滑车》，俞振庭《金钱豹》，孙菊仙《奇冤报》，余叔岩、陈德霖《南天门》。

5月15日吉祥园演出：

李顺亭《太湖山》，筱翠花《战宛城》，陈德霖《孝义节》，俞振庭

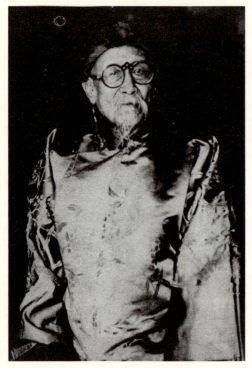

孙菊仙便装照

《艳阳楼》，余叔岩《打棍出箱》，孙菊仙《逍遥津》。

《琼林宴》此为老谭得意之作，学谭者亦均能得其对成，小余则足够八分，如"问樵"之身段，"闹府"之踢鞋均有心得。在书房之跟头尤为出色当行，谭五、又宸等皆去之太远。惟嗓音苍哑，过于吃力。"门庭"之"庭"字颇欠圆润，"两离分"之"两"字连用尚好，一往顺利。"分"字则轻描淡写，亦饶趣味。余所最赏赞者则在"往日饮酒酒不醉"二句，觉得音韵弥满也。王拴子配樵夫，为有一无二之佳角。拴子老矣，小余、谭五辈正在幼年。将来配此戏者，只有慈瑞泉尚有此资格，然亦不及拴子身段灵活、口白之干净。

按：刘景然之《琼林宴》不在谭派之下，谭派之状，范仲禹得一"疯"字，刘则得一"窘"字，各有其妙。谭氏由疯处作来，情节灵活精细,故极耐观。刘则偏重窘字,演者极为吃力,观者尚觉艰涩无味,故终致湮而无闻。近年步履艰难,身段毫无,更不足观矣,可叹。

（远哉《补志孙菊仙出演双庆之第二日》,《小京报》1919年5月30日第二版）

5月16日吉祥园演出:

俞赞庭《嘉兴府》,筱翠花《双摇会》,陈德霖《配姻缘》,孙菊仙《雍良关》,余叔岩、俞振庭《连营寨》。

5月22日吉祥园演出:

王蕙芳《能仁寺》,俞赞庭《恶虎村》,陈德霖、王凤卿《大保国》,余叔岩、俞振庭《连营寨》。

5月23日吉祥园演出:

诸如香《玉玲珑》,俞赞庭《嘉兴府》,俞振庭《铁笼山》,陈德霖《奇双会》,王凤卿、王瑶卿《万里缘》,余叔岩《庆顶珠》。

5月24日吉祥园演出:

王蕙芳《女起解》,诸如香《双摇会》,陈德霖《刺虎》,俞振庭《一枝桃》,王凤卿、王瑶卿《万里缘》,余叔岩、俞赞庭、程继先、罗福山、范宝亭、李寿山《八大锤》。

《八大锤》,此戏最佳,小余之王佐,出场〔引子〕之一个"功"字即得全场之好,嗓音亦极便。"观书""作书"均佳,"断臂"之作工风雨不透。余未见老谭演此,有告余小余此场毕肖老谭者,余意此种作工,意到情生,精细无遗,不必问其似何人、学何人。"说书"一场干净紧练,富有韵味,说到陆文龙本身情形尤佳。此种戏以作工道白为重,故小余倍见出色。然小余亦有一毛病,只有时过于轻佻,带有耍骨头之气味耳。文龙以继先之说书及与兀术交战,作工细致,乃其本色。赞庭之与宋兵鏖战,身段倍极繁重,亦自不易。宋营四将以斌庆科班为之,徐碧云之岳云,盖预为反串文龙计也。范宝亭之岳武穆、罗福山之乳母均好。李寿山之兀术,与文龙交战,见文龙反戈

作哀求状亦老到。

（远哉《四月廿五之吉祥夜戏》，《小京报》1919年6月5日第
二版）

5月25日吉祥园演出：

诸如香《打花鼓》，俞赞庭《连环套》，俞振庭《祝家庄》，王凤
卿、王瑶卿《汾河湾》，余叔岩、陈德霖《珠帘寨》。

5月30日，梅兰芳自日本回京。

6月26日那家花园李释戡为母祝寿堂会：

全班合演《大赐福》《满床笏》，茹富兰、茹富蕙《雅观楼》，张
文斌、慈瑞泉、曹二庚《打城隍》，高庆奎、芙蓉草《乌龙院》，程砚
秋《宇宙锋》，余叔岩、李寿山《打严嵩》，梅兰芳、陈德霖、程砚秋、
姚玉芙、芙蓉草、姜妙香《麻姑献寿》，余叔岩、程继先、钱金福、王
毓楼、杨长喜、迟月亭、李顺亭、何佩亭、罗福山《八大锤》，王凤卿、
陈德霖、书子元《二进宫》，梅兰芳、姚玉芙、姜妙香、曹二庚、罗福山
《游园惊梦》，杨小楼、梅兰芳、钱金福、程砚秋、李顺亭、王长林、李
连仲、许德义、迟月亭《长坂坡》。

门人李释戡为其母寿辰，借予园演戏一灯晚，丑正戏散。

（《那桐日记》1919年6月26日）

7月2日新明大戏院喜群社夜戏：

朱桂芳《演火棍》，白牡丹《胭脂虎》，高庆奎《骆马湖》，余叔岩
《卖马》，王凤卿《朱砂痣》，梅兰芳《宇宙锋》。

是日，那家花园梁鸿志为母祝寿堂会，梅兰芳演《审头刺汤》，杨
小楼演《恶虎村》，龚云甫演《孝义节》，溥侗、陈德霖演《奇双会》。

参议院梁鸿志，福建人，因其人生辰，借予园演戏一灯，晚戌初
开戏，寅初止戏。

（《那桐日记》1919年7月2日）

7月3日新明大戏院喜群社夜戏：

朱桂芳《青石山》，白牡丹《得意缘》，余叔岩《盗宗卷》，王凤

卿、高庆奎《群英会》，梅兰芳《贵妃醉酒》。

姜妙香、陈文启《岳家庄》，王凤卿、高庆奎《战长沙》，梅兰芳、余叔岩《打渔杀家》。

《打渔杀家》为老谭与瑶卿当年绝作，瑶卿嗓败，老谭为提拔兰芳使与配演，兰芳与瑶卿只小巫见大巫之比。迨谭死，贾狗继之，神味依当老谭，惟嗓音苍哑耳。小余与谭、贾相比尚属三等人才，惟此地无朱砂，黄土为贵。余梅此戏向非谭五、小云辈所能比也。

兰芳此戏平妥而已，无精彩而言。首场帘内〔导板〕为叫好声掩，未能听清。〔快板〕首句尚佳，末句之"人笑咱"，昔瑶卿最能以此三字要好。兰芳轻轻读过，非事敷衍，缺实力也。首场撑船扶父撒网及渡江时之上下船，各种姿势尚均熟练。惟将上船时肖恩问带否庆顶珠后及后言倘有不测云云，此时桂英当惊怖之中闻"婆家"二字，虽不能不知羞涩，决不至于嬉笑。兰芳之意，以为凡女子无论何时闻"婆家"二字皆当喜笑耶？抑此笑为报台下顾客之惠临耶？

小余此日嗓哑而暗，几无警句可寻。全戏惟"无计奈何""却是为何"两句及"草堂内坐"之"坐"字、"为父解渴"之"渴"字尚有韵味。其作工一依老谭，神情颇佳，惟出门时对于桂英问家什时，其悲苍凄凉固不及贾狗之火候纯清。盖贾狗此场不在老谭之下也。末场与教师爷厮杀亦精熟可观。

王长林之教师爷最足博笑，骄横卑鄙，形容尽致。大卖艺一段口白，虽江湖内行见之亦当畏避。不听父言，就为不孝，实吾国家庭专制之恶习，亦非上古先王之大道，片面理由又焉能持久。于此亦见吾国旧家庭所守之礼范，在今日不容不稍变更也。

此戏颇足为一假豪霸作一当头棒。当此民智已开，民权日张，贪官恶吏复横征暴敛，私收陋规，恐难免如丁氏之累及全家也。

肖恩不叫桂英作渔家打扮，其实兰芳头带珠翠，足蹬蛮靴，已非

渔家打扮矣。

　　　　（远哉《评七月四号余梅之打渔杀家》，《小京报》1919年7月
11—12日第二版）

7月5日新明大戏院喜群社夜戏：

　　贯大元《雪杯圆》，朱桂芳《十字坡》，程继先《监酒令》，余叔岩
《战宛城》，王凤卿《举鼎观画》，梅兰芳《闹学》。

7月6日新明大戏院喜群社夜戏：

　　姜妙香、高庆奎、姚玉芙《白门楼》，贯大元《滚钉板》，朱桂芳
《百草山》，余叔岩《胭脂褶》，梅兰芳、王凤卿《汾河湾》。

7月8日新明大戏院喜群社夜戏：

　　朱桂芳《蔡家庄》，白牡丹《马上缘》，高庆奎《捉放》，余叔岩
《开山府》，王凤卿《浣纱计》，梅兰芳《女起解》。

7月9日丰盛胡同国务总理钱幹臣太夫人七秩寿辰堂会：

　　全班合演《天官赐福》《百寿图》，瑞德宝、李连仲《潞安州》，
李顺亭、王荣山《定军山》，德珺如《监酒令》，九阵风、阎岚亭、迟
月亭、钟喜久《取金陵》，贯大元、麻穆子、曹二庚《卖马》，白牡丹、
王琴侬、姜妙香《得意缘》，尚小云、冯蕙林、张文斌《醉酒》，程
继先、朱桂芳、迟月亭、范宝亭《蔡家庄》，裘桂仙、王凤卿、王琴侬
《二进宫》，张文斌、曹二庚《打城隍》，梅兰芳、李顺亭、姜妙香《玉
堂春》，余叔岩、田桂凤、张文斌、罗福山《坐楼杀惜》，陈德霖、傅
小山、郭春山《昭君出塞》，刘鸿声、麻穆子、德珺如、陈文启《草桥
关》，龚云甫、曹二庚《钓金龟》，谭小培、尚小云《汾河湾》，九阵
风、王长林《小放牛》，余叔岩、王瑶卿、陈德霖、李顺亭、钱金福、慈
瑞泉、冯蕙林《珠帘寨》，高庆奎、王蕙芳《南天门》，杨小楼、王瑶
卿、王长林、刘砚亭、李连仲、李顺亭、钱金福、许德义《长坂坡》，梅
兰芳、姜妙香、姚玉芙《千金一笑》。

　　按：钱幹臣，即钱能训，时任民国内阁总理，后因"五四"运动
引咎辞职，转兴实业。

7月10日新明大戏院喜群社夜戏：

朱桂芳《普球山》，高庆奎《滚钉板》，白牡丹《玉玲珑》，余叔岩《天雷报》，王凤卿《樊城长亭》，梅兰芳《琴挑》。

7月12日那家花园王宅堂会：

剧目待考。

　海军部科长王锐，福建人，借予园为其母作寿，演戏一灯。晚岳母，大、四、六女均来听戏，戏散乃去。

（《那桐日记》1919年7月12日）

7月15日新明大戏院喜群社夜戏：

刘凤林、孙砚亭、陆宝山《双摇会》，朱桂芳、王长林、迟月亭、朱湘泉、何佩亭、迟景昆、钟喜久、谢春芳《取金陵》，贯大元、程继先《借赵云》，姜妙香、姚玉芙、陈文启《孝感天》，白牡丹、高庆奎《荀灌娘》，王凤卿《定军山》，梅兰芳、余叔岩《戏凤》。

7月17日新明大戏院喜群社夜戏：

朱桂芳《巴骆和》，高庆奎《刺巴杰》，白牡丹《探亲》，余叔岩《打棍出箱》，王凤卿《鱼肠剑》，梅兰芳《虹霓关》。

7月18日新明大戏院喜群社夜戏：

白牡丹《探亲》，高庆奎《刺巴杰》，朱桂芳《巴骆和》，余叔岩《天雷报》，王凤卿《挡曹》，梅兰芳《虹霓关》。

7月20日新明大戏院喜群社夜戏：

孙砚亭《幽界关》，贯大元《卖马》，朱桂芳《娘子军》，白牡丹《雌雄镖》，高庆奎《状元谱》，王凤卿《战成都》，梅兰芳、余叔岩《审头刺汤》。

7月22日新明大戏院喜群社夜戏：

白牡丹《玉玲珑》，陈文启《长寿星》，朱桂芳《泗州城》，余叔岩《天雷报》，王凤卿《挡曹》，梅兰芳《佳期拷红》。

7月23日新明大戏院喜群社夜戏：

朱桂芳《攻潼关》，刘景然《清官册》，高庆奎、姜妙香《镇潭

州》，白牡丹《浣花溪》，余叔岩、王长林《打棍出箱》，梅兰芳、王凤卿《御碑亭》。

新明余叔岩之《琼林宴》。"问樵"身段、台步、道白、神态色色俱佳，可称已臻纯化之境。老谭而后此子允推能手。"闹府"前之吊毛极干脆、极圆熟。可喜唱工以〔二黄原板〕得幽韵清妙之致。余伶自知限于嗓音，其运调全于低处求韵味，是其聪明处。"书房"一场唱工已露微竭。厥统观全剧，可赠以"流丽洒脱"四字。王长林之樵夫自是老手。

（肖伧《蒨蒨室剧话》，《小京报》1919年7月28日第二版）

7月24日新明大戏院喜群社夜戏：

张文斌《打城隍》，朱桂芳《嘉兴府》，白牡丹、高庆奎《胭脂虎》，余叔岩、王长林《别母乱箭》，梅兰芳、王凤卿《武家坡》。

7月26日新明大戏院喜群社夜戏：

高庆奎《滚钉板》，王凤卿《取帅印》，余叔岩、梅兰芳《走雪山·南天门》。

7月27日新明大戏院喜群社夜戏：

李鸣玉、王立卿《武昭关》，孙砚亭、张文斌《打面缸》，朱桂芳、何佩亭《八蜡庙》，余叔岩、白牡丹《坐楼杀惜》，王凤卿、姚玉芙《朱砂痣》，梅兰芳、高庆奎《贩马记》。

7月31日新明大戏院喜群社夜戏：

朱桂芳《薛家窝》，高庆奎《临江会》，白牡丹《双摇会》，余叔岩《别母乱箭》，梅兰芳、王凤卿《武家坡》。

8月1日新明大戏院喜群社夜戏：

李敬山《杀狗》，白牡丹、程继先《延安关》，余叔岩《铁莲花》，王凤卿《浣纱记》，梅兰芳、高庆奎、朱桂芳、程砚秋、姚玉芙、芙蓉草《天河配》。

8月2日新明大戏院喜群社夜戏：

陈玉林《兴梁山》，白牡丹、程继先《鸿鸾禧》，余叔岩、王长林

《天雷报》，王凤卿、李寿山、陈文启《鱼肠剑》，梅兰芳、高庆奎《天河配》。

8月3日新明大戏院喜群社夜戏：

朱桂芳《取金陵》，白牡丹《探亲》，余叔岩《黄金台》，王凤卿《战樊城》，梅兰芳《天河配》。

8月4日石驸马胡同袁宅堂会：

梅兰芳演《嫦娥奔月》，余叔岩演《珠帘寨》，王凤卿演《文昭关》。

按：《顺天时报》1919年8月5日载余叔岩所演为《南阳关》。

8月6日新明大戏院喜群社夜戏：

陈文启《择邻》，朱桂芳《取金陵》，白牡丹《马上缘》，余叔岩《盗宗卷》，王凤卿《战长沙》，梅兰芳《英杰烈》。

8月7日新明大戏院喜群社夜戏：

张文斌《打城隍》，陈文启《探窑》，朱桂芳《演火棍》，余叔岩《南阳关》，王凤卿《群英会》，梅兰芳《虹霓关》。

8月8日朱宅祝寿堂会：

张如庭《击鼓骂曹》，高连甲、何连涛、冯连恩《三教寺》，谭富英、吴富琴、李连贞《四郎探母》，王福寿、程连喜《对刀步战》，王长林、钱金福《祥梅寺》，程砚秋、程连喜《虹霓关》，高庆奎、姚玉芙《武家坡》，郭仲衡、王琴侬、裘桂仙《二进宫》，王凤卿、陈德霖、李连仲《宝莲灯》，余叔岩、王瑶卿、钱金福、慈瑞泉、李顺亭、韩金福、赵芝香《珠帘寨》，梅兰芳、陈德霖、姜妙香、李寿山、郭春山、罗福山、曹二庚《风筝误》，何连涛、刘连湘、殷连瑞、邱富棠、骆连翔、高连甲《金山寺》。

8月12日宝卅斋主人李释戡弄璋之喜，于李宅唱清音桌：

陈德霖、梅兰芳、姚玉芙唱《瑶台》，王琴侬唱《孝义节》，余叔岩唱《击鼓骂曹》，高庆奎唱《马前泼水》，孙菊仙唱《逍遥津》，陈德霖、王凤卿、裘桂仙唱《二进宫》，张文斌《口技》，程艳秋、姚玉芙、姜妙香唱《佳期》，梅兰芳、程艳秋、姚玉芙、姜妙香唱《四五花

洞》,梅兰芳、余叔岩唱《南天门》,梅兰芳、王凤卿、余叔岩、陈德霖唱《四郎探母》,陈彦衡操琴。

(聊公《听歌想影续录》)

8月16日新明大戏院喜群社夜戏:

李顺亭《战太平》,刘凤林《一匹布》,余叔岩《托兆碰碑》,梅兰芳《玉堂春》。

8月17日新明大戏院喜群社夜戏:

白牡丹《鸿鸾禧》,余叔岩《南阳关》,梅兰芳、王凤卿、姜妙香、姚玉芙《跪池三怕》。

8月18日金鱼胡同那家花园那桐寿辰堂会:

剧目待考。

为余六十三岁生辰,演唱三庆园杨小楼班戏,外传梅兰芳、王凤卿、陈德霖,酉初开戏,丑正止,颇佳。

(《那桐日记》1919年8月18日)

8月19日福寿堂李宅堂会:

余叔岩《打棍出箱》。

8月21日新明大戏院喜群社夜戏:

余叔岩《失街亭》,王凤卿《朱砂痣》,梅兰芳《虹霓关》。

8月22日新明大戏院喜群社夜戏:

朱桂芳《泗州城》,白牡丹《秦淮河》,余叔岩、王凤卿《五截山》,梅兰芳《春秋配》。

8月23日新明大戏院喜群社夜戏:

陈文启《行路》,朱桂芳《娘子军》,白牡丹《双摇会》,余叔岩《卖马》,梅兰芳《春秋配》。

8月24日新明大戏院喜群社夜戏:

朱桂芳《打昌》,白牡丹《探亲》,余叔岩、慈瑞泉《铁莲花》,王凤卿《弹词》,梅兰芳、高庆奎《金雀记》。

8月26日新明大戏院喜群社夜戏：

高庆奎《九更天》，王凤卿《会稽城》，余叔岩、王长林《打棍出箱》，梅兰芳、李敬山、钱文卿《贵妃醉酒》。

8月29日新明大戏院喜群社夜戏：

王荣山、占正亭《战太平》，傅小山、丁永利、陈玉林、王玉吉、吴玉林《桃花岭》，陈文启、刘景然《长寿星》，余叔岩、王长林、李寿山、律佩芳《打严嵩》，王凤卿、李顺亭、李鸣玉、扎金奎《文昭关》，梅兰芳、姚玉芙、朱桂芳、李连仲、芙蓉草、姜妙香、程砚秋、高庆奎、李敬山、罗福山、诸如香、王立卿、刘凤林、赵芝香、杨长喜、迟景昆《天河配》。

8月30日新明大戏院喜群社夜戏：

何佩亭《芦花荡》，余叔岩《坐楼杀惜》，王凤卿《浣纱计》，梅兰芳《天河配》。

8月31日新明大戏院喜群社夜戏：

陈文启《孟母择邻》，余叔岩《当铜卖马》，王凤卿《樊城长亭》，梅兰芳《天河配》。

9月3日新明大戏院喜群社夜戏：

诸如香《双摇会》，朱桂芳《四美图》，姜妙香《万里封侯》，裘桂仙《草桥关》，朱素云《白门楼》，龚云甫《钓金龟》，梅兰芳、王凤卿、余叔岩《战蒲关》。

梅兰芳饰徐艳贞，手擎香盘，悄然而上，自有一种幽怨神态。〔二黄正板〕一段，曼声应节，极幽咽缠绵之至。拈香祝告时，念白极有层次，态度尤极端凝。〔原板〕一段，珠圆玉润，非常婉转。第二场上唱〔摇板〕亦好，静坐观书，姿态亦胜。见刘忠闯入后，于惊惶之中，有镇定之色，做派极佳。与刘忠问答时，眉宇间能表出怀疑神理。及见宝剑，再加盘诘，始知来意。"我明白了"四字，轻微凄折，盖已具自刎之决心矣。梅无论演何戏，皆以全力赴之，必曲尽其妙，使人满意而去。此剧唱、作、白三者，在在动人，观众赞叹不置。谚

云，戏在人演，岂不谅哉。余叔岩饰刘忠，头场为王霸报告城内奇窘情状。道白做工，均极遒炼。二场受命往刺夫人，神色亦复警策。三场上唱"前厅奉了老爷命"，一段〔摇板〕，悲凉凄恻，饶有神韵。闯进夫人卧房后，容色变动，言语支吾。"向夫人借借借粮"等语，吞吞吐吐，演来逼真。此角为衰派老生，本非叔岩专长，而演唱精彩不凡，足见能者，固无所不能也。王凤卿饰王霸，一段〔二黄原板〕，嘹亮激越，殊为入听。闻刘忠报告时，露忧郁之色。至花园窃听夫人默祷时，做派亦复可取。此剧以凤卿饰王霸，叔岩饰刘忠，加以兰芳之徐艳贞，三大名伶，萃于一剧，自更难得矣。

（聊公《听歌想影录》）

9月4日新明大戏院喜群社夜戏：

姜妙香《岳家庄》，余叔岩《捉放曹》，王凤卿《群英会》，梅兰芳《六月雪》。

9月5日新明大戏院喜群社夜戏：

姜妙香《孝感天》，裘桂仙、龚云甫《断后》，王凤卿《黄鹤楼》，梅兰芳、余叔岩《打渔杀家》。

9月6日新明大戏院喜群社夜戏：

朱桂芳《蔡家庄》，高庆奎《镇潭州》，龚云甫《训子》，余叔岩《洪羊洞》，梅兰芳、王凤卿《御碑亭》。

9月7日新明大戏院喜群社夜戏：

龚云甫《徐母骂曹》，余叔岩《九更天》，王凤卿《取成都》，梅兰芳《贩马记》。

9月11日正乙祠余叔岩为母祝寿堂会：

郭仲衡、贾福堂《百寿图》，春阳友会反串《八蜡庙》，李寿山《春香闹学》，赵桐珊《打杠子》，程砚秋、姚玉芙《琴挑》，余叔岩、王长林《琼林宴》，梅兰芳、余叔岩《辕门射戟》。

罗瘿公作《余叔岩为其母六十寿》：

名伶三世余梅耳，英秀而还汝最贤。

侪辈草时俱习熟，而翁在日屡周旋。

更能将母承先志，难得称觞值闰年。

真舞斑衣学莱子，听歌吾亦忘华颠。

9月13日新明大戏院喜群社夜戏：

何佩亭《收关胜》，陈文启《探窑》，余叔岩、李寿山、姜妙香《黄金台》，王凤卿《定军山》，梅兰芳、陈德霖、龚云甫《雁门关》（二本）。

9月14日新明大戏院喜群社夜戏：

慈瑞泉《打城隍》，陈文启《药茶计》，姜妙香《诛吕扶汉》，余叔岩、李寿山《当锏卖马》，梅兰芳、王凤卿、陈德霖《雁门关》（三本）。

梅兰芳反串小生戏《群英会》剧照

《雁门关》陈德霖饰萧太后，钱金福饰韩昌，王楞仙饰杨八郎

9月16日新明大戏院喜群社夜戏：

何佩亭《嘉兴府》，陈文启《望儿楼》，高庆奎《双狮图》，余叔岩《当锏卖马》，梅兰芳、王凤卿、陈德霖《雁门关》（四本）。

9月17日新明大戏院救济人力车夫义务夜戏：

陈文启、刘景然《长寿星》，诸如香、王长林、李敬山《一匹布》，九阵风、钱金福、何佩亭、刘凤奎、侯春兰《取金陵》，程砚秋、姚玉芙《琴挑》，梅兰芳、李顺亭、麻木子、李寿山、朱玉龙《辕门射戟》，余叔岩、李寿山、李鸣玉《碰碑》，王凤卿、陈德霖、裘桂仙《二进宫》，梅兰芳、姚玉芙、姜妙香、罗福山、斌庆社学生《游园惊梦》。

9月18日新明大戏院喜群社夜戏：

姜妙香《玉门关》，高庆奎《进蛮诗》，余叔岩、李寿山、姜妙香

《黄金台》，梅兰芳《雁门关》（五本）。

朱桂芳《百草山》，陈文启《六殿》，高庆奎《搜孤》，余叔岩《盗宗卷》，梅兰芳、王凤卿、龚云甫《雁门关》（六本）。

李鸣玉《喜封侯》，陈文启《滑油山》，高庆奎《巴骆和》，余叔岩《生死板》，梅兰芳、陈德霖、王凤卿《雁门关》（七本）。

朱桂芳《十字坡》，高庆奎《浣纱记》，余叔岩、何佩亭、朱桂芳、李寿山《战宛城》，梅兰芳《雁门关》（八本）。

李敬山、慈瑞泉《绒球计》，朱素云、姚玉芙《岳家庄》，龚云甫、诸如香《三进士》，高庆奎、麻木子《捉放曹》，裘桂仙、王凤卿、陈德霖《二进宫》，余叔岩、梅兰芳《游龙戏凤》。

朱桂芳《娘子军》，高庆奎《朱砂痣》，龚云甫《托兆哭灵》，余叔岩、陈德霖、王长林《南天门》，梅兰芳、朱素云、王凤卿《穆柯寨》。

龚云甫《游六殿》，余叔岩《天雷报》，陈德霖、王凤卿《骂殿》，梅兰芳、朱素云《金山寺》。

何佩亭《金沙滩》，陈文启、姚玉芙《探窑》，余叔岩、李顺亭、钱金福《定军山》，王凤卿、麻木子《群英会》，梅兰芳、陈德霖、姜妙香《风筝误》。

陈文启、慈瑞泉《行路训子》，高庆奎、朱素云《借赵云》，余叔岩、王长林、裘桂仙《打棍出箱》，王凤卿、姜妙香《举鼎观画》，梅兰

芳、陈德霖《麻姑献寿》。

9月29日第一舞台湖北水灾义务戏：

裘桂仙《草桥关》，王凤卿、王琴侬《朱砂痣》，李兰亭《三岔口》，王又宸《黄鹤楼》，俞振庭、钱金福《青石山》、林颦卿《阴阳河》，陈德霖《四面观音》，老十三旦《辛安驿》，余叔岩、田桂凤《坐楼杀惜》，孙菊仙《逍遥津》，梅兰芳、姜妙香《葬花》。

9月30日第一舞台湖北水灾义务戏：

王凤卿、高庆奎、王琴侬《战蒲关》，李兰亭《铁公鸡》，田桂凤、德珺如《鸿鸾禧》，九阵风《穆柯寨》，陈德霖《彩楼配》，林颦卿《花

十三旦侯俊山《八大锤》饰陆文龙

鼓》，王又宸、王长林《天雷报》，余叔岩、侯俊山《八大锤》，孙菊仙《舌辨侯》，梅兰芳、姜妙香《天女散花》。

10月4日新明大戏院喜群社夜戏：

陈文启《钓金龟》，裘桂仙《草桥关》，九阵风、何佩亭《取金陵》，余叔岩、钱金福、王长林《头二本连环套》，王凤卿《战长沙》，梅兰芳《一缕麻》。

10月5日新明大戏院喜群社夜戏：

陈文启《择邻》，九阵风《演火棍》，余叔岩、钱金福、王长林《三四本连环套》，王凤卿、裘桂仙《挡曹》，梅兰芳《一缕麻》。

10月9—12日，余叔岩与俞振庭斌庆社，赴济南演出张宗昌封翁庆寿堂会。

10月10日，票友彩串《桑园会》，王斌芬、耿斌福演《三江口》，俞华庭、赵连升演《东昌府》，石韫玉、五龄童、马笑云演《四郎探母》，俞步兰演《嫦娥奔月》，徐碧云演《取金陵》，王斌芬演《战长沙》，余叔岩、俞赞庭演《八大锤》，筱翠花、小百岁、王桂官演《翠屏山》，余叔岩、王长林演《盗宗卷》。

10月11日，吕小樵、范福泰演《四杰村》，吕月樵演《八十八扯》，五龄童、石韫玉演《武家坡》，俞步兰演《游园惊梦》，俞华庭、赵连升演《百凉楼》，徐碧云演《蟠桃会》，王斌芬演《打金枝》，余叔岩、钱金福、王长林演《打棍出箱》，俞赞庭、筱翠花演《战宛城》。余叔岩、钱金福、王长林、李顺亭演《阳平关》。

10月12日，余叔岩自济南赴天津，15日回到北京。

闻此次斌庆社戏价大洋一千四百元，叔岩与长林、金福、顺亭等戏价洋一千七百元，张参谋长外赏与斌庆社洋四百元，叔岩等四百元，其一切车费及房饭等，均由张宅开销，亦可谓备极优待矣。

（《济南菊讯》，《顺天时报》1919年10月16日第五版）

10月18日新明大戏院喜群社夜戏：

钱金福《芦花荡》，九阵风《穆柯寨》，余叔岩、王长林《天雷

报》，梅兰芳《狮吼记》。

10月19日新明大戏院喜群社夜戏：

九阵风《男三战》，朱素云《叫关》，王凤卿《文昭关》，余叔岩、梅兰芳、李顺亭、钱金福、姚玉芙、姜妙香、王长林《珠帘寨》。

民国八年十月二十日晚，新明院以梅兰芳、余叔岩两大名伶合演《珠帘寨》一剧，唱作精妙，得未曾有，而兰芳所饰二皇娘一角，标新立异，踵事增华，尤有翘然独秀之概。此剧本以李克用为主角，此夕兰芳之二皇娘，唱作均特予加重，喧宾夺主，李克用几将屈居于陪从之列，此亦《珠帘寨》一剧之变局创格也。顾就剧情论之，李克用对二皇娘，有"怕老婆的人有酒喝"，老谭于误卯一场，更增"妇人自由男女要平行"等语。而全剧所演，又皆表现二皇娘之大权独揽，王长林昔饰老军，亦有"妇女掌权"语，李克用之发兵出马，亦无非由于二皇娘之策动，克用在在处于被动地位。此均可见剧中情节，实以二皇娘为主体。则梅所饰之二皇娘，增添唱白武工，俱见特别精彩，意在使二皇娘地位，跃升主角，固亦不为无见也。或谓老谭所增"男女平行"等句，可谓近来生旦颉颃之预言。盖老谭当日已逆知旦角势力，行将压倒老生，故有此借题发挥之唱词云云。此说近于臆测，未可置信。

是夕剧中各角，均极一时之选，而梅之二皇娘，既将唱作加重，又系初次演出，事实已等于主角，最为座客所注意，故余亦最先加以评述。头场见陈敬思，及劝李克用发兵一场，做工道白，均恰到好处，绝无过火流于泼辣之病。旗装姿态，亦复明丽动人。点卯一场，戎装扎靠，光彩四射。三点而克用未到，于惊异之中，见薄怒之态，演来甚佳。及克用既到，亟欲绳以军法，经大皇娘及太保，力为缓颊，始令押在后营。此场白口做派，极见繁重，梅表演均极可观。至第五场，则为梅所特增，向所未有，廉内〔西皮倒板〕"披星戴月上长安"句，珠喉甫转，四座尽倾。上场唱〔慢板〕，第一句"山又遥水又远行路艰难"，行腔之委婉、发音之清粹尤觉别饶韵致。其余六句，亦均声情并茂。唱时"扯四门",绕场走唱,低徊俯仰,情韵欲流。论者或谓旧剧本未宜率意增加唱词,兰芳此段,实为累赘。殊不知戏剧之佳妙,全在演者衡情酌理,自为增益,否则演来必无活气。老谭于乐宅堂会演此剧时,"误卯"一场对老军所唱〔摇板〕,亦增加词句甚多。议者或亦病其冗沓,然其行腔自佳,传神亦妙。梅之此段,琢炼精工,自亦为全剧生色不少。

与周德威大战一场,身段稳练,把子精熟,虽著名武旦,不过如此。此场亦系梅所特增,盖二皇娘促克用发兵,而自身不临场一战,于情理实有未安也。对枪略如《娘子军》黄天荡之水战,而其把子之精到,则又颇有《英雄义》与《对刀步战》之意味。故二皇娘与周德威此一场大战,几视卢俊义与史文恭,周遇吉与李宏基所打之把子,无所轩轾。钱金福尝谓武把子,如"灯笼泡""二龙头"等,皆有幺二三,最为俗套。凡稍名贵之武把子,皆不用幺二三之打法。是夜二皇娘与周德威对打之把子,即不用幺二三,盖全系金福所授。闻练习浃月,今已纯熟,又得金福本人为配德威与之对打,自是格外精彩不凡矣。耍下场,亦精力弥满。此一场大打,非常火炽,真不啻一出武旦重头戏也。

败下后,见李克用,又用激将之法,迫其出战,细意熨帖,演白均妙。此剧之二皇娘,经梅氏如此一演,如火如荼,写的十分热闹。再加以余叔岩饰演李克用,美具难并,自更使人有观止之叹矣。

叔岩所演之李克用,在今日内行中,实可独步一时。盖老谭以后,剧界老生最以此剧擅胜者,亦惟有一叔岩耳。出场诗白,"太白斗酒诗百篇"等句,念得字字沉着,神气亦老迈爽朗,迥不犹人。"大太保传令把队收"一句〔西皮倒板〕,挺拔有力,〔原板〕中以"忆昔当年五凤楼"句之"五凤楼"三字腔,转折灵活,非常讨俏,各段快板亦得浑脱流利。"昔日有个三大贤"一段,自〔原板〕转〔流水〕,尺寸疾徐,句句合拍,至"落得清闲"句一收,饶有韵味。见二皇娘时,连说"三个不发兵",神情白口,均极隽妙。起霸一场,身段边式已极。

与老军道白，语语学谭，完全用湖广字音，极其动听，而其气度洒脱，亦自具一种迈往不屑之韵。误卯一场，对老军唱〔摇板〕各段，韵味醇厚，耐人咀嚼。此场唱词，系老谭所增，叔岩力追谭氏，亦步亦趋，老谭与老军道白，亦增词甚多。太保与二皇娘相继败下，二皇娘劝克用出马，此时克用倚老卖老之神态，叔岩演作，尤足使人叫绝。大战周德威一场，精神饱满，无懈可击。三次接箭，抽弓射雕，种种做派，妙造自然，此剧得梅饰二皇娘，已放一异彩，又得叔岩饰李克用，相得益彰，自是非常出色矣。

钱金福饰周德威，亦为此剧大增光芒。与二皇娘对枪一场，把子之干净紧凑，时下武生，莫能与之抗手。与李克用交战，及比箭各场，演来亦虎虎有生气。盖其气魄雄伟，身手夭矫，加以把子之稳健，自断非俗伶所能企及也。李顺亭饰陈敬思，偶振吭一鸣，犹有石破天惊之概，老辈风骨自尔不凡。王长林饰老军，道白清亮，做工精炼，亦是斫轮老手。姚玉芙饰大皇娘，无所见长，而神态自佳。姜妙香饰大太保，亦甚稳妥。此剧情节，本饶兴趣，是夜各角之配搭，整齐完美，向所罕睹，自成戏班中极难得之一台好戏矣。

（聊公《梅余合演珠帘寨记》，《听歌想影续录》）

10月22日喜群社新明大戏院夜戏：

诸如香《一匹布》，姜妙香《白门楼》，余叔岩、九阵风、朱素云《八大锤》，梅兰芳、王凤卿《武家坡》。

10月23日喜群社新明大戏院夜戏：

陈文启《游六殿》，裘桂仙《铡美案》，九阵风《摇钱树》，余叔岩、王长林《胭脂褶》，王凤卿《雄州关》，梅兰芳《佳期》。

10月26日湖广会馆湖北水灾义务戏：

韩世昌《小宴》，世哲生《金钱豹》，乐砥舟《黄鹤楼》，乔荩臣《赠袍赠马》，王君直《击鼓骂曹》，侯俊山《英杰烈》，余叔岩、俞振庭《连营寨》。

10月27日湖广会馆湖北水灾义务戏：

韩世昌《痴梦》，世哲生《娘子军》，恩禹之《群英会》，孙廉堂《铁笼山》，王君直《托兆碰碑》，陈德霖《三击掌》，侯俊山《伐子都》，余叔岩《艳阳楼》。

10月29日江西会馆陈宅堂会：

全班合演《天官赐福》，靳斌相、小奎官、张斌贵《百寿图》，王斌才、于斌荣、张斌长《千秋岭》，范斌禄、高斌峰、小紫和、刘春升《回营打围》，徐碧云、小振庭、耿斌福、范斌禄、小宝亭、王斌才《蟠桃会》，小桂官、苏斌太、王斌虎、刘斌宝《卫辉府》，小桂花、刘斌义《钓金龟》，徐碧云、范斌禄、小宝亭、小小楼、李斌祥、孙斌武《娘子军》，筱翠花、小百岁、张斌长、徐斌寿《铁弓缘》，五龄童、石韫玉、小永春《二进宫》，俞华庭、小奎官、于斌安、小寿山、苏斌太、赵斌忠《快活林》，筱翠花、小桂花、小百岁、耿斌福《马上缘》，徐碧云、小小楼、耿斌福、范斌禄、于斌安、赵斌忠《两狼关》，五龄童、石韫玉、小桂芬、刘春升、马笑云《四郎探母》，小桂官、苏斌太、于斌安、小金红《五飞图》，俞步兰、王斌芬、徐碧云、小桂花、刘春升、小奎官、小寿山、耿斌福、范斌禄、李斌祥、徐斌寿、小小楼、小宝亭《游园惊梦》。裴桂仙《御果园》，程砚秋《思凡》，九阵风、王长林《小放牛》，钱金福《瓦口关》，陈德霖、王凤卿《骂殿》，余叔岩、钱金福、李顺亭《定军山》、梅兰芳、姚玉芙、姜妙香、李寿山《天女散花》。

10月30日那家花园宴请德川公爵堂会：

程砚秋《彩楼配》，孙菊仙、姚玉芙、朱玉龙《朱砂痣》，梅兰芳《思凡》，余叔岩、钱金福、王长林、李鸣玉、乔玉林《定军山》，梅兰芳、王凤卿、姜妙香、姚玉芙、李顺亭《御碑亭》。

10月31日喜群社新明大戏院夜戏：

九阵风《取金陵》，朱素云《小显》，王凤卿《定军山》，余叔岩、梅兰芳《审头刺汤》。

同日会贤堂堂会：

《天官赐福》《氾水关》，书子元《大回朝》，颜谨安、言菊朋《黄鹤楼》，诸如香《过年》，侯益隆《嫁妹》，包丹庭、颜谨安、筱翠花、王福寿《翠屏山》，恒小隐、冯蕙林《举鼎观画》，李黛玉、筱翠花、诸如香《贪欢报》，余叔岩、王长林《胭脂褶》，言菊朋、书子元《托兆碰碑》，韩世昌《思凡》，陈德霖、俞振庭、姜妙香、许德义、朱桂芳《混元盒》，红豆馆主、李顺亭《盗宗卷》，李凤云《金钱豹》，梅兰芳、余叔岩《游龙戏凤》，红豆馆主、杨小楼、言菊朋、颜谨安、钱金福、朱桂芳、刘砚芳、李顺亭《青石山》。

11月1日第一舞台河南赈灾义务戏：

九阵风《小放牛》，卧云居士《辞朝》，王又宸、俞振庭、何佩亭《金钱豹》，余叔岩《群英会》，陈德霖、王凤卿《二进宫》，梅兰芳《醉酒》，老乡亲《雍凉关》，老十三旦《花田错》。

11月2日第一舞台河南赈灾义务戏：

姜妙香《岳家庄》，九阵风、俞振庭《金山寺》，卧云居士《女骂曹》，陈德霖《孝义节》，王凤卿《挡曹》，余叔岩《盗宗卷》，老乡亲《渑池会》，老十三旦《伐子都》，梅兰芳《天女散花》。

11月5日王叔鲁宅堂会：

九阵风、刘凤奎《蟠桃会》，斌庆社学生《一匹布》，程砚秋、筱翠花、姜妙香《虹霓关》，李伯涛、萧兰芳《武家坡》，斌庆社学生《百凉楼》，梅兰芳、余叔岩、王长林《庆顶珠》，王凤卿、陈德霖《烛影记》，余叔岩、十三旦、钱金福、李顺亭《八大锤》，梅兰芳、姚玉芙、李寿山、李鸣玉《天女散花》。

11月6日喜群社新明大戏院夜戏：

钱金福《青风寨》，九阵风《取金陵》，裘桂仙《打龙袍》，王凤卿《挡曹》，余叔岩、梅兰芳《南天门》。

11月7日喜群社新明大戏院夜戏：

九阵风《演火棍》，余叔岩《卖马》，王凤卿《捉放曹》，梅兰芳

《金雀记》。

11月8日喜群社新明大戏院夜戏：

九阵风《湘江会》，余叔岩《击鼓骂曹》，王凤卿《文昭关》，梅兰芳《千金一笑》。

11月9日喜群社新明大戏院夜戏：

陈文启、刘景然《长寿星》，诸如香、王长林、李敬山《一匹布》，九阵风、钱金福、何佩亭、刘凤奎、侯春兰《取金陵》，程砚秋、姚玉芙《琴挑》，梅兰芳、李顺亭、麻木子、李寿山、朱玉龙《辕门射戟》，余叔岩、李寿山、李鸣玉《托兆碰碑》，王凤卿、陈德霖、裘桂仙《二进宫》，梅兰芳、姜妙香、姚玉芙《游园惊梦》。

11月13日江西会馆吴宅堂会：

全班合演《天官赐福》，李金榜、屈兆奎《百寿图》，陆凤琴《荷珠配》，钱宝森《金沙滩》，朱素云、刘景然、福小田《白门楼》，龚云甫、书子元《骂曹》，言菊朋、诸如香、钱金福、刘景然《珠帘寨》，程砚秋《思凡》，王又宸、书子元、李寿山《失街亭》，余叔岩、钱金福、王长林《连环套》，梅兰芳、姜妙香、姚玉芙《虹霓关》，李金榜《风云会》。

11月15日那家花园日本大仓喜八郎宴会堂会：

程砚秋、姜妙香、李寿山、麻木子《穆柯寨》，梅兰芳、王凤卿、姜妙香、李敬山《穆天王》，余叔岩、钱金福、王长林《琼林宴》，九阵风、迟景昆、侯春兰、杨长喜、刘凤奎《摇钱树》，梅兰芳、姜妙香、姚玉芙、郭春山、罗福山《游园惊梦》。

按：大仓喜八郎，日本巨贾，大仓财阀的创办者，以军火发家，在中国、朝鲜均有投资，并热心文化事业，梅兰芳首次访日即为其所邀。

　　日本大仓喜八郎由日本来京宴客，借予园演戏，并请予作客。八钟开戏，十二钟戏止。梅兰芳演《游园惊梦》，甚佳。约大、二、五、六女，四、五、六婿均来吃饭、听戏，子正去。

（《那桐日记》1919年11月15日）

11月20日织云公所赵宅堂会：

全班合演《天官赐福》，刘春升、朱斌仙《百寿图》，徐碧云《蟠桃会》，五龄童、小永春《上天台》，小桂官《卫辉府》，耿斌福、小宝亭《溪皇庄》，筱翠花、徐碧云《樊江关》，王斌芬、小奎官《古城会》，石韫玉、五龄童《探母》，小振庭、俞华庭、范斌禄、苏斌太《百凉楼》，筱翠花、小百岁《醉酒》，王斌芬、小小楼《水淹七军》，俞华庭、小振庭、徐碧云、赵绮霞《乾元山》，小莲花《东游》，余幼琴《夜奔》，俞华庭、王斌芬、孙斌武、于斌安《三江口》，田桐秋、李敬山《拾玉镯》，侯益隆《嫁妹》，九阵风、王福寿《夺太仓》，韩世昌《闹学》，孟小如、高德禄《打棍出箱》，梅兰芳、姜妙香、姚玉芙《虹霓关》，俞步兰、徐碧云、小桂花《游园惊梦》，余玉琴、余幼琴、胡素仙、张文斌《能仁寺》，张文斌、李敬山《打城隍》，王君直、章晓珊《武家坡》，陈德霖、王凤卿《骂殿》，俞振庭《水帘洞》，孙菊仙、胡素仙《朱砂痣》，余叔岩、陈德霖、王瑶卿、钱金福、李顺亭、王长林《珠帘寨》。

12月6日新明大戏院夜戏：

水仙花《贵妃醉酒》，赵菊芳《玉堂春》，九阵风《十字坡》，裴桂仙《打龙袍》，钱金福《铁笼山》，余叔岩、陈德霖《南天门》。

12月7日新明大戏院夜戏：

水仙花《马上缘》，钱金福《芦花荡》，九阵风《小放牛》，余叔岩《探母》。

12月11日，余叔岩与李顺亭等人离京赴汉口，与梅兰芳、王凤卿、陈德霖等人演出于合记大舞台。

12月14日，李顺亭病故于汉口。

一九二〇年（民国九年·庚申）三十一岁

按：本年初余叔岩从汉口回京后，即同杨小楼重组中兴社，并邀尚小云参加，出演于吉祥园及三庆园。至十月，余叔岩赴上海演出，始脱离中兴社，中兴社改约谭小培。同年北京剧界主要班社有：梅兰芳喜群社，有王凤卿等人，在新明大戏院演出；俞振庭双庆社，有尚小云、高庆奎、贯大元等人，在三庆园演夜戏；刘鸿升普庆社，有筱翠花、沈华轩等人，在第一舞台；俞振庭斌庆社，有小振庭、徐碧云、五龄童等人，在三庆园演日戏。谭小培、筱翠花，在新明大戏院；富连成社马连良、谭富英、李连贞、何连涛、尚富霞、沈富贵等在广和楼；于紫仙、于紫云等坤角演出于城南游艺园；金桂芬、李伯涛、金刚钻等坤角演出于中和园。演出记录据《顺天时报》《群强报》《京报》《申报》及存世戏单整理。

1月4日，杨小楼在上海天蟾舞台演出结束，即赴汉口，与余叔岩同演于合记大舞台。

1月25日，李连仲病故。

1月26日，余叔岩偕钱金福自汉口回京。

1月28日，杨小楼由汉口回京。

2月，杨宝森搭斌庆社，开始在吉祥园演出。

2月2日江西会馆李宅堂会：

全班合演《赐福》，张文斌、李敬山、慈瑞泉《打城隍》，程砚秋《思凡》，王琴侬《彩楼配》，言菊朋、王瑶卿、慈瑞泉、钱金福、冯蕙林《珠帘寨》，九阵风、王长林《小放牛》，余叔岩、郝寿臣《骂曹》，梅兰芳、姚玉芙《春香闹学》，王又宸、尚小云《桑园寄子》，王凤卿、陈德霖、王蕙芳、龚云甫《四郎探母》，杨小楼、钱金福《挑滑车》，刘鸿升、梅荣斋《斩黄袍》，梅兰芳、姚玉芙、李寿山《天女散花》。

2月8日江西会馆杨穆生宅堂会：

筱翠花《鸿鸾禧》，俞华庭、王斌芬《铁公鸡》，王凤卿《取成

杨小楼、余叔岩、刘砚芳等人在汉口合影

都》，德珺如《叫关》，余叔岩、尚小云、萧长华《审头刺汤》，杨小楼《挑滑车》，梅兰芳《嫦娥奔月》。

2月9日安徽会馆光宅堂会：

全班合演《赐福》《百寿图》，迟子俊、陆凤琴《浣花溪》，李月卿《失街亭》，铨燕平、张小卿《打樱桃》，王韵秋、萧兰舫《探母》，尚小云《闹学》，言菊朋、王长林《清风亭》，陈德霖《宇宙锋》，余叔岩、钱金福《定军山》，梅兰芳、李敬山《女起解》，杨小楼、刘砚芳《艳阳楼》。

2月11日天津齐宅堂会：

全班合演《八仙庆寿》，林凤云、孙凤岐《大登殿》，王少奎、台玉五、小凤头《连升三级》，七阵风、吴玉玲、王汉臣《蟠桃会》，吴桂芳《举鼎》，王芝浴《丁甲山》，陈彩霞、郭小芬《三娘教子》，王少奎、孙桂秋《查关》，王黑《盗甲》，徐紫芬、徐紫龄《十八扯》，吴桂芳、王洪奎、韩子军《琼林宴》，郭小楼《花蝴蝶》，郭小芬《空城计》，孙桂秋、郭小楼、王芝浴《回荆州》，王少奎、陈彩霞《凤阳花鼓》，杨瑞亭、王黑、程少馀《恶虎村》，李桂芬《武家坡》，余叔岩、尚小云、李玉亭、陈彩霞、林大振、王德山、王洪奎《珠帘寨》，梅兰芳、陈德霖、姚玉芙《麻姑献寿》。

2月12日天津齐宅堂会：

全班合演《百寿图》，吴桂芳、台玉五、刘德翠《庆顶珠》，郭小芬《状元谱》，郭小楼《鸿门宴》，陈彩霞《彩楼配》，王芝裕、王黑、吴玉玲《青风寨》。王少奎、孙桂秋《鸿鸾禧》，梅兰芳、姚玉芙《天女散花》，余叔岩、王君直、陈德霖、尚小云《四郎探母》，老乡亲、杨瑞亭《八大锤》。

2月13日第一舞台正乐育化会梨园筹赈义务戏：

全班合演《祥梅寺》《太行山》，王荣山《战樊城》，小振庭、范宝亭《麒麟阁》，筱翠花、慈瑞泉《探亲》，陈德霖、龚云甫《孝义节》，王凤卿、程砚秋《朱砂痣》，金仲仁、荣蝶仙《马上缘》，沈华

轩、俞振庭、九阵风《八蜡庙》，谭小培、尚小云《庆顶珠》，王又宸、郝寿臣《捉放曹》，余玉琴、王琴侬、朱素云《能仁寺》，余叔岩、杨小楼、钱金福、郝寿臣《阳平关》，刘鸿升《辕门斩子》，梅兰芳《天女散花》。

　　日前育化会在第一台所演义务戏，收有现洋二千四百余元，今明日拨出以救梨园行中之苦人云。

　　　　　　　　　　（《剧界讯息》，《顺天时报》1920年2月17日第五版）

2月14日中兴社吉祥园夜戏：

麻木子《白良关》，张宝昆《叫关》，裘桂仙《草桥关》，筱翠花《鸿鸾禧》，九阵风《取金陵》，杨小楼、余叔岩、钱金福、郝寿臣《八大锤》。

2月21日中兴社吉祥园夜戏：

余叔岩《盗宗卷》，杨小楼《状元印》。

2月23日堂会戏：

薛凤池《少年立志》，筱兰英、姚玉英《徐策跑城》，姚玉兰《完璧归赵》，元元红《四郎探母》，张笑侬《张松献图》，小蕙芬《徐母骂曹》，姚玉兰、姚玉英《刀劈三关》，梅兰芳、王凤卿《汾河湾》，杨小楼、王长林《恶虎村》，陈德霖《落花园》，王凤卿《战长沙》，龚云甫《打龙袍》，老乡亲《朱砂痣》，梅兰芳《天女散花》，余叔岩、杨小楼《八大锤》。

2月24日中兴社吉祥园夜戏：

余叔岩、杨小楼《八大锤》。

2月25日中兴社吉祥园夜戏：

侯喜瑞《下河东》，筱翠花、李敬山《马上缘》，余叔岩、裘桂仙、李鸣玉《托兆碰碑》，杨小楼、钱金福、迟月亭、刘砚亭《冀州城》。

2月26日梁燕孙宅堂会：

程砚秋、程连喜、荣蝶仙《虹霓关》，余叔岩、陈德霖《南天门》，杨小楼、王长林、钱金福《连环套》，梅兰芳、王凤卿、姜妙香、姚玉芙

《跪池三怕》。

实业界梁燕孙、朱桂莘、曹润田、周子仪、陆润生、叶玉甫、任振采七君于二月二十六日在甘石桥梁宅宴请外宾，有日本使署及各实业代表列席，于夜间九钟演剧四出，梅兰芳之《狮吼记》，杨小楼之《恶虎村》，程艳秋之《虹霓关》，陈德霖、余叔岩之《南天门》。

（《实业界宴外宾》，《顺天时报》1920年2月28日第四版）

按：梁燕孙，即梁士诒，时任北洋政府外交委员会委员、战后经济委员会委员。

此次中兴社在三庆演唱夜戏，除原有名伶外，并加入余叔岩、筱翠花两大台柱，人才不为不多矣。惟青衣一角尚付缺如。以今日著名青衫者，堪与小楼、叔岩合演者，势难罗致，舍小云外恐无第二人也。

叔岩向在新明大戏院与兰芳同台，为天然佳偶。两伶合演最为适宜，乃二人因事失睦，脱离关系，诚属可惜之事。若中兴社将小云聘入，非但叔岩得一臂之助，且与营业大有裨益，该社宜速图之。

且余闻第一舞台方面亦倩人约小云甚力。伶人望重争聘者，多非自今日始。为小云计，与其搭入寄人篱下之第一台，何若毅然在中兴社演唱，共谋声誉之日进。

小云与小楼两次同台合演佳剧甚多，《楚汉争》外间希望复演者为尤众。倘遂余愿，与小楼合演外，其与叔岩、翠花同场诸剧，尤受多人之欢迎，可断言也。

（隐侠《尚小云与中兴社》，《顺天时报》1920年2月27日第五版）

2月27日中兴社三庆园夜戏：

于云鹏、孙喜云《御果园》，李鸣玉《文昭关》，张宝昆《镇潭州》，陈桐云、刘景然、张彩林《胭脂虎》，九阵风、李敬山、侯春兰、孙振升、周喜如《百草山》，余叔岩、裘桂仙、侯喜瑞《失街亭》，杨小楼、钱金福、王长林、迟月亭、赵芝香、许德义《麒麟阁》。

2月28日奉天会馆张宅作寿堂会：

李桂芬、王庆奎、萧连芳《二进宫》，徐紫苓、徐紫芬《十八扯》，五龄童、石韫玉《朱砂痣》，筱翠花、李敬山《打樱桃》，俞振庭《艳阳楼》，九阵风、王长林《小放牛》，刘鸿升《草桥关》，尚小云《玉堂春》，陈德霖、程继先、马连良《奇双会》，龚云甫、裘桂仙《徐母骂曹》，余叔岩、杨小楼《八大锤》，梅兰芳《麻姑献寿》。

初九日晚，张宅杨小楼演《八大锤》态度沉稳，枪花新奇，较侯俊山有过之而无不及者。"说书"一场，询问王佐全用京白，兼以神情传神，极合陆文龙之身份。余叔岩饰王佐，二场之唱极能使用巧腔，断臂之场，跌翻灵动。嘱兵役不可泄露之做工亦善得谭氏神味。此剧老谭生时本与小楼合演，予观之屡矣。今王佐易叔岩，而是晚在座观剧者靡不对景伤情，生无限感慨也。

（隐侠《近剧杂感》，《顺天时报》1920年3月4日第五版）

同日怀仁堂总统府堂会戏：

龚云甫、刘鸿升《遇后龙袍》，梅兰芳、姜妙香《千金一笑》，余叔岩、尚小云《南天门》，王琴侬《祭江》，梅兰芳、陈德霖、姜妙香《风筝误》，杨小楼《水帘洞》。

明日总统府演戏，戏提调为熙宝臣，后台管事为王琴侬。

（《都门菊讯》，《顺天时报》1920年2月27日第五版）

余叔岩与兰芳脱离关系，予极主张与小云携手，盖今之伶界谭派须生，叔岩为第一人物。既绝兰芳，堪克合演之青衣厥为小云，此不待智者而知之。初九日总统府筵宴满蒙王公，二人已演《南天门》一剧，将来合演《打渔杀家》《珠帘寨》《梅龙镇》诸剧尤予盼望者。

（隐侠《近剧杂感》，《顺天时报》1920年3月3日第五版）

3月2日，新明大戏院喜群社夜戏，梅兰芳、王凤卿演《汾河湾》。

3月3日中兴社吉祥园夜戏：

余叔岩、尚小云《南天门》，杨小楼《挑滑车》。

杨小楼

尚小云

3月4日中兴社吉祥园夜戏：

余叔岩《击鼓骂曹》，杨小楼《连环套》，尚小云《玉堂春》。

3月5日中兴社吉祥园夜戏：

李敬山《定计化缘》，九阵风《穆柯寨》，杨小楼《艳阳楼》，尚小云《玉堂春》，余叔岩、杨小楼《定军山·阳平关·五截山》。

是日，新明大戏院喜群社夜戏，梅兰芳、王凤卿、陈德霖演《上元夫人》。

3月6日中兴社吉祥园夜戏：

九阵风、许德义《收关胜》，余叔岩、尚小云《四郎探母》，杨小楼《水帘洞》。

是日，新明大戏院喜群社夜戏，梅兰芳、王凤卿、陈德霖演《上元

余叔岩《四郎探母》饰杨延辉。
此照摄于汉口演出期间，杨小楼指导
余叔岩模仿谭鑫培剧照。

夫人》。

　　《四郎探母》把关之两丑，戏场尝以名伶饰之，所为陪衬正角
生色。而名丑每演斯剧，无不□时诙谐，引人发噱也。四郎过关时两
丑照例有四句唱，用言前辙。十六晚，吉祥园余叔岩演此剧过关下场
后，甲丑唱"我看此人好面善"，乙丑为李锁儿，接唱"他是紫云的儿
子余叔岩"，阖园为之捧腹，叔岩之"岩"字恰属言前，用之颇当。

　　　　　　　　　　（隐侠《趣闻三则》，《顺天时报》1920年3月12日第五版）

3月7日中兴社吉祥园夜戏：

九阵风《取金陵》，余叔岩《天雷报》，杨小楼《武文华》。

　　是日，新明大戏院喜群社夜戏，梅兰芳、王凤卿、陈德霖演《上元
夫人》。

余叔岩琴师李佩卿

　　3月10日，新明大戏院喜群社夜戏，梅兰芳演《佳期拷红》，王凤卿演《鱼肠剑》。

　　3月12日中兴社三庆园夜戏：

　　朱素云《夺小沛》，尚小云、王长林《女起解》，余叔岩《奇冤报》，杨小楼、钱金福、许德义、王长林《恶虎村》。

　　是日，新明大戏院喜群社夜戏，梅兰芳演《贵妃醉酒》，王凤卿演《华容道》。

　　3月13日，新明大戏院喜群社夜戏，梅兰芳、王凤卿、陈德霖演《上元夫人》。

　　3月14日，新明大戏院喜群社夜戏，梅兰芳、王凤卿、陈德霖演《上元夫人》。

3月15日，余叔岩琴师李佩卿在同兴堂拜方秉忠为师，正式转入场面行。

> 余叔岩之琴手李佩卿原唱青衣，为姜妙香之高足，因倒嗓改拉胡琴，外间知其人者甚少，兹经人介绍，将拜方秉忠为师，于明日在同兴堂举行云。

（《都门菊讯》，《顺天时报》1920年3月14日第五版）

3月19日，新明大戏院喜群社夜戏：梅兰芳、王凤卿演《御碑亭》。

3月20日，新明大戏院喜群社夜戏：梅兰芳演《金雀记》，王凤卿演《文昭关》。

3月24日那家花园堂会：

程砚秋《佳期》，钱金福、王长林、朱桂芳《打瓜园》，梅兰芳、余叔岩《审头刺汤》，王凤卿、陈德霖《芦花河》，梅兰芳、姜妙香、姚玉芙《金雀记》，杨小楼、余叔岩、刘鸿升《阳平关》。

> 今日梁士诒、曹汝霖、钱能训、陆宗舆、王克敏、周自齐、冯耿光、李士伟、吴鼎昌、周作民、方仁元、谈荔孙、孙多钰、陈文泉、贺得林、张肇达借予园演戏六出，请予作客，杨小楼、梅兰芳戏绝佳。七钟开戏，一钟止戏。

（《那桐日记》1920年3月24日）

是日，新明大戏院喜群社夜戏，梅兰芳演《樊江关》，王凤卿演《战成都》。

3月25日那家花园沈吉甫为母祝寿堂会：

全班合演《天官赐福》《百寿图》《长生乐》，朱桂芳、许德义《蟠桃会》，李鸣玉、曹小凤、钱俊仙《满床笏》，陈桐云、孙振庭《入侯府》，姜妙香《雅观楼》，王凤卿、王琴侬、裘桂仙《大保国》，程砚秋《思凡》，朱素云、钱宝奎《临江会》，朱桂芳、钟喜久、朱湘泉《打瓜园》，龚云甫、郭春山《钓金龟》，尚小云、谭小培《汾河湾》，陈德霖、王琴侬、姜妙香、郭春山《戏目连》，王凤卿、朱素云、尚小云、刘凤林、罗福山《金榜乐》，九阵风、王长林《小放牛》，梅兰芳、李敬山《苏三起解》，杨小楼、钱金福、麻穆子《盗御马》，刘鸿升、赵芝香、沈福山、刘景然《逍遥津》，余叔岩、裘桂仙《骂曹》，梅兰芳、陈德霖、姚玉芙、李寿山、郭春山、李敬山《麻姑献寿》，陈桐云《喜荣归》。

阴历月之初六日，沈吉甫假金鱼胡同那家花园作寿演戏，承头为王琴侬，是日戏目有陈德霖《戏目莲》，梅兰芳《麻姑献寿》，并闻沈君之如夫人金漱卿亦登台演《钓金龟》一剧云。

（《都门菊讯》，《顺天时报》1920年3月23日）

为道胜银行买办沈吉甫之母七十寿辰借予园演戏一日，小楼与梅兰芳戏极佳。未初开戏，丑初止戏。

（《那桐日记》1920年3月25日）

3月27日天津安徽会馆汇丰银行督办吴宅堂会：

全班合演《加官进禄·八仙庆寿》，金寿臣、陈星芳《百寿图》，王黑《巧连环》，王少奎《连升三级》，元元红、孙桂秋《南天门》，郭小楼《塔子沟》，郭小芬《黄金台》，刘荣萱《康家营》，张笑侬《献地图》，姚玉兰、姚玉英《泼水》，小桃《荷珠佩》，薛凤池《少年立志》，筱兰英《教子》，杨瑞亭《八大锤》，陈子田《捉放曹》，高福安《白水滩》，李吉瑞《独木关》，王凤卿、李春林、朱玉龙《文昭关》，陈德霖、罗福山、董玉林《孝义节》，余叔岩、李寿山、侯喜瑞、罗文奎、何春喜《击鼓骂曹》，梅兰芳、姜妙香、姚玉芙《千金一笑》。

中兴社原拟十二日在吉祥演夜戏，第因杨小楼、尚小云身体犹未见痊愈。及因余叔岩十五日赴天津堂会之关系致不能演，无论如何下周三四准在吉祥演唱晚戏云。

（《都门菊讯》，《顺天时报》1920年3月31日第五版）

3月28日，新明大戏院喜群社夜戏，梅兰芳演《千金一笑》，王凤卿演《华容道》。

4月1日那家花园边业银行堂会：

尚小云、朱素云、王凤卿《玉堂春》，余叔岩、王长林《天雷报》，

杨小楼、朱素云、王凤卿《黄鹤楼》，陈德霖、郭春山《昭君出塞》，梅兰芳、余叔岩、王长林《打渔杀家》，刘鸿升、龚云甫《断后龙袍》，梅兰芳、姜妙香、姚玉芙、李寿山《乔醋醉圆》，杨小楼、钱金福《挑滑车》。

今晚徐树铮借予园宴客，请予作客，予辞谢之。是晚演戏八出。

（《那桐日记》1920年4月1日）

是日，新明大戏院喜群社夜戏，梅兰芳演《游园惊梦》，王凤卿演《让成都》。

4月3日天津孟宅堂会：

剧目待考。

阴历月之十五日，余叔岩、王又宸赴天津应孟宅堂会，次日归京。

（《都门菊讯》，《顺天时报》1920年4月3日第五版）

余叔岩因病十六日汪宅堂会未演，十九日吉祥夜戏原系中兴社，因余伶之故，不得不让俞五演此夜戏云。

（《都门菊讯》，《顺天时报》1920年4月6日第五版）

老生谭小培承乃父之衣钵，享盛名于梨园，余叔岩为今日谭派须生之上乘。但就技术上论之，小培之喉咙颇佳，唱工驾叔岩而上，惟身段做派不及叔岩之灵妙绝佳也。小培演《南天门》《天雷报》唱作较余叔岩无分优劣。《四郎探母》《打棍出箱》叔岩之作工胜小培一级。而《卖马》《洪羊洞》则又非叔岩所能及也。

（丞公《谭小培余叔岩之比较观》，《顺天时报》1920年4月12日第五版）

4月8日，梅兰芳、王凤卿、姜妙香等人赴沪演出。

4月14日中兴社吉祥园夜戏：

九阵风《攻潼关》，余叔岩、王长林《打棍出箱》，杨小楼、尚小云、钱金福《长坂坡》。

4月15日中兴社吉祥园夜戏：

钱金福《芦花荡》，陈桐云《打灶王》，九阵风《取金陵》，余叔岩、尚小云《打渔杀家》，杨小楼《金钱豹》。

4月16日中兴社吉祥园夜戏：

尚小云、九阵风《虹霓关》，余叔岩《盗宗卷》，杨小楼《麒麟阁》。

4月17日福寿堂邹宅堂会：

余叔岩《失街亭》。

廿九日邹宅在福寿堂作寿演戏。张宗昌原拟送杨小楼、余叔岩《长坂坡》两剧。因廿八日出京赴湖南，极为仓促。改送余叔岩《失街亭》一剧，托友人代办云。

（《都门菊讯》，《顺天时报》1920年4月15日第五版）

4月18日中兴社吉祥园夜戏：

裘桂仙《御果园》，李敬山、陈桐云《荷珠配》，李鸣玉《辕门斩子》，杨小楼、九阵风、迟月亭、侯春兰、周喜如、孙振升《金山寺》，余叔岩、杨小楼、王长林、许德义、钱金福、刘砚亭、鲍吉祥、张彩林、张树田《连营寨》。

4月22日中兴社三庆园夜戏：

杨小楼《连环套》，余叔岩演出剧目待考。

4月23日中兴社三庆园夜戏：

杨小楼、余叔岩《八大锤》。

4月24日，杨小楼在惠丰堂举行仪式，收孙毓堃为徒。

4月24—25日，余叔岩赴天津参加李宅堂会，剧目待考。

4月28日中兴社三庆园夜戏：

陈桐云、刘景然、张彩林、罗福山《胭脂虎》，张宝昆《辕门射戟》，连仲三《花子拾金》，九阵风、刘砚亭、十阵风、李春林《无底洞》，余叔岩、鲍吉祥、裘桂仙《捉放曹》，杨小楼、钱金福、许德义、王长林、刘砚亭、迟月亭《恶虎村》。

5月7日中兴社三庆园夜戏：

余叔岩、裘桂仙《托兆碰碑》，杨小楼、九阵风《战宛城》。

杨小楼、余叔岩、王长林、钱金福由天津演堂会毕过事劳累，故前昨两日三庆未演夜戏，改于十九晚演唱杨小楼、九阵风仍演《战

杨小楼《连环套》饰黄天霸，这幅照片与余叔岩《探母》同摄于汉口演出期间。

宛城》，余叔岩、裘桂仙演《托兆碰碑》。

（《都门菊讯》，《顺天时报》1920年5月5日第五版）

5月9日中兴社三庆园夜戏：

杨小楼《骆马湖》，余叔岩演出剧目待考。

5月12日中兴社在吉祥园演夜戏：

剧目待考。

5月13日福寿堂杨宅堂会：

沈富贵《恶虎村》，尚富霞、谭富英《坐楼杀惜》，程砚秋、程连喜《拷红》，尚小云《玉堂春》，余叔岩《珠帘寨》。

5月14日中兴社吉祥园夜戏：

安乐亭、于云鹏《白良关》，许德义、周喜如、孙砚亭、侯春兰、孙振升《金沙滩》，九阵风、王长林《小放牛》，余叔岩、侯喜瑞、郭春山、张彩林《战太平》，杨小楼、钱金福、迟月亭、八仙旦、谢春芳、方洪顺《铁笼山》。

5月15日中兴社吉祥园夜戏：

李鸣玉《醉写》，张宝昆、罗福山、赵芝香《岳家庄》，于云鹏、刘景然《开山府》，裘桂仙、孙喜云《铡美案》，许德义《武文华》，九阵风、周喜如、孙振升《泗州城》，余叔岩、钱金福、王长林、张彩林《当锏卖马》，杨小楼、刘砚亭、八仙旦、曹二庚、郭春山《武文华》。

5月16日中兴社吉祥园夜戏：

孙砚亭、罗文奎《顶砖》，李鸣玉、安乐亭《龙虎斗》，裘桂仙、于云鹏、赵芝香《白良关》，九阵风、侯春兰、郭春山《湘江会》，杨小楼、钱金福、迟月亭《五人义》，余叔岩、杨小楼、钱金福、王长林、张彩林《连营寨》。

5月20日中兴社三庆园夜戏：

钱金福《醉打山门》，九阵风《泗州城》，王瑶卿、张文斌《悦来店》，余叔岩、王长林《天雷报》，杨小楼、许德义《武文华》。

5月21日中兴社三庆园夜戏：

余叔岩、张文斌《奇冤报》，杨小楼、王瑶卿、钱金福、侯喜瑞《长坂坡》。

5月22日吉祥园妙峰山喜神殿义务戏：

余玉琴《悦来店》，田桂凤、王又宸《乌龙院》，十三旦《凤仪亭》，老乡亲、尚小云《朱砂痣》，杨小楼、余叔岩、九阵风《八蜡庙》。

5月23日吉祥园妙峰山喜神殿义务戏：

筱翠花、田桂凤《双摇会》，程砚秋《思凡》，杨小楼《骆马湖》，陈德霖、龚云甫《雁门关》，余玉琴《能仁寺》，王又宸《捉放曹》，十三旦《小放牛》，老乡亲《托兆碰碑》，余叔岩、杨小楼《八大锤》。

　　余叔岩与尚小云携手最慰人望，小云脱离中兴社系该社执事办事失当，与余尚两伶绝无关系。小云脱离中兴后，叔岩犹与联络，倚为臂助。此次蚌埠堂会二人相约同往者，足见感情亲密也。

（隐侠《戏场丛谈》，《顺天时报》1920年5月28日第五版）

5月29日蚌埠安徽总督倪嗣冲堂会：

全班合演《八仙庆寿》《百寿图》，小杨月楼《铁弓缘》，尚小云、程继先《玉堂春》，九阵风《泗州城》，陈德霖《昭君出塞》，龚云甫《长寿星》，孙菊仙、王长林《状元谱》，杨瑞亭、程少馀《战马超》，王瑶卿、荣蝶仙、朱素云、侯喜瑞《棋盘山》，金月梅、金少梅《罗章跪楼》，杨小楼、余叔岩《八大锤》，刘鸿升《完璧归赵》，梅兰芳、王凤卿《武家坡》。

5月30日蚌埠安徽总督倪嗣冲堂会：

全班合演《大赐福》，王少奎《连升三级》，苏廷奎《开山府》，裘桂仙《父子会》，小杨月楼、王少奎《鸿鸾禧》，陈德霖、龚云甫、程继先、荣蝶仙《岳家庄》，张文斌《送亲演礼》，杨瑞亭《凤凰山》，孙菊仙《朱砂痣》，金月梅《探亲》，杨小楼、王瑶卿、钱金福、裘桂仙、鲍吉祥《长坂坡》，金少梅《彩楼配》，朱素云《辕门射戟》，刘鸿

倪宅堂会期间名伶合影

升《喜封侯》，王瑶卿、程继先、张文斌、曹二庚、李玉安《悦来店》，余叔岩、尚小云《庆顶珠》，九阵风、李春林、孙振升、侯春兰、周喜如《蟠桃会》，杨瑞亭、小杨月楼《戏牡丹》，杨小楼、钱金福、王长林、许德义、迟月亭《连环套》，余叔岩、侯喜瑞、王长林、曹二庚《琼林宴》，梅兰芳、陈德霖、荣蝶仙、姚玉芙、赵芝香《麻姑献寿》，刘鸿升、龚云甫《遇后龙袍》。

5月31日蚌埠安徽总督倪嗣冲堂会：

全班合演《百寿图》，孟小帆《花蝴蝶》，小杨月楼《尼姑思凡》，李百岁《戏迷传》，九阵风、王长林《小放牛》，王瑶卿、荣蝶仙、程继先、侯喜瑞、张文斌、吴桂芳《能仁寺》，杨瑞亭、陈彩霞、孙桂秋《御碑亭》，刘鸿升《探阴山》，王凤卿、尚小云、陈德霖、龚云甫、姜妙香、姚玉芙、曹二庚、郭春山《探母回令》，金月梅、金少梅《孝女藏儿》，王瑶卿、荣蝶仙、朱素云、龚云甫、张文斌、赵芝香

《得意缘》，梅兰芳、余叔岩《梅龙镇》，杨小楼、钱金福、王长林、许德义、迟月亭《冀州城》，孙菊仙、杨瑞亭《逍遥津》，余叔岩、陈德霖《南天门》，刘鸿升《斩黄袍》，杨小楼《晋阳宫》，梅兰芳、姚玉芙《嫦娥奔月》。

6月1日蚌埠安徽总督倪嗣冲堂会：

全班合演《访贤》，孟小帆《金雁桥》，李白岁《财迷传》，金月梅《宋金郎》，金少梅《葬花》，九阵风、杨瑞亭、王长林《刺巴杰》，龚云甫、尚小云《探窑》，余叔岩、鲍吉祥《盗宗卷》，王瑶卿、程继先、刘鸿升、荣蝶仙、裘桂仙、姜妙香、侯喜瑞、张文斌、李春林《穆柯寨·穆天王》，杨小楼、钱金福、许德义、迟月亭、刘砚亭、刘砚芳《安天会》，孙菊仙、裘桂仙《鱼肠剑》，梅兰芳、姚玉芙、李寿山《天女散花》，余叔岩、王凤卿、刘鸿升、杨小楼、钱金福、许德义、迟月亭《定军山·阳平关》，梅兰芳、陈德霖、龚云甫、朱素云、王瑶卿、荣蝶仙、王凤卿、九阵风《雁门关》。

6月2日蚌埠安徽总督倪嗣冲堂会：

全班合演《遇龙封官》，李百岁《二本戏迷传》，九阵风《金山寺》，尚小云、龚云甫《六月雪》，荣蝶仙、许德义、侯春兰《娘子军》，龚云甫、王长林《钓金龟》，杨瑞亭、小杨月楼《赵五娘》，王凤卿、王瑶卿、张文斌、李春林、侯喜瑞、程继先《万里缘》，余叔岩、张文斌、裘桂仙《奇冤报》，朱素云、荣蝶仙、张文斌《马上缘》，刘鸿升《骂杨广》，杨小楼、钱金福《挑滑车》，孙菊仙、尚小云《桑园寄子》，梅兰芳、姜妙香、姚玉芙《千金一笑》，杨小楼、钱金福、许德义、王长林、迟月亭、郭春山《恶虎村》，刘鸿升、陈德霖、王凤卿《二进宫》，余叔岩、梅兰芳、王长林《审头刺汤》。

6月3日蚌埠安徽总督倪嗣冲堂会：

李百岁《盗魂铃》，九阵风《盗仙草》，尚小云《祭塔》，金少梅《荷花三娘子》，陈德霖、龚云甫《孝义节》，杨瑞亭、小杨月楼、孟小帆《黄鹤楼》，朱素云《监酒令》，张文斌《打城隍》，龚云甫《徐母骂曹》，王凤卿《取成都》，余叔岩《骂曹》，刘鸿升《失街亭·空城计·斩马谡》，杨小楼、钱金福、许德义、迟月亭、王长林、刘砚亭《麒麟阁》，孙菊仙《清官册》，梅兰芳、姜妙香、曹二庚《醉酒》，余叔岩、王瑶卿、程继先、王长林、姚玉芙、李春林《珠帘寨》，王瑶卿、荣蝶仙、程继先、侯喜瑞、朱素云、张文斌《双沙河》，刘鸿升《草桥关》，梅兰芳、王凤卿《汾河湾》。

6月12日天津王祝三姊母寿诞堂会：

孙桂秋、元元红《算粮拜寿》，小杨月楼、孟小帆《木兰从军》，王瑶卿、朱素云、荣蝶仙、张文斌、侯喜瑞《悦来店·能仁寺》，龚云甫《长寿星》，杨小楼、王凤卿、朱素云、侯喜瑞《黄鹤楼》，孙菊仙、姜妙香《双狮图》，小杨月楼《醉酒》，孙桂秋《浣花溪》，梅兰芳、陈德霖《麻姑献寿》，杨小楼、余叔岩《八大锤》，孙菊仙、小杨月楼、龚云甫《朱砂痣》，余叔岩、梅兰芳《梅龙镇》。

6月13日天津王祝三姊母寿诞堂会：

孙桂秋《喜荣归》，小杨月楼《铁弓缘》，小香水、元元红《大登殿》，王瑶卿、朱素云《岳家庄》，龚云甫《徐母骂曹》，余叔岩、王凤卿、杨小楼、侯喜瑞《定军山·阳平关》，孟小帆《冀州城》，孙菊仙《逍遥津》，王君直《捉放曹》，余叔岩、陈德霖《南天门》，杨小楼、钱金福《挑滑车》，梅兰芳、王凤卿、陈德霖、姚玉芙、罗福山、姜妙香《四郎探母》，杨小楼（张桂兰）、梅兰芳（黄天霸）、余叔岩（费德功）、王瑶卿（朱光祖）、荣蝶仙（褚彪）、钱金福（贺人杰）、韩文奎（张妈）、孙菊仙（老道）、张文斌（小姐）、姚玉芙（院子）反串《八蜡庙》。

按：王祝三，即王郅隆，民初天津巨贾，因与安徽督军倪嗣冲结识，并受皖系军阀徐树铮重用，先后任黑龙江、湖北、安徽等省盐务采运局总办，安武军后路局总办；后投资井陉等煤矿，创办天津华昌、丹华火柴公司，组织长顺盐业公司，与人合办金城银行、裕元纱厂、边业银行、《大公报》等。1918年任安福系国会议员及北洋政府

财政总长。

6月15日中兴社吉祥园夜戏：

余叔岩、尚小云《汾河湾》。

6月17日陈宅堂会夜戏：

程砚秋、程连喜《佳期》，尚小云《彩楼配》，梅兰芳、程继先、姜妙香《奇双会》，刘鸿升《白虎堂》，杨小楼、钱金福、王长林《连环套》，余叔岩、梅兰芳、陈德霖、龚云甫、姚玉芙、姜妙香《探母回令》。

6月19日中兴社吉祥园夜戏：

杨小楼《铁笼山》，余叔岩、王瑶卿《珠帘寨》。

6月20日中兴社吉祥园夜戏：

裘桂仙《白良关》，张文斌、王瑶卿《探亲》，九阵风《雄黄阵》，余叔岩《坐楼杀惜》，杨小楼、钱金福、王长林《连环套》。

6月22日江西会馆饶宅堂会：

王凤卿、裘桂仙、陈德霖《二进宫》，余叔岩、杨小楼《八大锤》，梅兰芳、姜妙香《虹霓关》，梅兰芳、余叔岩《梅龙镇》。

7月1日中兴社吉祥园夜戏：

全班合演《忠孝全》，孙砚亭《荷珠配》，九阵风、侯春兰、周喜如《泗州城》，王瑶卿、德珺如、罗文奎、张文斌《延安关》，余叔岩、裘桂仙、侯喜瑞、李鸣玉、钱文卿《失街亭》，杨小楼、钱金福、许德义、傅小山、慈瑞泉、八仙旦、刘砚亭《恶虎村》。

7月3日中兴社吉祥园夜戏：

九阵风《穆柯寨》，王瑶卿、德珺如《穆天王》，余叔岩、鲍吉祥《盗宗卷》，杨小楼、钱金福《安天会》。

7月14日，段祺瑞为首的皖系军阀和吴佩孚、曹锟为首的直系军阀，为争夺北京政府统治权在京津地区发动战争，段祺瑞辞职，靳云鹏再度出任国务总理，史称直皖战争。其间北京大部分戏院均停止演出。为救助同业，余叔岩发起了济助活动。

前志余叔岩提倡济助同业一事，兹经调查，叔岩以联络诸人极属非易，不如由己自行散放，以了心愿。前数日特派专人赴各戏园，救助贫苦零碎配角及园役等，各付凭条，一元或二元不等，翌日来寓领取。诸人无不感激，并闻所放之费共五百元之谱云。

（《剧界讯息》，《顺天时报》1920年7月27日第五版）

8月16日东三省欢迎会堂会：

全班合演《大赐福》，常九如、谭文玉《乌龙院》，金兰英、高金红《双锁山》，梁春楼、郑菊芳《冀州城》，灵芝仙、小吉瑞、小玉奎《取金陵》，李桂芬、苏兰芳、王金奎《二进宫》，李凤云、赵紫云《铁公鸡》，小香水、小小香水《探母》，九阵风、王长林《小放牛》，王又宸、郝寿臣、裘桂仙《失街亭》，余叔岩、刘景然、朱素云、萧长华、钱金福《群英会》，梅兰芳、姚玉芙、李敬山、姜妙香《虹霓关》，刘鸿升、梅荣斋、陈福寿、李玉龙《斩黄袍》，杨小楼、王瑶卿、程砚秋、王又宸、裘桂仙、钱金福、慈瑞泉《长坂坡》。

8月20日奉天会馆全体国务委员欢迎张作霖、曹锟堂会：

全班合演《大赐福》，李凤云《四杰村》，赵紫云《落马湖》，李桂芬、萧兰舫《汾河湾》，九阵风、许德义《取金陵》，朱素云《辕门射戟》，王瑶卿、王蕙芳、朱素云、罗福山《能仁寺》，萧长华《连升三级》，王凤卿《取成都》，余叔岩、陈德霖、王瑶卿、姜妙香、钱金福、李鸣玉、王长林、张文斌《珠帘寨》，梅兰芳、王凤卿《木兰从军》，杨小楼、王长林、郝寿臣《连环套》，刘鸿升、裘桂仙《上天台》，余叔岩、杨小楼《连营寨》，梅兰芳、姚玉芙《嫦娥奔月》。

9月18日，新明大戏院喜群社夜戏，梅兰芳、王凤卿演《汾河湾》。

9月19日，新明大戏院喜群社夜戏，梅兰芳演《佳期拷红》，王凤卿演《挡曹》。

9月20日，新明大戏院喜群社夜戏，梅兰芳、王凤卿演《穆天王》。

9月21日，新明大戏院喜群社夜戏，梅兰芳演《奇双会》，王凤卿演《赶三关》。

9月22日，新明大戏院喜群社夜戏，梅兰芳演《樊江关》，与王凤

卿、陈德霖演《上元夫人》。

9月23日，新明大戏院喜群社夜戏，梅兰芳演《虹霓关》《天河配》。

9月23日，余叔岩与王长林等人出京赴上海。

　　按：余叔岩在上海丹桂第一台演戏，票价为特别包厢一元、头等正厅七角、上层包厢五角、二等正厅三角、三等统售二角，同期上海主要演出剧场有：共舞台乾坤剧场，主要演员有：露兰春、张文艳、吕月樵；天蟾舞台，主要演员有：小达子、筱翠花、罗小宝、盖叫天；大舞台，主要演员有毛韵珂、贾碧云、赵如泉、白玉昆；新舞台，主要演员有李吉瑞、尚和玉、孟小冬。

　　顷闻余叔岩来沪，本住和丰旅馆，今又迁住会乐里二弄第二家。

（《时报》1920年9月29日第三版）

　　余叔岩今午（三十日）已由会乐里迁移大东旅社八十号，与赵菊存同寓。

（《时报》1920年10月1日第三版）

　　余叔岩第一次去上海，是他在北京新明大戏院演出之后，上海丹桂第一台的老板尤鸿卿到北京来邀角儿，与他订了一个月合同，包银是六千块。同去上海的主要演员有老生鲍吉祥、花脸钱金福、旦角朱琴心、三花脸王长林等。胡琴是李佩卿。这次到上海的头场打炮戏是《击鼓骂曹》，第一天就红了。当时，丹桂第一台的班底有周信芳、贵俊卿等人。

（杭子和《我与余叔岩合作的情况》）

　　按：首日打炮戏据《申报》广告为《琼林宴》，当为杭子和误记。

10月1日上海丹桂第一台夜戏：

李少棠、筱鑫培、宋志普、王兰芳《马前泼水》，樊春楼、王德义、陈永奎《九江口》，高秋鼙《穆柯寨》，王灵珠、麒麟童《玉堂春》，王金元、元元旦、娄廷玉《裴元庆》，余叔岩、王长林、增长胜《琼林宴》。

10月2日上海丹桂第一台夜戏：

筱鑫培《连环套》，王兰芳《查头关》，樊春楼、陈永奎、吴堃芳《三本铁公鸡》，王金元、娄廷玉、李永提《牛头山》，王长林、元元旦《小放牛》，余叔岩、王灵珠、陈鸿奎《走雪山》。

10月3日上海丹桂第一台夜戏：

陈永奎《下河东》，王兰芳《双沙河》，筱鑫培《逍遥津》，樊春楼、张月楼、金连寿《拿高登》，麒麟童《九更天》，高秋颦《海潮珠》，王长林、元元旦《盗魂铃》，王灵珠、李庆棠、李少棠《蝴蝶梦》，余叔岩、王金元、陈永奎、元元旦、陈嘉祥《连营寨》。

10月4日上海丹桂第一台夜戏：

筱鑫培《刀劈三关》，元元旦《反延安》，王金元、麒麟童、王灵珠、樊春楼、李庆棠、李少棠、陈嘉祥《大破龙潭寺》，高秋颦《贵妃醉酒》，王长林、冯志奎、陈永奎《五人义》，余叔岩、鲍吉祥、增长胜《托兆碰碑》。

10月5日上海丹桂第一台夜戏：

陈永奎、王金元、樊春楼《收关胜》，王兰芳《红梅阁》，樊春楼《冀州城》，高秋颦、王金元、李庆棠、娄廷玉《枪挑穆天王》，麒麟童、陈鸿奎、范敏儿《铁莲花·扫雪打碗》，王灵珠《牡丹亭》，王长林、冯志奎、陈永奎《九龙杯》，余叔岩、陈永胜《群臣宴》。

10月6日上海丹桂第一台夜戏：

筱鑫培《徐杨进宫》，麒麟童、王灵珠、王金元、高秋颦、李少棠、樊春楼、元元旦、王兰芳、李庆棠、陈嘉祥《捣霜仙子》，王金元《摩天岭》，余叔岩、王长林、陈嘉祥《天雷报》。

10月7日上海丹桂第一台夜戏：

筱鑫培《捉放曹》，麒麟童、王灵珠、王金元、高秋颦、李少棠、樊春楼、元元旦、王兰芳、李庆棠、陈嘉祥《捣霜仙子》，王金元《武松杀嫂》，余叔岩、王长林、冯志奎《天堂州》。

10月8日上海丹桂第一台夜戏：

筱鑫培、樊春楼、冯志奎、陈永奎《请宋灵》，高秋鼙《鸿鸾禧》，王灵珠、王金元、麒麟童、樊春楼、陈嘉祥《红拂传》，王长林《打砂锅》，余叔岩、王灵珠、范敏儿《桑园寄子》。

10月9日上海丹桂第一台夜戏：

筱鑫培《骆马湖》，元元旦《攒羊阵》，樊春楼、樊春山《金钱豹》，高秋鼙、李庆棠、李少棠《阴阳河》，麒麟童《凤凰山》，余叔岩、王灵珠、王金元、鲍吉祥、樊春楼、王兰芳、王长林《珠帘寨》。

10月10日上海丹桂第一台日戏：

筱鑫培《献地图》，王兰芳《游宫射雕》，樊春楼《艳阳楼》，高秋鼙、赵云卿、李少棠《鹊桥相会》，麒麟童、王金元、冯志奎、陈永奎《一将难求》，王灵珠《辛安驿》，余叔岩、王长林、范敏儿《铁莲花》。

10月10日上海丹桂第一台夜戏：

高秋鼙、樊春楼、筱鑫培《战宛城》，麒麟童、王灵珠、王兰芳、陈嘉祥、李庆棠、李少棠、筱鑫培、陈永奎《头二三四本赵五娘》，王金元、陈永奎、元元旦《白水滩》，余叔岩、王长林、增长胜、鲍吉祥、冯志奎《失街亭·空城计·斩马谡》。

在这次演出期间，有一天是星期日，早晚两场戏，白天压轴是朱琴心的《玉堂春》，大轴是余叔岩的《铁莲花》（又叫《扫雪打碗》），晚上是余叔岩的《失·空·斩》。就在这天白天朱琴心演《玉堂春》上场后，余叔岩还没到后台，大伙儿都很着急，管事的李玉安赶紧跑到大东旅社去找他。一看，他还没起床，原来是病了。余叔岩叫李玉安向尤鸿卿请假，尤鸿卿一听就急了。因为戏票已经都卖出去了，他就亲自到大东旅社，要求余叔岩上场，并说，票卖出去了，哪怕只唱一场，应付应付也好。余叔岩勉强坐车到园子，匆忙扮完了装，台上的《玉堂春》就演完了。余叔岩接着上场唱完一场以后，戏就打住了。可是，台下的观众不走，也不言语，过了约摸十分钟，台下炸窝了。这时余叔岩正在地下室卸装，前台喊叫，他未听见，前台管事的急忙向观众解释，刚上台就被观众用苹果、茶碗打下来了。老板尤鸿卿上台去，也被轰了下来。于是，尤鸿卿又到后台跟余叔岩说，只唱一场，台下不答应，叫余叔岩自己上台去解释解释。管事的李玉安挽着余叔岩上了台，也被轰了下来。这一来，余叔岩可急了，就跟我说："杭大哥，您先上去压住场，咱们接唱后半出。"说完，他又扮戏去了。当时有个打小锣的名叫罗三，怕挨打，不敢上场。我说，不要紧，场面一上去，台下知道要接着唱，就不会再起哄了。果然我们上场后，台下就安静了，也没有人再闹了。余叔岩这后半出《铁莲花》，可真卖了力气，比以往任何时候唱得都好，台下接二连三地鼓掌叫好。戏演完，观众也满意地走了。

散了戏，我们回到大东旅社，余叔岩正要叫李玉安去告诉尤鸿卿，说他有病不唱了，没想到，话刚说完，尤鸿卿就来了。尤鸿卿之来，是说服余叔岩，让他晚上把《失·空·斩》唱下来，见余叔岩正在发脾气，尤也没敢开口。余叔岩一见尤鸿卿，气更大了，他说："你来得正好，我有病请假，不唱了。"又说："我初到上海，不熟悉此地习惯，你说唱一场应付应付，为什么唱了还起哄？是你把我骗了去出丑！今天这出《铁莲花》，我对得起观众。我有病，你另邀好角儿吧，我不唱了。"尤鸿卿一看余叔岩果真生气不唱了，他怕赚不了钱，于是就拿合同压他。尤说："咱们订了三十天的合同，你怎么能只唱半个月呢？"余叔岩更火了，冲着他说："有合同我也不能把命卖给你。我有病，包银退给你。"大伙儿怕把事闹僵，劝余叔岩先养病，病好了再唱。就这么着，直到余叔岩把火压了下去，才把后半期唱下来，也没给唱帮忙戏，我们就离开了上海。

（杭子和《我与余叔岩合作的情况》）

10月11日上海丹桂第一台夜戏：

元元旦《娘子军》，筱鑫培《斩黄袍》，麒麟童、王灵珠、王金元、高秋颦、范敏儿、樊春楼、李庆棠、李少棠、陈嘉祥、王兰芳《头二本

丁郎寻父》，余叔岩、王长林、鲍吉祥《盗宗卷》。

是日，杨宝忠在北京同兴堂拜李春林为师。

10月12日上海丹桂第一台夜戏：

筱鑫培《朱买臣》，王金元、樊春楼、陈永奎《伐子都》，高秋颦《遗翠花》，麒麟童、王灵珠、王金元、高秋颦、范敏儿、樊春楼、李庆棠、李少棠、陈嘉祥、王兰芳《三四本丁郎寻父》，余叔岩、王长林、李庆棠《状元谱》。

10月13日上海丹桂第一台夜戏：

赵云卿、陈永奎《白门楼》，麒麟童、王灵珠、王金元、高秋颦、范敏儿、樊春楼、李庆棠、李少棠、陈嘉祥、王兰芳《五六本丁郎寻父》，余叔岩、王长林、增长胜《洪羊洞》。

10月14日上海丹桂第一台夜戏：

筱鑫培《三娘教子》，樊春楼、李庆棠、张月楼、陈永奎、吴堃芳《三本铁公鸡》，王金元、元元旦、娄廷玉《火烧裴元庆》，麒麟童、陈嘉祥、冯志奎、陈鸿奎、吴堃芳《群英会》，余叔岩、王长林、高秋颦《打渔杀家》。

10月15日上海丹桂第一台夜戏：

元元旦《降龙木》，筱鑫培《乌龙院》，樊春楼《铁笼山》，高秋颦、王兰芳、李庆棠《头二本虹霓关》，王灵珠、麒麟童、王金元、陈永奎、娄廷玉《全本刺虎》，王长林《巧连环》，余叔岩、鲍吉祥、王德义《南阳关》。

10月16日上海丹桂第一台夜戏：

宋志普《得意缘》，筱鑫培《劈三关》，樊春楼《三岔口》，高秋颦、王金元、李庆棠、娄廷玉《枪挑穆天王》，王灵珠《紫霞宫》，王长林、元元旦《小放牛》，余叔岩、麒麟童（饰陆文龙）、金连寿《诸仙镇》。

10月17日上海丹桂第一台日戏：

元元旦《摇钱树》，王兰芳《花园赠珠》，樊春楼《冀州城》，高秋夔《贵妃醉酒》，张月楼、冯志奎、王金元、陈永奎、娄廷玉《恶虎村·三雄绝义》，陈嘉祥、王灵珠、李少棠《全本鸿鸾禧》，麒麟童《莫成替主》，余叔岩、王长林、周蕙卿《陆炳审头》。

10月17日上海丹桂第一台夜戏：

王兰芳《忠孝图》，筱鑫培《武家坡》，元元旦、李少棠、王金元、麒麟童、王灵珠、高秋夔、樊春楼、王兰芳《捣霜仙子》，王金元《狮子楼》，余叔岩、王长林、增长胜《问樵闹府·打棍出箱》。

10月18日上海丹桂第一台夜戏：

王兰芳、宋志普《夺头彩》，樊春楼、筱鑫培、陈永奎《阳平关》，高秋夔、李庆棠、李少棠《阴阳河》，王金元、樊春楼、元元旦《炮炸两狼关》，麒麟童、王长林、冯志奎、增长胜、吴堃芳《全本连环套》，余叔岩《战太平》。

10月19日上海丹桂第一台夜戏：

筱鑫培、王兰芳《四郎探母》，樊春楼《新长坂坡》，高秋夔《破洪州》，麒麟童、王灵珠、宋志普、赵云卿《御碑亭》，王金元、娄廷玉、元元旦《英雄义》，余叔岩、王长林、陈嘉祥《群英会》。

10月20日上海丹桂第一台夜戏：

王兰芳《玉玲珑》，樊春楼、樊春山《金钱豹》，王灵珠、高秋夔《遗翠花》，王金元《金镛关》，麒麟童、冯志奎、宋志普《四进士》，王灵珠、高秋夔、李庆棠、李少棠《头二本虹霓关》，余叔岩、王长林、增长胜《奇冤报》。

10月21日上海丹桂第一台夜戏：

筱鑫培《文昭关》，王兰芳《花田错》，麒麟童、樊春楼、张月楼、元元旦《大闹昆阳城》，高秋夔《贵妃醉酒》，王长林、元元旦《盗魂铃》，王灵珠、陈嘉祥、李少棠《全本辛安驿》，余叔岩、王金元、鲍吉祥、增长胜、娄廷玉《定军山》。

10月22日上海丹桂第一台夜戏：

王兰芳《查头关》，筱鑫培《三娘教子》，麒麟童、王灵珠、王金

元、高秋颦、李少棠、樊春楼、元元旦、王兰芳、李庆棠、陈嘉祥《捣霜仙子》，余叔岩、增长胜、鲍吉祥《捉放曹》。

10月23日上海丹桂第一台夜戏：

筱鑫培《马前泼水》，王兰芳《采花赶府》，樊春楼、陈永奎、王德义《九江口》，高秋颦、元元旦《樊江关》，王长林、张全吉、王福山《五人义》，麒麟童、王灵珠、冯志奎、赵云卿《宝莲灯》，余叔岩、王金元、陈嘉祥《连营寨》。

10月24日上海丹桂第一台日戏：

筱鑫培《乌龙院》，元元旦、冯志奎《取金陵》，王兰芳《红梅阁》，樊春楼、李庆棠、陈永奎、吴堃芳、李少棠《三本铁公鸡》，高秋颦、王金元、李庆棠、冯志奎《枪挑穆天王》，王长林《定计化缘》，麒麟童、王德义、吴桂芬《凤凰山》，余叔岩、王灵珠《游龙戏凤》。

10月24日上海丹桂第一台夜戏：

宋志普《百花点将》，筱鑫培《骆马湖》，元元旦《俊宝招亲》，樊春楼《伐子都》，麒麟童、冯志奎、宋志普《九更天》，高秋颦、李庆棠、李少棠《阴阳河》，余叔岩、王灵珠、王金元、王长林、鲍吉祥、王兰芳、樊春楼《珠帘寨》。

10月25日上海丹桂第一台夜戏：

王兰芳、元元旦《双沙河》，王金元、樊春楼《洗浮山》，高秋颦《蝴蝶梦》，余叔岩、王长林、冯志奎《黄金台》，麒麟童、王灵珠《投军别窑》，余叔岩、麒麟童、王金元、王长林、陈永奎、元元旦、王灵珠、高秋颦、樊春楼《大八蜡庙》。

10月26日上海丹桂第一台夜戏：

筱鑫培《十八扯》，元元旦《金山寺》，王兰芳《双珠凤》，麒麟童、王金元、冯志奎、李庆棠、樊春楼、赵云卿《大破牟驼岗》，高秋颦《宝蟾送酒》，王长林、陶洪祥、冯志奎、王德义《九龙杯》，余叔岩、王灵珠、范敏儿《汾河湾》。

10月27日上海丹桂第一台夜戏：

王兰芳《双摇会》，樊春楼、樊春山《金钱豹》，王灵珠、高秋鼙、李庆棠、李少棠《头二本虹霓关》，王金元、麒麟童、樊春楼、元元旦《潞安州·两狼关》，高秋鼙《穆柯寨》，余叔岩、王灵珠、王长林、鲍吉祥、吴桂芬《四郎探母》。

10月28日上海丹桂第一台夜戏：

筱鑫培《雪杯圆》，麒麟童、樊春楼、高秋鼙、王灵珠《溪皇庄》，高秋鼙《游宫射雕》，麒麟童、王金元《黄鹤楼》，王灵珠、陈嘉祥、宋志普《春香闹学》，余叔岩、王长林、范敏儿《铁莲花》，王金元、元元旦、娄廷玉《裴元庆》，余叔岩、冯志奎、增长胜、鲍吉祥、王长林《空城计》。

10月29日上海丹桂第一台夜戏：

宋志普《豪杰居》，筱鑫培《搜孤救孤》，王金元、樊春楼《薛家窝》，麒麟童、高秋鼙、樊春楼《翠屏山》，王灵珠、麒麟童、王金元、陈永奎、娄廷玉《全本刺虎》，余叔岩《战樊城》，王灵珠、陈嘉祥、李少棠《鸿鸾禧》，余叔岩、王长林、高秋鼙《打渔杀家》。

10月30日上海丹桂第一台夜戏：

宋志普《送花楼会》，筱鑫培《劈三关》，樊春楼、陈永奎、李永提《伐子都》，高秋鼙《拾玉镯》，麒麟童、王金元、冯志奎、陈永奎《一将难求》，余叔岩《秦琼卖马》，王灵珠、李庆棠、陈嘉祥《蝴蝶梦》，王长林、陈嘉祥《小放牛》，余叔岩《南阳关》。

10月31日上海丹桂第一台夜戏：

元元旦《娘子军》，筱鑫培《武家坡》，麒麟童、樊春楼《百凉楼》，高秋鼙、李庆棠、李少棠《贞女血》，王金元、冯志奎、娄廷玉、增长胜、吴堃芳《新长坂坡》，王灵珠、赵云卿、李少棠《新安驿》，余叔岩、王长林、陈嘉祥《天雷报》。

11月1日上海丹桂第一台夜戏：

筱鑫培《文昭关》，陈永奎、王金元、樊春楼、元元旦《收关胜》，

高秋蘩《贵妃醉酒》，余叔岩、王长林、陈嘉祥、鲍吉祥、冯志奎《群英会》，王灵珠、李庆棠、吴堃芳《玉堂春》，余叔岩、麒麟童、金连寿、樊春楼、冯志奎《朱仙镇》。

11月2日共舞台北省急赈协会保婴队义务夜戏：

孟鸿群《雪杯圆》，袁灵芳《八义图》，吕小樵、赵月楼《莲花湖》，张菊芬《鸿鸾禧》，陈彩霞《宇宙锋》，小宝义、李宝龙、张德禄、诸云仙《白水滩》，吕月樵、朱荣奎《戏迷传》，筱金铃、詹润泉《探亲家》，露兰春《逍遥津》，张文艳《宝蟾送酒》，余叔岩、王长林《琼林宴》。

11月3日共舞台北省急赈协会保婴队义务夜戏：

赵月楼《界牌关》，张菊芬《卖油郎》，素香楼、陈彩霞《朱砂痣》，张德禄、李宝龙、吕小樵《收关胜》，吕月樵《戏迷传》，露兰春《骆马湖》，张文艳《打花鼓》，王长林、王福田《巧连环》，筱金铃、小宝义、小金翠《全本阴阳河》，余叔岩、鲍吉祥《击鼓骂曹》。

在沪演出期间，余叔岩收吴彩霞之子吴彦衡为徒。吴彦衡后因倒嗓，改习武生，1921年11月16日改拜许德义为师。

　　……二十岁那年，父亲和余叔岩又同到上海，搭丹桂第一台，拜余叔岩为师，在会宾楼中举行拜师礼，到的来宾有冯子和、李桂芳、江志诚等。

　　（节自绿霞《吴彦衡访问记》，《小说日报》1939年9月27日第四版）

上海演出结束后，余叔岩赴汉口及南通演出。

11月27日汉口红十字会筹办北省旱赈义演：

余洪元《兴汉图》，余叔岩、王长林、王福山、霍仲三、李如安《琼林宴》。

11月28日汉口红十字会筹办北省旱赈义演：

余洪元《五丈原》，余叔岩、鲍吉祥、霍仲三《击鼓骂曹》。

汉剧大王余洪元

11月29日汉口红十字会筹办北省旱赈义演：

余叔岩、王长林、李如安、霍仲三《卖马》，余洪元《四进士》，余叔岩、鲍吉祥、霍仲三、李如安《托兆碰碑》。

12月15日，余叔岩自汉口抵京，次日带钱金福、福小田再度赴汉。

12月19日，欧阳予倩演《送酒》，余叔岩、鲍吉祥、福小田演《失街亭》。

12月20日，欧阳予倩演《葬花》，余叔岩、芙蓉草、王长林、鲍吉祥演《打渔杀家》。

12月21日，欧阳予倩演《醉酒》，余叔岩、钱金福、王长林、查天影、鲍春奎演《八大锤》。

12月22日，欧阳予倩演《义婢春梅》，余叔岩、福小田、王长林、钱金福演《问樵闹府·打棍出箱》。

12月23日，欧阳予倩演《晴雯补裘》，余叔岩演《天堂州》。

一九二一年（民国十年·辛酉）三十二岁

按：是年6月，余叔岩加入俞振庭双庆社，逐日演至10月余母沈氏病逝，主要演员有尚小云、贯大元等。同年北京剧界的主要班社有：梅兰芳喜群社、杨小楼中兴社，后合组崇林社，有王凤卿等人，在吉祥园、文明园；玉华社，有谭小培、黄润卿等，在庆乐园；高庆奎庆兴社，有程砚秋等人，在华乐园；俞振庭斌庆社，有五龄童、王斌芬、小振庭、徐碧云、杨宝森，在三庆园演日戏；富连成社马连良、谭富英、尚富霞、沈富贵、马富禄等，在广和楼。演出记录据《顺天时报》《京报》及存世戏单整理。

1月28日，余叔岩与钱金福、王长林自汉口回京，因患白喉在家中休养。

2月，梅兰芳、杨小楼合组崇林社，在文明园首演。

今年小楼与兰芳在文明园合演，为外间逆料所不及。厥其原因，因刘砚芳于聘王又宸之后，复在文明园悬余叔岩之报，与又宸之面子甚为难堪。且王为张斌舫所荐，勿言势力即以情理而论，一去一来，亦殊不合。小楼对此难者再，颇不愿伤双方之面子。上次在第一台演同业义赈戏时，兰芳、姚玉芙知悉其中之原委，情愿商凤卿一同帮忙。小楼感激已极，如此不用余亦不用王，尚属圆满。而兰芳与杨携手，令余失一臂助，亦可报复。至梅脱离新明大戏院之情形，因叙事较长，明日续志。

昨志小楼、兰芳合演原因一节，兹复调查梅杨易社名为崇林社，本拟在文明园、新明大戏院两处轮演，阴历岁末在文明祭神，曾约姚佩兰往商此事，姚以在该处祀神，未便迁就，却之。此兰芳脱离新明大戏院之情形，迩来关于斯事，已有人从中调停，惟双方各执己见，未肯让步云。

（《都门菊讯》，《顺天时报》1921年2月15—16日第五版）

2月11日，文明园崇林社日戏，梅兰芳、王凤卿演《穆柯寨·穆天王》，杨小楼演《恶虎村》。

2月13日，文明园崇林社日戏，杨小楼演《连环套》，梅兰芳、王凤卿演《御碑亭》。

2月15日，文明园崇林社日戏，梅兰芳演《奇双会》，杨小楼演《艳阳楼》，王凤卿演《鱼肠剑》。

2月16日，文明园崇林社日戏，梅兰芳演《春香闹学》，杨小楼、王凤卿演《阳平关》。

2月17日，文明园崇林社日戏，梅兰芳演《奇双会》，杨小楼演《艳阳楼》，王凤卿演《鱼肠剑》。

2月18日，文明园崇林社日戏，梅兰芳、王凤卿演《武家坡》，杨小楼演《殷家堡》。

2月19日，文明园崇林社日戏，杨小楼演《状元印》，梅兰芳演《女

起解》，王凤卿演《文昭关》。

2月20日，文明园崇林社日戏，梅兰芳演《千金一笑》，杨小楼演《挑滑车》，王凤卿演《取帅印》。

2月21日，文明园崇林社日戏，梅兰芳演《奇双会》，杨小楼演《艳阳楼》，王凤卿演《鱼肠剑》。

3月2日，吉祥园崇林社日戏，梅兰芳、王凤卿演《四郎探母》，杨小楼演《恶虎村》。

3月7日奉天会馆东三省赈灾义务戏：

德珺如《飞虎山》，诸如香、陆金桂《荡湖船》，九阵风《扈家庄》，恩晓峰、十三旦《梅龙镇》，尚小云、高庆奎《打渔杀家》，贯大元、黄润卿《南天门》，程砚秋《思凡》，言菊朋、郭振川《汾河湾》，俞振庭《金钱豹》，王又宸、陈德霖、裘桂仙《二进宫》，王瑶卿、王蕙芳《樊江关》，侯俊山《辛安驿》，杨小楼、郝寿臣《连环套》，金少梅《打花鼓》，梅兰芳《千金一笑》，余叔岩、侯俊山、钱金福《八大锤》，梅兰芳、杨小楼、王凤卿、高庆奎、龚云甫《回荆州》。

3月9日，刘鸿升在上海逝世。

> 昨据急电，刘鸿升已于阴历正月卅日病故，今年四十六岁，病因未明云。

（《都门菊讯》，《顺天时报》1921年3月13日第五版）

> 已故刘鸿升之灵柩由上海故日算起至阴历月之廿日伴宿，廿一日出殡。是日由慈惠寺起杠，葬于五塔寺迤西茔地。

（《都门菊讯》，《顺天时报》1921年3月25日第五版）

> 刘鸿升，京兆顺邑县人，号子余，丙子年生人。原非刘姓，幼时在顺成号小刀铺为徒（该铺在护国寺西口外羊圈口路东，今犹存）。铺掌刘廷修（深州人）夫妇无所出，见伊聪明，认为嗣子。鸿升子身一人，乐得不为，遂易姓，刘鸿升乃其乳名也。廷修夫妻待如己出，除学艺外（锻工），兼令攻读，栽培至深。惟鸿升性颇佻健，且嗜游戏，尝废学赌博踢球掷骰，习以为常，而廷修夫妇规诫弗听，甘居下流，

无可如何。及长，令伊出外肩凳，夏令荷担作行贩（香瓜），时人固乐闻其货声，喉润声朗，宛转抑扬，颇有韵味（京市货声，各有韵味，以售花样者为最）。时京中多票房，九城子弟，咸尚丝竹。护国寺庙塔院有一票房，为祥云甫（别号）、萧润峰（梵香寺黄衣僧）、恒乐亭、载阔亭、吉桐轩、云雨三（后为鸿升之打鼓）诸人之组合。鸿升暇时，常至该票房窗外以耳聆歌。久之，渐得其意，日以为恒。票首祥云甫见其留意戏剧，召之入票。始命击小锣，继试其嗓，有膛音，学唱花脸，声音响亮，颇爱之。刘廷修一家之宿舍，在护国寺中间路北小屋数椽，临庙仅咫尺。鸿升既入票房，置生意于不顾。其母尝追随詈骂，鸿升虽受母责，然终未与票房远，一闻胡琴声，则喉中格格作痒。嗣取胡姓女为妻（北京人，其父在天桥作理发生意），胡氏虽擅操作，惜夫除玩票，外兼嗜赌博，因之家业日替。刘廷修故时乏资营葬，经祥云甫、载阔亭、萧润峰等集资相助，乃父尸骸葬于西直门外五塔寺之高坡。于是鸿升对于祥等愈为感激，是后进习戏剧，勤为不辍也。

鸿升入票，艺业渐进，惟家计日窘，糊口维艰。时京中有著名相声家穷不怕者（朱姓，为蒙罗王所赏识，寓恭王府北毡子房），每逢护国寺庙会，在后阁画地作艺。其徒小贵、小范邀鸿升帮唱皮黄，暗拿黑杵（艺界以暗中使钱者名黑杵）两吊（即今铜元廿枚）。并赴各地唱野台子戏，及在傀儡影戏中钻桶子，藉为生活。其母念伊赡家，始不怒詈。时延庆州邀京票公悦自赏往演，票首安敬之（初演刀马旦，后改老生，库兵出身，今恩晓峰之义父）、砚凤轩、吉师樵、张桐轩以鸿升嗓音颇佳，约其去唱，日许戏份五吊（管饭），鸿升欣然允诺。是年八月初一日，备带玉米面饼干粮与青衣金乐亭同伴，金乘毛驴，刘系步行。鸿升因路遥，恐费鞋袜，系于腰带间，跣足尾随。金视之不忍，令共乘驴。至彼，唱三出，第一日《白良关》小黑，第二日未唱，第三日《牧虎关》《锁五龙》。鸿升至延庆州第一日演《白良关》尉迟宝林，不佳。次日安敬之即未派戏。第三日演《牧虎关》并《锁五龙》，尚差强人意。归京后遍赴各票过排，时地安门外鼓楼前

辛寺庙内立有票房一所，为王云亭（吴铁庵之初师）昆仲所组织。鸿升赴该处，众票皆冷眼相待，惟翠峰庵（在西直门内盘儿胡同）票房稍倚重之，常演中轴（该票为京中票房之模范，系载砚斌所成立，逢一四七日过排，登场不穿行头，参观人收茶资数文，今南月牙票房仿此）。鸿升暇时常出城蹭老谭戏，窃其腔调，极有心得。彼时无人力车以代步，轿车雇资虽无多，然复乏资，枵腹刻苦耐劳而求学，识者早知其将来必成大器。久之，于谭腔颇能摹仿，尝于票戏中唱《洪羊洞》《碰碑》诸剧兼之黑头戏，日益进步，召其登场彩唱者亦日多也。

某年大甜水井伦邸宅演剧，所约者皆票友，鸿升亦往。是晚伦与红豆馆主昆仲演《镇潭州》，鸿升配牛皋。按票戏与伶剧词句间稍有变通，而鸿升为一新小票友，且无经验，见杨再兴及下场时照例念普通词句，甚触馆主之怒，追至后台用枪暴打。鸿升未及下脸，抱头鼠窜而去，洵佳话也。梨园旧票友登场售技（即下海），必另投师门始能逐利，不然则仍称票友或清客串，否则必遭干涉。鸿升以所学有成，急欲售世，央由祥云甫、载阔亭入花脸常二庄门墙，藉便出台。常伶在剧界庸庸碌碌，收此小徒亦所至愿。首入同春部（同乐）唱前三出，《锁住》《打銮驾》《沙陀国》等剧，日拿戏份三吊（彼时无夜戏），乃师拿尊钱五吊。当鸿升入班时，诸名角均加白眼，谭鑫培每日到园甚晚，尤不知有此新角。后台管事为冯蕙林，视为可造才，待遇甚优。嗣后鸿升成名，常令蕙林充管事者，即报当年相待之厚意也。

鸿升入同春后，尝遭侪辈凌辱，甚有在后台墙壁上书字奚落者。盖票友入梨园，咸为藐视，呼为羊毛或羊盘。早年为尤甚，今司空见惯，且票友售者日多，亦不暇及也。厥后，同春缺乏黑头，管事商之老谭，令与配演，允为试之。第一次配演《黄金台》之伊利，当扮戏时管事带见谭，谭视年青，呼为小花脸，演伊利甚佳，颇为嘉赏。第二次配《碰碑》之七郎尤妙，涨戏份五吊，伊师常二庄增七吊。后因戏份欲增八吊，未得管事应许，辍演出同春，入四喜，演中轴，与白眉九（老生）合演。且尝经金秀山指教，艺乃大进。逾年由李连仲荐入玉成（天乐），田际云视为奇货，日派好戏，戏码在后，阜城园（在阜城门外）转（四日为一转）第一日唱大轴《草桥关》，前台静座无哗，由是在玉成颇久。田际云令排《八本铡判官》，演时天乐园逐日座满，此为鸿升初步最得意之时代也。

鸿升搭入玉成，因系名角，关于体面，须备行头。虽拿份较增，出于自置犹属乏资。西城有张小山者（俗称盔头张），供其应用，不索货费。后鸿升以非礼加之，剧票界靡不切齿，并该伶所行暗昧之事，指不胜屈。事关阴鸷，不便明言。在玉成班演剧后，尝于晚间寻花问柳。伊妻婉劝，毫无改悔，往年困难，绝不为念也。厥后，上海夏月润托田际云邀其往演隶新舞台，沪上目为最优黑头，《黑风帕》一剧极受欢迎。彼时梅荣斋充其配角，二人素称患难，约作帮手，藉尽友谊之道。打鼓为云雨三，小锣为那寿山（俗称大那子）。拉彼吃碗饱饭，不忘旧义，此为鸿升好处也。归京后，值庚子变乱，戏园皆停，京师地方划归各国管辖，日本为安慰人心，维持商民起见，准在所辖地开设剧园。鸿升居处为日本界，护国寺西口外路西（鸡鸭市北）砖瓦铺颇宽敞，且与顺成号小刀铺临近，由鸿升约载阔亭、清静泉（票友，唱须生，俗呼小清，刘之盟兄）等在彼支搭戏棚演剧，名曰升园。鸿升等在日升园演戏。该园以席支棚，楼房以砖代梯，为临时办法。然而藉此养活梨园穷苦伶人不少也。彼时新街口有风流女子二，一名白莲花，一名绿荷叶，与刘结识往来甚密。东四牌楼九条亦演此临时戏，京中名优如谭鑫培、陈德霖、龚云甫、余玉琴、王瑶卿等皆往焉。鸿升除在日升现技外，逐日亦往赶演。轿车中常携女子，加以他种艳事，身体日虚，两腿毁伤，不克履地至匝月之久。财源既已告竭，而夫妇及母复终日不获一饱，坐是大窘。在鸿升自知所行皆非，必不久于人世也。一日同票载阔亭至其家，睹此惨状，心为悯恻，允商李三爷恳其资助。鸿升泣道："吾罪已大，命在旦夕，倘得如此，他日必报大恩大德。"载去晤李，告以前事。李号豫臣，做蒙古贩卖营业，家资巨万，为人慷慨好义，救人之难，济人之危，都人士靡不敬

重也。

　　李豫臣闻载道斯事，慨然允诺，命接伊来，在寓调治。载约魏锡斋（陈远亭之师）等至刘寓，语李君之盛意，鸿升夫妇均感激。是日鸿升备破被一件，乘轿车随载等至东安门外北池子李宅，李见之不忍，令将破被送回，另备洁屋缎被令伊居一，面议延良医调治之法。时鸿升腿痛愈甚，由载向乔荩臣借电气药带止其痛，并由李延外科调治。初医以李阔绰，用微剂敷衍。易杨仲五（郭仲衡之岳父）日见功效，李待鸿升愈厚，伊家另付赡养之资，逾匝月始愈，惟步履维艰。豫臣及友李吉甫均嗜皮黄，闲时尝教鸿升之腔，并每早促其用功。热心待人，世之仅见。鸿升以重创已痊，思欲归家，商载答谢之，载曰："汝受此大德无以为报，况汝家窘困如此，舍拜李君为义父外别无二法。"鸿升颇然其说，商之李豫臣，亦不拒绝。是年腊月廿四日，因各饭庄均封灶停止营业，即在李宅行礼，食涮汤羊肉。陪者有乔荩臣、魏锡斋、载阔亭数人，鸿升拜李为义父后，归家与母妻见面，母泣曰："汝受李公再造之恩，当终身不忘。嗣后宜力赡前愆，勿再非为，为母虽死无憾也。"鸿升谨受教，颇知自勉。刘伶虽有暗疾而喉咙响亮如昔，毫不因之失润。每早云雨三、梅荣斋等来寓一同用功，未久复在广德楼演夜戏，与王凤卿、姜妙香（彼时妙香未改小生）演《进宫》及反串《钓龟》，尤受一般人士之欢迎。厥后赴沪，值三麻子他去，李春来入囹圄，上海缺乏重角，有人怂恿改须生，易唱后名誉大振。如是半载，返都搭入李豫臣成立之承平，首日在文明园演《奇冤报》，座为拥挤，此为鸿升改须生在京初成名之时代也。鸿升入承平演唱稍久，所带之人日渐多，李辅臣除说戏外兼为办事，头目为王郁甫。二人侍奉恭谨，俨若奴仆，加以戏班之捧架，而刘伶因之日骄。彼时金秀山、赵仙舫皆与同班，见伊对先辈异常傲慢，协商于前场哄落，或故意使其掣肘。一日鸿升演《乌盆记》，赵仙舫配张别古。当刘世昌鬼魂拿别古头痛，时赵伶曰："你是个瘸子，我也是个瘸子，何必与我为难。"语出恰当，闻者哄堂，而鸿升为之赧颜也。又某日鸿升与秀山演《捉放》原贴准带《宿店》，唱至"听他言"后气力已竭，〔二六〕唱毕对秀山暗使眼色，示以不带宿店之意。盖斯时带宿店与否，权在黑头，黑头若唱一句"怒冲冲催动了能行跨下"，老生唱"悔不该与此贼海走天涯"，即系不带《宿店》。是日金伶于刘伶示意伴不之顾，而鸿升至此，虽欲不带《宿店》亦所不能。迨唱至"一轮明月"一段，嗓音大哑，几不成声，有法部郎官某以倒好呼之，讵料唱至"将贼的头割下"时，掷剑对某部郎，加以恶声。京师大哗，丁宝臣办之《爱国报》于该伶之无理逐日痛骂。嗣外，城警厅以让园股俞振庭，寻以罚六十元。俞五顾全鸿升体面，其资系出前台。

鸿升在承平演唱，戏份无多。宝胜和班主杨香翠（杨瑞亭之父），见文明生意大佳，甚为垂涎，百般设法饵以重利，将鸿升邀入宝胜和，在庆乐登台。而承平自刘去后不易维持，未久报散。庆乐方面获此红角，园中恒无立锥地。彼时老谭承同庆、中和，距庆乐较近殊受影响，可见鸿升当日魔力之大也。厥后复赴上海，仍搭新新舞台，包银较之曩昔增加十倍。惟鸿升性懒不常演硬戏，平日演者仅《雪杯圆》《审头》《胭脂虎》等，座客无多，园主许少卿颇有难色。许因营业所关，商之鸿升，要求常演"三斩一探"诸佳剧，藉以弥补。而刘不之应，犹演轻戏如故。许有姘妇杨二宝者，性极诡诈，与夫画策，令养女于平日勾引鸿升，待其入套必就我范。许如是行之。鸿升本为色中饿鬼，不知是计，迨与女私而许勒欲成讼，且以白刃吓之，鸿升伏地求饶，罚以白唱（不支包银）半月并不时演重戏，始免。此为鸿升一生最有趣味之佳话也。

鸿升受许少卿圈套忍辱演半月，期满归京以后，誓不应该舞台之约。故刘伶再赴上海，只搭大舞台也。假母故时，治丧殊优，未致草草，尚知报恩。移寓当街庙新屋，大兴土木，游廊花厅，俨如府邸，惟门前不大修饰，盖恐惹人注意。该伶阔绰如斯，骄傲日甚，凡堂会中，与同侪晤面概不与语。某年九条寿子年宅演剧，名优罗致殆尽，鸿升与老谭同屋扮戏，毫不之顾。谭氏以冷语相侵，始请一半截安。

待谭氏如此，其他名伶可想而知也。彼时琴师王云亭为其作活，王剧学渊博，经验颇深，尝于演剧后为其改正，颇招所忌，足不之用。刘景然教渠演《完璧归赵》《骂杨广》《舌辩侯》诸剧，因之噪名，后亦不周济，梨园咸谓为一无良心者。惟在广和成立，鸿升坚持甚久，维持同行苦人不少，正乐育化会选为副会长，即因上项功劳所致也。

鸿升每值有人要求演义务戏，向无不允，惟李长泰充步军统领时，提倡之四郊学校筹款义务戏，竟行未到，颇触李统领之怒。是后不准该伶在戏园登场，鸿升赋闲虽久，在一人计本无妨碍，所惜者伊之门徒陈福寿、白福山及头目场面一般人等，咸倚糊口，殊为可悯。迨至李统领退职，始行复演，并时常在堂会戏反串《探阴山》《阳平关》《草桥关》，戏份三百元之多，洵为从前唱花脸之所未有也。该伶一生积蓄甚钜，兼之伊妻胡氏治家简朴，一旦弃绝歌场，不失为富家翁。去岁上海大舞台园主顾福章来邀，胡氏以伊夫身体日弱，力阻其行，鸿升始终顾全乃徒等，及受他人之怂恿，毅然出京。临行对胡氏曰"吾一生挣之资财，足符你母子之用，此行恐日后不能见面"云云，胡氏以语出不利，泪涔涔下，自知伊夫性傲，非片言所能挽回者，只得任凭他去。

鸿升至上海在大舞台演戏，园主顾福章先付包银六千元，因上座不甚踊跃，刘伶殊不高兴。至第七日除正戏《完璧归赵》外，加《雪杯圆》，鸿升到园戏已扮好，因身段过虚，吸食鸦片愈量，伤及肺管，一时昏迷，二目不睁。园主顾福章及头目王郁甫，其徒白福山、陈福寿等以为偶受微疾，立延中医诊治，医至，按其两脉已不动，不能下药。复延西医，以听诊内部，渐渐无微息，旋即气绝。刘死时仍着蓝褶子带高方巾，说者谓鸿升为一苦命人，以小刀铺之贫汉富比王侯，未着锦衣以终，服戏装而死，此该伶平生未行好事所致云云。死在后台之伶人，今昔殊少见，昔有小七金子故于天乐园，今鸿升亡于大舞台，可谓无独有偶也。消息传来，《顺天时报》速于登报者，一系接得上海之快电，一系证之刘友马金泉，马与鸿升为莫逆交，王郁甫于鸿升死日即电于马预备后事,未敢先电刘宅,恐胡氏闻之悲哀。一面派跟包者星夜来京,有此情节,故《顺天时报》登日即有人向刘宅探讯,竟云毫无其事,即系该宅尚未接得噩耗之故也。

鸿升之高足白福山来京,至刘家报告乃师之死。胡氏哀恸,终日不食,次日即率福山赴沪接灵。至上海,顾福章已将刘尸装殓,胡氏以伊夫在彼仅演戏七日,将已付之六千元退回四千。顾念胡氏之慷慨,所有带去之配角场面,应得一月之包银一律照付,诸人无不感激。灵柩行时,亲送车站,一切费用均由自付,为北京戏园做不到也。至阜成门车站,将灵停于慈慧寺。李豫臣之弟李凤占及马金泉等帮其料理丧务,至阴历二月廿一日葬于五塔寺迤西本宅茔地。刘为所出嗣子秃,子系外姓,现已完婚,对母知行孝道也。

总评:鸿升由贫寒出身,素乏知识,入梨园噪名一世,研究新腔自成一派,较之学谭画虎类狗者,颇有价值。惟斯人对于社会罪恶深重,缺乏道德,故伊死后无一惜之者。至继其妙技,求于今伶绝无所得。盖鸿升为天然之铁嗓,决非徒袭皮毛者能所仿效也。

(退庵居士《刘鸿升小传》,《顺天时报》1921年3月15—26日第五版)

3月14日那家花园刘荔荪为太夫人祝寿堂会:

世哲生《蟠桃会》,咏云《赶三关》,赵汉卿《岳家庄》,樊性初《宇宙锋》,李少如《失街亭》,陈远亭《卖马》,朱杏卿《打花鼓》,恩禹之《审头》,郭仲衡《朱砂痣》,碧云霞《梅龙镇》,沧浪客《弹词》,世哲生《挑滑车》,乔荩臣《镇潭州》,裘桂仙《御果园》,陈德霖、松介眉《孝义节》,余叔岩《击鼓骂曹》。

3月27日那家花园谢景涵为母八旬庆寿堂会:

陈德霖《宇宙锋》,龚云甫《徐母骂曹》,余叔岩、鲍吉祥、钱金福《定军山》,王蕙芳《女起解》,梅兰芳《玉堂春》,杨小楼《恶虎村》,富连成社《龙虎斗》。

北京谢金事为其母作寿,借予园演戏,梅兰芳、余叔岩、杨小

余叔岩年谱

楼、龚云甫甚佳。

（《那桐日记》1921年3月27日）

4月10日张远伯为母祝寿堂会：

剧目待考。

今日内务总长张远伯为其太夫人祝寿演戏，不请客。

（《都门菊讯》，《顺天时报》1921年4月10日）

4月11日庆和堂良宅堂会：

剧目待考。

镶白旗都统良席卿之母瓜尔佳氏李太夫人六旬正寿，于夏历三月初四日假座地安门外庆和堂作寿，由退庵居士招富连成社全班，并外串杨小楼、梅兰芳、龚云甫、陈德霖、王凤卿、裘桂仙、九阵风、余叔岩、高庆奎、尚小云、程艳秋、韩世昌并坤角金少梅等演戏祝嘏。

（《群强报》1921年4月10日）

4月14日开滦矿务总局宴会：

余叔岩、梅兰芳《打渔杀家》，余叔岩、钱金福、王长林《打棍出箱》。

4月22日棉花胡同靳总理为太夫人祝寿堂会：

朱素云、张文斌《连升三级》，龚云甫、王长林《天齐庙》，王瑶卿、荣蝶仙、张文斌、朱素云《棋盘山》，王长林《巧连环》，王凤卿、王琴侬《回龙阁》，余叔岩《击鼓骂曹》，杨小楼《八大锤》，梅兰芳、陈德霖、姚玉芙《麻姑献寿》。

4月23日棉花胡同靳总理为太夫人祝寿堂会：

九阵风《金山寺》，王蕙芳、王瑶卿《樊江关》，龚云甫《打龙袍》，杨小楼《连环套》，梅兰芳、王凤卿《御碑亭》，余叔岩《托兆碰碑》，杨小楼、尚小云、高庆奎《长坂坡》，梅兰芳《二本木兰从军》，金少梅《梅龙镇》，余叔岩、王瑶卿、钱金福《珠帘寨》。

此次靳揆之母寿辰演剧，诸伶之份皆从简发给，两日戏餐各费仅需一万三千元。

（《都门菊讯》，《顺天时报》1921年4月28日第五版）

按：靳云鹏时任北洋政府内阁总理兼陆军总长。

4月30日，吉祥园崇林社日戏，梅兰芳、王凤卿演《汾河湾》，杨小楼演《挑滑车》。

5月15日那家花园政界宴请巡阅使张作霖、曹锟、王占元宴会堂会：

全班合演《富贵长春》，沈华轩、李寿山、沈福山《古城会》，尚小云、贯大元、刘春升、李广顺《汾河湾》，恩晓峰、十三旦、高连奎、宋凤云《马前泼水》，龚云甫、慈瑞泉《孟津河》，陈德霖、高庆奎、裘桂仙《二进宫》，余叔岩、侯喜瑞、鲍吉祥、陈少武、李春林、李玉安《定军山》，王瑶卿、德珺如、刘景然《能仁寺》，梅兰芳、姜妙香、朱素云、李寿山、刘景然《奇双会》，王凤卿、安乐亭、扎金奎、张鸣才、郭春山《让成都》，杨小楼、侯喜瑞、钱金福、诸如香、李鸣玉、许德义、赵芝香《长坂坡》，梅兰芳、余叔岩《武家坡》，侯俊山、郝寿臣、范宝亭、侯春兰、王玉吉、周喜如《八大锤》。

按：大总统徐世昌命内阁总理靳云鹏召开"四巨头会"，请东三省巡阅使张作霖、直鲁豫巡阅使曹锟、两湖巡阅使王占元在天津曹家花园集会，并于5月6日进京谒见徐世昌，并召开蒙古善后会议。

政界诸君公请三巡阅使张作霖、曹锟、王占元，借予园演戏。主人四十八人，余作客辞谢未到。

（《那桐日记》1921年5月15日）

5月16日那家花园银行公会、商务总会宴请三巡阅使堂会：

朱桂芳、王长林《打瓜园》，陈德霖、龚云甫《孝义节》，杨小楼、钱金福《挑滑车》，余叔岩、梅兰芳《打渔杀家》。

晚商务总会、银行公会借予园公请三巡阅使，请予作陪，戌正入座，子正戏止。余与三使略谈，主客无多人，戏只四出，天极凉爽，有幽静之乐。

（《那桐日记》1921年5月16日）

5月20日，吉祥园崇林社日戏，梅兰芳演《金山寺》，杨小楼、王凤卿演《阳平关》。

5月26日奉天会馆三巡阅使宴客堂会：

全班合演《永平安》，九阵风、阎岚亭、侯喜瑞、侯春兰、马振奎《扈家庄》，尚小云、贯大元、李寿山、德珺如、慈瑞泉《穆天王》，俞振庭、俞赞庭、范宝亭、傅小山、鲍顺义《艳阳楼》，贺舜琴、吴彩云、李广顺《宇宙锋》，萧长华、德珺如《连升三级》，小十三旦、韩秀峰、一千红《宝蟾送酒》，梅兰芳、李寿山《尼姑思凡》，高庆奎、裘桂仙、霍仲三《上天台》，王凤卿、陈德霖、龚云甫、王瑶卿、王蕙芳、朱素云、诸如香、陆凤琴《雁门关》，余叔岩、梅兰芳、王长林《审头刺汤》，杨小楼、钱金福、许德义《状元印》，余叔岩、王瑶卿、朱素云、王长林、赵芝香、钱金福、郭春山、鲍吉祥《珠帘寨》。

今日三巡阅使张雨亭、曹仲山、王子春在奉天会馆演戏、宴客，余辞谢。

（《那桐日记》1921年5月26日）

5月27日江西会馆关冕均为子完婚堂会：

龚云甫、裘桂仙《天齐庙》，余叔岩、王长林《盗宗卷》，杨小楼、郝寿臣《连环套》，梅兰芳、王凤卿《汾河湾》。

6月，余叔岩正式加入俞振庭双庆社，在三庆园演出夜戏大轴。

伶界自鑫培逝世，谭调几乎绝响。小培又宸虽属老谭嫡派，然而学焉不精，仅可一知半解，若以谭氏之衣钵委诸若辈，诚不足负继往开来之责。惟今之须生中有余叔岩者，亲承谭教，获有真传。在数年前已知名于世，嗣以倒仓故，嗓音稍欠圆润。然而作做念白学谭已臻于绝顶矣。余伶自去岁南下，嗓音为之一变，今已完全复元，故自回京以来，各园争相邀聘。据闻余伶演戏，不在包银戏份之多寡，而在后台之办理完善与否。盖后台之经理得人，决不至三天打鱼两天晒网。余伶刻与三庆俞振庭订约，只演夜戏一工，风雨概不为阻。且余伶此次出台并不在金钱主义，实为救济贫苦同业皆得饱饭，藉可露

《白水滩》俞振庭饰十一郎，范宝亭饰青面虎

布由沪归来后之佳奏，俾一般顾曲家知谭派中大有人在，而谭调不至
失传，此余伶登台之真意也。又三庆园之青衣为尚小云尚郎，为青衣
后起之秀，以声价论虽不逮兰芳，然兰芳日见其退化，小云年富力强，
学艺蒸蒸日上。今余尚相辅而行，可谓珠联璧合，自必相得益彰也。
叔岩小云勉力勿懈。

　　（木公《余叔岩出演三庆园——余尚相得益彰》，《顺天时
报》1921年6月2日第五版）

　　余叔岩在三庆每晚戏份系九十元，跟包场面在外。

　　（《都门菊讯》，《顺天时报》1921年6月15日第五版）

6月3日三庆园双庆社夜戏：

　　诸如香、德珺如《岳家庄》，郝寿臣《青风寨》，俞振庭、俞赞庭、
九阵风《青石洞》，尚小云、贯大元《汾河湾》，余叔岩《定军山》。

三庆园余叔岩前晚演《定军山》，大受欢迎，是夜大雨，座客尚有七百人之谱。

（《都门菊讯》，《顺天时报》1921年6月5日第五版）

是日，吉祥园崇林社日戏，梅兰芳演《女起解》，杨小楼演《恶虎村》，王凤卿演《双狮图》。

6月4日三庆园双庆社夜戏：

九阵风《四杰村》，刘景然、诸如香《九更天》，贯大元、德珺如《双狮图》，俞振庭、俞赞庭、范宝亭《闹昆阳》，余叔岩、尚小云、钱金福、王长林《打渔杀家》。

6月6日三庆园双庆社夜戏：

安乐亭《草桥关》，诸如香、刘景然、陆凤琴《胭脂虎》，九阵风、阎岚亭、谢春芳、孙振升、周喜如、侯春兰、王菊芳《泗州城》，俞振庭、俞赞庭、傅小山、鲍顺义、王玉吉、郭春山、杨春龙《艳阳楼》，余叔岩、王长林、郝寿臣、侯喜瑞、郭春山、李玉安《问樵闹府·打棍出箱》。

6月7日三庆园双庆社夜戏：

九阵风《扈家庄》，俞振庭、俞赞庭、郝寿臣《挑滑车》，余叔岩、陈德霖《南天门》。

6月8日三庆园双庆社夜戏：

安乐亭《五台山》，俞赞庭《卧虎沟》，九阵风《无底洞》，郝寿臣、诸如香《青风寨》，陈德霖《落花园》，余叔岩、俞振庭《连营寨》。

6月9日堂会戏：

全班合演《天官赐福》，李春林、李广顺《百寿图》，安乐亭、陈少武《御果园》，陆凤琴、霍仲三《荷珠配》，俞赞庭、鲍顺义、陶玉芝《艾虎招亲》，刘景然、安乐亭《忠孝全》，俞赞庭、徐碧云、鲍顺义、沈三玉《青石洞》，李鸣玉、安乐亭《取三郡》，张文斌、曹二庚、罗文奎《打城隍》，俞振庭、俞赞庭、阎岚亭《艳阳楼》，九阵风、王长林《小放牛》，郭仲衡、李寿山、李春林《战成都》，裘桂仙、侯喜瑞、钱文卿《草桥关》，俞振庭、俞赞庭、徐碧云、刘凤奎《金钱豹》，高庆奎、沈福山、郭春山《太白醉写》，九阵风、侯春兰、阎岚亭、孙振升《夺太仓》，陈德霖、龚云甫、姜妙香、姚玉芙《雁门关》，梅兰芳、王凤卿、姜妙香《跪池三怕》，杨小楼、钱金福、傅小山《连环套》，余叔岩、钱金福、王长林、王瑶卿《珠帘寨》，张鸣才、朱德福《风云会》。

6月10日三庆园双庆社夜戏：

九阵风、王长林《小放牛》，刘景然《献长安》，俞赞庭《蜈蚣岭》，俞振庭《莲花寺》，余叔岩、郝寿臣《骂曹》。

是日，崇林社杨小楼、梅兰芳、陈德霖等人演《二本混元盒》。

6月12日三庆园双庆社夜戏：

李鸣玉《断密涧》，俞赞庭《薛家窝》，九阵风、王长林《刺巴杰》，尚小云、贯大元《回龙鸽》，余叔岩《南阳关》。

是日，崇林社杨小楼、梅兰芳、陈德霖等人演《四本混元盒》。

6月13日三庆园双庆社夜戏：

俞赞庭《溪皇庄》，李鸣玉《浣纱记》，尚小云、九阵风、俞振庭《五花洞》，德珺如、贯大元《群英会》，余叔岩《托兆碰碑》。

6月14日三庆园双庆社夜戏：

俞振庭《白水滩》，尚小云、贯大元《武家坡》，九阵风、郝寿臣、俞赞庭《战宛城》，余叔岩、王长林《黄金台》。

6月16日三庆园双庆社夜戏：

九阵风《盗仙草》，李鸣玉《断密涧》，德珺如《得意缘》，尚小云、贯大元《浣纱记》，俞振庭《铁笼山》，余叔岩、郝寿臣《捉放宿店》。

是日，吉祥园崇林社日戏，梅兰芳演《混元盒》，王凤卿演《镇潭州》。

6月17日三庆园双庆社夜戏：

九阵风《摇钱树》，李鸣玉《鱼肠剑》，尚小云、贯大元《芦花河》，俞振庭《郑州庙》，德珺如《辕门射戟》，余叔岩、郝寿臣《战太平》。

6月18日三庆园双庆社夜戏：

九阵风《虹霓关》，李鸣玉《铡美案》，郝寿臣、贯大元、俞振庭《阳平关》，余叔岩《盗宗卷》。

6月19日三庆园双庆社夜戏：

李鸣玉《浣纱记》，贯大元、尚小云《穆天王》，俞振庭《贾家楼》，九阵风、郝寿臣、德珺如《穆柯寨》，余叔岩《奇冤报》。

郝寿臣饰焦赞

6月20日三庆园双庆社夜戏：

李鸣玉、裘桂仙《断密涧》，贯大元、九阵风《八大锤》，俞振庭《艳阳楼》，尚小云《孝义节》，余叔岩、王长林、郝寿臣《卖马》。

6月21日三庆园双庆社夜戏：

李鸣玉《醉写》，郝寿臣《恶虎村》，九阵风、俞振庭《金山寺》，尚小云、贯大元《回龙鸽》，余叔岩、王长林《天雷报》。

6月22日三庆园双庆社夜戏：

李鸣玉《献长安》，九阵风、贯大元《战宛城》，尚小云《醉酒》，郝寿臣《连环套》，余叔岩《状元谱》。

6月23日三庆园双庆社夜戏：

裘桂仙《五台山》，李鸣玉《天水关》，王长林、九阵风《刺巴杰》，俞振庭《闹昆阳》，贯大元、尚小云《桑园会》，余叔岩、郝寿臣《辕门斩子》。

6月24日三庆园双庆社夜戏：

俞赞庭《霸王庄》，郝寿臣《白龙关》，贯大元、尚小云《探母》，俞振庭、九阵风《青石山》，余叔岩、李鸣玉《群英会》。

6月25日三庆园双庆社夜戏：

九阵风《娘子军》，裘桂仙《锁五龙》，俞振庭《金钱豹》，德珺如《夺小沛》，贯大元、郝寿臣《洪羊洞》，余叔岩《坐楼杀惜》。

是日，吉祥园崇林社日戏，梅兰芳演《千金一笑》，杨小楼演《冀州城》，王凤卿演《断密涧》。

6月26日三庆园双庆社夜戏：

俞赞庭《艾虎招亲》，俞振庭、九阵风《金光洞》，贯大元、郝寿臣《陈宫计》，余叔岩、诸如香、钱金福、王长林、鲍吉祥《珠帘寨》。

是日，吉祥园崇林社日戏，杨小楼演《水帘洞》，梅兰芳演《奇双会》，王凤卿演《捉放曹》。

6月27日三庆园双庆社夜戏：

九阵风《泗州城》，诸如香《双摇会》，裘桂仙《断密涧》，贯大

元、郝寿臣《骂曹》，余叔岩《宁武关》。

6月29日三庆园双庆社夜戏：

诸如香《幽界关》，俞振庭《宏碧缘》，贯大元、郝寿臣《斩子》，余叔岩、德珺如、王长林《双狮图》。

6月30日三庆园双庆社夜戏：

九阵风、王长林《小放牛》，贯大元、郝寿臣《奇冤报》，德珺如、诸如香《得意缘》，俞振庭《铁笼山》，余叔岩《首阳山》。

> 星期四日三庆贴余叔岩演《首阳山》，不知者以为伯夷、叔齐戏，其实久于观剧者一望而知为《搜救孤》。公孙氏携孤儿隐于首阳山，盖指此以斯为名，亦恰当也。此剧屡观谭演，叔岩演唱尚未寓目，故于是晚观之。叔岩取程婴神情，做工允有鑫培之风范，台步尤佳。"劝娘子"〔原板〕腔出巧妙，精彩颇多，大堂唱之〔倒板〕〔原板〕，宛转一样，呖呖可聆，嗣谭之响，叔岩当之无愧也。赵芝香饰程妻，虽无特色，尚称平稳。李七之屠岸贾，纯属应付，视郝寿臣颇有不及。刘景然之公孙氏，因年迈腿脚虽觉吃力，而唱白之苍老尤合是工身份也。
>
> 按程妻非无姓氏，不过单演《搜孤》不表白之，与《朱砂痣》老生不道姓名如出一辙，《搜孤》全本名《八义图》，有程妻姓氏，惜予无斯底本，无从查询之，内行皆不能对，此外史书记载与否，幸明者教之。
>
> （隐侠《余叔岩之搜救孤》，《顺天时报》1921年7月3日）

7月1日三庆园双庆社夜戏：

王长林《逛灯》，李鸣玉《醉写》，俞振庭《水帘洞》，贯大元、诸如香、郝寿臣《斩子》，余叔岩、朱素云、九阵风《八大锤》。

7月2日三庆园双庆社夜戏：

九阵风、王长林《取金陵》，德珺如《飞虎山》，俞振庭《艳阳楼》，贯大元《朱砂痣》，余叔岩、尚小云《汾河湾》。

是日，第一舞台崇林社义务戏，王凤卿、裘桂仙演《断密涧》，杨小楼演《挑滑车》，梅兰芳演《散花》。

7月3日三庆园双庆社夜戏：

王长林、九阵风《无底洞》，德珺如《监酒令》，裘桂仙《草桥关》，余叔岩、尚小云、陈德霖、龚云甫《探母回令》。

是日，第一舞台崇林社义务戏，王凤卿演《取成都》，梅兰芳演《玉堂春》，杨小楼演《安天会》。

7月5日三庆园双庆社夜戏：

俞振庭、俞赞庭、范宝亭《白水滩》，九阵风、朱素云、诸如香、罗福山《马上缘》，尚小云、贯大元、傅小山、李寿山、李春林《庆顶珠》，余叔岩、鲍吉祥、钱金福、王长林《定军山》。

7月6日三庆园双庆社夜戏：

九阵风、王长林《百草山》，安乐亭《牧虎关》，朱素云《白门楼》，贯大元、俞振庭《连营寨》，余叔岩、尚小云《梅龙镇》。

7月7日三庆园双庆社夜戏：

余叔岩、尚小云、王长林《审头刺汤》。

7月8日三庆园双庆社夜戏：

安乐亭《牧虎关》，九阵风、王长林《百草山》，朱素云《白门楼》，贯大元、俞振庭《连营寨》，余叔岩、尚小云《梅龙镇》。

7月9日三庆园双庆社夜戏：

贯大元、九阵风《翠屏山》，朱素云《奇双会》，余叔岩《击鼓骂曹》。

7月10日三庆园双庆社夜戏：

阎岚亭《金雁桥》，侯喜瑞《审李七》，尚小云、九阵风、贯大元、俞振庭《五花洞》，余叔岩、诸如香、王长林《珠帘寨》。

7月13日三庆园双庆社夜戏：

诸如香《鸿鸾禧》，九阵风、俞振庭、侯喜瑞《战宛城》，朱素云《飞虎山》，余叔岩、尚小云《武家坡》。

7月14日三庆园双庆社夜戏：

诸如香《幽界关》，朱素云《探庄》，俞赞庭《赵家楼》，尚小云、九阵风、德珺如《虹霓关》，余叔岩《生死板》。

7月15日三庆园双庆社夜戏：

诸如香《双摇会》，九阵风《取金陵》，俞赞庭《恶虎村》，朱素云《打玉》，尚小云《思凡》，余叔岩、王长林《开山府》。

7月16日三庆园双庆社夜戏：

诸如香《秦淮河》，俞赞庭《薛家窝》，九阵风《盗灵芝》，朱素云《临江会》，尚小云《女起解》，余叔岩、王长林《问樵闹府》。

7月17日聚寿堂外交部唐寿卿祝寿堂会：

言菊朋、程砚秋《打渔杀家》，王君直、章小山《武家坡》，恩禹之《审头》，陈德霖、松介眉《孝义节》，余叔岩《击鼓骂曹》。

7月20日双庆社三庆园夜戏：

俞赞庭《铁笼山》，朱素云、诸如香《岳家庄》，尚小云、九阵风《虹霓关》，余叔岩、钱金福、裘桂仙《失街亭》。

7月22日双庆社三庆园夜戏：

俞赞庭《铁笼山》，朱素云、诸如香《岳家庄》，尚小云、九阵风《樊江关》，余叔岩、钱金福《失街亭》。

> 按：《京报》广告，此二日戏目全同，或为补演。

7月23日双庆社三庆园夜戏：

朱素云《夺小沛》，九阵风《无底洞》，俞振庭《艳阳楼》，余叔岩、尚小云、王长林《打渔杀家》。

7月24日双庆社三庆园夜戏：

九阵风、王长林《百草山》，朱素云《雅观楼》，俞振庭《飞叉阵》，尚小云《宇宙锋》，余叔岩《捉放曹》。

7月24日湖南会馆湖南赈灾义务戏：

谭富英、尚富霞、茹富蕙《乌龙院》，马连良、沈富贵《八大锤》，恩禹之、松介眉《刺汤》，樊性初《击掌》，言菊朋、郭修仁《寄子》，韩世昌《思凡》,郭效芬《宇宙锋》,筱翠花《穆天王》,章小山《扈家庄》,余叔岩、陈德霖《南天门》。

　　是日阴雨渐霁,天气不热,故余入座时楼上楼下男女座客拥挤非常,有一千五六百人之谱。十一钟半微雨,座不动摇,闻是夜该会所售之票券达两千余张,捐款计有三千元左右,可谓近来义务戏之一大成功也。

　　（辻听花《湖南会馆之赈灾演剧》,《顺天时报》1921年7月29日第五版）

7月27日三庆园双庆社夜戏:

九阵风、俞赞庭《战宛城》,俞振庭《郑州庙》,尚小云《闹学》,余叔岩、裘桂仙、王长林、朱素云《战太平》。

7月29日天津张勋夫人寿辰堂会:

全班合演《天官赐福》《打金枝》,九阵风《蟠桃会》,朱素云《临江会》,孟小茹、胡素仙《武家坡》,梅兰芳、余叔岩《游龙戏凤》,姜妙香《岳家庄》,龚云甫《长寿星》,杨小楼《麒麟阁》,余叔岩、钱金福、王长林《定军山》,尚小云《贵妃醉酒》,王凤卿、王少芳《战长沙》,贯大元《失街亭》,裘桂仙《二进宫》,诸如香、张文斌《浣花溪》,王蕙芳、刘凤林《马上缘》,梅兰芳《嫦娥奔月》。

7月30日天津张勋夫人寿辰堂会:

全班合演《天官赐福》《百寿图》《渭水河》,孟小茹《回龙阁》,王长林、九阵风《打瓜园》,老乡亲、胡素仙《三娘教子》,贯大元、尚小云《四郎探母》,王蕙芳《鸿鸾禧》,朱素云《打仙》,杨小楼、钱金福、许德义、傅小山《连环套》,龚云甫、裘桂仙《断后龙袍》,九阵风、阎岚亭《娘子军》,余叔岩、王瑶卿、钱金福、朱素云、王长林、李春林《珠帘寨》,杨小楼、王瑶卿、孟小茹、钱金福《长坂坡》,梅兰芳、王凤卿、姚玉芙、姜妙香、李寿山《跪池三怕》。

8月3日三庆园双庆社夜戏:

俞振庭、俞赞庭《金光洞》,朱素云《临江会》,尚小云、九阵风、

朱素云、王长林《虹霓关》，余叔岩、钱金福《南阳关》。

8月4日三庆园双庆社夜戏：

九阵风、阎岚亭、俞赞庭《陷空山》，朱素云、赵芝香、钱金福、诸如香《岳家庄》，尚小云、罗福山、慈瑞泉《六月雪》，余叔岩、俞振庭、钱金福、王长林、德珺如、范宝亭、李寿山、张春山《连营寨》。

8月5日三庆园双庆社夜戏：

俞赞庭《贾家楼》，九阵风、钱金福《刺巴杰》，诸如香《变羊计》，尚小云《三击掌》，俞振庭《贾家楼》，余叔岩、朱素云《群英会》。

8月6日三庆园双庆社夜戏：

九阵风《百草山》，朱素云《玉门关》，俞振庭、俞赞庭《铁笼

尚小云《四郎探母》饰铁镜公主

山》，尚小云《贵妃醉酒》，余叔岩《盗宗卷》。

九阵风、王长林《小放牛》，安乐亭《铡美案》，俞振庭《郑州庙》，余叔岩、朱素云、俞赞庭《八大锤》。

德珺如《飞虎山》，姜妙香《射戟》，俞赞庭《薛家窝》，韩世昌《思凡》，郭仲衡、贯大元、郝寿臣《双斩子》，筱翠花、朱素云《得意缘》，王瑶卿、慈瑞泉《探亲家》，陈德霖、龚云甫《孝义节》，尚小云、王蕙芳、程砚秋、姚玉芙、九阵风、黄润卿、俞振庭、诸如香、裘桂仙《五花洞》，王又宸、王长林《卖马》，余叔岩、钱金福《定军山》，梅兰芳、王凤卿《汾河湾》，杨小楼、迟月亭《水帘洞》。

俞赞庭《溪黄庄》，郭仲衡、德珺如《黄鹤楼》，九阵风、阎岚亭《瑞草园》，程砚秋、贯大元《朱砂痣》，韩世昌《火云洞》，筱翠花（东方氏）、尚小云（丫鬟）、姜妙香《虹霓关》，王又宸、安乐亭《战太平》，王凤卿、陈德霖、王瑶卿、王蕙芳、朱素云《六本雁门关》，余叔岩、裘桂仙、钱金福、王长林《打棍出箱》，梅兰芳、姚玉芙、李寿山《嫦娥奔月》，杨小楼、郝寿臣《连环套》。

朱素云、俞赞庭、王长林《恶虎村》，俞振庭《天河配》，尚小云、九阵风《能仁寺》，余叔岩、裘桂仙《托兆碰碑》。

俞赞庭《霸王庄》，俞振庭、诸如香、朱素云《天河配》，尚小云、九阵风《樊江关》，余叔岩、王长林《天雷报》。

俞赞庭《赵家楼》，俞振庭《天河配》，尚小云《落花园》，余叔岩、王长林《卖马》。

8月13日三庆园双庆社夜戏：

九阵风《攻潼关》，俞振庭、俞赞庭《嘉兴府》，朱素云、尚小云《奇双会》，余叔岩、王长林《奇冤报》。

8月14日三庆园双庆社夜戏：

俞赞庭《淮安府》，九阵风《打花鼓》，朱素云《白门楼》，诸如香、尚小云、俞振庭《五花洞》，余叔岩、钱金福《定军山》。

8月15日钱粮胡同俞宅堂会：

全班合演《大赐福》《百寿图》，文亮臣《长寿星》，俞赞庭、阎岚亭、傅小山、李寿山《花蝴蝶》，侯喜瑞《丁甲山》，九阵风、阎岚亭《蟠桃会》，德珺如、陆凤琴、钱金福、文亮臣《岳家庄》，傅小山《巧连环》，恩禹之、松介眉、赵芝香《审头刺汤》，言菊朋、德珺如《举鼎观画》，裘桂仙、朱素云《飞虎山》，俞振庭、范宝亭、徐碧云、俞赞庭《金钱豹》，诸如香、陆凤琴、慈瑞泉《双沙河》。裘桂仙、侯喜瑞《草桥关》，王长林、九阵风《小放牛》，筱翠花、朱素云《宝蟾送酒》，尚小云《宇宙锋》，程砚秋、慈瑞泉、钱文卿《醉酒》，梅兰芳、姜妙香、李鸣玉《玉堂春》，余叔岩、尚小云《游龙戏凤》，杨小楼、钱金福、迟月亭、许德义、慈瑞泉《状元印》，红豆馆主、陈德霖、言菊朋《奇双会》，余叔岩、诸如香、朱素云、王长林、钱金福、鲍吉祥、赵芝香《珠帘寨》。

　　昨日钱粮胡同俞宅堂会，本定有小楼、侗五、桂凤、叔岩之《战宛城》，后因侗五不同意作罢。闻改定之戏为小楼《状元印》、叔岩《珠帘寨》、兰芳《玉堂春》、侗五《奇双会》，也都是拿手好戏。

　　　　　　　　　　　（《凌霄剧话》，《京报》1921年8月13日）

8月17日，余叔岩等人出京赴江苏南京，参加齐燮元为父祝寿堂会。

　　按：齐燮元时任江苏军务督办、苏皖赣巡阅副使。

8月19日江苏南京齐燮元为父祝寿堂会：

全班合演《天官赐福》，安乐亭、扎金奎《百寿图》，九阵风、俞赞庭、鲍顺义、沈三玉《八仙庆寿》，德珺如、安乐亭《飞虎山》，贯大元、诸如香《朱砂痣》，俞振庭、马振奎、陶玉芝《金钱豹》，筱翠花、张宝昆、慈瑞泉《鸿鸾禧》，裘桂仙、龚云甫《打龙袍》，慈瑞泉、郭春山《山羊县》，尚小云、德珺如《彩楼配》，王瑶卿、李鸣玉、李寿山《木兰从军》，九阵风、周喜如、侯春兰《南极岛》，王蕙芳、慈瑞泉《探亲》，余叔岩、钱金福、王长林、李春林《定军山》，杨小楼、傅小山、迟月亭、许德义、钱金福、慈瑞泉、刘砚亭《骆马湖》，陈德霖《落花园》，王蕙芳、朱素云、诸如香《马上缘》，裘桂仙《草桥关》，余叔岩、尚小云、陈德霖、龚云甫、朱素云、李鸣玉《探母回令》，诸如香、筱翠花、王丽卿、陆凤琴、赵芝香《嫦娥奔月》，杨小楼、钱金福、王瑶卿、陈德霖、李鸣玉、许德义、迟月亭、裘桂仙、傅小山《长坂坡》。

8月20日江苏南京齐燮元为父祝寿堂会：

全班合演《富贵长春》，安乐亭、刘景然、张宝昆《忠孝全》，慈瑞泉、德珺如《连升三级》，九阵风、阎岚亭、周喜如《泗州城》，德珺如《罗成叫关》，筱翠花、慈瑞泉、吴彩云《贵妃醉酒》，贯大元、尚小云《汾河湾》，九阵风、王长林《小放牛》，俞振庭、俞赞庭、鲍顺义、范宝亭《艳阳楼》，龚云甫、李寿山《徐母骂曹》，王瑶卿、王蕙芳、朱素云、罗福山、侯喜瑞《得意缘》，尚小云、德珺如、鲍吉祥、谭春仲《玉堂春》，筱翠花、朱素云、李寿山、郭春山《奇双会》，余叔岩、裘桂仙、李鸿祥《捉放曹》，杨小楼、钱金福、许德义、迟月亭、傅小山《连环套》，陈德霖、龚云甫、王瑶卿、王蕙芳、朱素云《雁门关》，余叔岩、裘桂仙、王长林、钱金福《失街亭》，杨小楼、钱金福、迟月亭、傅小山《挑滑车》。

8月21日江苏南京齐燮元为父祝寿堂会：

九阵风《金山寺》，筱翠花《穆天王》，九阵风、王长林《樊江关》，尚小云、朱素云《御碑亭》，陈德霖、裘桂仙、贯大元《二进宫》，筱翠花、德珺如《闺房乐》，王瑶卿、王蕙芳《能仁寺》，俞振庭《水帘洞》，陈德霖、龚云甫《孝义节》，余叔岩、尚小云《打渔杀

家》、杨小楼、钱金福《铁笼山》、筱翠花《天女散花》、余叔岩、王瑶卿、王长林《珠帘寨》、杨小楼、钱金福《安天会》。

因皖北水灾，铁路被冲，杨小楼、余叔岩等人于8月28日才得回京。

9月1日吴宅堂会：

全班合演《天官赐福》《百寿图》，李滇生、尹晓峰、于茂如《黄金台》，顾逸鹤、林叔遇、陈岫青《鸿鸾禧》，韩天民、于云鹏《捉放》，饶小山《寄子》，陈子芳、陈岫青、庄荫芝《奇双会》，贯大元、筱翠花《乌龙院》，王颂臣《失街亭》，陈岫青、庄荫芝《连升店》，杨子玉《铁笼山》，韩君青、陈荣会《闹学》，梅兰芳、余叔岩《庆顶珠》，王凤卿、尚小云《探母》，杨小楼、钱金福、王长林《连环套》，梅兰芳、陈德霖《麻姑献寿》。

俞五之双庆社，诸角回京之后，因宴会不断，停演日期殊多。兹因中秋已近，白天之广德楼业于初六日开锣。夜戏三庆须在初十日以后，因听小余话也。

（《梨园消息》，《京报》1921年9月8日）

9月10日三庆园双庆社夜戏：

俞振庭、俞赞庭《艳阳楼》，诸如香、朱素云《白门楼》，九阵风、尚小云《虹霓关》，余叔岩、钱金福《打棍出箱》。

9月11日三庆园双庆社夜戏：

九阵风《泗州城》，诸如香、朱素云《马上缘》，俞振庭、俞赞庭、德珺如《牛头山》，尚小云《女起解》，余叔岩《盗宗卷》。

9月13日，汉剧名演员余洪元到京演出。

9月14日三庆园双庆社夜戏：

俞赞庭、侯喜瑞、傅小山、鲍顺义、沈三玉《恶虎村》，阎岚亭、陆喜才、陶玉芝、王菊芳、马振奎《白水滩》，朱素云、诸如香、赵芝香、李寿山、文亮臣、李广顺《岳家庄》，尚小云、九阵风、罗福山、赵春锦、慈瑞泉、郭春山《樊江关》，余叔岩、俞振庭、裴桂仙、钱金福、范宝亭、鲍吉祥、王长林、马振奎《阳平关·五截山》。

是日，吉祥园崇林社日戏，杨小楼演《武文华》，梅兰芳、王凤卿演《御碑亭》。

9月15日三庆园双庆社夜戏：

九阵风《娘子军》，俞振庭、俞赞庭《金钱豹》，朱素云《喜封侯》，诸如香《查关》，尚小云《牡丹亭》，余叔岩、裘桂仙《捉放曹》。

是日，吉祥园崇林社日戏，杨小楼演《恶虎村》，梅兰芳、王凤卿演《御碑亭》。

9月16日三庆园双庆社夜戏：

九阵风《取金陵》，朱素云《临江会》，诸如香《探亲家》，俞振庭、俞赞庭《水帘洞》，余叔岩、尚小云《梅龙镇》。

是日，吉祥园崇林社日戏，王凤卿、杨小楼演《阳平关》，梅兰芳演《嫦娥奔月》。

9月18日三庆园双庆社夜戏：

侯喜瑞《青风寨》，裘桂仙《打龙袍》，九阵风《英杰烈》，俞振庭《铁笼山》，余叔岩、尚小云、朱素云、诸如香《探母回令》。

是日，吉祥园崇林社日戏，杨小楼演《挑滑车》，梅兰芳演《狮吼记》。

9月19日第一舞台山东水灾义务戏：

九阵风《金山寺》，韩世昌《掷戟》，程砚秋《樊江关》，尚小云、贯大元《赶三关》，筱翠花、王又宸《乌龙院》，时慧宝《今古奇观》，陈德霖、龚云甫《雁门关》，余叔岩《南阳关》，梅兰芳《奇双会》，杨小楼《长坂坡》。

9月20日山东水灾第一舞台义务戏：

韩世昌《刺梁》，郭仲衡《完璧归赵》，贯大元《举鼎》，俞振庭《青石洞》，程砚秋、筱翠花《双虹霓关》，陈德霖、王又宸《二进宫》，时慧宝、尚小云《朱砂痣》，余叔岩、郝寿臣《击鼓骂曹》，杨小楼、龚云甫、王凤卿《美人计·回荆州》，梅兰芳《天女散花》。

9月22日那家花园陆军部外交部宴请美国大将伍德来京堂会：

余叔岩、杨小楼、钱金福、迟月亭、许德义《八大锤》，梅兰芳、姚玉芙、李寿山《春香闹学》，王瑶卿、王蕙芳、陈德霖、诸如香、姜妙香、王凤卿、陆凤琴、龚云甫、侯喜瑞《八本雁门关》。

陆军部、外交部因美国大将伍德来京，借予园公请宴会，演戏三出，戌正开戏，子正散戏。

（《那桐日记》1921年9月22日）

9月23日三庆园双庆社夜戏：

俞赞庭、裘桂仙《卧虎沟》，俞振庭《闹昆阳》，尚小云《醉酒》，余叔岩、九阵风《八大锤》。

是日，吉祥园崇林社日戏，王凤卿演《举鼎》，梅兰芳演《闹学》，杨小楼演《贾家楼》。

9月24日三庆园双庆社夜戏：

俞振庭、俞赞庭《金光洞》，九阵风、王长林《打花鼓》，诸如香、朱素云《得意缘》，余叔岩、尚小云《审头刺汤》。

是日，吉祥园崇林社日戏，王凤卿演《文昭关》，杨小楼演《艳阳楼》，梅兰芳演《金雀记》。

9月25日三庆园双庆社夜戏：

俞赞庭《连环套》，九阵风《扈家庄》，尚小云《五花洞》，余叔岩、朱素云《群英会》。

是日，吉祥园崇林社日戏，杨小楼演《骆马湖》，梅兰芳、王凤卿演《四郎探母》。

10月2日那家花园那桐之子三十寿辰、崇孙弥月堂会：

裘桂仙《探阴山》，朱桂芳《夺太仓》，龚云甫《钓金龟》，余叔岩、梅兰芳、陈德霖、姜妙香、龚云甫《四郎探母》，杨小楼、王凤卿、钱金福《长坂坡》。

余因宝儿三十岁寿辰、崇孙弥月两重喜事会合一齐，约至近亲友本家开筵称贺，定于今日演戏一灯晚，来客一百多人，吃东兴楼菜，甚佳，酉刻开戏，丑刻止戏。

（《那桐日记》1921年10月2日）

10月6日三庆园双庆社夜戏：

朱素云《岳家庄》，王斌芬、九阵风《刺巴杰》，俞振庭《铁笼山》，余叔岩、尚小云《打渔杀家》。

10月7日三庆园双庆社夜戏：

九阵风、俞振庭《金山寺》，俞赞庭《溪皇庄》，诸如香、朱素云《穆柯寨》，尚小云《女起解》，余叔岩、王长林《卖马》。

10月8日三庆园双庆社夜戏：

俞赞庭《宏碧缘》，俞振庭、九阵风《盗仙草》，诸如香《幽界关》，尚小云、朱素云《奇双会》，余叔岩、王长林《南阳关》。

是日，吉祥园崇林社日戏，杨小楼、王凤卿演《黄鹤楼》，梅兰芳、陈德霖演《风筝误》。

10月9日三庆园双庆社夜戏：

俞振庭、九阵风《金山寺》，诸如香、朱素云《穆柯寨》，尚小云《女起解》，余叔岩、王长林《卖马》。

10月10日三庆园双庆社夜戏：

俞振庭、俞赞庭《挑滑车》，诸如香、朱素云《得意缘》，尚小云、九阵风《虹霓关》，余叔岩、王长林《失街亭》。

是日，吉祥园崇林社日戏，王凤卿演《捉放曹》，杨小楼演《连环套》，梅兰芳、陈德霖《麻姑献寿》。

10月13日三庆园双庆社夜戏：

俞振庭、俞赞庭《拿高登》，诸如香、朱素云《马上缘》，九阵风《取金陵》，尚小云《一口剑》，余叔岩、王长林《黄金台》。

10月14日三庆园双庆社夜戏：

九阵风《泗州城》，诸如香、朱素云《岳家庄》，俞赞庭、王长林《武十回》，尚小云《思凡》，余叔岩、俞振庭《连营寨》。

是日，吉祥园崇林社日戏，梅兰芳演《醉酒》，王凤卿、杨小楼演

231

《阳平关》。

10月15日三庆园双庆社夜戏：

诸如香《秦淮河》，朱素云《临江会》，俞振庭、九阵风《乾元山》，余叔岩、尚小云《汾河湾》，余叔岩、俞赞庭、王长林《八蜡庙》。

是日，吉祥园崇林社日戏，杨小楼演《五人义》，梅兰芳、王凤卿演《穆天王》。

是日，为余叔岩岳父陈德霖六十正寿，余叔岩赠一铜鎏金寿星像为寿礼。

> 梅兰芳、王瑶卿、王蕙芳、余叔岩、姜妙香、姚玉芙、程艳秋于阴历九月十五日（阳历十月十五日）假同兴堂与陈德霖庆祝六十正寿，并遍请内外行，一切开销由兰芳等七人担任。并闻陈之生日原为初五日，因值九皇会故改为十五日云。
>
> （《顺天时报》1921年10月15日）

10月16日，余叔岩母亲逝世，享年六十七岁。

> 小余之母、紫云之妻忽于十六日寅时病故，小余十分哀痛，正在大办丧事，双庆业已不能演唱。俞五之意，拟约王又宸顶替。迟子俊之意，系主张约时慧宝，双方正在分头进行云。
>
> （《梨园消息》，《京报》1921年10月18日）

> 上星期六日椿树下二条，余叔岩之故母伴宿，内外行到者甚多。早间三庆园俞振庭、尚小云、九阵风因演昼戏先至，午后先后到者及送圣，剧界有王福寿、吴顺林、梅兰芳、吴彩霞、朱素云、姜妙香、姚玉芙、张文斌、王又荃、钱俊仙、杨宝忠、朱文英、郭仲衡、王少芳、谭海清、陈秀华、孙佐臣、王少卿、张彩林、冯蕙林、李佩卿、张少朋，票友有恩禹之、章小山、樊棣生、樊杏初、祝荫亭、赵子宜、赵幹卿、铁林甫、孙庆堂，评剧界有辻听花、退庵居士、何卓然、汪侠公诸人，颇极一时之盛云。
>
> （《都门菊讯》，《顺天时报》1921年11月2日第五版）

陈德霖与梅兰芳、王瑶卿、姚玉芙、王蕙芳

11月3日，梅兰芳迎娶福芝芳。

11月9日，张淇林病逝。

11月15日，吴少霞在同兴堂拜许德义为师。

11月18日，梅兰芳、杨小楼、余叔岩与富连成社赴保定在曹署演戏。

11月19日保定曹宅堂会：

全班合演《富贵长春》《百寿图》，方连元《朝金顶》，谭富英、茹富蕙《黄金台》，茹富兰《金兰会》，马连良、筱翠花、茹富蕙《乌龙院》，骆连翔《四杰村》，九阵风《演火棍》，筱翠花《马上缘》，杨小楼、余叔岩《八大锤》，梅兰芳《春香闹学》，梅兰芳、余叔岩《审头刺汤》，俞振庭《艳阳楼》，杨小楼《连环套》，俞振庭、九阵风《青石山》。

11月20日保定曹宅堂会：

全班合演《天官赐福》，阎喜林、白富年《卸甲封王》，冯连恩、殷连瑞、褚连顺、骆连翔、何连涛、高连甲、张连保、郝连桐、刘连荣、王连奎、张连庭、方连元、苏富恩、邱富棠、王富祥、程富云、沈富贵、范富喜、陈富康、樊富顺、钱富川《蟠桃会》，孙盛辅、陈富瑞、翟富夒《雍凉关》，殷连瑞、骆连翔、王连奎、马富禄、钱富川、陈富康、马连昆、高连甲、诸连顺、何连涛、刘连荣、张连才《红门寺》，马连良、李连贞、小金钟、茹富蕙、陈富瑞、尚富霞、阎喜林、高富远《法门寺》，邱富棠、沈富贵、苏富恩、刘连荣、张连庭、郝连桐、钱富川、陈富康、赵盛春《夺太仓》，王盛如、许盛玉、苏盛轼、王盛意、孙盛武、李盛林《五湖船》，筱翠花、萧连芳、王连甫、马连昆《穆柯寨》，茹富兰、韩富信、苏富恩、沈富贵、赵富春、钱富川、郝富桐《郑州庙》，九阵风《小放牛》，俞振庭《金钱豹》，梅兰芳、余叔岩《庆顶珠》，杨小楼《状元印》，俞振庭《挑滑车》，余叔岩《珠帘寨》，九阵风《扈家庄》，梅兰芳《麻姑献寿》，杨小楼《安天会》。

11月21日保定曹宅堂会：

全班合演《财源辐辏》，于盛龙、张盛禄、韩盛宴、浦盛艾、冯盛全、许盛玉、孙盛文、冯盛棋《八仙上寿》，方连元、邱富棠、范富喜、沈富贵、苏富恩、王富祥、程富云、英富瀚、白富爵、何连涛、骆连翔、高富甲、刘连荣、罗连云《双泗州城》，孙盛辅、杜富兴、杜富隆、苏盛武、王盛如、王盛意《金榜乐》，高连甲、骆连翔、何连涛、殷连瑞、张连庭、冯连恩、诸连顺、罗连云、郝连桐《白水滩》，筱翠花、马富禄、萧连芳、阎喜林《打樱桃》，茹富蕙、王富祥、范富喜、樊富顺、何连涛、冯连恩、高连甲《盗魂铃》，马连良、马富禄、孙盛武、七岁丑《铁莲花》，茹富兰、刘连荣、韩富信、钱富川、苏富恩、郝富桐《伐子都》，孙盛辅、李盛荫、七岁丑、笑儿观《喜封侯》，方连元、骆连翔、诸连顺《竹林计》，筱翠花、李连贞、萧连芳、马富禄《得意缘》，沈富贵、赵富春、苏富恩、刘连荣、李连仲、张连庭《兴隆会》，九阵风《金山寺》，梅兰芳、余叔岩《武家坡》，杨小楼《铁笼山》，余叔岩《定军山》，九阵风《取金陵》，梅兰芳《天女散花》，杨小楼《恶虎村》。

11月27日沈宅堂会：

全班合演《大赐福》，何连涛、邱富棠《蟠桃会》，杜富兴、杜富隆《岳家庄》，方连元、骆连翔、高连甲《演火棍·打韩昌》，马连良、小金钟、马富禄、李连贞《法门寺》，谭富英、沈富贵、小金钟《阳平关》，马富禄、萧连芳《连升三级》，赵盛璧、许盛玉《十字坡》，尚富霞、马富禄《鸿鸾禧》，沈富贵、吴富琴、李连贞、马连昆《长坂坡》，孙盛辅、程富云、杜富隆《黄鹤楼》，谭富英《珠帘寨》，孙盛辅、张富藻《三顾茅庐》，何连涛《三教寺》，马连良《打严嵩》，程继先、方宝全、唐长隶《雅观楼》，裘桂仙、侯喜瑞、吴彩云《头二本草桥关》，陈德霖《落花园》，余叔岩、钱金福、王长林《定军山》，梅兰芳《醉酒》《大金榜》。

12月3日天津广东会馆堂会：

杨小楼《恶虎村》，陈德霖《宇宙锋》，梅兰芳《奇双会》，余叔岩《珠帘寨》。

12月5日陆军部苏宅祝寿堂会：

全班合演《天官赐福》《百寿图》，韦九峰、陈少五、律佩芳、石小山、孙小山、吴彩云《打金枝》，刘凤林、赵春锦《一匹布》，德珺

如、胡长太《叫关》，于云鹏、朱德福、李老黑、霍仲三、郑金奎、何二格《白良关》，刘凤林、罗文奎《荷珠配》，九阵风、阎岚亭、侯春兰、沈三玉、周喜如、孙振声《蟠桃会》，萧长华、德珺如《连升三级》，李鸣玉、罗福山、陈少五、律佩芳、于云鹏、于茂如《白虎堂》，九阵风、王长林《小放牛》，王凤卿、裘桂仙《双投唐》，龚云甫、王长林《钓金龟》，陈德霖、罗福山《孝义节》，余叔岩、钱金福、王长林、于云鹏、于茂如、李玉安《打棍出箱》，梅兰芳、朱素云、姜妙香、李寿山、李鸣玉、曹二庚、郭春山、陈少武、董玉林《奇双会》，杨小楼、钱金福、迟月亭、许德义、傅小山、李鸣玉、袁增福、刘砚亭、李春林、高峰瑞、谢春芳《连环套》，《遇龙封官》。

12月21日江西会馆张宅堂会：

全班合演《大赐福》，邱富棠、殷连瑞、高连甲、诸连顺、罗连云《蟠桃会》，翟富夔、李富斋《打龙袍》，马连良、马连昆《开山府》，方连元、何连涛、常少亭、冯连恩《青石山》，尚富霞、马富禄、萧连芳《打樱桃》，杜富隆、孙盛辅、李盛荫、王盛如《群英会》，马富禄、尚富霞、阎喜林《荷珠配》，孙盛辅、刘富英、张富藻《三顾茅庐》，刘连荣、沈富贵、苏富恩《战濮阳》，谭富英、小金钟、马连昆《失街亭》，《请清兵》，杜富隆、张富藻《小天宫》，高庆奎、裘桂仙、王琴侬《二进宫》，董富连、七岁丑、高富远《四花鼓》，陈德霖、王琴侬、王丽卿、郭春山、姜妙香、诸如香、曹二庚《劝善金科》，余叔岩、王长林《盗宗卷》，杨小楼、钱金福、傅小山《连环套》，梅兰芳、王凤卿、陈德霖、龚云甫、李鸣玉、姚玉芙、姜妙香、诸如香、张文斌、王丽卿、慈瑞泉、王长林《探母回令》，何连涛、刘连荣、方连元《水帘洞》。

12月26日小绒线胡同马宅堂会：

余叔岩《盗宗卷》。

一九二二年（民国十一年·壬戌）三十三岁

　　按：是年余叔岩继续在俞振庭之双庆社演夜戏，主要演员有筱翠花、尚小云、陈德霖等，地点在三庆园，亦在真光剧场、开明戏院做短期演出。同年北京剧界主要班社有：梅兰芳、杨小楼之崇林社，有王凤卿等人，在第一舞台及吉祥园演夜戏；后崇林社解散，梅兰芳成立承华社；成庆社，有尚小云、筱翠花、贯大元等人，在庆乐园；庆兴社，有高庆奎、程砚秋、郝寿臣等人，在华乐园；玉华社，有尚小云、王瑶卿、谭小培、贯大元、时慧宝、马连良等人，在中和园；俞振庭之斌庆社，有杨宝森、五龄童、俞步兰、王斌芬等人，在三庆园演日戏；富连成社谭富英、尚富霞、赵盛璧等，在广和楼。演出记录根据《顺天时报》《京报》及存世戏单整理。

1月13日三庆园双庆社夜戏：

俞振庭《青石山》，尚小云《风筝误》，余叔岩《琼林宴》。

1月14日三庆园双庆社夜戏：

俞振庭《金钱豹》，尚小云、俞赞庭《五花洞》，余叔岩、朱素云、九阵风《八大锤》。

1月15日三庆园双庆社夜戏：

俞振庭《水帘洞》，尚小云《醉酒》，余叔岩、诸如香、钱金福、朱素云《珠帘寨》。

1月20日天津齐宅堂会：

全班合演《万寿堂》，王春海《青风寨》，小鸿声《拾金》，金凤琴、于处《查关》，筱玉茹《宝全灯》，赵松樵《骆马湖》，王三虎《请医》，瑞德宝《恶虎村》，巧玉兰《纺棉花》，吕月樵《剑锋山》，刘叔度《鼎盛春秋》，韩世昌《学舌》，老乡亲《浣纱记》，蒋君稼、张文彬《女起解》，王凤卿、裘桂仙《断密涧》，王瑶卿、张文彬、王又荃、程砚秋、钱金福、陆金桂《能仁寺》，王君直、陈德霖《武家坡》，杨小楼《挑滑车》，梅兰芳、王颂臣、王凤卿、姜妙香《玉堂春》，余叔岩《盗

宗卷》。

按：齐宅即齐耀琳宅，齐耀琳曾任河南都督、江苏省长，退出政坛后任天津耀华玻璃公司总董。是日剧目据《顺天时报》记载，余叔岩还与蒋君稼合演《梅龙镇》。

1月21日第一舞台窝窝头会义务戏：

全班合演《天官赐福》，德珺如、安乐亭、刘景然、慈瑞泉、陆凤琴《忠孝全》，姜妙香、侯喜瑞、文亮臣《岳家庄》，俞振庭、九阵风、俞赞庭、范宝亭《海屋添筹》，郭仲衡《文昭关》，刘奎官《古城会》，荣蝶仙、程砚秋《樊江关》，高庆奎、王琴侬、董俊峰《二进宫》，尚小云、贯大元《浣纱记》，龚云甫、陈德霖、王蕙芳、黄润卿、朱素云、王凤卿、李鸣玉《六本雁门关》，梅兰芳、杨小楼、谭小培、姚玉芙、钱金福、郝寿臣、沈三玉《长坂坡》，余叔岩、鲍吉祥、赵芝香、李寿山、沈福山、王长林《南阳关》，梅兰芳（黄天霸）、杨小楼（张桂兰）、俞振庭（朱光祖）、王凤卿（关小西）、高庆奎（费德功）、王蕙芳（金大力）、郝寿臣（小姐）、朱桂芳（贺人杰）、姚玉芙（老院公）、诸如香（施大人）、程砚秋（官将）、俞赞庭（小丫鬟）、姜妙香（王梁）、张文斌（秦小姐）《反串八蜡庙》。

1月22日第一舞台窝窝头会义务戏：

刘奎官《单刀会》，尚小云《穆天王》，时慧宝《双狮图》，王凤卿《万里缘》，陈德霖、龚云甫《孝义节》，余叔岩《盗宗卷》，梅兰芳、杨小楼《金山寺》。

1月25日三庆园双庆社夜戏：

俞振庭、余叔岩、王长林、九阵风《青石山》。

2月2日三庆园双庆社夜戏：

俞赞庭《恶虎村》，九阵风、俞振庭《无底洞》，德珺如《五湖船》，筱翠花《探亲家》，余叔岩、陈德霖《南天门》。

2月3日三庆园双庆社夜戏：

九阵风《瑞草园》，筱翠花、黄润卿《虹霓关》，俞振庭、俞赞庭、范宝亭《艳阳楼》，陈德霖、李鸣玉《献长安》，余叔岩、裘桂仙《托兆碰碑》。

是日，第一舞台崇林社夜戏，王凤卿演《群英会》，杨小楼演《晋阳宫》，梅兰芳演《嫦娥奔月》。

2月4日三庆园双庆社夜戏：

俞振庭、俞赞庭《闹昆阳》，朱素云《白门楼》，九阵风《取金陵》，筱翠花、黄润卿《双摇会》，余叔岩、裘桂仙《失街亭》。

是日，第一舞台崇林社夜戏，王凤卿演《文昭关》，梅兰芳演《惊梦》，杨小楼演《水帘洞》。

2月5日江西会馆林宅祝寿堂会：

恩禹之《打金枝》，张小山《山门》，钱金福《取洛阳》，陆凤琴、刘玉如、铁林甫、松介眉《胭脂虎》，舒子宽《玉门关》，林钧甫《醉酒》，世哲生《状元印》，余玉琴《能仁寺》，筱翠花《闺房乐》，余叔岩、梅兰芳、钱金福、王长林《打渔杀家》。

言简斋先生说："民国十一年旧历正月，林诒书寿辰，在江西会馆堂会戏，我看到梅余合演的《打渔杀家》，余叔岩学谭很到家，而梅先生的桂英，比十年前初看时，大大提高，在形象的美和性格美上都超过了以前所看到的桂英。那次堂会，梅先生不受酬报，因为寿翁是林季鸿的哥哥，梅先生第一次唱《玉堂春》的新腔，就是他伯父梅雨田向林季鸿研究了教给他的，由于这种关系，所以梅先生送这出戏祝寿。"

(梅兰芳《舞台生活四十年》第三卷)

2月7日双庆社吉祥园日戏：

俞振庭、俞赞庭、徐碧云、杨春龙、马振奎《金钱豹》，诸如香、孙砚亭《玉玲珑》，范宝亭《金沙滩》，安乐亭《飞虎山》，李小山、李寿山《华容道》，九阵风《取金陵》，筱翠花、小桂花《双摇会》，余叔岩、钱金福、裘桂仙、王长林、郭春山《打棍出箱》。

2月8日双庆社吉祥园夜戏：

朱素云《岳家庄》，筱翠花、德珺如《醉酒》，九阵风、俞振庭、俞赞庭《水帘洞》，余叔岩、裘桂仙《托兆碰碑》。

是日，第一舞台崇林社夜戏，杨小楼演《状元印》，梅兰芳演《木兰从军》。

2月9日三庆园双庆社夜戏：

俞振庭、俞赞庭《挑滑车》，九阵风《英杰烈》，筱翠花、德珺如《送酒》，余叔岩、裘桂仙《捉放曹》。

是日，第一舞台崇林社夜戏，王凤卿演《华容道》，梅兰芳演《佳期拷红》，杨小楼演《骆马湖》。

2月10日三庆园双庆社夜戏：

筱翠花、德珺如《醉酒》，俞振庭《铁笼山》，俞赞庭《赵家楼》，朱素云《马上缘》，九阵风《杀四门》，余叔岩、裘桂仙《南阳关》。

是日，第一舞台崇林社夜戏，杨小楼演《八蜡庙》，梅兰芳、王凤卿演《上元夫人》。

2月11日三庆园双庆社夜戏：

俞赞庭《恶虎村》，朱素云《岳家庄》，九阵风《竹林计》，筱翠花《嫦娥奔月》，余叔岩、俞振庭、德珺如《连营寨》。

是日，第一舞台崇林社夜戏，杨小楼演《麒麟阁》，梅兰芳、陈德霖演《上元夫人》。

2月12日三庆园双庆社夜戏：

九阵风、俞赞庭《金光洞》，筱翠花《双摇会》，朱素云《白门楼》，德珺如《九龙山》，余叔岩《卖马》《八蜡庙》。

是日，第一舞台崇林社夜戏，杨小楼演《武文华》，梅兰芳、陈德霖演《上元夫人》。

2月13日总统府招待蒙藏王公、国务委员堂会：

王凤卿、李鸣玉《战长沙》，龚云甫、德珺如《沙桥饯别》，余叔岩、杨小楼《阳平关》，梅兰芳《上元夫人》。

2月15日三庆园双庆社夜戏：

俞赞庭《霸王庄》，九阵风《扈家庄》，朱素云《临江会》，俞振庭、范宝亭《水帘洞》，余叔岩、筱翠花《坐楼杀惜》。

是日，第一舞台崇林社夜戏，梅兰芳、杨小楼、王凤卿演《霸王别姬》。

2月16日三庆园双庆社夜戏：

诸如香、九阵风《盗灵芝》，筱翠花《鸿鸾禧》，俞振庭、俞赞庭《艳阳楼》，余叔岩、筱翠花、朱素云、范宝亭《珠帘寨》。

是日，第一舞台崇林社夜戏，梅兰芳、杨小楼、王凤卿演《霸王别姬》。

2月17日三庆园双庆社夜戏：

九阵风《泗州城》，筱翠花《穆柯寨》，朱素云《未央宫》，俞振庭、俞赞庭《闹昆阳》，余叔岩、裘桂仙《奇冤报》。

2月18日三庆园双庆社夜戏：

九阵风、俞振庭《金山寺》，俞赞庭《嘉兴府》，筱翠花、诸如香《闺房乐》，余叔岩、朱素云、裘桂仙、钱金福、王长林《战太平》。

2月19日三庆园双庆社夜戏：

俞振庭《鄚州庙》，俞赞庭、筱翠花、诸如香《战宛城》，九阵风《打花鼓》，朱素云《打玉》，余叔岩、裘桂仙《洪羊洞》。

2月20日三庆园双庆社夜戏：

俞振庭《金钱豹》，九阵风《英杰烈》，余叔岩《打渔杀家》。

2月21日三庆园双庆社夜戏：

九阵风《刺巴杰》，朱素云、诸如香《白门楼》，俞振庭、俞赞庭《牛头山》，余叔岩、筱翠花《戏凤》。

2月22日三庆园双庆社夜戏：

九阵风、范宝亭《演火棍》，俞赞庭《溪皇庄》，俞振庭《鄱阳湖》，筱翠花《双摇会》，余叔岩、裘桂仙《搜孤救孤》。

《霸王别姬》杨小楼饰项羽，梅兰芳饰虞姬

2月23日三庆园双庆社夜戏：

德珺如、李小山《九龙山》，九阵风《刺巴杰》，朱素云、诸如香《白门楼》，俞振庭、俞赞庭《牛头山》，余叔岩、筱翠花《游龙戏凤》。

2月24日三庆园双庆社夜戏：

九阵风《取金陵》，俞振庭、俞赞庭《白水滩》，筱翠花、诸如香、朱素云《宝蟾送酒》，余叔岩、裘桂仙《搜孤救孤》。

2月25日三庆园双庆社夜戏：

九阵风《娘子军》，俞振庭、俞赞庭《莲花寺》，诸如香《马上缘》，朱素云、筱翠花《翠屏山》，余叔岩、裘桂仙《击鼓骂曹》。

2月26日三庆园双庆社夜戏：

九阵风《无底洞》，朱素云《岳家庄》，诸如香《马上缘》，俞赞庭《连环套》，筱翠花《双铃记》，余叔岩、俞振庭、裘桂仙《阳平关》。

2月27日岳乾斋五十寿辰堂会：

萧长华、程继先《连升店》，程砚秋《彩楼配》，梅兰芳、余叔岩《梅龙镇》，杨小楼、郝寿臣《连环套》，梅兰芳、王凤卿、陈德霖、龚云甫、姜妙香、姚玉芙、诸如香、李鸣玉、慈瑞泉《探母回令》。

　　明日为岳乾斋五十生辰，今日晚间演戏五出，余戌正前往拜寿，丑初归。

（《那桐日记》1922年2月27日）

2月28日总统府欢迎霞飞元帅堂会：

王凤卿、裘桂仙《华容道》，梅兰芳、姚玉芙、李寿山《天女散花》，杨小楼、高庆奎《挑滑车》，余叔岩、尚小云、陈德霖《四郎探母》，梅兰芳《上元夫人》。

　　此次霞飞将军到京，大总统对于将军极表敬意，特定于廿八日下午四钟在怀仁堂茶会演戏，剧目为《探母》《挑滑车》《华容道》《天女散花》。所请之客除霞飞将军及其夫人女公子并随员外，外国人仅有法国驻北京公使及夫人暨馆员武官等。中国人以各部各机

243

关代表者为限，发送请帖一百三十八封。

（《第二日旅京之霞飞元帅》，《顺天时报》1922年2月28日）

公府宴请霞飞元帅在怀仁堂演戏，其戏目如下：梅兰芳之《上元夫人》《樊江关》，王凤卿《华容道》，杨小楼之《岳飞点将》。

（《都门菊选》，《顺天时报》1922年3月2日）

上月廿八日，总统府欢迎霞飞大将，杨小楼演之《挑滑车》，系以高庆奎配岳飞。

（《都门菊选》，《顺天时报》1922年3月3日）

按：霞飞元帅即约瑟夫·雅克·塞泽尔·霞飞，第一次世界大战初期的法军总指挥，时任法国政府国防委员会主席。是年2月24日应北京政府的正式邀请在结束日本的访问后来华。

3月1日三庆园双庆社夜戏：

九阵风《湘江会》，俞赞庭《赵家楼》，俞振庭、范宝亭《水帘洞》，筱翠花、诸如香《醉酒》，余叔岩、朱素云《双狮图》。

3月3日三庆园双庆社夜戏：

九阵风《泗州城》，朱素云《临江会》，俞赞庭《恶虎村》，俞振庭、范宝亭《水帘洞》，筱翠花、诸如香《醉酒》，余叔岩《打棍出箱》。

3月4日三庆园双庆社夜戏：

俞赞庭《恶虎村》，九阵风、范宝亭《盗仙草》，俞振庭《铁笼山》，筱翠花《马上缘》，余叔岩、诸如香、陈德霖、朱素云《四郎探母》。

3月5日张宅堂会：

全班合演《八仙庆寿》《全家福》，刘品卿《铁弓缘》，赵庆兰《白水滩》，郝玉兰《南北和》，陈蕙兰《董家山》，李铁山《草桥关》，吕君培《碰碑》，瑞德宝《战长沙》，马凤兰《贵妃醉酒》，关子岩《黄金台》，陈湘云《傻子成亲》，赵松樵《长坂坡》，金凤琴《探亲家》，郝玉兰《荣三贵》，灵芝花《泗州城》，瑞德宝《黄骠马》，赵松樵《骆马湖》，马凤兰《宝蟾送酒》，董德刚《朱砂痣》，王颂臣《击鼓骂曹》，枫林居士、陈松亭《黄鹤楼》，刘叔度《辕门斩子》，韩世昌《拷红》，张紫宸《打棍出箱》，王君直《失街亭》，梅兰芳、余叔岩《游龙戏凤》。

3月9日三庆园双庆社夜戏：

九阵风、范宝亭《泗州城》，王长林、钱金福《祥梅寺》，俞赞庭、俞振庭《溪皇庄》，筱翠花、朱素云《穆柯寨》，余叔岩、陈德霖《桑园寄子》。

3月11日三庆园双庆社夜戏：

九阵风《扈家庄》，诸如香《马上缘》，俞振庭、俞赞庭《艳阳楼》，筱翠花、朱素云《双摇会》，余叔岩《定军山》。

是日，吉祥园崇林社日戏，王凤卿演《战成都》，梅兰芳演《醉酒》，杨小楼演《恶虎村》。

3月12日三庆园双庆社夜戏：

诸如香《双摇会》，九阵风《打韩昌》，俞振庭、俞赞庭《贾家楼》，筱翠花、朱素云《奇双会》，余叔岩、裘桂仙、钱金福《失街亭》。

是日，吉祥园崇林社日戏，王凤卿演《浣纱记》，杨小楼演《挑滑车》，梅兰芳演《奇双会》。

3月13日三庆园双庆社夜戏：

九阵风《刺巴杰》，筱翠花《翠屏山》，余叔岩《战樊城》。

是晚，余叔岩在东单三条水宅唱清音桌。

3月23日第一舞台金顶妙峰山响福观娘娘殿茶棚筹款义务夜戏：

孙砚亭、刘凤林、郭春山《贪欢报》，裘桂仙、方洪顺、赵芝香《草桥关》，朱桂芳、沈三玉、朱湘泉《蟠桃会》，朱素云、安乐亭、陆金桂《飞虎山》，王瑶卿、王蕙芳、罗福山、罗文奎《樊江关》，余叔岩、甄洪奎、方洪顺《定军山》，杨小楼、钱金福、刘砚亭《挑滑车》，梅兰芳、王凤卿、陈德霖、龚云甫《探母回令》。

3月25日三庆园双庆社夜戏：

九阵风《泗州城》，俞振庭《飞叉阵》，筱翠花《贵妃醉酒》，余叔岩《捉放曹》。

3月26日三庆园双庆社夜戏：

九阵风《陷空山》，诸如香《得意缘》，俞赞庭《卧虎沟》，俞振庭《挑滑车》，筱翠花、朱素云《翠屏山》，余叔岩《托兆碰碑》。

是日，尚小云、筱翠花新组成庆社，在庆乐园首演。

3月27日三庆园双庆社夜戏：

九阵风《取金陵》，俞振庭《艳阳楼》，筱翠花《宝蟾送酒》，余叔岩《状元谱》。

是日，名票恩禹之逝世，享年五十七岁。

3月28日三庆园双庆社夜戏：

俞赞庭《恶虎村》，诸如香《二龙山》，筱翠花《闺房乐》，余叔岩、朱素云《群英会》。

是日，吉祥园崇林社日戏，梅兰芳、王凤卿演《武家坡》，杨小楼演《战宛城》。

3月29日三庆园双庆社夜戏：

九阵风、俞赞庭《扈家庄》，俞振庭《通天犀》，筱翠花《双摇会》，余叔岩、裘桂仙《击鼓骂曹》。

是日，吉祥园崇林社日戏，梅兰芳、王凤卿演《穆柯寨》，杨小楼演《连环套》。

3月30日三庆园双庆社夜戏：

九阵风《扈家庄》，小桂花《二进宫》，诸如香《得意缘》，俞振庭、孝小山《通天犀》，筱翠花、俞赞庭《双摇会》，余叔岩《盗宗卷》。

3月31日三庆园双庆社夜戏：

九阵风《英杰烈》，俞振庭、孝小山《金钱豹》，筱翠花《铁弓缘》，余叔岩《击鼓骂曹》。

是日，吉祥园崇林社日戏，梅兰芳、王凤卿演《打渔杀家》，杨小楼演《麒麟阁》。

4月2日天津财政总长李士伟祝寿堂会：

余叔岩、程继先演《八大锤》，蒋君稼、余叔岩、程继先、鲍吉祥演《玉堂春》。

4月5日三庆园双庆社夜戏：

李小山《上天台》，九阵风《刺巴杰》，俞振庭、俞赞庭《铁笼山》，筱翠花《马上缘》，余叔岩、陈德霖《审头刺汤》。

4月6日三庆园双庆社夜戏：

九阵风《扈家庄》，李小山《上天台》，俞振庭、俞赞庭《艳阳楼》，筱翠花、朱素云《送酒》，余叔岩、陈德霖《武家坡》。

4月7日三庆园双庆社夜戏：

九阵风《拿耗子》，朱素云《雅观楼》，诸如香《破洪州》，俞赞庭、筱翠花《战宛城》，余叔岩、陈德霖《南天门》。

4月8日三庆园双庆社夜戏：

俞赞庭《花果山》，九阵风《取金陵》，朱素云《临江会》，筱翠花《醉酒》，余叔岩《南阳关》。

4月12日三庆园双庆社夜戏：

九阵风《狸猫拿耗子》，俞振庭《长坂坡》，余叔岩、筱翠花《坐楼杀惜》。

4月13日三庆园双庆社夜戏：

九阵风《英杰烈》，筱翠花《奇双会》，余叔岩《琼林宴》。

是日，吉祥园崇林社日戏，杨小楼演《赵家楼》，梅兰芳、王凤卿演《御碑亭》。

4月15日三庆园双庆社夜戏：

俞振庭《金钱豹》，筱翠花《双摇会》，余叔岩《八大锤》。

是日，吉祥园崇林社日戏，王凤卿演《黄鹤楼》，杨小楼演《武文华》，梅兰芳演《玉堂春》。

4月16日三庆园双庆社夜戏：

俞赞庭《恶虎村》，九阵风《打花鼓》，俞振庭《鄱阳湖》，余叔岩《珠帘寨》。

是日，杨宝忠正式拜余叔岩为师。

> 杨宝忠入余叔岩门墙，酝酿已久，今始成事实，已于旧历月之廿日行拜师礼云。
>
> （《都门菊讯》，《顺天时报》1922年4月21日第五版）

我拜余叔岩先生为老师，是余叔岩的琴师李佩卿介绍的。李佩卿原是我舅舅姜（妙香）六爷的徒弟，唱青衣。因此，我们俩小时候就认识，那时候我10岁，他12岁，经常在一起玩。李佩卿后来在天津，跟王君直很熟，胡琴拉得挺好，王君直跟余先生交情很深，说服李佩卿改行，介绍给余叔岩拉胡琴。李佩卿随余先生到了北京，

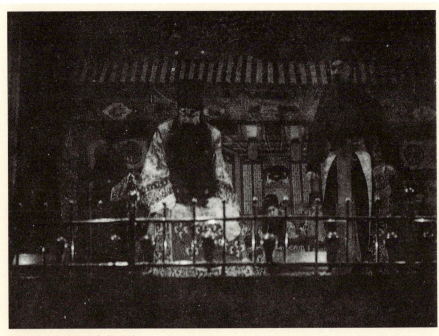

杨宝忠《击鼓骂曹》饰祢衡

我们俩又见了面，少年时代的朋友，彼此都很亲热。我不断到李佩卿家去，练练胡琴，说说唱腔。由于这层关系，李佩卿介绍我拜余叔岩先生。余先生知道我的家世，也听说过我这个人从前唱得还不错，就说："这孩子很有心，我每次在三庆园演出，他总是在那儿'靠大墙'——站旁边听。好，我收这个徒弟。"

　　我拜了余先生之后，余先生说："你唱、念、做、打都有，不必细抠。我给你开一出《状元谱》吧。"这是余老师教给我的开蒙戏。我遵照老师教的去练。练了一段时间，老师说："行，唱上还好，就是念白还得下功夫。"我再努力去练。有时候老师高兴了，连唱带做，一起给我排下来。有时候老师让李佩卿给我吊吊嗓子。因为那时候还在变声期，唱到余派有高腔的地方，我就得用假音。我们老师有高音，也有假音，但是人家的高音、中音、低音能够连接，我就没有老师

杨宝忠《击鼓骂曹》饰弥衡

连接的好，老师再一点一点教我怎样唱，才能够连接的好。

我跟余老师学的第二出戏，是《击鼓骂曹》。这出戏我以前唱过，这次是老师修改过的。他已经修改过三次，这次教的是第四次修改，固定下来的。

（杨宝忠《艺事鸿爪》）

4月20日三庆园双庆社夜戏：

九阵风《拿耗子》，筱翠花《秦淮河》，余叔岩《八大锤》。

4月21日三庆园双庆社夜戏：

九阵风《泗州城》，筱翠花《战宛城》，余叔岩《卖马》。

4月28日，奉系张作霖与直系吴佩孚关系破裂，第一次直奉战争爆发，后张作霖败退出关。5月10日，总统徐世昌下令免去张作霖东三省巡阅使一职，其间北京大部分戏园因时局不靖停演。

5月20日，梅兰芳、杨小楼、王凤卿、筱翠花、郝寿臣等人受许少卿之邀赴上海演出。

5月31日三庆园双庆社夜戏：

九阵风《雄黄阵》，俞振庭《拿蜈蚣》，尚小云《玉堂春》，余叔岩《盗宗卷》。

6月，徐世昌下野，黎元洪出任大总统。

6月2日三庆园双庆社夜戏：

九阵风《英杰烈》，俞振庭《挑滑车》，余叔岩、尚小云《梅龙镇》。

6月3日三庆园双庆社夜戏：

九阵风《扈家庄》，俞振庭《飞叉阵》，余叔岩、尚小云《打渔杀家》。

6月4日三庆园双庆社夜戏：

俞振庭《水帘洞》，尚小云《虹霓关》，余叔岩《定军山》。

6月7日三庆园双庆社夜戏：

九阵风《泗州城》，俞振庭《铁笼山》，余叔岩、尚小云《汾河湾》。

6月8日三庆园双庆社夜戏：

俞振庭《青石洞》，尚小云《女起解》，余叔岩《战太平》。

6月9日三庆园双庆社夜戏：

九阵风《金山寺》，尚小云《奇双会》，余叔岩《开山府》。

6月10日三庆园双庆社夜戏：

九阵风《取金陵》，俞振庭《郑州庙》，余叔岩、尚小云、陈德霖《探母回令》。

6月11日三庆园双庆社夜戏：

俞振庭《金钱豹》，尚小云《樊江关》，余叔岩、陈德霖《南天门》。

6月14日真光剧场双庆社日戏：

九阵风、朱素云、慈瑞泉《马上缘》，俞振庭、俞赞庭、范宝亭《艳阳楼》，尚小云《祭塔》，余叔岩、裘桂仙《击鼓骂曹》。

6月15日真光剧场双庆社日戏：

俞赞庭《卧虎沟》，朱素云《岳家庄》，尚小云、徐碧云、九阵风、俞振庭《五花洞》，余叔岩《失街亭》。

票价：楼下男座一元，后排六角；楼下女座一元，后排六角。楼上女座一律六角，四座包厢六元，二座包厢三元。

6月16日真光剧场双庆社日戏：

俞振庭、俞赞庭《拿谢虎》，尚小云、九阵风、朱素云《虹霓关》，余叔岩《托兆碰碑》。

6月17日真光剧场双庆社日戏：

九阵风《扈家庄》，刘景然、朱素云《飞虎山》，俞振庭、俞赞庭《宏碧缘》，余叔岩、尚小云《打渔杀家》。

6月18日真光剧场双庆社日戏：

九阵风《英杰烈》，朱素云《雅观楼》，俞振庭《飞叉阵》，小桂花、徐碧云、俞步兰《葬花》，尚小云《醉酒》，余叔岩《琼林宴》。

7月18日那家花园海军总长李鼎新宴请美国海军总长登白夫妇堂会：

余叔岩、尚小云《御碑亭》。

海军总长李鼎新借予园宴请美国海军总长登白暨其夫人，主客二百余人，戌初入座，亥初演戏，丑刻戏止。

（《那桐日记》1922年7月18日）

8月6日，真光剧场夜戏，梅兰芳演《奇双会》，王凤卿演《捉放曹》。

8月10日三庆园双庆社夜戏：

九阵风、阎岚亭、周喜如、侯春兰、沈三玉、孙振升《瑞草园》，朱素云、诸如香、侯喜瑞《岳家庄》，俞振庭、俞赞庭、范宝亭、鲍顺义、傅小山、陆喜才、王菊芳《艳阳楼》，筱翠花、马富禄、德珺如《棒打薄情郎》，余叔岩、钱金福、鲍吉祥、王长林《定军山》。

8月11日三庆园双庆社夜戏：

九阵风《英杰烈》，俞振庭《铁笼山》，筱翠花《闺房乐》，余叔岩《盗宗卷》。

8月12日三庆园双庆社夜戏：

九阵风《娘子军》，俞振庭《水帘洞》，筱翠花、朱素云《送酒》，余叔岩《失街亭》。

是日，真光剧场夜戏，梅兰芳演《刺汤》，王凤卿演《战成都》。

8月13日三庆园双庆社夜戏：

九阵风《扈家庄》，俞振庭《飞叉阵》，筱翠花《双摇会》，余叔岩《击鼓骂曹》。

是日，真光剧场夜戏，梅兰芳演《虹霓关》，王凤卿演《文昭关》。

8月14日庆丰堂张宅堂会：

剧目待考。

8月19日五老胡同绍宅堂会：

剧目待考。

是日，真光剧场夜戏，梅兰芳演《游园惊梦》，王凤卿演《鱼肠剑》。

8月27日，真光剧场夜戏，梅兰芳、王凤卿演《汾河湾》。

8月29日三庆园双庆社夜戏：

俞步兰《渡银河》，俞振庭《鄱阳湖》，陈德霖《彩楼配》，余叔岩《南阳关》。

9月1日，真光剧场夜戏，梅兰芳、王凤卿演《戏凤》。

9月3日天津朱宅堂会：

全班合演《八仙上寿》，晚莲玉《双官诰》，阎育庭《忠孝全》，王少奎《连升三级》，刘均卿《长坂坡》，晚莲玉《小放牛》，周桂梅《彩楼配》，赵鸿庆《牧虎关》，玺彩霞《鸿鸾禧》，刘均卿《艳阳楼》，裘桂仙《草桥关》，贯大元《琼林宴》，钱金福、王长林《祥梅寺》，梅兰芳、姚玉芙《嫦娥奔月》，余叔岩、钱金福、鲍吉祥、慈瑞泉《定军山》，王蕙芳、姜妙香《得意缘》，陈德霖、刘景然、萧长华《刺汤》，余叔岩、梅兰芳《游龙戏凤》。

9月9日，真光剧场夜戏，梅兰芳、陈德霖演《风筝误》，王凤卿演《战长沙》。

9月10日，真光剧场夜戏，梅兰芳、陈德霖演《麻姑献寿》，王凤卿演《取成都》。

9月13日三庆园双庆社夜戏：

俞振庭《铁笼山》，程砚秋《樊江关》，余叔岩《击鼓骂曹》。

民国十一年九月，余叔岩在三庆园登台演剧，程艳秋旋亦搭入，某夕起与叔岩演唱（按：此时叔岩已与梅兰芳脱离关系，梅于民国八年在新明院组织承华社，叔岩与王凤卿为其左右手，至民国十年，梅与杨小楼合组崇林社，叔岩遂形成独立，此民八至民十之三年间，梅余杨三大名伶离合之形势也）。艳秋演《樊江关》，叔岩演

《击鼓骂曹》，余特往一观。入场时，俞五（振庭）正演《铁笼山》，气力充足，精神横溢，而于姜维之身分，稍觉不合，此其不及小楼处也。其下即为艳秋之《樊江关》，饰薛金莲，头场趟马，态势健美。其后观书动怒，以及相骂起打各场，均活泼有趣，且时时流露一种憨态，亦复可喜。最后赔礼一幕，声情妩媚，尤足动人。饰樊梨花者，为艳秋之启蒙老师荣蝶仙，说白做工，均自老练。

大轴为余叔岩之《击鼓骂曹》，头场念引及诗白均沉着有味，唱〔西皮原板〕，"平生志气运未通"四句，字斟句酌，简练不凡。二场唱工，以"丞相委用恩非小"一段〔二六〕为最佳，转〔快板〕后，"巧妙高"三字一结，戛然而止，遒劲朴茂，迥异凡响。三场〔快板〕，加"昔日里韩信受胯下"等四句，全取谭词，此段末句"落一个骂贼的名儿扬天涯"句，"儿"字之腔千回百转，灵巧异常，至"天涯"二字，舒展自如，摇曳生姿，声容并茂，可叹观止。四场〔倒板〕〔原板〕〔快板〕〔二六〕〔摇板〕各段，唱工最形繁重，叔岩歌来，悉宗谭派，斟酌尽善。其两段〔二六〕，皆等胡琴过门，实行开口，谭氏当日，确系如此。又骂张辽一段说白，词句增多，意气激昂，亦谭氏所创也。至其击鼓，〔夜深沉〕，阴阳点之分明，手腕之活泼，亦谭氏以下第一人。是夕座客有听完击鼓即去者，叔岩之击鼓，固值得一听，然击鼓以后之两段〔二六〕，几段〔快板〕〔摇板〕，亦均大有可听，乃竟弃之不顾，宁不可惜。裘桂仙饰曹操，稳当之至。是夕座客奇满，大栅栏一带，车马如云，倍臻盛况。

（聊公《听歌想影续录·余叔岩与程艳秋》）

9月14日三庆园双庆社夜戏：

朱素云《马上缘》，荣蝶仙《娘子军》，程砚秋《女起解》，余叔岩《南阳关》。

9月14日金鱼胡同那家花园那桐六十晋七寿辰堂会：

剧目待考。

9月15日三庆园双庆社夜戏：

俞赞庭《卧虎沟》，王又荃《马上缘》，俞振庭《飞叉阵》，余叔岩、程砚秋《御碑亭》。

9月16日三庆园双庆社夜戏：

朱素云《探庄》，荣蝶仙《得意缘》，俞振庭《金钱豹》，余叔岩、程砚秋《打渔杀家》。

是日，前门外西珠市口开明戏院在京落成开幕。

是日，真光剧场夜戏，梅兰芳演《玉簪记》，王凤卿演《文昭关》。

9月17日开明戏院夜戏，梅兰芳演《贵妃醉酒》，王凤卿演《战成都》。

9月18日北海游艺园日戏：

全班合演《富贵长春》，安乐亭《草桥关》，德珺如《金锁阵》，

余叔岩与程砚秋

朱素云《岳家庄》，俞振庭《贾家楼》，程砚秋、荣蝶仙《能仁寺》，余叔岩、陈德霖《南天门》。

9月22日三庆园双庆社夜戏：

俞振庭《艳阳楼》，程砚秋《六月雪》，余叔岩《捉放曹》。

9月23日三庆园双庆社夜戏：

俞振庭《水帘洞》，荣蝶仙《扈家庄》，余叔岩、程砚秋《汾河湾》。

9月24日三庆园双庆社夜戏：

俞振庭《金锁阵》，荣蝶仙《穆柯寨》，程砚秋、朱素云《奇双会》，余叔岩《失街亭》。

9月27日三庆园双庆社夜戏：

德珺如《飞虎山》，俞振庭《贾家楼》，程砚秋《虹霓关》，余叔岩《战太平》。

9月28日三庆园双庆社夜戏：

俞振庭《飞叉阵》，程砚秋《宇宙锋》，余叔岩《问樵闹府》。

9月29日三庆园双庆社夜戏：

俞振庭《挑滑车》，荣蝶仙《翠屏山》，程砚秋《贵妃醉酒》，余叔岩《卖马》。

9月30日三庆园双庆社夜戏：

侯喜瑞《丁甲山》，吴富琴《落花园》，诸如香、郭春山《荡湖船》，俞赞庭、鲍顺义、陆喜才、沈三玉、王玉吉、陶玉芝《溪皇庄》，荣蝶仙、王又荃、小桂花、孙砚廷、方洪顺《马上缘》，程砚秋、朱素云、谭春仲、刘景然、贾多才、沈宝全《玉堂春》，余叔岩、俞振庭、钱金福、范宝亭、德珺如、傅小山《连营寨》。

10月1日三庆园双庆社夜戏：

俞振庭《通天犀》，程砚秋《弓砚缘》，余叔岩《定军山》。

10月4日吉祥园双庆社日戏：

朱素云《岳家庄》，俞振庭《金钱豹》，第一怪《花子拾金》，朱琴心、郭春山《打花鼓》，余叔岩、钱金福、慈瑞泉、裘桂仙《打棍出箱》。

余叔岩、朱琴心由今日起在吉祥园、开明戏院昼夜兼演三日。

(《都门菊讯》《顺天时报》1922年10月4日第五版)

同日开明戏院双庆社夜戏：

朱素云、侯喜瑞、刘景然、甄洪奎、扎金奎《辕门射戟》，俞赞庭、鲍顺义、陶玉芝、王玉吉、陆喜才《艾虎招亲》，德珺如、安乐亭、霍仲三《飞虎山》，朱琴心、诸如香、乔玉林《春香闹学》，俞振庭、范宝亭、王菊芳、傅小山、沈三玉《铁笼山》，余叔岩、裘桂仙、鲍吉祥、谭春仲、李广顺《托兆碰碑》。

据当日戏单记录，票价：池座前排一元二角，后排八角，楼上散座一元；包厢六座十二元，四座八元，三座六元。

余叔岩现集合友人立一蟋蟀会，轮流开会，藉以怡情，亦风雅事耳。

(《都门菊讯》《顺天时报》1922年10月7日第五版)

10月7日马大人胡同刘宅堂会：

王琴侬《戏目连》，刘泽泉《金钱豹》，朱素云《辕门射戟》，高庆奎、尚小云、陈德霖、高仲麟《四郎探母》，时慧宝《逍遥津》，龚云甫、侯喜瑞《徐母骂曹》，余叔岩《南阳关》，杨小楼、钱金福、郝寿臣、萧长华《长坂坡》，梅兰芳《黛玉葬花》。

10月8日，梅兰芳率承华社赴香港演出。

10月10日双庆社开明戏院夜戏：

小振庭《艳阳楼》，俞振庭《金锁阵》，筱翠花《得意缘》，余叔岩、陈德霖、朱琴心《四郎探母》。

10月15日那家花园聂宪藩为母七十寿辰祝寿堂会：

余叔岩、王瑶卿、钱金福、王长林演《珠帘寨》。

按：聂宪藩，日本振武学校肄业。历任直隶营务处提调、济南巡防队长等职。民国成立后，署山东登州镇总兵、烟台镇守使。曾任安徽省省长。后任步军统领，并授将军府将军，后历任将军府宪威将军、代京畿卫戍司令、京畿警备副司令。

聂统领宪藩为其母作七旬正寿，因王怀庆介绍，借予园演戏、宴客二日。午初开戏，卯初止戏。

（《那桐日记》1922年10月15日）

11月1日帽儿胡同冯前总统之孙完婚堂会：

余叔岩、裘桂仙、鲍吉祥演《捉放曹》。

11月10日双庆社开明戏院夜戏：

李鸣玉《醉写》，钱金福《青风寨》，郝寿臣、刘景然、慈瑞泉《李七长亭》，王长林、九阵风《小放牛》，余叔岩、裘桂仙、鲍吉祥《击鼓骂曹》。

11月11日双庆社开明戏院夜戏：

德珺如《罗成叫关》，王长林、范宝亭、方连元《打瓜园》，陈德霖、李鸣玉、刘景然《战蒲关》，郝寿臣《取洛阳》，余叔岩、钱金福、裘桂仙《空城计》。

11月12日双庆社开明戏院夜戏：

裘桂仙、李鸣玉《断密涧》，陈德霖、刘景然《三击掌》，郝寿臣、德珺如《忠孝全》，余叔岩、钱金福、鲍吉祥《定军山》。

11月13日聚寿堂陶宅堂会：

周瑞安《艳阳楼》，贯大元、郝寿臣《捉放曹》，九阵风、王长林《小放牛》，筱翠花、马富禄、张连升《贵妃醉酒》，周瑞安、黄润卿、侯喜瑞《战宛城》，王瑶卿、朱素云《悦来店》，谭小培、侯喜瑞《失街亭》，尚小云、德珺如《宇宙锋》，余叔岩、陈德霖、裘桂仙《二进宫》。

旧历本月廿五日聚寿堂端宅之戏，系尚小云琴手赵砚香之承头。

（《都门菊讯》，《顺天时报》1922年10月31日第五版）

阴历月之廿五日，为故清端忠敏公之陶氏吴夫人五旬庆九之嘉辰。

（辻听花《聚寿堂陶宅堂会参观记》，《顺天时报》1922年11月21日第五版）

11月17日江西会馆张英华之子完婚堂会：

筱翠花《嫦娥奔月》，王瑶卿、王蕙芳、王凤卿、龚云甫《雁门关》，筱翠花、王瑶卿、朱素云《得意缘》，余叔岩《定军山》，杨小楼《战宛城》。

　　按：张英华，时任北洋政府财政部次长兼盐务署署长、稽核所总办、全国财政讨论会委员长。

12月2日紫禁城清逊帝溥仪大婚堂会：

余叔岩《青石山》。

12月3日那家花园张绍曾宅堂会：

龚云甫《骂曹》，陈德霖《孝义节》，尚小云《玉堂春》，余叔岩《珠帘寨》，杨小楼《连环套》。

　　按：张绍曾，时任北洋政府陆军总长。

同日紫禁城清逊帝溥仪大婚堂会：

余叔岩《失街亭》。

12月4日紫禁城清逊帝溥仪大婚堂会：

余叔岩《珠帘寨》。

12月13日天津张勋寿辰堂会：

余叔岩、裘桂仙《捉放曹》。

12月14日天津张勋寿辰堂会：

余叔岩、程继先《八大锤》。

12月15日天津张勋寿辰堂会：

梅兰芳、余叔岩《游龙戏凤》。

12月17—19日天津法租界天福舞台南善堂义务戏：

12月17日，许德义、朱桂芳、朱湘泉《娘子军》，杨小楼、侯喜瑞《连环套》，龚云甫、王长林《钓金龟》，余叔岩、钱金福、鲍吉祥、慈瑞泉《定军山》，梅兰芳、姚玉芙、李寿山、慈瑞泉《天女散花》，王凤卿、陈德霖、裘桂仙《二进宫》，杨小楼、陈德霖、王凤卿、钱金福、侯喜瑞、王蕙芳《长坂坡》。

　　12月18日，王瑶卿、王蕙芳、姜妙香《得意缘》，龚云甫、侯喜瑞《徐母骂曹》，杨小楼、余叔岩、钱金福、侯喜瑞、罗福山、傅小山、迟月亭、刘砚亭《八大锤》，梅兰芳、姜妙香、慈瑞泉《贵妃醉酒》，陈德霖、王凤卿《武家坡》，杨小楼、余叔岩、梅兰芳、王凤卿、钱金福、侯喜瑞、王长林、王蕙芳、慈瑞泉、侯海林、张春彦、姚玉芙、朱桂芳、迟月亭、刘砚亭、刘宗杨《八蜡庙》。

　　12月19日，朱桂芳、王长林、范宝亭《打瓜园》，裘桂仙《御果园》，陈德霖、王凤卿、龚云甫、王瑶卿、王蕙芳、姜妙香、姚玉芙、朱桂芳《雁门关》，余叔岩、王长林《打棍出箱》，杨小楼、梅兰芳、王凤卿、钱金福《全本霸王别姬》。

　　12月20日，余叔岩、王长林等人从天津乘车赴沪演出。

　　旧历十月初，余叔岩赴上海，只带王长林、鲍吉祥，琴手李佩卿，打鼓杭子和及头目李玉安数人，钱金福、朱素云决不前往云。

　　上海亦舞台此次约余叔岩等往演，共费一万六千元。该款系托北京琉璃厂延古斋赵鹤舫代交，业已如数付清，叔岩允于旧十月初二三日出京。不料未出京前，乐十约往保定演祝寿戏，并有人介绍于清室演大婚礼贺戏，在叔岩颇甚踟蹰，而介绍人赵鹤舫以为余伶若演此两处戏，必延迟一月，与亦舞台之损失颇大，因之异常焦灼。现正要求叔岩务须履行合同，如何以观其后。

　　　　　　　（《都门菊讯》，《顺天时报》1922年11月15日第五版）

　　按：余叔岩在上海亦舞台演出，夜戏票价为月楼二元四角，特别官厅二角，特别包厢一元八角，头等正厅六角，二等正厅三角；日戏票价为月楼一元二角，特别官厅一元，特别包厢八角，头等正厅四角，二等正厅二角。同期上海主要演出剧场有：大舞台演连台本戏《狸猫换太子》；丹桂第一台主要演员有麒麟童、白玉昆；共舞台主要演员有王克琴、林树森、筱月红等；天蟾舞台主要演员有刘筱衡、芙蓉草等。

12月27日三马路大新街亦舞台夜戏：

张菊樵《桑园会》，水上飘、张德俊、徐甫亭《一箭仇》，张国斌《焚棉山》，贾春虎、高秋颦、吴品仙《花田错》，李春来《白水滩》，朱琴心《春香闹学》，余叔岩、王长林、张菊奎、李春棠《全本琼林宴》。

此次余叔岩就亦舞台之聘，包银共一万六千元，除朱琴心包银一千二，王长林一千，鲍吉祥二百五，场面一千，其余一万两千五百五十元悉归叔岩。

余前次来沪，演期将满时，适沪上举行台赈演剧筹款，雅歌集诸票友，坚邀加入义务，续演一日，特备银盾一座，上刊"声振江东"四字，并上下款，以为捧场。讵知余借由有病回京，拒绝不演，一面又往共舞台串演三天，雅歌集因此甚愤。余此次来沪，循例拜客，初六之夜，由案目伴往雅歌集投片，进门即遭斥逐，并将名片掷出。惟余已托人，代为疏通。有盛、孙、毛诸氏从中调解，初八晚在一品香设宴，定于登台之日，由余具名登报道歉。初九夜又在一品香专筵谢罪，此事已告一结束矣。惟闻知余者言，前次未应雅歌集之请，实以别有苦衷，并曾捐助赈款三百元云。

（《晶报》1922年12月27日）

12月28日三马路大新街亦舞台夜戏：

水上飘《锁云飞》，周福全、张德俊、王少云《四杰村》，张国斌、陈月梅《刺媳姣》，高秋颦《宝蟾送酒》，李春来、贾春虎、刘振庭《长板坡》，余叔岩、朱琴心、图海山、鲍吉祥、冯春奎、王长林《全本庆顶珠》。

12月29日三马路大新街亦舞台夜戏：

陈月梅、李金茂《汴梁图》，李春来、张德俊《迷人馆》，高秋颦《贵妃醉酒》，贾春虎、张国斌、李春棠《全本请宋灵》，朱琴心、王长林、陈芳甫、刘振庭《全本鸿鸾禧》，余叔岩、鲍吉祥、冯春奎、张菊奎《群臣宴》。

12月30日三马路大新街亦舞台夜戏：

陈月梅《蝴蝶杯》，李春来、张德俊《三本铁公鸡》，高秋颦、小宝翠、刘振庭《麻姑献寿》，周福全、贾春虎、王长林、李春棠、卢庆元《五人义》，朱琴心《贵妃醉酒》，余叔岩《托兆碰碑》。

12月31日三马路大新街亦舞台日戏：

张德俊、陈月梅、刘振庭《全本塔子沟》，王长林、高秋颦《查头关》，李春来、周福全、徐甫亭《金雁桥》，余叔岩、朱琴心《游龙戏凤》。

12月31日三马路大新街亦舞台夜戏：

陈月梅、李金茂《海潮珠》，张德武、张德俊、刘吉祥《伐子都》，高秋颦《拾玉镯》，李春来、阎海山、水上飘《恶虎村》，朱琴心、高秋颦《宝蟾送酒》，余叔岩、王长林、贾春虎、鲍吉祥《全本空城计》。

是月，余叔岩挚友魏锡斋病逝。

上月物故之老伶工魏锡斋，余叔岩未享盛名时，曾从其学戏，获益良多。魏君死时因贫几不能葬，由乔荩臣、松介眉及予向诸友代募始得埋葬。伊徒陈远亭逐日守灵，料理一切，尚知报恩，远亭前非负心人也。惟锡斋身后极行萧条，寡妻幼女，毫无养赡，幼女已长，尚未许字。予与介眉商议，拟向叔岩告帮，倘得助资，以一半作母女糊口之用，以一半作该女出嫁之费，介眉极表赞同。因寄信叔岩于上海，旋接复函，允待商议，其函如左：

侠公先生大鉴：

来函敬悉，弟在沪托福平安，请勿念。不幸魏君去世，弟闻之甚是伤感。魏君在时，与弟感情甚好，不幸又去一老知己朋友，此乃戏界大不幸也。今蒙吾公与诸君帮忙，弟代魏君谢谢。候弟回京，再与吾公领教后事办法。

此请

大安

余制第祺顿首

乔君松君代弟问好

（《隐侠剧谈》，《顺天时报》1923年1月26日第五版）

一九二三年（民国十二年·癸亥）三十四岁

按：是年初，余叔岩在上海演出，回京后仍在三庆园俞振庭之双庆社演大轴。至6月，余叔岩正式自组班社，初名同庆社，旋改胜云社。周六、日在开明戏院演夜戏。同年北京剧界主要班社有：梅兰芳承华社，有王凤卿等人，在开明戏院演夜戏；杨小楼松庆社，有朱琴心等人，在开明戏院演夜戏。三大班社轮换演出。程砚秋和声社，有郭仲衡等人，在华乐园；徐碧云云兴社，有谭富英、时慧宝等人，在华乐园；俞振庭双庆社在余叔岩退出后有尚小云、筱翠花、王又宸、贯大元等人，在广德楼演夜戏；春庆社，有筱翠花、余胜荪等，演于庆乐园；俞振庭斌庆社，有徐碧云、李万春、孙毓堃等人，在三庆园演日戏；富连成社在广和楼。演出记录据《顺天时报》《京报》及存世戏单整理。

1月1日三马路大新街亦舞台夜戏：

李春来、张德俊《界牌关》，张国斌《南天门》，李春来、张德俊《八蜡庙》，高秋颦、张国斌《阴阳河》，朱琴心、高秋颦、王长林《头二本虹霓关》，余叔岩、鲍吉祥、贾春虎、翠金翠《南阳关》。

1月2日三马路大新街亦舞台夜戏：

余叔岩《连营寨》。

1月3日三马路大新街亦舞台夜戏：

陈月梅、张菊樵《乌龙院》，李春来、张德俊《三本铁公鸡》，陈芳甫、张国斌、刘振庭《全本群英会》，高秋颦《麻姑献寿》，余叔岩、鲍吉祥、朱琴心、王长林、高秋颦、李春来、陈芳甫、张德俊、张国斌《全本珠帘寨》。

1月4日三马路大新街亦舞台夜戏：

水上飘、张德俊、徐甫亭《史文恭》，阎海山、张国斌、陈月梅《全本四进士》，高秋颦《樊江关》，李春来、刘振庭、贾春虎《长坂坡》，朱琴心《宇宙锋》，余叔岩、鲍吉祥、王长林《天雷报》。

1月5日三马路大新街亦舞台夜戏：

王少云、张德俊、徐甫亭《花蝴蝶》，张国斌《焚棉山》，高秋颦、陈芳甫、吴品仙《宝蟾送酒》，王长林《定计化缘》，李春来、阎海山、周福全《伐子都》，朱琴心《春香闹学》，余叔岩《捉放曹》。

1月6日三马路大新街亦舞台夜戏：

张德俊、张国斌、贾春虎《黄鹤楼》，高秋颦、李春来《阴阳河》，张德俊《十字坡》，阎海山、张国斌、小宝翠《潞安州》，王长林、高秋颦《查头关》，李春来《白水滩》，余叔岩、朱琴心、小客串《汾河湾》。

1月7日三马路大新街亦舞台夜戏：

陈月梅《海潮珠》，李春来、张德俊、周福全、王少云《八蜡庙》，高秋颦《花田错》，张国斌、贾春虎、李春棠《冀州城》，朱琴心《苏三起解》，余叔岩、王长林、鲍吉祥《铁莲花》。

1月8日三马路大新街亦舞台夜戏：

张国斌、张德俊、贾春虎、水上飘《全本风波亭》，高秋颦《贵妃醉酒》，李春来、阎海山、王少云《恶虎村》，余叔岩、朱琴心、王长林《全本御碑亭》。

1月9日三马路大新街亦舞台夜戏：

张国斌、贾春虎《盗御马》，李春来、张德禄《三本铁公鸡》，高秋颦《虹霓关》，张国斌《南天门》，李春来、张德俊《双演界牌关》，余叔岩、朱琴心、高秋颦《全本四郎探母》。

1月10日三马路大新街亦舞台夜戏：

李春来、高秋颦、张国斌、水上飘、刘振庭、张德俊《全本万花船》，张德俊《十字坡》，李春来、张国斌《义旗令》，朱琴心、高秋颦《宝蟾送酒》，余叔岩、王长林、鲍吉祥《盗宗卷》。

1月11日三马路大新街亦舞台夜戏：

张德俊《四杰村》，张国斌《焚棉山》，李春来、陈月梅、徐甫亭《武松杀嫂》，高秋颦《花田错》，王长林、贾春虎、李春棠《五人义》，朱琴心《闺房乐》，余叔岩、王长林、鲍吉祥《洪羊洞》。

1月12日三马路大新街亦舞台夜戏：

张菊樵、赵云峰《浣纱计》，刘振庭、张德俊、陈月梅《全本塔子沟》，张国斌、高秋颦《坐楼刺媳》，李春来《长坂坡》，朱琴心、李春棠、陈芳甫《棒打薄情郎》，余叔岩、王长林、张菊奎、阎海山《乌盆计》。

1月13日三马路大新街亦舞台夜戏：

张德俊、徐甫亭、王少云《一箭仇》，高秋颦、张国斌《阴阳河》，王长林《定计化缘》，李春来《恶虎村》，朱琴心《春香闹学》，余叔岩、鲍吉祥、朱琴心、高秋颦、王长林、张国斌、张德俊《珠帘寨》。

1月14日三马路大新街亦舞台日戏：

阎海山、李春来、水上飘《罗四虎》，张德俊《三义口》，朱琴心、陈芳甫、陈月梅《二本虹霓关》，张国斌、贾春虎、李春棠《全本请宋灵》，余叔岩、王长林、高秋颦《审头刺汤》。

1月14日三马路大新街亦舞台夜戏：

水上飘、张德俊、高秋颦、张国斌、刘振庭《全本王亚银》，李春来、张国斌《九更天》，高秋颦、张德俊《枪挑穆天王》，朱琴心《苏三起解》，余叔岩、李春来、王长林《全本定军山》。

1月15日三马路大新街亦舞台夜戏：

水上飘、张国斌、张德俊、贾春虎《全本风波亭》，高秋颦《麻姑献寿》，高德虎、李春来、王少云《白水滩》，余叔岩、朱琴心、王长林《全本庆顶珠》。

1月16日三马路大新街亦舞台夜戏：

王少云、张德俊、徐甫亭《花蝴蝶》，高秋颦、张国斌《游龙戏凤》，朱琴心《探亲家》，李春来《伐子都》，余叔岩、王长林《失印救火》，朱琴心、高秋颦《宝蟾送酒》，余叔岩、王长林、陈月梅《战太平》。

1月17日三马路大新街亦舞台夜戏：

刘钟林、陈芳甫《取洛阳》，张德俊、张国斌《铁公鸡》，王长林、朱琴心、陈芳甫《查头关》，李春来、张月亭《界牌关》，欧阳予倩、高秋颦《人面桃花》，余叔岩《击鼓骂曹》。

1月18日三马路大新街亦舞台夜戏：

张德俊《四杰村》，张国斌《焚棉山》，高秋颦《百花亭》，李春来、李琴仙、贾春虎《长坂坡》，朱琴心《春香闹学》，欧阳予倩、张月亭、潘海秋《新玉堂春》，余叔岩、王长林、刘钟林《天堂州》。

1月19日三马路大新街亦舞台夜戏：

李春来、张德俊、水上飘《八蜡庙》，高秋颦、张国斌《刺媳姣》，刘钟林、张月亭、阎海山《水淹七军》，朱琴心《苏三起解》，欧阳予倩、潘海秋、刘振庭《馒头庵》，余叔岩、王长林、鲍吉祥《全本空城计》。

1月20日三马路大新街亦舞台夜戏：

张德俊、水上飘、徐甫亭《一箭仇》，张国斌《投军别窑》，刘钟林、张月亭、李金茂《古城会》，高秋颦《花田错》，李春来、王少云、王青云《恶虎村》，欧阳予倩《黛玉葬花》，余叔岩、朱琴心、高秋颦《四郎探母》。

1月21日三马路大新街亦舞台日戏：

张德俊、王少云、徐甫亭《花蝴蝶》，高秋颦《樊江关》，张国斌、贾春虎、李春棠《冀州城》，朱琴心《闺房乐》，欧阳予倩、张月亭《宝蟾送酒》，余叔岩《铁莲花》。

1月21日三马路大新街亦舞台夜戏：

高秋颦、张国斌、张月亭、张德俊《双演风波亭》，王长林《时迁偷鸡》，欧阳予倩、潘海秋、刘振庭《百花献寿》，余叔岩、朱琴心《全本南天门》。

1月22日三马路大新街亦舞台夜戏：

张德俊、王少云、卢庆元《十字坡》，高秋颦、李春来《阴阳河》，张国斌《请宋灵》，朱琴心、王长林《二本虹霓关》，欧阳予倩、张月亭、潘海秋《全本珊瑚》，余叔岩《捉放曹》。

1月23日三马路大新街亦舞台夜戏：

张德俊、李春来《三本铁公鸡》，高秋颦、张国斌《梅龙镇》，王长林、贾春虎、李春棠《五人义》，欧阳予倩、张月亭、潘海秋《嫦娥下界》，余叔岩、朱琴心《汾河湾》。

1月24日三马路大新街亦舞台夜戏：

张德俊《四杰村》，张国斌《九更天》，刘钟林、张月亭、李琴仙《赠袍赐马》，李春来《白水滩》，欧阳予倩、潘海秋、高秋颦《晴雯补裘》，余叔岩、朱琴心、王长林《宋十回》。

同日，余叔岩之弟余胜荪在北京开明戏院首演《战成都》。

1月25日三马路大新街亦舞台夜戏：

张德武、张德俊、水上飘《武文华》，张国斌《焚绵山》，朱琴心《春香闹学》，欧阳予倩、高秋颦《二本虹霓关》，周福全、李春来、阎海山《伐子都》，余叔岩《失印救火》，欧阳予倩、张月亭《宝蟾送酒》，余叔岩、朱琴心、鲍吉祥《正本黑水国》。

1月26日三马路大新街亦舞台夜戏：

水上飘、张德俊、徐甫亭《史文恭》，张国斌《投军别窑》，高秋颦《花田错》，李春来《界牌关》，朱琴心、王长林《小放牛》，欧阳予倩、张月亭、潘海秋《全本青梅》，余叔岩《全本李陵碑》。

余叔岩、朱琴心来沪将满一月，初九日合同期满，琴心于满约后即拟北上，叔岩则须于十四日后方能启程（闻亦舞台此次邀叔岩来，卖座不佳，叔岩自不好意思，故允帮忙十天云）。

（梅花馆主《歇浦琐闻》，《时报》1923年1月26日）

1月27日三马路大新街亦舞台夜戏：

王少云、张德俊、徐甫亭《花蝴蝶》，张国斌《群英会》，高秋颦、李春来《阴阳河》，朱琴心《探亲家》，余叔岩《盗宗卷》，欧阳予倩、张月亭《新玉堂春》，余叔岩、李春来、朱琴心、王长林、高秋颦《八

蜡庙》。

1月28日三马路大新街亦舞台日戏：

张德俊、李春来《三本铁公鸡》，张国斌、高秋颦、张月亭《全本妻党同恶报》，贾春虎、王长林、李春棠《五人义》，欧阳予倩《黛玉葬花》，余叔岩、朱琴心《游龙戏凤》。

1月28日三马路大新街亦舞台夜戏：

李春来、张德俊《迷人馆》，张国斌、陈月梅《南天门》，王长林《时迁偷鸡》，张月亭、欧阳予倩、高秋颦《人面桃花》，余叔岩、王长林、高秋颦、张德俊、李春来、张文斌、朱琴心《全本珠帘寨》。

1月29日三马路大新街亦舞台夜戏：

周福全、张国斌、李春棠《独木关》，张德俊《三岔口》，刘振庭、张月亭、阎海山《水淹七军》，李春来《恶虎村》，余叔岩、王长林、高秋颦《雪杯圆》，欧阳予倩《馒头庵》，余叔岩、朱琴心、鲍吉祥《搜孤救孤》。

1月30日三马路大新街亦舞台夜戏：

徐甫亭、张德俊、水上飘《四杰村》，高秋颦、张月亭《刺媳姣》，张国斌《潞安州》，朱琴心《虹霓关》，余叔岩、王长林《天雷报》，欧阳予倩《百花献寿》，余叔岩、鲍吉祥、李春来《阳平关》。

1月31日三马路大新街亦舞台夜戏：

水上飘、张德俊、徐甫亭《武文华》，张月亭《九更天》，陈芳甫、张国斌、贾春虎《群英会》，李春来《伐子都》，高秋颦、欧阳予倩、潘海秋《晴雯补裘》，余叔岩、王长林、朱琴心、高秋颦、鲍吉祥《四郎探母》。

是日，开明戏院松庆社封箱，杨小楼在北京首演《林冲夜奔》。

2月1日三马路大新街亦舞台夜戏：

张德俊、张国斌《义旗令》，欧阳予倩《孝感天》，高秋颦、李春来《阴阳河》，朱琴心、王长林《小放牛》，张月亭、欧阳予倩、潘海秋《宝蟾送酒》，余叔岩、王长林、鲍吉祥、朱琴心、张国斌、高秋颦、李春来《珠帘寨》。

友人自沪来函,对名伶余叔岩在沪所演各剧备受欢迎之盛况甚悉,极为披露,俾嗜余剧诸君得悉其详,亦酒余茶后之谈助也。

叔岩此次重来申江隶亦舞台奏技,夏历十一月十日开始登台,连演"三打",即初十演《打棍出箱》、十一演《打渔杀家》、十二演《打鼓骂曹》也,以上三曲皆英秀昔日最得意之作。自谭逝后,号称谭派老生如又宸、连良辈无不极力摹仿,究之徒得形似。今观叔岩诸剧,身段、白口、唱腔俱臻绝诣,虽未敢云突过老谭,俯视余子则"一览众山小"矣。沪上舆论,谓鸿升有"三斩",叔岩有"三打",派别虽殊而尤尤独造则一,洵笃论也。连日上座异常踊跃,池中楼上加座都满,尚有叹息而去者,可见其魔力之伟大矣。

袁寒云云"予自小楼兰芳行后不观旧剧久矣,兹叔岩来沪大足一快耳目。前岁曾在丹桂聆叔岩演《连营寨》一剧,犹病处少有火气,昨闻林屋云前夕往聆其演《琼林宴》,唱作俱臻化境,直到炉火纯青时候。第二夕演《打渔杀家》,英秀逝后无人擅长,全本尤不可不观,门人沈国桢亦喜叔岩之剧者,约余同往一顾。朱琴心饰桂英,帘内〔导板〕声至清越,颇似当年之蕙芳,比上摇橹之身段在在稳练,绝不类初下海之票友也。叔岩撒网、摇船诸手段,极似英秀当年,林屋谓已臻化境,洵非虚言。白口清劲圆和,深得老谭神髓。今之效法英秀者,于唱一端,尚有人得其仿佛。若白,则敢言舍叔岩外,惟荃舫差得其十之五六耳。叔岩唱"昨夜晚"一段〔西皮〕行腔无一重复,且俱极婉妙,功候已到,自异凡流。视前岁渣滓全清,无复有滞洒之病矣,非一般学谭者所能望其项背也。身段之细腻尤非余子所能及,如数次系船姿势无一同者,其上下船之地位亦俱不爽分寸。至于受责后之悲愤,别家后之惨痛,咸一一传出,无矜持张拔之态,斯诚难能可贵者矣。予与叔岩二十年同年友也,历观彼剧不下数十出。其始也稚弱,继也沉郁,继也矜张,今则圆融超化,满足予怀矣。"寒云剧学湛深而倾倒如此名下,无虚信然。

十三夜演《托兆碰碑》，上场"金乌坠"一段，极沉郁顿挫之致，嗓音亦极宏亮，"叹杨家"一段〔反二黄〕唱得老练简劲，扫去枝叶，纯守老谭家法，尤为难得。

十四日白天演《梅龙镇》（星期例有日戏），雍容华贵，脱尽恒蹊。数段平调，清圆已极。晚演《失街亭》带"斩谡"，上场引子念得从容隽永，"城楼"一段〔西皮〕一段〔二六〕，极操纵抗坠之能事，而在出以闲雅，百炼钢成绕指柔矣。他如"三探"之叫法遞变，"升帐""斩谡"时之身段神色，揣摩老谭得其神似，真令人有观止之叹。

十五日演《南阳关》，是剧某京伶前隶亦舞台时曾屡演之，殊无甚精彩。叔岩此剧上场引白念得沉着有力，局度亦佳，足当"顾视清高气沉稳"七字。比闻伍保警报后，神色陡变，将当日悲愤之情体贴得到，描摹得出。"听他言吓得我魂魄掉"一句〔导板〕，其声凄戾而长，如哀雁愁猿，令闻者恻感无已，即此一腔已博得彩声雷动矣。次如"二目睁睁似火烧"句，"尔等可愿反皇朝"句，均浑脱圆健，"南阳关"之"关"字虽例用嘎调，然往往易流于抗戾，不意叔岩居然拔尖甚高而又异常清越，使觉非常动听。二场城楼上一大段〔慢板西皮〕，乃全剧精华所在，叔岩唱此段时亦特别卖力，其间如"手扶城垛"句、"麻叔谋"句，均唱得跌宕多姿，转到〔二六〕，字字清圆，直如大珠小珠落玉盘，益令人钦其器，莫名其实。三场得宇文警报后，数句〔摇板〕亦稳练，而以末句"老天爷祝我成功劳"七字为最精彩，低回往复，花样翻新，直轶出老谭范围以外。余聆至此，大有"别裁伪体亲风雅""不觉前贤畏后生"之感，佩服无极。四场见夫人自尽后，第二句"怎不教人泪双抛"，"怎"字小顿，以下六字急转直下，而以大力关锁，韵味无穷，令人凄咽欲绝。此等处可谓胆大极矣，行险极矣。自非冰雪聪明加以简练揣摩绝不能办，允推杰作。

十六日演《连营寨》。前次叔岩在沪，曾经演过，犹病其火气未尽。此次演来迥不侔昔，"士别三日，刮目相待"，信然。中间〔反西皮〕二段行腔绝不重复，已觉远胜时贤，而伸缩板眼，尤巧不可阶，天梯石栈，自然钩连，此等处绝非钝根人所能领悟得到也。惜配角欠佳，令人思金福、珺如不已，假使配角整齐，更当增色不少。

十七日演《珠帘寨》，此等重头戏，叔岩在京亦不常演。是夕因浙某师长到沪，特别烦演者，上座异常拥挤。十时一刻许已登台，此剧场过多，优点不一而足，如"孤与贤弟叙一叙旧根由"句，"曾记当年五凤楼"句，"太保推杯换大斗"句，均刚健婀娜，气象万千，"昔日有个三大贤"一段，愈唱愈高，再接再厉，三腔"哗啦啦"一句紧追一句，能将老雄状态活显出来，动听极矣。"收威"一场，刀法工架，在在稳练，非有真实武功者不能。长林之老军、鲍吉祥之陈敬思、琴心之二皇娘，均甚妥帖，可称合作。

十八日演《天雷报》。长林配老旦，可谓二难并矣。此剧老旦例以武丑充之，英秀当年演此剧亦多与长林合演。此剧身段、白口难于唱工，颇不易见，叔岩演来适合身份，一则揣摩功深，二则配角优良，添助兴会不鲜也。

十九日演《捉放宿店》。叔岩上次隶丹桂时，予便极赏其此剧之佳。今晚重聆，觉艺益精进。"听他言"一段西皮，流丽无匹，至惬予怀。此外如"一家大小遭祸殃"句，"吓得我三魂七魄茫"句，"年迈老丈染黄沙"句，皆警策动人。惟唱至"一路明月照窗下"句，过于要好，力求新颖，忧乎弄巧成拙，幸有镇定功夫，能施补救，一慌张必至吊眼走板危险。予听至此，亦吓得我心惊胆怕矣。入后，"这是我陈宫作事差"四句〔摇板〕，疏宕有致，末二句腔又翻新，不拘旧法，千回百折而操纵自如，妙直到秋毫颠矣。

二十日演《汾河湾》。当年英秀与瑶卿合演此剧，时称双绝。叔岩与此等剧，却有心得。唱腔白口一守老谭家法，神气之间亦不差累黍。凡旧聆叔岩剧者，当可想象得之，毋烦赘述。朱琴心饰迎春，唱腔作派虽不及瑶卿当年，亦颇有研究，态度大方，雅合名媛身份，自是难得。

廿一日演《铁莲花》，此剧重在神气身段白口，唱腔无多，无待批评。晚演《御碑亭》，叔岩上次来沪，未贴此剧，闻在京时，亦未多演。是日因事赴杭未及往观，返沪后询及友人，皆言不恶，惟失此机会，仅得之传闻，殊觉怅然。廿二日复演《琼林宴》，系沪商所烦演，是剧佳妙处前已评及，想诸公犹能记忆也。连夕朔风凛冽，气候极寒，而亦舞台门前尤呈车水马龙之盛况，其魔力洵不小矣。二十三日演《探母回令》，"坐宫"一段〔西皮〕，规摹谭氏，惟妙惟肖，彩声如雷，〔快板〕数段，齿牙清析伶俐，圆转自如，深得英秀神髓；改装后扮相尤佳，"见娘"一段〔二六〕，唱得悱恻缠绵，如此重头戏，竟能一线到底，无懈可击，大非易事。

廿四日夕有人烦演两出，一为《盗宗卷》，一为《八蜡庙》。《盗宗卷》系与长林、吉祥合演，铢两悉称，允为合作，是剧除数段〔摇板〕一段〔快板〕外，无他唱工，纯以做工白口神气见长，而做工尤重。大致分为三副神情：一惊怒，一喜乐，一彼此嘲弄。此嘲弄时前后白口一字不易，而语气轻重、神气变换迥不相同。此等戏编者固煞费苦心，演者亦绝不容易。俗伶演此，不解其中三昧，往往令人闻之作三日呕。叔岩演来变幻莫测，令人不可端倪，无他，只是善体戏情耳。吉祥亦稳矣。《八蜡庙》饰褚彪，白口清朗，悉合规矩。改装上场时，念"江湖人称铁背雕"，雄健有力，雅合老杰身份。"江湖"二字念得异常高亢，"人称"二字一扬一抑，跌宕生姿，"铁背雕"三字念得斩钉截铁，苏长官所谓"字外出力中藏棱"也，数场开打工架亦稳，叔岩可谓才兼文武矣。

二十五日演《洪羊洞》，是剧时伶莫不演之，可谓最普通最流行之戏，"自那日"一段〔快三眼〕，二黄自是老谭生平最得意之作，时伶穷追力搜，不能恰到好处，徒得形似而已。叔岩摹拟绝精，合牟审听，直仿佛英秀当年，非天资学力兼到，不能庶几也。

二十六日演《乌盆计》，是剧纯以唱工见长，较《碰碑》尤难，除〔反二黄〕外有原板，有〔快板〕（公堂一段），演者虽多而精者绝少。叔岩一守谭氏宗法，唱反调数段，潜气内转，哀音四激，"公堂"一段，〔快板〕如骏马走坂，宜傤弄丸。长林饰张别古，尤为是剧生色不少。二十七日重演《珠帘寨》，前已细评，有口皆碑，无待重陈也。

廿八日演《审头刺汤》，上座亦佳。此等戏唱腔无多，专以神气白口见长，看似无甚新奇，实难演合分际。大凡名角演此，虽不算是重头戏，非以全力对付，绝不见有精彩，盖此剧丑旦二角，亦并重，演老生者稍不注意，相形见绌，反成丑旦之配角矣。故一般时伶负重名者，倘遇名丑旦同班，往往避免此剧不演，无他，不以生色故也。叔岩演来白口尚清，神气亦好，总算不错。晚演《定军山》《带阳平关》，此本叔岩最拿手之佳剧，优点颇多，不一而足。"黄罗宝帐领将令"一段〔二六〕，唱得俊快无匹，姿势亦活泼轩昂，转〔快板〕"军师大印付在我的身"句，尤清脆动听。此外如"吾主爷攻打葭萌关"及"这一封书信来得巧"两段〔快板〕，活色生香，负声有力，头段唱至"可恨那军师见识浅，他道我胜不了夏侯渊"二句，"师"字"胜"字非常矫健，直如生龙活虎，令人不可捉摸，彩声震耳矣。二段中如"一通鼓战饭造，二通鼓紧战袍，三通鼓刀出鞘，四通鼓把兵交"诸句，皆能于熨帖停匀之中具抑扬抗坠之妙，末句到"明天午时三刻成功劳"与《南阳关》剧中"老天爷助我成功劳"句之唱法大致异同。而又有变化，花哨极矣。末场"不要让他们逃跑了"一句，白口尤酷似英秀也。

二十九日演《庆顶珠》，此剧佳妙已见寒云前评，是夕气候酷寒而座竟售罄，难得极矣。三十日演双出，一系《胭脂褶》，一系《战太平》，乃杨公馆特烦者。《胭脂褶》，唱亦无多，仍重在神气白口，演来尚觉精彩，自是不凡。《战太平》则美满极矣，上场与二夫人数句白口，念得十分沈著，神气亦绝佳。一般俗伶往往于此处滑口念过，最足令人败兴，叔岩善体戏情，入手则已制胜，譬之破竹，此后便迎刃而解，得心应手矣。二场帘内一声〔导板〕，声情激越。中间别妻

哭子一段〔摇板〕，尤唱得沉痛，令人感喟激发。"盖世英雄遭罗网"一段〔原板〕西皮，为全剧精神所寄，摹拟谭氏，可谓精诣入微。入后"千岁爷休说懦弱话"及"陈友谅下位把话讲"两段数板均妥帖杰作也。寒云谓其"超群轶伦"，确非虚誉。

十二月一日演《骂曹》，此剧沪报评者极多，阅报诸君谅皆耳熟能详，无饶舌之必要。初二日演《卖马》，此亦叔岩学谭最得意之作，上场神气身段，便将英雄坎坷潦倒之状摹得十分完足，两句白口亦念得清婉凄恻，满座精神为之一振。中间"店主东"一段〔西皮慢板〕，吐音字字清朗，行腔句句警圆，"成如容易却艰辛"可以移赠，大擅耳福。其它如"这是我秦琼瞎了眼"与"家住山东历城县"〔摇板〕，亦均唱得异常美满，彩声不绝。长林饰店主东，老到之极，更为是剧生色不少。初三演《空城计》，初四演《探母回令》，此两出精到处均见前评，上座皆满。初五日，演《铁莲花》亦经评过，晚演《南天门》，此剧前在京时便屡听叔岩演过，精警独到之处绝多，上场"点点珠泪洒胸膛""虎口内逃出了两只羊"二句〔摇板〕及其青衣对口数句〔西皮快三眼〕，皆浑脱浏亮，逼似老谭。此外如"恨奸贼把我的牙咬坏"一段数板，字字珠玑。末句"剜尔的心肝祭扫坟台"，"肝"字行腔曲折尽致，花哨已极。又如"小姑娘哭啼坐山边"一段数板及"罢罢罢脱下了衣一件"句，皆精警绝伦。"件"字一腔非常精巧圆和，直如"百丈游丝争绕树，一群娇鸟共啼花"。入后"男儿头上有三把火"几句〔摇板〕，"火"字唱得高亢，能将义仆忠贞之气活显得出，令人感动。惜青衣稍弱，未能铢两悉称，不如在京时与德林合演之工力悉敌也。

（《申江菊讯》，《顺天时报》1923年1—2月第五版连载）

2月2日，杨宝忠之父杨小朵逝世。

2月3日，余叔岩由上海回到北京。

2月6—7日天津安徽会馆齐宅堂会：

余叔岩《珠帘寨》《八蜡庙》，余叔岩、王瑶卿、蒋君稼、郭仲衡

《反串双摇会》。

俞振庭、周瑞安、九阵风、沈富贵、茹富兰、小振庭《溪皇庄》,德珺如、裘桂仙《飞虎山》,郭仲衡、贯大元、郝寿臣《战长沙》,林颦卿《鸿鸾禧》,白牡丹《马上缘》,余胜荪《七星灯》,朱琴心《凤阳花鼓》,王瑶卿、荣蝶仙《棋盘山》,尚小云、筱翠花《虹霓关》,余叔岩、王长林《盗宗卷》,王又宸、陈德霖、龚云甫《四郎探母》,杨小楼、梅兰芳、王凤卿《霸王别姬》。

小振庭《铁笼山》,九阵风、俞振庭《金山寺》,朱素云、筱翠花《得意缘》,余叔岩《南阳关》。

琴雪芳《麻姑献寿》,余叔岩、梅兰芳、钱金福《庆顶珠》,金少梅《贵妃醉酒》,陈德霖、龚云甫、王凤卿、王瑶卿、尚小云、朱素云《南北和》。

金少梅《女起解》,梅兰芳《玉堂春》,李桂芬、苏兰芳、王金奎《大保国》,余叔岩、杨小楼《八大锤》,琴雪芳《葬花》,陈德霖、龚云甫《孝义节》,碧云霞《天女散花》。

琴雪芳《悦来店》,苏兰芳《芦花河》,余叔岩、尚小云《御碑亭》,梅兰芳《木兰从军》,金少梅《千金一笑》,杨小楼、郝寿臣、王长林《连环套》。

王凤卿《文昭关》,金少梅《打花鼓》,谭小培、郝寿臣、尚小云、萧长华《法门寺》,杨小楼《安天会》,琴雪芳《仙缘记》,余叔岩、梅兰芳、陈德霖、王又宸、龚云甫、程继先《四郎探母》,程砚秋、筱翠花《樊江关》,俞振庭、九阵风《青石山》。

朱素云、王瑶卿《雁门关》

2月28日三庆园双庆社夜戏：

尹小峰《打龙袍》，德珺如《岳家庄》，九阵风、范宝亭、钱宝奎《打韩昌》，俞振庭、俞赞庭、小振庭、刘凤林、傅小山《艳阳楼》，筱翠花、马富禄、陆凤琴《马上缘》，余叔岩、裘桂仙、鲍吉祥、侯喜瑞、慈瑞泉《失街亭》。

3月1日三庆园双庆社夜戏：

九阵风《英杰烈》，俞振庭《挑滑车》，筱翠花《闺房乐》，余叔岩《庆顶珠》。

3月2日三庆园双庆社夜戏：

九阵风《无底洞》，小振庭《状元印》，筱翠花《查关》，余叔岩《捉放曹》。

是日，松庆社在开明戏院演夜戏，杨小楼、贯大元等人演《大闹花灯》。

3月3日三庆园双庆社夜戏：

九阵风《泗州城》，筱翠花、小振庭《战宛城》，余叔岩《战太平》。

是日，松庆社在开明戏院演夜戏，杨小楼、贯大元等人演《大闹花灯》。

3月4日—4月26日，余叔岩因病在德国医院住院。

3月17日，王毓楼、白牡丹、茹富兰等人组班在吉祥园演出日戏，王少楼初次登台，演《珠帘寨》。

3月28日，谭富英在富连成社正式学满出科。

　　已故谭鑫培之孙、小培之子豫升入富连成社学戏，学名富英，今年十八岁，在社六年，热心学习，技艺精妙，声誉日隆，夙有谭孙之徽号，凡须生之剧，不问文武，无不通晓。今日毕业，新出科班，余为富英喜，为谭家贺，又为剧界前途祝。

　　富英龄甫十三，乃祖鑫培为豫升前途起见，忍割慈爱，与乃子小培谋，托老友退庵居士及余两人为保人，令富英入富连成社。余不顾浅陋，欣然诺之。入社之日，早朝余携小培联车送富英至该社，恭跪神前，行入社兴礼，此事犹昨，恍在目前。忽阅五载，富英亦年齿渐长，期满出科。鑫培若尚在世，必应笑抚富英，雀跃不已。呜呼！人生不如意事恒多，感慨奚匮。

　　余劝诫富英，尔今出科，可喜可祝。而尔在该社间，善守规矩，孜孜学戏，不与人争，六年之久，毫无累及余等保人之事，是余所欣悦不措者也。惟尔为鑫培君之孙，决非寻常人家之子弟，而人在斯世，志须远大，业精于勤荒于嬉。自今以后，尔宜益尊重名誉，精研技艺，传乃祖之衣钵，以尽艺员之本务。耀乃祖父母之誉，扬富连成社之名，予有厚望焉。又富英入学以来，学会之剧颇多，兹将其重要剧目，列举于左，藉饷阅者：

　　《珠帘寨》《定军山》《战太平》《南阳关》《阳平关》《宁武关》《战长沙》《翠屏山》《连环套》《殷家堡》《八蜡庙》《溪皇

谭富英《琼林宴》饰范仲禹

谭富英《定军山》饰黄忠

庄》《骆马湖》《三侠五义》《取南郡》《取帅印》《文昭关》《鱼肠剑》《战樊城》《失街亭》《斩子》《洪羊洞》《碰碑》《卖马》《戏凤》《乌龙院》《赶三关》《汾河湾》《武家坡》《寄子》《御碑亭》《捉放》《教子》《八大锤》《桑园会》《朱砂痣》《乌盆记》《举鼎》《探母》《牧羊圈》《盗宗卷》《打棍出箱》《打渔杀家》《开山府》《铁莲花》《黄金台》《黄鹤楼》《仙圆》《弹词》《南天门》《青石山》《骂曹》《战蒲关》《群英会》《祭东风》《搜孤》《四进士》《镇潭州》《银空山》《回龙鸽》《打金枝》《金水桥》《二进宫》《甘露寺》《回荆州》《连营寨》《法门寺》《上天台》。

（辻听花《谭孙今日出科志喜》，《顺天时报》1923年3月28日第五版）

4月26日，程砚秋与果素瑛在同兴堂完婚。

6月2日第一舞台鄂灾急赈义务戏：

全班合演《大赐福》，李兰亭、陆树田、李海亭《铁公鸡》，林颦卿、金一笑、邓兰卿《鸿鸾禧》，筱翠花、诸如香、王又荃《宝蟾送酒》，王又宸、裘桂仙、鲍吉祥《捉放曹》，龚云甫、陈德霖、王蕙芳、谭小培、徐碧云、金仲仁、李鸣玉、沈福山《六本雁门关》，余叔岩、梅兰芳《游龙戏凤》，程砚秋《花舫缘》，杨小楼、余叔岩、梅兰芳、王凤卿、俞振庭、钱金福、侯喜瑞、慈瑞泉、萧长华、刘少芳《八蜡庙》。

6月3日第一舞台鄂灾急赈义务戏：

全班合演《财源辐辏》，李兰亭、小如意、刘连湘《乾坤圈》，林颦卿、金一笑、朱少甫《卖身投靠》，钱金福、王长林《祥梅寺》，筱翠花、贯大元、萧长华《乌龙院》，王又宸、龚云甫、陈德霖《四郎探母》，梅兰芳、张春彦、范宝亭《红线盗盒》，余叔岩、杨小楼、鲍吉祥、钱金福、罗福山、许德义、迟月亭《八大锤》。

6月，余叔岩自组班社，初名同庆，后改胜云社，隔周六、日在开明戏院演夜戏。

余叔岩此次出台系借用王郁甫之班名,嗣后拟长演起见,将自行立班,不久报厅。

（《都门菊讯》,《顺天时报》1923年6月27日第五版）

余叔岩自成之班名胜云社,行将报厅立案。

（《都门菊讯》,《顺天时报》1923年6月29日第五版）

6月15日开明戏院胜云社夜戏:

裘桂仙《草桥关》,九阵风《百草山》,筱翠花《得意缘》,陈德霖、李鸣玉、刘景然《战蒲关》,余叔岩、钱金福、王长林、扎金奎《定军山》。

票价:楼下前排一元二角,后排八角;楼上前排一元,后排五角;四座包厢八元,五座包厢九元。

6月16日开明戏院胜云社夜戏:

裘桂仙《锁五龙》,九阵风《小放牛》,慈瑞泉《连升三级》,钱金福《瓦口关》,程继先《探庄》,筱翠花、郭春山《醉酒》,余叔岩、陈德霖《南天门》。

6月17日,松庆社在开明戏院演夜戏,杨小楼演《白龙关》,并与朱琴心演《五花洞》。

票价:楼下前排一元,后排八角;楼上前排一元;四座包厢八元。

6月18日,松庆社在开明戏院演夜戏,杨小楼演《麒麟阁》,并与朱琴心演《雄黄阵》。

6月23日,承华社在开明戏院演夜戏,梅兰芳、王凤卿演《牢狱鸳鸯》。

6月30日开明戏院胜云社夜戏:

程继先《未央宫》,阎岚亭《界牌关》,九阵风、王长林《打瓜园》,筱翠花《打灶王》,陈德霖《落花园》,余叔岩、钱金福、王长林、鲍吉祥、裘桂仙《失街亭》。

7月1日开明戏院胜云社夜戏：

裘桂仙《御果园》，九阵风、郭春山、侯春兰、阎岚亭、谭春仲《金山寺》，筱翠花、鲍吉祥、慈瑞泉、程继先、扎金奎《鸿鸾禧》，陈德霖、刘景然《三击掌》，余叔岩、福小田、曹二庚、钱金福、王长林《打棍出箱》。

7月7日，承华社在开明戏院演夜戏，梅兰芳演《贵妃醉酒》，王凤卿演《雄州关》。

7月8日，承华社在开明戏院演夜戏，梅兰芳演《千金一笑》，王凤卿演《文昭关》。

7月14日开明戏院胜云社夜戏：

裘桂仙《牧虎关》，钱金福、张连升、扎金奎《庆阳图》，九阵风、阎岚亭《取金陵》，筱翠花、程继先《贪欢报》，余叔岩、陈德霖《审头刺汤》。

同日，承华社在真光剧场演夜戏，梅兰芳演《玉堂春》，王凤卿演《朱砂痣》。

7月15日开明戏院胜云社夜戏：

裘桂仙《探阴山》，王长林、钱金福《祥梅寺》，九阵风、阎岚亭《泗州城》，程继先、筱翠花《得意缘》，陈德霖《彩楼配》，余叔岩《南阳关》。

7月21日，松庆社在开明戏院演夜戏，杨小楼演《连环套》。

7月28日开明戏院胜云社夜戏：

阎岚亭《花蝴蝶》，慈瑞泉、贾多才《请医》，裘桂仙、鲍吉祥《白良关》，筱翠花、九阵风《樊江关》，钱金福、陈德霖《刺虎》，余叔岩、程继先、王长林、罗福山《打侄上坟》。

7月29日开明戏院胜云社夜戏：

裘桂仙《探皇陵》，九阵风、沈三玉《演火棍》，王长林、王福山、谭春仲《巧连环》，钱金福、张连升《芦花荡》，余叔岩、程继先、陈德霖、筱翠花、慈瑞泉《御碑亭》。

是月，麒麟童、林颦卿在第一舞台演出。

8月3日，松庆社在开明戏院演夜戏，杨小楼演《骆马湖》。

8月7日张勋夫人寿辰堂会：

剧目待考。

8月18日，承华社在开明戏院演夜戏，梅兰芳演《天河配》，王凤卿演《战长沙》。

8月27日奉天会馆陆建三堂会：

钱金福《瓦口关》，九阵风《蟠桃会》，筱翠花《醉酒》，余叔岩、陈德霖《武家坡》。

9月1日，承华社在开明戏院演夜戏，梅兰芳演《游园惊梦》，王凤卿演《群英会》。

9月2日，承华社在开明戏院演夜戏，梅兰芳演《天河配》，王凤卿演《镇潭州》。

9月8日，承华社在真光剧场演夜戏，梅兰芳首演《前部西施》。

9月9日，承华社在真光剧场演夜戏，梅兰芳首演《后部西施》。

9月11日吴宅堂会：

全班合演《大赐福》，朱桂芳《蟠桃会》，陈德霖《落花园》，时慧宝、王琴侬、裘桂仙《二进宫》，程砚秋、王蕙芳、萧长华《樊江关》，三麻子、沈华轩《水淹七军》，龚云甫《徐母骂曹》，余叔岩、王瑶卿、钱金福、慈瑞泉《珠帘寨》，杨小楼、梅兰芳、王凤卿、许德义、姜妙香、傅小山、迟月亭、曹二庚、刘砚亭、慈瑞泉《霸王别姬》。

9月16日，承华社在开明戏院演夜戏，梅兰芳演《前部西施》。

9月17日，承华社在开明戏院演夜戏，梅兰芳演《后部西施》。

9月18日会贤堂汇源金店张宅祝寿堂会：

全班合演《天官赐福》《五子夺魁》，邱富棠、苏富恩、沈富贵《蟠桃会》，雷喜福、阎喜林《盗宗卷》，殷连瑞、高连甲《青石山》，李盛荫、孙盛辅、陈富瑞、杜富隆、孙盛文《甘露寺·美人计·回荆州》，阎喜林、雷喜福、何连涛、苏富恩《四平山》，杜富兴、杜富隆、王盛和、王盛意《庚娘传》，杜富兴《春香闹学》，何连涛、骆连翔、刘连荣《水帘洞》；萧长华、萧连芳《连升三级》，崔灵芝《宋金郎》，龚云甫、扎金奎、福小田、贾多才《徐母骂曹》，陈德霖、姜妙香、王琴侬、钱俊仙、王丽卿、郭春山、陈少武《四面观音》，杨小楼、钱金福、王长林、许德义、迟月亭、刘砚亭、郭春山《恶虎村》，梅兰芳、姜妙香、姚玉芙《黛玉葬花》，余叔岩、钱金福、鲍吉祥、扎金奎、李广顺、曹二庚、陈少武《定军山》，全班合演《游园惊梦》《遇龙封官》。

9月19日，松庆社在开明戏院演夜戏，杨小楼演《冀州城》。

9月22日开明戏院胜云社夜戏：

王长林《定计化缘》，九阵风《取金陵》，筱翠花、程继先《鸿鸾禧》，陈德霖《落花园》，余叔岩、鲍吉祥、裘桂仙《捉放曹》。

是晚，承华社在真光剧场演夜戏，梅兰芳演《牢狱鸳鸯》。

9月23日开明戏院胜云社夜戏：

裘桂仙《草桥关》，九阵风《泗州城》，程继先《岳家庄》，陈德霖《孝义节》，余叔岩、筱翠花、钱金福、王长林《珠帘寨》。

10月2日紫禁城漱芳斋瑾妃五十整寿堂会：

朱素云、王瑶卿、九阵风、龚云甫、王长林、裘桂仙《跳灵官》，富连成全班《庐州城》，马连良、茹富兰、阎喜林《借赵云》，梅兰芳、姚玉芙、姜妙香《游园惊梦》，杨小楼（前）、俞振庭（后）、范宝亭（悟空）、九阵风、俞步兰《金钱豹》，王又宸、麻木子《打棍出箱》，尚小云、王凤卿《汾河湾》，杨小楼、梅兰芳、王凤卿《霸王别姬》，富连成社《恶虎村》，余叔岩、钱金福、余幼琴《定军山》，傅小山、周春亭、马全禄、周瑞安、范宝亭、徐碧云、九阵风、王福寿、朱文英《殷家堡》，时慧宝、范福泰《黄金台》，富连成社《烧战船》，慈瑞泉《演礼》，杨小楼（张桂兰）、龚云甫（费兴）、王凤卿、尚小云、俞振庭、贯大元（费德功）、筱翠花（王栋）、朱素云（王梁）、九阵风、余玉琴、李寿山、王长林、朱桂芳、时慧宝（小张妈）《反串八蜡庙》。

小楼、兰芳、叔岩三人，由陈总管特别招待，帝赐兰芳御膳一桌，

为伶人进内演剧之创举也。

兹复闻清帝尚面赏杨小楼、余叔岩、梅兰芳三人御制烟壶各一枚，为稀世之品。赏叔岩者，系碧玉腰圆式，正面美人倚松，旁有梅花，上书"松梅仕女"四字，背面为乾隆御制诗，七言四句，该诗转录左端：

乔松斜倚玉梅芳，小立仙姝雅淡妆。有所思兮默无语，贞姿冰绝逗心香。

（隐侠《清廷演戏补遗》，《顺天时报》1923年10月12日第五版）

清室传戏，素为一时之盛事，先朝供奉交口艳称。而改革以还，承平迥异，上阳池馆久寂知音，诸曲羽衣永违大阙，罘罳瞻仰，盖不禁沧桑之有感矣。乃者以瑾太妃生日，宣统又于本年大昏，承欢之余，燕尔之乐，不能不有以仰答太妃者。于是复有传戏之举，其盛况乃不减于前。开元非旧，栋阙犹新。读梅村"龟年慷慨歌长恨"之句，不能不为涕泣而噫嘘也。

北京名伶固以梅兰芳、余叔岩、杨小楼为上驷，且三伶均累世供奉，杨小楼等犹及亲自于光宣叔世献技内庭，而至今尚在内务府领供奉之口粮，对于传戏义无可却。惟梅之年事较轻，不及预元音盛世之盛况，世家堂会非梅不欢，况以清宫之上寿哉。对于梅固不能以普通之传差目之，于是乃特以卑辞迎之焉。

梅创义务戏以助日灾业，定期八月廿二廿三两日，万无可改，而传戏正亦是日，固已不能分身。然梅以巧玲名祖之孙，先朝代奉之嫡裔（易实甫诗云市人皆知梅老板，天子亲呼胖巧玲）亦雅不愿却，遂慨允之，清庭闻此大乐。其所演之剧目约略如右：

老供奉《打灵官》（此为清庭旧例所以被除不祥者），富连成班《借赵云》《芦州城》，梅兰芳《游园惊梦》，俞振庭《金钱豹》，王又宸《琼林宴》，杨小楼《恶虎村》，尚小云《汾河湾》，梅杨合演《别姬》，余叔岩《定军山》，梅杨反串《八蜡庙》。

《八蜡庙》一剧，以晚间有义务戏，为时过迥，不及补演，清庭亦以事关拯灾不相勉强。盖以梅之肯分身已为幸事。是日内务大臣绍英、宝熙等招梅尤不遗余力也。

《别姬》一剧，梅固擅胜场，宣统及太妃观之尤示满意，舞剑之际，宣统为之鼓掌不已，会其时将开点心，内监跪请数次，太妃均挥去之，恐扰清兴。太妃至舞剑时且曰：曩随先太后观剧数十年，从未见如此之好戏，以前但可谓白看戏而已。此为次日涛贝勒亲以语人者，足见声音感人之深，初无殊于阶级也。

事后赏资，梅固却不收，而内务府人员则循例开单请赏，而以杨小楼为第一，宣统乃以朱笔改梅为第一，计赏上等库缎衣料四匹并大洋三百元，次则杨小楼、余叔岩缎各二匹，洋各二百元，其余以次有差。据熟习内事者云，以前给赏无过百元，此次因梅破格，余子亦沐其利，可为空前之盛事矣。演戏既毕，宣统即面谕绍英、宝熙云，久闻梅兰芳人极温雅，颇拟一见。绍英立即传谕，梅遂偕杨余并入致谢，即于养心殿书室中接见。此犹旷代所未有，即今醇王以父辈入谒尚须肃守朝仪，宣统盖未曾于书室中见客者。言次尤极谦和，礼貌备至，既知即晚有日灾义务剧，尤为称道，既又面赏一鼻烟壶，为乾隆古月轩精制，价值尤巨，且谆谕曰：此次戏赏，深恐中饱，有不实不尽之处，即望诸人与我查之。且以内务府所开之清单交梅手，梅遵命领谢，兴辞而出。宣统温谕有加，其雍睦敦萃之致，殊为尊严宫阙中之仅见者也。

又是晚日灾，梅连演二剧《秋莲检柴》（应作"《秋莲捡柴》"，著者注）《全本回荆州》。是日计演四剧而丝毫不懈，真可谓有毅力者。次日日灾演全本《别姬》，盛状可想，当别记之也。

（《梅兰芳参加清室传戏记》，《申报》1923年10月13—15日）

10月2日第一舞台日本大地震赈灾义演：

全班合演《天官赐福》，董俊峰、德珺如《忠孝全》，朱桂芳、小振庭、俞赞庭、范宝亭、傅小山、阎岚亭、刘凤奎《青石洞》，徐碧云、

慈瑞泉《女起解》，贯大元、朱琴心《乌龙院》，马连良、王瑶卿《万里缘》，李万春、蓝月春《两将军》，尚小云、王又宸、李寿山、王长林《庆顶珠》，杨小楼、郝寿臣、刘砚亭《连环套》，梅兰芳、姜妙香、罗福山《拾柴》，余叔岩、郭春山、鲍吉祥、谭春仲《盗宗卷》，梅兰芳、杨小楼、龚云甫、王凤卿、朱素云、李寿山、刘景然、扎金奎、钱金福《美人计·回荆州》。

10月3日第一舞台日本大地震赈灾义演：

徐碧云、朱素云《虹霓关》，贯大元、朱琴心《梅龙镇》，陈德霖、马连良《四进士》，尚小云、王又宸《南天门》，余叔岩、钱金福、鲍吉祥《南阳关》，梅兰芳、杨小楼、王凤卿《霸王别姬》。

10月6日，承华社在开明戏院演夜戏，梅兰芳演《嫦娥奔月》，王凤卿演《华容道》，是日曹锟就任中华民国总统。

10月7日，承华社在开明戏院演夜戏，梅兰芳演《邓霞姑》，王凤卿演《文昭关》。

10月10日奉天会馆钱宅堂会：

全班合演《大赐福》《长寿星》，范宝亭《通天犀》，小桂花、德珺如《穆柯寨》，小振庭《状元印》，王长林、范宝亭《打瓜园》，小桂花、慈瑞泉《鸿鸾禧》，侯疑始《空城计》，俞振庭《金钱豹》，尚小云、言菊朋《宝莲灯》，马连良《琼林宴》，王瑶卿、筱翠花《得意缘》，陈去病《朱砂痣》，蒋君稼、龚云甫《孝义节》，徐碧云《玉堂春》，马连良、小振庭、朱素云《八大锤》，朱琴心《打花鼓》，碧云霞《麻姑献寿》，佘子立、怡悦堂《捉放》，赵子英《水淹七军》，王凤卿、尚小云、朱素云、王长林、慈瑞泉、诸如香、罗福山《四郎探母》，俞振庭《青石山》，余叔岩、陈德霖《走雪山》，梅兰芳、李春林、范宝亭、沈三玉、朱湘泉《红线盗盒》。

10月12日，松庆社在开明戏院演夜戏，杨小楼演《挑滑车》。

10月14日天津叶宅堂会：

余叔岩演《定军山》。

同日天津高宅堂会：

余叔岩、尚小云《四郎探母》。

10月15日，余叔岩赴天津英租界吊祭张勋，并吊王郅隆。吊张勋之挽联：

> 江淮草木知名，千古公评青史在；中外英雄坠泪，一声薤露白云低。

10月18日直鲁豫巡阅使署甘石桥梁宅堂会：

朱桂芳《取金陵》，韩世昌《借扇》，李连贞《起解》，马连良《状元谱》，朱琴心《打花鼓》，俞振庭、小振庭《挑滑车》，徐碧云、谭富英《汾河湾》，尚小云、王凤卿、郝寿臣《宝莲灯》，余叔岩、梅兰芳、王长林《打渔杀家》，徐碧云《金山寺》，朱琴心、王瑶卿《樊江关》，时慧宝、裘桂仙《上天台》，余叔岩、尚小云、陈德霖、龚云甫《四郎探母》，梅兰芳、杨小楼《霸王别姬》。

10月20日开明戏院胜云社夜戏：

裘桂仙、陈喜兴《铡美案》，陈德霖《彩楼配》，九阵风、阎岚亭、侯春兰《无底洞》，程继先、李广顺、马春龙《岳家庄》，余叔岩、钱金福、裘桂仙、慈瑞泉、张连升、赵芝香《战太平》。

10月21日开明戏院胜云社夜戏：

裘桂仙《草桥关》，九阵风、阎岚亭、侯春兰《泗州城》，程继先、郭春山、杨春龙、甄洪奎《探庄》，余叔岩、王长林《胭脂褶》，余叔岩、王长林、钱金福、福小田、慈瑞泉《打棍出箱》。

10月22日，余叔岩与鲍吉祥、钱金福、王长林等人赴上海。

10月25日陶宅堂会：

余叔岩、钱金福、王长林《珠帘寨》。

10月26日陶宅堂会：

余叔岩、程砚秋《庆顶珠》，余叔岩、韩长宝《八大锤》。

10月31日陶宅堂会：

余叔岩、钱金福、韩长宝《青石山》，余叔岩、钱金福、王长林《定

军山》。

又过了一个时期，上海来人邀我们老师去演戏，是给陶宅演堂会。这次余老师又带我去了，临行前，老师说："你在天津一般朋友们都知道你是我的徒弟，这次带你到上海，也让上海的朋友们认识认识你，以后演戏就顺当了。"我们老师真是无处不关心我。这次到上海唱堂会的还有程砚秋、钱金福、王长林等人。记得那次堂会，钱金福、王长林唱的是《祥梅寺》，老师叫我唱了《碰碑》和《空城计》，文武场是老师的原班人员，李佩卿拉的胡琴，杭子和先生打的鼓。唱完了堂会，很多朋友来看望余老师，也许是客气吧，在给余老师道辛苦的同时，也夸赞了我。老师带我去上海的目的达到了，我也很高兴。

（杨宝忠《艺事鸿爪》）

叔岩此次在上海陶宅演堂会，武进陶瑗君赠大银鼎及对联匾额、花篮等，已见前记。在共舞台演时，顾连城君赠银花篮一个，吴引之诸君赠"珠玉缤纷"银匾一方，寿星麻姑银对一副，大银瓶一对，高三尺，镌前后《赤壁赋》，甚工，并赠大银杯，高四尺，价值千元，上镌颂词，予喜恰当，录如左端：

优孟衣冠，阳春白雪。歌舞滥觞，并推南国。越二千年，此调不弹。天生余子，实启薪传。声非变徵，音为黄钟。皮黄之始，燕赵承风。一传英秀，楚得楚弓。再传叔岩，允嗣其宗。少年英发，步武前贤。岂曰天授，有开必先。展也大成，惟邦之彦。江汉浩汤，时风于变。允文允武，亦庄亦谐。神乎技矣，异彼同侪。亦有高歌，能泣鬼神。慨当以慷，响遏行云。或为老将，气贯长虹。或为名相，泪洒秋风。或为孤臣，饮恨兴师。或为癯儒，疯疯痴痴。合则一人，散百东坡。即真即幻，万象森罗。龟年再世，江南重逢。现身说法，赞叹金同。时维九月，铭之鼎钟。以纪盛会，且表推崇。

前书颂余叔岩大艺士词，后列吴引之、刘晦之、魏铁珊、孙履安、顾叔蘋、孙恒甫、顾重庆、陶希泉、聂榕卿、汪书城、杨梧山、陶心如、姚文敏、顾联承、徐辅州。

末列之徐辅州，即被难之徐国梁厅长，叔岩此次赴沪，派警保护，异常优遇，当肇事际，办事人等，隐其事恐中辍。嗣余闻耗，泪涔涔下，故无心续演。职是之故，并此记之。

(《顺天时报》1923年11月23—24日第五版)

缺货时代之自命谭派老生余叔岩因应堂会来沪，行将出演数日，或问于余曰："余叔岩较谭鑫培果何如？"余曰："恶！是何言也！余叔岩岂可与谭鑫培相提并论。鑫培譬之大成至圣，叔岩则一子曰先生也；鑫培譬之日月在天，叔岩则一萤火之光也。钟磬岂可拟以瓦缶，仙鹤岂可伍之鸡群？他姑勿论，即鑫培出台之神采奕奕，亦绝非叔岩之俗气逼人所敢仰望。至于嗓音枯涩，限于天赋，犹可相谅。万无可恕者，则在出于杜撰，犹谓学自谭氏，斌珧乱玉，鱼目混珠。曾见谭氏者，固能烛知其伪，未见谭氏者，鲜不为其所叹。是以今之伶界后生，咸以余叔岩为步趋，亦皆称为学谭，是谭派一出余叔岩，不但不足为传人，且从此世上遂无真谭。固为谭氏罪人，亦属剧界魔怪。或人曰："如子所言，岂非亡谭氏之学者，即为余叔岩？"余应之曰："然！"

(冯小隐《论余叔岩》，《晶报》1923年11月6日)

余氏学谭，大抵皆由看戏得来，非谭之所亲授也。故于见诸谭氏者，尚能效其皮相，其未见诸谭氏者，或由间接学来，如学《取南郡》于朱素云之类。或遂杜撰臆造，以蒙世欺人，即如《珠帘寨》一戏，在余亦颇自负，实则不甚道地，盖皆由剽窃而来。阅者疑吾言乎，请与贯大元之《珠帘寨》，一为比较，当知其不同之点甚多，贯技固亦不佳，然此戏为瑶卿所传，尚存谭之真相耳。《打棍出箱》，为谭之名剧，亦余氏快意之作。他姑勿论，即上场之透袖，拂及臀际，大似梅兰芳姿态，是范仲禹已含女性美。《战太平》完全不似，尤以"千岁爷休说懦弱话"一段〔快板〕为最谬，盖腔调尺寸，全仿《骂曹》唱法，应知一为自己寻思之语，一为愤恨责人之语，境地既各不同，口

吻自必大异，在戏中各具体裁，绝不能举一反三。意者余未曾聆谭之《战太平》，遂以《骂曹》为蓝本，不可谓非不聪明，然而见笑识者也。《打渔杀家》之"我只得咬牙关忙往家奔"句，无论谭不谭，在规矩上，无用哭头之理，而叔岩竟唱哭头矣。《卖马》叫板，店主牵马来句，谭氏固不哭，以秦琼之英雄盖世，亦不应哭，而叔岩亦复大哭。论者谓叔岩善哭，目叔岩之学谭，吾恐谭氏九泉之哭，乃更甚于叔岩也。

余之演《状元谱》也，曾以右手执板，识者为之匿笑，而余犹不知，饰小生者苦无回旋之地，至掌嘴时，余须用手，方觉不甚方便，始将板递至左手。演《空城计》之"斩谡"亦然，升帐后，不知将扇递至左手，及唱"将王平责打四十棍"时，例须扬右手四指拟四十之数，又苦无手，乃以左手代之。某日在开明演《定军山》，二次开弓，忽然忘词，乃含糊串至三次开弓，便属了事。凡此者皆非谭的问题，实于普通戏学，尚未毕业，居然以名角自居，自诩为谭之传人，余叔岩纵能有此厚颜，吾实不能不为谭鑫培哭也。

(冯小隐《辟余篇》，《晶报》1923年11月)

按：陶宅堂会后，余叔岩在共舞台演戏一周。价目如下：月楼三元、特包二元、头包一元五角、官厅二元五角、特厅二元、头厅六角、二厅四角、三层包厢六角。同期上海主要演出剧院有：天蟾舞台演连台本戏《狸猫换太子》；新舞台演连台本戏《徽钦二帝》；大舞台主要演员有高庆奎、毛韵珂、小达子；春华舞台主要演员有刘汉臣、王斌芬；亦舞台主要演员有王又宸、白牡丹、筱翠花、白玉昆；丹桂第一台主要演员有小杨月楼、高百岁；新新舞台主要演员有白牡丹、孟小冬等。

11月8日法租界共舞台夜戏：

小孟七《九更天》，刘奎童、曹宝义、刘四立、张德禄、薛银麟《六演铁公鸡》，林树森《扫松下书》，荣蝶仙、李桂芳、侯喜瑞《穆柯寨》，程砚秋、郭仲衡、王又荃《全本芦花河》，余叔岩、钱金福、王长林《全本打棍出箱》。

《琼林宴》余叔岩饰范仲禹，
王长林饰樵夫

11月9日法租界共舞台夜戏：

王益芳《嘉兴府》，小孟七《打严嵩》，吕美玉、王文祥《查头关》，粉菊花、曹宝义《阴阳河》，刘四立、张德禄《双演花蝴蝶》，李桂芳、荣蝶仙、刘松亭《红柳村》，程砚秋、郭仲衡、曹二庚、吴富琴、王又荃《全本御碑亭》，余叔岩、钱金福、鲍吉祥、王长林《全本定军山》。

11月10日法租界共舞台夜戏：

小孟七、吕美玉《梅龙镇》，曹宝义、刘四立、张德禄《四演收关胜》，粉菊花《拾玉镯》，王长林、钱金福《祥梅寺》，荣蝶仙《娘子军》，郭仲衡、王荣森、王又荃《辕门斩子》，余叔岩、侯喜瑞、鲍吉祥《击鼓骂曹》，程砚秋、张春彦、王又荃、曹二庚《三堂会审》。

11月11日法租界共舞台夜戏：

王益芳、薛银麟《八蜡庙》，吕美玉、詹润泉《探亲家》，竹翠茹《三进士》，粉菊花《双跑马》，陈彩霞、林树森、刘四立、曹宝义、张德禄、苗胜春《三演长板坡代汉津口》，荣蝶仙《马上缘》，余叔岩、程砚秋、王又荃、王长林、吴富琴《全本审头刺汤》，王益芳、薛银麟《泗州城》，竹翠茹《钓金龟》，林树森、刘四立、曹宝义、薛银麟、苗胜春《拿高登》，粉菊花《红梅阁》，侯喜瑞、张德禄《青凤寨》，郭仲衡《取成都》，余叔岩、程砚秋、吴富琴、荣蝶仙、王长林《全本四郎探母》。

11月12日法租界共舞台夜戏：

吕美玉《贵妃醉酒》，小孟七、陈彩霞《桑园会》，竹翠茹《斩浪子》，张德禄、刘四立、林树森《史文恭》，粉菊花、小兰春《翠屏山》，钱金福、王长林《五人义》，郭仲衡、刘松亭、王荣森《华容道》，程砚秋、王又荃、荣蝶仙、吴富琴《头二本虹霓关》，余叔岩、鲍吉祥、金庆奎《捉放曹》。

11月13日法租界共舞台夜戏：

张文英《大逛庙》，竹翠茹《行路训子》，张德禄、刘四立、曹宝义、王益芳《四演收关胜》，李桂芳、粉菊花、王文祥《拾玉镯》，林树森《古城会》，程砚秋、王又荃、郭仲衡、曹二庚、侯喜瑞、文亮臣《全本法门寺》，余叔岩、荣蝶仙、钱金福、王长林《全本珠帘寨》。

11月14日法租界共舞台夜戏：

张文英《打樱桃》，王益芳、薛银麟《嘉兴府》，竹翠茹《三进士》，刘四立、张德禄《白水滩》，林树森、小孟七《关公战长沙》，粉菊花、曹宝义《阴阳河》，程砚秋、郭仲衡《武家坡》，余叔岩、王长林、钱金福、侯喜瑞《打棍出箱》。

11月15日法租界共舞台夜戏：

薛银麟、吕小樵《溪皇庄》，竹翠茹《钓金龟》，张德禄、林树森、曹宝义、小孟七《三本关公走麦城》，粉菊花《双跑马》，余叔岩《胭脂褶》，郭仲衡《文昭关》，余叔岩、程砚秋、王长林、钱金福《全本庆顶珠》。

余叔岩于旧历九月十三日下午三时廿分出京赴沪，迄今逾半月，有谓在彼演堂会戏、义务戏者，亦有谓不久归京者，远隔重洋，沪报亦未记载，真相未明。日昨舍间始接得确信，爰志于左，藉为顾曲诸君告也。

叔岩十五日抵沪车站，徐厅长派有警卫保护，杨君、孙君、汪君等，及亦舞台园主沈少安、陶监督并各界均到站欢迎。当日叔岩下榻英界大西路七号杨公馆，翌日晚十二旬钟在法界华龙路陶府演《珠帘寨》，配角为钱金福、王长林、筱翠花、鲍吉祥，大受欢迎，钱王演《祥梅寺》，亦得在座之赞许。

十七夜，先与艳秋、长林演《打渔杀家》，钱单演《芦花荡》。大轴与金福、韩长宝、文亮臣演《八大锤·断臂》。廿二日，与钱、王、韩（长宝）演《青石山》，叔岩饰吕祖，大轴与钱、王演《定军山·斩渊》。陶宅并于是夕当场赐"悟澈声闻"四字匾一方，又赠以"风采俊逸倾南国，雅乐清新慰北堂"对联，又赠花篮四只，二尺高大银鼎一座，均陈列台上。

叔岩此次赴沪，本抱不搭班宗旨，连日对于天蟾、第一、亦、共各舞台之邀约，一概辞谢。而沪上各界，以叔岩经年未露，兼以徐厅长、杨孙诸君及政商界再三挽留，仿开明真光办法，在公共租界夏令配克影戏院演唱一星期。

情面难却，只得依允，本定廿四登台，嗣因艳秋二十八日在第一台满约，值此临别纪念之际，不好与之对垒，盖艳秋为叔岩之晚亲（艳秋妻果氏系叔岩胞姐之女）。故静候数日，原无不可，不过带来配角及场面诸人，实不能因此白度光阴。已由袁、杨两公商知他方面，凑数百元酌为分配，以安诸人之心。夏令配克一举，后台由沈少安分包，已由廿九日开演，少安除电邀小楼外，又留艳秋，以敷衍秋声社中人之面子，小楼处闻已派人来接，去否尚在未定，果小楼能

来，恐此间不放叔岩走云云。

（《沪上余讯》，《顺天时报》1923年11月7—9日第五版）

余叔岩第三次去上海，是应陶宅堂会，原说三天堂会，演完就赶回北京。可是，上海共舞台老板黄金荣想乘此机会邀余叔岩唱三天戏，因为当时如果从北京直接邀他，一切路费花销是很大的。这样顺便请他唱，省了开销，赚了大钱，其实是在投机取巧，这是谁都明白的事。余叔岩原想回北京，又考虑黄金荣是上海的大流氓头子，有靠山、有势力，一个艺人岂敢惹他？故此才勉强答应下来。原说好了只唱三天，头两天过去了，到第三天最后一场，黄金荣指名叫余叔岩唱《珠帘寨》。这出戏要是余叔岩在平常日子也就唱了，赶巧这天余叔岩感觉身体不舒服，嫌累不愿唱。起初是黄金荣派人来跟余叔岩说，被余叔岩顶了回去。于是，黄金荣亲自出马，到旅社找余叔岩，强迫他唱这出戏。余叔岩仍然不答应，黄金荣大耍流氓手段，他说："反正戏报子贴出去了，票已经卖了，看你唱不唱！"余叔岩也对得起他："贴报子定戏码，你没跟我商量，票卖不卖我不管，这戏我不唱。"俩人越说越僵，就吵起来了。大伙儿看着都为余叔岩担心，真要不唱《珠帘寨》，准要吃大亏，黄金荣这人惹不起呀。于是好说歹说，余叔岩总算把这一出唱了，但赌气从此再也不到上海演戏了。

余叔岩这人生来脾气耿直，他有个外号叫"两条命"。你如果真心诚意跟他交朋友，无论穷富，也别管你身份高低，他能同样跟你交心。如果你跟他摆架子，甚至于使势力压他，或是因自己有钱有势力瞧不起他，一者他不理你，再惹恼了他，他会跟你拼命。宁折不弯，他就是这么个性格。这次黄金荣逼迫他唱《珠帘寨》，要不是大伙儿为息事宁人在旁边劝解，就是黄金荣把他打死，他也不肯唱。

（杭子和《我和余叔岩合作的情况》）

写真关于伶人优劣、神情、架子，有目共赏，倘失于研究，或缺欠功夫，而所摄之相，非但不合式，且令观者指疵。伶人戏装照相，与名誉上，洵有重大之关系。

老伶工钱金福，生平不喜照相，故外间罕见其摄影。前次叔岩赴沪，叔岩、王长林拍《问樵》，多人怂恿金福留相，作他日之纪念，百般要求，始与叔岩合照一《定军山》。予见之不忍释手，拍之夏侯渊，以脸谱最佳，神情、工架，他人万难做到，作掏翎式，以两指挑翎尾，尤属好看。该相叔岩赠听花君，黄忠已制铜版印出。夏侯渊将亦刊报，以公同好。谅留心戏剧者所乐闻也。

（辻听花《钱金福夏侯渊之写真》，《顺天时报》1924年2月17日第五版）

11月19日，余叔岩、王长林、钱金福自上海回京。

11月22日，承华社在开明戏院演夜戏，梅兰芳首演《洛神》。

11月25日张远伯寿辰堂会：

余叔岩、尚小云、王长林《打渔杀家》，杨小楼《连环套》。

按：张远伯，即张志潭，历任北洋政府内务、交通总长，擅书法。

11月26日曹总统寿辰公府堂会：

尚小云、王凤卿《御碑亭》，余叔岩、朱琴心《游龙戏凤》，余叔岩、陈德霖、尚小云、龚云甫《四郎探母》，梅兰芳《嫦娥奔月》。

12月1日，松庆社在开明戏院演夜戏，杨小楼演《殷家堡》《铁笼山》双出。

12月2日，松庆社在开明戏院演夜戏，杨小楼演《骆马湖》。

12月，梅兰芳、王凤卿、言菊朋、陈彦衡等人赴上海演出。

12月8日开明戏院胜云社夜戏：

刘景然、谭春仲《宫门带》，九阵风、王长林《小放牛》，筱翠花、程继先《马上缘》，陈德霖《孝义节》，余叔岩、裘桂仙、钱金福《失空斩》。

据当日戏单记录，票价：楼上一元五毛，楼下前排一元二毛，后排八毛；包厢，头级六座十二元，四座八元，三座六元，正面七座十二元六毛，五座九元。

12月9日开明戏院胜云社夜戏：

钱金福《庆阳图》，九阵风《攻潼关》，陈德霖、程继先、陆凤琴、福小田《岳家庄》，余叔岩、筱翠花、王长林、罗福山《坐楼杀惜》。

12月12日织云公所樊宅堂会：

尚小云、贯大元《御碑亭》，余叔岩《定军山》，杨小楼《骆马湖》。

12月13日开明戏院悟善社义务戏演出：

筱翠花《虹霓关》，陈德霖《战蒲关》，龚云甫《行路训子》，杨小楼《状元印》，余叔岩、尚小云《打渔杀家》。

12月14日开明戏院悟善社义务戏演出：

九阵风《蟠桃会》，杨瑞亭《独木关》，尚小云、筱翠花《虹霓关》，朱琴心《鸿鸾禧》，陈德霖、龚云甫《孝义节》，余叔岩、杨小楼《定军山·阳平关·五截山》。

12月15日孙蕙卿寿辰堂会：

李万春《神亭岭》，绿牡丹《送酒》，九阵风《扈家庄》，龚云甫《徐母骂曹》，陈德霖《二进宫》，尚小云《奇双会》，杨小楼《连环套》，余叔岩、王瑶卿、朱素云《珠帘寨》。

12月18日开明戏院义务夜戏：

裘桂仙《牧虎关》，程继先、萧长华《连升店》，杨小楼《连环套》，余叔岩、陈德霖《南天门》，红豆馆主《别母乱箭》。

12月19日开明戏院义务夜戏：

裘桂仙《锁五龙》，王长林《巧连环》，程继先、方连元《蔡家庄》，余叔岩、杨小楼《八大锤》，红豆馆主、陈德霖《奇双会》。

12月24日那王府寿辰堂会：

余叔岩、尚小云《梅龙镇》。

12月25日那家花园那桐夫人六十寿辰堂会：

余叔岩、朱琴心《打渔杀家》，杨小楼《安天会》《赵家楼》。

今日为内子六十寿辰，阖家道寿喜，宝儿请亲友七百余家，演戏一昼夜，吃庆和堂菜，来男女客约六百数十余人。午正开戏，丑初二刻戏止，极佳。

（《那桐日记》1923年12月25日）

12月29日增寿臣夫人寿辰堂会：

剧目待考。

12月30日第一舞台白云观义务戏：

筱翠花《鸿鸾禧》，时慧宝《朱砂痣》，杨小楼《安天会》，程砚秋、郭仲衡《红拂传》，杨小楼、尚小云《回荆州》，余叔岩、王瑶卿《珠帘寨》。

一九二四年（民国十三年·甲子）三十五岁

按：是年，余叔岩仍组胜云社，周六、日在开明戏院演夜戏。同年北京剧界主要班社有：梅兰芳承华社，有王凤卿等人，在开明戏院、吉祥园演夜戏；杨小楼松庆社，有白牡丹、杨宝忠等人，在开明戏院演夜戏；梅、杨、余三大班社轮流在开明戏院周六、日演夜戏。程砚秋和声社，有王瑶卿、贯大元等人，在三庆园；朱琴心合胜社，先有时慧宝，后有马连良等人，在华乐园、吉祥；高庆奎玉华社，有王幼卿等人，在中和园开幕；徐碧云云兴社，在华乐园；俞振庭双庆社，有尚小云、筱翠花、时慧宝等人，在广德楼、吉祥园；俞振庭斌庆社，有李万春、王少楼、魏莲芳、蓝月春等人，在广德楼唱日戏；富连成社在广和楼。演出记录据《顺天时报》《京报》及存世戏单整理。

1月5日开明戏院胜云社夜戏：

钱金福《瓦口关》，九阵风、王长林《百草山》，高秋颦、程继先、裘桂仙、慈瑞泉《穆柯寨》，余叔岩、陈德霖《桑园寄子》。

1月6日开明戏院胜云社夜戏：

王长林、曹二庚《定计化缘》，九阵风、钱金福《取金陵》，程继

先、高秋颦《马上缘》，陈德霖《落花园》，余叔岩《托兆碰碑》。

同日交吴借马大人胡同刘宅堂会：

全班合演《大赐福》《百寿图》，诸如香《荷珠配》，俞振庭、俞赞庭、小振庭《艳阳楼》，马连良、筱翠花、马富禄《坐楼杀惜》，朱素云、杨瑞亭《临江会》，绿牡丹《宝蟾送酒》，朱素云、筱翠花、诸如香《得意缘》，余叔岩、尚小云、陈德霖、龚云甫《四郎探母》，马连良、徐碧云《宝莲灯》，李万春、蓝月春《神亭岭》，龚云甫《行路训子》，时慧宝《上天台》，余叔岩、小振庭、朱素云《八大锤》，杨小楼、王长林、侯喜瑞《连环套》。

月之六日，国务各员，及军警要人，假马大人胡同刘禹臣宅，公宴顾少用总长、王兰亭秘书长、吴秋舫总长、陆绣山处长，并邀诸名伶演剧助兴。余以公务之关系，得一饱眼耳之福。兹将所聆各剧序列于后，以供顾曲家茶余之消遣云：

……

十、余叔岩尚小云之《探母回令》，自"坐宫"至"回令"，叔岩演来，不稍懈怠，已属难能，而处处尤能不忘别离之憾，神乎技矣。"坐宫"一段，近代无两。小云公主平平。德霖太后，恰合身份。龚云甫余太君，见儿一段〔快板〕，清脆动听。

……

十五、余叔岩《八大锤》，"说书"一场神情白口，均臻绝境，是日在此演两剧，又在开明演《托兆碰碑》，同一晚演三出重头戏，吾恐老谭复生亦不能买此等力量也，叔岩演来丝丝入扣，实近代须生第一人也。小振庭之陆文龙，枪法极熟，丝毫不乱。"说书"时则朱素云饰之，虽能尽孩童之态度，然未免失之柔弱耳。

……

（菊痕《一月六日观剧记》，《顺天时报》1924年1月16日第五版）

1月10日内务部街岳宅堂会：

筱翠花、程继先《得意缘·下山》，龚云甫《行路》，杨小楼《连环套》，余叔岩演出剧目待考。

旧历十二月初五日，内务部街岳宅作寿彩觞，以胜云社作班底，外串龚云甫、筱翠花。

（《都门菊讯》，《顺天时报》1924年1月6日第五版）

按：内务部街岳宅即盐业银行岳乾斋家宅。

1月12日，松庆社在开明戏院演夜戏，杨小楼演《法门寺》。

1月13日，松庆社在开明戏院演夜戏，杨小楼演《挑滑车》。

1月20日，松庆社在开明戏院演封箱戏，杨小楼演《八门金锁阵》，反串《八蜡庙》。

1月25日开明戏院胜云社封箱夜戏：

慈瑞泉《入府》，裘桂仙《牧虎关》，程继先、王荣山、刘景然《黄鹤楼》，九阵风、沈三玉、阎岚亭《金山寺》，陈德霖《宇宙锋》，余叔岩、王蕙芳、钱金福、王长林《打渔杀家》。

1月26日开明戏院胜云社封箱夜戏：

王蕙芳、赵芝香、程继先、罗福山《得意缘》，龚云甫、裘桂仙《断后》，余叔岩、侯喜瑞、九阵风、钱金福、沈三玉、王长林、鲍吉祥、曹二庚《战宛城》。

票价：楼下前排二元，后排一元；楼上散座一元五角，四座包厢十元。

1月27日，胜云社在得兴堂祀神。

1月26—28日天津齐宅堂会：

剧目待考。

1月30日那家花园颜世清五十寿辰祝寿堂会：

全班合演《富贵长春》，王蕙芳、荣蝶仙、萧长华、麻穆子《双沙河》，王琴侬、姜妙香、曹二庚《五花洞》，李万春、蓝月春《神亭岭》，绿牡丹《麻姑献寿》，程砚秋、王又荃《花舫缘》，杨小楼、程继先、钱宝奎《镇潭州》，梅兰芳、陈德霖、龚云甫《雁门关》，红豆馆主、钱金福、王凤卿、萧长华《群英会》，梅兰芳、姜妙香《游园惊

侯喜瑞《战宛城》饰曹操

梦》，余叔岩、王瑶卿、钱金福、王长林、朱素云《珠帘寨》。

按：颜世清，字韵伯，曾任清廷直隶洋务局会办。民国后历任直
隶都督府外交厅厅长、北京大总统府军事参议、井陉矿务局督办、奉
天巡按使署政治顾问、财政部印刷局局长、张家口税务监督等。擅书
画，富收藏。

2月1日第一舞台正乐育化会窝窝头会义务戏：

周瑞安、小振庭《长坂坡》，绿牡丹、李万春、兰月春《翠屏山》，
王瑶卿、荣蝶仙、侯喜瑞、金仲仁《棋盘山》，程砚秋、郭仲衡、陈德
霖、龚云甫、王又荃《四郎探母》，筱翠花《宝蟾送酒》，余叔岩、尚小
云、慈瑞泉《打渔杀家》，梅兰芳、杨小楼、王凤卿《霸王别姬》。

2月5日正月初一，松庆社在开明戏院演夜戏，杨小楼演《英雄会》。

2月11日那家花园张廷谔为母祝寿堂会：

全班合演《天官赐福》，刘春升、王斌才《百寿图》，赵绮霞《喜荣归》，俞少庭《百凉楼》，小砚秋《草桥关》，小桂芳《天水关》，魏莲芳《天女散花》，俞华庭《艾虎招亲》，小桂花《贵妃醉酒》，李万春、俞步兰《投军别窑》，蓝月春《艳阳楼》；全班合演《遇龙封官》，李万春《英雄义》，王又宸、诸如香《桑园寄子》，王凤卿、朱琴心《汾河湾》，徐碧云《花木兰》，王又宸、慈瑞泉、马富禄《打棍出箱》，梅兰芳、姚玉芙、姜妙香《千金一笑》，尚小云、朱素云、刘景然《玉堂春》，王瑶卿、筱翠花、朱素云《得意缘下山》，余叔岩、尚小云、王长林《庆顶珠》。

张廷谔为其母作寿，借予园演戏宴客两日。

（《那桐日记》1924年2月11日）

2月12日怀仁堂总统府堂会日戏：

筱翠花《贵妃醉酒》，尚小云《打金枝》，余叔岩、筱翠花《坐楼杀惜》，梅兰芳《黛玉葬花》。

2月12日怀仁堂总统府堂会夜戏：

新中华女子歌舞旅行团各式歌舞，邹剑珮《凤阳花鼓》，李万春、毛庆来《两威将军》，梅兰芳、余叔岩《游龙戏凤》。

2月14日，松庆社在开明戏院演夜戏，杨小楼演《长坂坡》。

2月17日开明戏院胜云社夜戏：

九阵风、阎岚亭、沈三玉《青石山》，程继先、王蕙芳、鲍吉祥《马上缘》，陈德霖《彩楼配》，余叔岩、裘桂仙、钱金福、王长林《打棍出箱》。

2月24日，承华社在开明戏院演夜戏，梅兰芳、王凤卿演《汾河湾》。

3月1日开明戏院胜云社夜戏：

裘桂仙《探阴山》，九阵风、慈瑞泉、阎岚亭《百草山·锯大缸》，程继先、律佩芳《监酒令》，裘桂仙、曹二庚《探阴山》，陈德霖、刘景然《三击掌》，余叔岩、王蕙芳、钱金福、王长林《珠帘寨》。

票价：楼下前排二元，后排一元五角、一元；楼上散座一元五角，四座包厢十元，六座包厢十五元。

3月2日开明戏院胜云社夜戏：

九阵风、阎岚亭、沈三玉《演火棍·打韩昌》，裘桂仙、福小田、律佩芳《草桥关》，程继先、王蕙芳《鸿鸾禧》，陈德霖《宇宙锋》，余叔岩、钱金福、王长林《别母乱箭》。

3月8日，承华社在开明戏院演夜戏，梅兰芳、王凤卿演《前部春秋配》。是日，杨宝忠随绿牡丹赴沪演出，琴师为陈鸿寿。

3月9日，承华社在开明戏院演夜戏，梅兰芳、王凤卿演《后部春秋配》。

3月13日晚，杨小楼、余叔岩等人离京赴奉天，参加张作霖五旬晋二寿辰堂会。

3月15日，九阵风演《泗州城》，筱翠花、王瑶卿演《得意缘》，王又宸演《琼林宴》，卧云居士演《徐母骂曹》，俞振庭演《金钱豹》，祝荫亭、蒋君稼演《汾河湾》，程砚秋、郭仲衡演《花舫缘》，余叔岩演《定军山》，杨小楼演《连环套》，尚小云演《奇双会》。

3月16日，小振庭演《状元印》，时慧宝演《戏迷传》，程砚秋演《红拂传》，祝荫亭、蒋君稼演《游龙戏凤》，九阵风演《扈家庄》，杨小楼、王瑶卿演《长坂坡》，余叔岩演《珠帘寨》，王又宸演《捉放曹》，筱翠花演《花田错》，卧云居士演《长寿星》，尚小云、筱翠花、朱素云演《张敞画眉》。

3月17日，祝荫亭、蒋君稼演《宝莲灯》，李万春、蓝月春演《神仙世界》，九阵风演《取金陵》，时慧宝演《逍遥津》，筱翠花演《穆柯寨》，王又宸演《辕门斩子》，程砚秋演《风流棒》，杨小楼演《挑滑

余叔岩《珠帘寨》饰李克用

车》，尚小云演《刺红蟒》，余叔岩、尚小云、龚云甫演《探母回令》，王长林演《巧连环》。

余叔岩在奉天所演之三出戏，共价九千元。

（《都门菊讯》，《顺天时报》1924年3月15日第五版）

4月4日福寿堂张宅堂会：

侯喜瑞、孙毓堃《丁甲山》，韩世昌《游园惊梦》，筱翠花《游龙戏凤》，尚小云、杨小楼、龚云甫《回荆州》，朱琴心《闺房乐》，程砚秋《弓砚缘》，尚小云《刺蟒》，杨小楼《镇潭州》，余叔岩《清官册》，梅兰芳《木兰从军》。

是日，开明戏院承华社演夜戏，梅兰芳演《游园惊梦》，王凤卿演《鱼肠剑》。

4月5日盐业银行朱宅堂会：

全班合演《大赐福》《百寿图》，九阵风、阎岚亭《蟠桃会》，萧长华、诸如香《荡湖船》，郝寿臣、罗文奎《瓦口关》，王凤卿、张春彦《文昭关》，筱翠花《醉酒》，龚云甫、扎金奎《三进士》，程砚秋、郭仲衡、侯喜瑞《红拂传》，杨小楼、钱金福、许德义《恶虎村》，余叔岩、裘桂仙《群臣宴》，梅兰芳、陈德霖《麻姑献寿》。

余叔岩近在朱宅堂会演《骂曹》。

（《剧界消息》，《顺天时报》1924年4月10日第五版）

4月9日天津李士伟为母作寿堂会：

剧目待考。

天津李士伟，旧历月之初六日，为其太夫人作寿，特邀余叔岩等，前往演戏。

（《剧界信息》，《顺天时报》1924年4月11日第五版）

按：李士伟，日本早稻田大学毕业。清末曾任北洋师范学堂监督、山西井陉矿务局总办。民国后历任财政部顾问、农商部矿政顾问、中国银行总裁、中日实业公司总裁、靳云鹏内阁财政总长等。

4月12日开明戏院胜云社夜戏：

裘桂仙《牧虎关》，钱金福《庆阳图》，九阵风、沈三玉、阎岚亭《娘子军》，王蕙芳、程继先、慈瑞泉《鸿鸾禧》，余叔岩、陈德霖、鲍吉祥、王长林《南天门》。

前次奉天堂会，余叔岩因演三重头戏《珠帘寨》《探母》《定军山》，兼来往劳累，归京后即抱恙，半月余未出台。一般癖余者望目欲穿。近经陆仲安调治，始精神如初。初一日在金鱼胡同张宅堂会演《清官册》，次夕在盐业银行朱宅演《群臣宴》。今日星期六，经袁君特烦，在开明演《南天门》。此戏自与兰芳、小云分演后，饰玉姐者非陈颖川莫属。老谭逝去，演斯曹福，唱作念三者并重，无出其右。今晚演此杰奏。可卜受多人之欢迎也。

（《檀板绮闻》，《顺天时报》1924年4月12日第五版）

程继先是与余叔岩长期合作的小生演员，特别是《群英会》《八大锤》《打侄上坟》之类老生、小生合作的戏，一般都由程继先配演。

4月13日开明戏院胜云社夜戏:

裘桂仙、赵芝香《探阴山》,刘景然、鲍吉祥《宫门带》,王长林《巧连环》,王蕙芳、慈瑞泉、律佩芳《探亲家》,陈德霖、福小田、张连升《宇宙锋》,余叔岩、九阵风、程继先、钱金福《八大锤》。

4月15日,松庆社在开明戏院演夜戏,杨小楼演《安天会》,谭富英是日加入该社,演《定军山》。

4月16日,王福寿病逝。

4月18日,承华社在开明戏院演夜戏,梅兰芳演《红线盗盒》,王凤卿演《取帅印》。

4月19日靳云鹏为母邱太夫人祝寿堂会:

王又宸、尚小云、陈德霖、龚云甫《四郎探母》,程砚秋、郭仲衡、金仲仁、刘景然《御碑亭》,杨小楼、鲍吉祥、吴彩霞、王瑶卿、钱金福《长坂坡》,余叔岩、王瑶卿、鲍吉祥、张彩林、钱金福、王长林《珠帘寨》,梅兰芳《红线盗盒》。

> 压轴《珠帘寨》,余叔岩李克用,做唱白皆得老谭真髓。须生泰斗,声下无虚。瑶卿之二皇娘,亦可谓绝戏(大评剧家先生以为如何)。鲍吉祥程敬思、张彩林大太保、钱金福周德威皆称职,而王长林之老军尤诙谐解颐。

(《靳宅观剧记》,《顺天时报》1924年5月7日第五版)

是日,承华社在开明戏院演夜戏,梅兰芳演《全本邓霞姑》,王凤卿演《华容道》。

4月21日,梨园界祀神,胜云社在陶然亭。

4月30日卓宅堂会:

全班合演《天官赐福》,刘春升、王斌才《百寿图》,小桂芬《取三郡》,俞少庭《蟠桃会》,小砚秋、马斌龙、张斌贵《草桥关》,赵绮霞、朱斌仙、张斌长《凤阳花鼓》,俞少庭《卧虎沟》,魏莲芳《麻姑献寿》,陈葵香、杨斌昌、小寿山《琼林宴》,俞少庭、小春来、小永立、小韵秋、小云升《百凉楼》,俞步兰、小寿山《女起解》,魏莲芳、徐斌寿、小奎官《鸿鸾禧》，李万春、俞步兰《平贵别窑》，小桂花、徐斌寿、小奎官《贵妃醉酒》，李万春、蓝月春、小永立、小春来《两将军》，小桂花《探亲家》，王少楼《群臣宴》，萧长华、诸如香《变羊记》，包丹庭《探庄射灯》，程砚秋、王瑶卿、金仲仁、慈瑞泉《能仁寺》，余叔岩、钱金福、鲍吉祥、曹二庚《定军山》，言菊朋《空城计》，梅兰芳、程继先、姜妙香、李寿山、郭春山《贩马记》。

5月2日第一舞台梨园公益总会为建筑公所筹款义务夜戏：

周瑞安、九阵风、侯喜瑞《溪皇庄》，朱琴心、郭仲衡《御碑亭》，筱翠花、朱素云《花田错》，尚小云、时慧宝《牧羊卷》，龚云甫、裘桂仙《断太后》，杨小楼、王蕙芳、郝寿臣、贯大元、钱金福《长坂坡》，余叔岩、王长林、王连浦（太师）、李寿山（煞神）《琼林宴》，梅兰芳、王凤卿、陈德霖《上元夫人》。

5月3日第一舞台梨园公益总会为建筑公所筹款义务夜戏：

朱桂芳《泗州城》，贯大元《搜孤救孤》，周瑞安、九阵风《刺巴杰》，时慧宝《上天台》，朱琴心《得意缘》，程砚秋《法门寺》，龚云甫、陈德霖《孝义节》，尚小云、筱翠花《虹霓关》，余叔岩、钱金福、王又荃、鲍吉祥《珠帘寨》，杨小楼、梅兰芳《霸王别姬》。

梨园公益会，新购樱桃斜街之房，共价一万二千元，除前在第一台演义务戏所得九千余元外，下不敷之数，正在筹措。

（《都门菊讯》，《顺天时报》1924年5月24日）

梨园公会所，在樱桃斜街所购之会所，昨日开会签字。

（《都门菊讯》，《顺天时报》1924年6月1日第五版）

5月10日缴子胡同堂会：

余叔岩、尚小云《四郎探母》。

旧历月之初七日，尚小云在缴子胡同，除演《秦良玉》外，并与叔岩演《探母》。

（《剧界信息》，《顺天时报》1924年5月9日第五版）

是日，承华社在开明戏院演夜戏，梅兰芳、王凤卿演《汾河湾》。

5月11日，承华社在开明戏院演夜戏，梅兰芳演《廉锦枫》，王凤卿演《文昭关》。

是日，谭富英举行婚礼。

5月17日开明戏院胜云社夜戏：

王长林、钱金福《祥梅寺》，沈三玉、阎岚亭、慈瑞泉、九阵风《百草山》，王蕙芳、赵芝香、程继先、罗福山《得意缘》，陈德霖《彩楼配》，余叔岩、裘桂仙、鲍吉祥《捉放宿店》。

5月18日开明戏院胜云社夜戏：

刘景然、曹二庚、陆凤琴、赵芝香《九更天》，九阵风、沈三玉、扎金奎《攻潼关》，王蕙芳、慈瑞泉《探亲家》，陈德霖、程继先《岳家庄》，余叔岩、鲍吉祥、钱金福、王长林、裘桂仙《失街亭》。

是晚，承华社在吉祥园演夜戏，梅兰芳、王凤卿演《金针刺蟒》，王凤卿演《鱼肠剑》。

5月19日，梁启超、林长民欢迎泰戈尔访华，特烦梅兰芳在开明戏院演《洛神》。

5月24日第一舞台警察厅贫儿教养院义务戏：

九阵风、周瑞安《刺巴杰》，时慧宝《上天台》，王凤卿、程继先、萧长华《群英会》，筱翠花、侯喜瑞《头本马思远》，田桐秋、于豹《也是斋》，王又宸、尚小云、陈德霖、龚云甫《探母回令》，贯大元、朱琴心《梅龙镇》，梅兰芳《红线盗盒》，余叔岩、杨小楼、钱金福、罗福山、许德义、迟月亭、刘砚亭《八大锤》。

5月25日第一舞台警察厅贫儿教养院义务戏：

王又宸、朱琴心《乌龙院》，时慧宝《金马门》，筱翠花、朱素云《马思远》，程砚秋、郭仲衡《宝莲灯》，陈德霖、龚云甫《雁门关》，周瑞安《艳阳楼》，九阵风、王长林《小放牛》，余叔岩、尚小云《审头刺汤》，梅兰芳、杨小楼、王凤卿《霸王别姬》。

余叔岩家中近死一杨姓，以为不祥，在他处避晦，暂不登台。

（《剧界消息》，《顺天时报》1924年6月3日第五版）

梅兰芳《洛神》。即在5月19日演出之后，泰戈尔为梅兰芳赠诗一首：
亲爱的，你用我不懂的/语言的面纱/遮盖着你的容颜/正像那遥望如同一
脉/缥缈的云霞/被水雾笼罩着的峰峦。

5月30日，承华社在开明戏院演夜戏，梅兰芳、王凤卿演《前本木兰从军》。

5月31日，承华社在开明戏院演夜戏，梅兰芳、王凤卿演《后本木兰从军》。

6月21日第一舞台窝窝头会义务戏：

朱桂芳《打瓜园》，周瑞安《霸王庄》，贯大元《断密涧》，郭仲衡《鱼肠剑》，谭小培《赶三关》，时慧宝、王琴侬《朱砂痣》，筱翠花、萧长华《双沙河》，王又宸、陈德霖《寄子》，杨小楼、郝寿臣《连环套》，龚云甫、程砚秋《六月雪》，尚小云《秦良玉》，余叔岩、杨小楼、田桂凤、阎岚秋、钱金福、鲍吉祥、小桂花《战宛城》。

6月22日第一舞台窝窝头会义务戏：

周瑞安《剑锋山》，程继先、萧长华《连升店》，侯喜瑞《青凤寨》，郭仲衡《举鼎观画》，时慧宝《马鞍山》，朱琴心《鸿鸾禧》，田桂凤《苏三赠金》，龚云甫、陈德霖《母女会》，尚小云、筱翠花、王又宸、朱素云《御碑亭》，程砚秋、王又荃《玉狮坠》，余叔岩、杨小楼、钱金福、郝寿臣《定军山·阳平关·五截山》。

7月6日，松庆社在开明戏院演夜戏，杨小楼演《霸王庄》《状元印》，杨宝忠、白牡丹演《游龙戏凤》。

7月12日开明戏院胜云社夜戏：

裘桂仙《铡美案》，程继先《岳家庄》，九阵风《泗州城》，陈德霖《三击掌》，余叔岩、王蕙芳、钱金福、王长林、鲍吉祥、郭春山《打渔杀家》。

7月13日开明戏院胜云社夜戏：

王蕙芳《得意缘》，陈德霖《孝义节》，余叔岩《打棍出箱》。

余叔岩经开明要求，本星期六星期日，演唱两晚毕，始行歇夏。

（《都门菊讯》，《顺天时报》1924年7月8日第五版）

7月19日，松庆社在开明戏院演夜戏，杨小楼、白牡丹演《战宛城》，杨宝忠演《洪羊洞》。

7月20日，松庆社在开明戏院演夜戏，杨小楼演《殷家堡》《铁笼山》，杨宝忠、白牡丹演《汾河湾》。

7月26日开明戏院胜云社夜戏：

陆凤琴《荷珠配》，刘景然《一捧雪》，九阵风《百草山》，王长林、钱金福《祥梅寺》，陈德霖《彩楼配》，王蕙芳、程继先、福小田、慈瑞泉《鸿鸾禧》，余叔岩、鲍吉祥、裘桂仙、扎金奎、霍仲三《击鼓骂曹》。

《群臣宴》，为老生唱工重头戏，非造诣精深者，不敢尝试。星期六余叔岩在开明演斯剧，能将祢衡名士怀才不遇之傲气，描写到神妙境地，虽不及昔年老谭之工正，在今日梨园中，实无有出乎其右者。是晚嗓子尚好，调门在软正官调线上，惟入后数段〔二六〕，甚为吃力，中间小腔，时时脱落，鼓手屡加垫板，偷眼不够眼之弊，累累然生矣，然此非内家则听不出来。鼓法甚佳，〔夜深沉〕一折，击得酣畅淋漓，板槽尺寸，丝维不差，胡琴亦拖得入丝入扣，洵非他伶所能及也。裘桂仙之曹操，唱工可听，架式则无处可取。鲍吉祥之张辽，扎金奎之孔融，平稳而已。

（水钟《追记余叔岩之群臣宴》，《顺天时报》1924年8月8日第五版）

7月27日开明戏院胜云社夜戏：

陈少五《御休郡》，陆凤琴《一匹布》，九阵风、阎岚亭、沈三玉《娘子军》，陈德霖、王荣山、刘景然《战蒲关》，王蕙芳、贾多才、慈瑞泉《探亲》，余叔岩、福小田、王长林《当锏卖马》，余叔岩、裘桂仙（曹操）、王长林、钱金福（黄盖）、程继先、鲍吉祥《群英会》。

8月2日第一舞台顺直水灾义务戏：

时慧宝《上天台》，侯喜瑞《青凤寨》，贯大元、朱琴心、白牡丹《乌龙院》，郭仲衡、程砚秋、王又荃、吴富琴《御碑亭》，杨小楼、筱翠花、郝寿臣、钱金福《战宛城》，梅兰芳、朱桂芳、姜妙香、萧长华《廉锦枫》，余叔岩、尚小云、王又宸、陈德霖、王长林、慈瑞泉《探母回令》。

8月3日第一舞台顺直水灾义务戏：

全班合演《天官赐福》，九阵风、朱湘泉、朱桂芳、郝寿臣、周瑞安、傅小山《刺巴杰》，李万春、蓝月春《神亭岭》，时慧宝、贾多才、郭春山《戏迷传》，筱翠花、程继先、王又宸、金仲仁、慈瑞泉《胭脂虎》，陈德霖、龚云甫《孝义节》，白牡丹、朱琴心、王又荃、慈瑞泉、蒋少奎、诸如香《花田错》，程砚秋、贯大元《武家坡》，言菊朋、侯喜瑞、吴彩霞《战太平》，余叔岩、尚小云、王长林、鲍吉祥、钱金福、裘桂仙《打渔杀家》，杨小楼、梅兰芳、王凤卿、姜妙香、钱金福、李寿山、许德义、郭春山、迟月亭、朱桂芳、姚玉芙、慈瑞泉《别姬》。

8月7日农历七月初七，开明戏院承华社夜戏，梅兰芳演《天河配》；广德楼夜戏，尚小云、筱翠花等演《天河配》；庆乐园夜戏，张少仙演《天河配》；城南游艺园夜戏，金少梅演《天河配》；第一舞台夜戏，西泠居士、铁林甫等演《天河配》。

8月14日开明戏院胜云社夜戏：

钱金福、冯蕙林、福小田《取洛阳》，裘桂仙、赵芝香、郭春山《探阴山》，九阵风、阎岚亭、沈三玉《无底洞》，王蕙芳、贾多才、慈瑞泉《探亲家》，余叔岩、王长林、鲍吉祥《盗宗卷》，余叔岩、陈德霖、刘景然、德珺如、曹二庚、陆凤琴《御碑亭》。

票价：楼下前排一元二角，后排八角，楼上散座一元五角。

8月15日开明戏院胜云社夜戏：

德珺如、慈瑞泉、郭春山《连升店》，刘景然、福小田、曹二庚《开山府》，裘桂仙、王荣山、律佩芳《铡美案》，九阵风、沈三玉、周喜如、阎岚亭、扎金奎《蟠桃会》，陈德霖、韩金福、李广顺《宇宙锋》，余叔岩、王蕙芳、鲍吉祥、钱金福、王长林、赵芝香《珠帘寨》。

票价：前九排二元，楼下中六排一元五角，后九排一元，楼上散座一元五角。

8月16日第一舞台梨园公会义务戏：

贯大元、周瑞安《阳平关》，朱桂芳、九阵风《泗州城》，马连良、

《铡美案》裘桂仙饰包拯，李鸣玉饰陈世美。

阎喜林《盗宗卷》，筱翠花、尚小云、李寿山、姜妙香、小振庭《金山寺》，梅兰芳、杨小楼、余叔岩、王凤卿、朱素云、钱金福、罗福山《美人计·回荆州》，白牡丹《鸿鸾禧》，程砚秋、王又荃、郭仲衡、扎金奎《玉堂春》，杨小楼、梅兰芳、余叔岩、尚小云、筱翠花、俞振庭、诸如香、郝寿臣、王凤卿、李万春、范宝亭、张春彦、慈瑞泉、贾多才《八蜡庙》。

8月17日第一舞台梨园公会义务戏：

余叔岩《南阳关》，梅兰芳《穆天王》，尚小云《法门寺》，杨小楼、梅兰芳《长坂坡》。

8月23日，承华社在开明戏院演夜戏，梅兰芳演《玉簪记》，王凤

卿演《华容道》，同日那家花园堂会杨小楼演《夜奔》。

8月24日，承华社在开明戏院演夜戏，梅兰芳演《头二本虹霓关》，王凤卿演《取成都》。

8月29日开明戏院胜云社夜戏：

裘桂仙《锁五龙》，九阵风《取金陵》，陆凤琴《入侯府》，王蕙芳、慈瑞泉、德珺如《鸿鸾禧》，余叔岩、钱金福、王长林、鲍吉祥、扎金奎、福小田《定军山》。

8月30日开明戏院胜云社夜戏：

王长林《巧连环》，王荣山《禅宇寺》，德珺如《岳家庄》，九阵风、阎岚亭、周喜如《男三战》，王蕙芳、慈瑞泉、刘景然《浣花溪》，陈德霖、钱金福、胡长泰《贞娥刺虎》，余叔岩、裘桂仙、鲍吉祥、扎金奎、王多寿《托兆碰碑》。

8月31日第一舞台江西赈灾义务戏：

余胜荪《朱砂痣》，王凤卿、陈德霖《武昭关》，筱翠花《双铃记》，尚小云《穆柯寨》，程砚秋《宝莲灯》，梅兰芳《红线盗盒》，余叔岩、杨小楼《阳平关》。

9月1日第一舞台江西赈灾义务戏：

马连良、朱琴心《乌龙院》，程砚秋、曹二庚《女起解》，筱翠花、侯喜瑞、朱素云、慈瑞泉《二本双铃计》，梅兰芳、姜妙香、王凤卿、萧长华《穆柯寨》，余叔岩、尚小云《打渔杀家》，杨小楼、梅兰芳、郝寿臣、钱金福、范宝亭《长坂坡》。

9月3日，张作霖通电谴责曹锟、吴佩孚，兴兵入关，第二次直奉战争爆发。

9月6日织云公所徐宅堂会：

王少楼《珠帘寨》，李万春《英雄义》，王凤卿《大保国》，程砚秋《玉堂春》，杨小楼《青石山》，余叔岩、陈德霖、梅兰芳《探母回令》。

是日，松庆社在开明戏院演夜戏，杨小楼、白牡丹演《翠屏山》，杨宝忠演《空城计》。

9月7日，松庆社在开明戏院演夜戏，杨小楼《全本骆马湖》，白牡丹《女起解》。

9月8日，玉华社在中和园开幕，高庆奎演《失街亭》，王幼卿首次出台演《女起解》。

9月13日，承华社在开明戏院演夜戏，梅兰芳演《嫦娥奔月》，王凤卿演《鱼肠剑》。

9月14日，承华社在开明戏院演夜戏，梅兰芳、王凤卿演《宝莲灯》。

9月19日第一舞台湖南水灾义务戏：

韩世昌《尼姑思凡》，九阵风、周瑞安《泗州城》，白牡丹、朱琴心《花田错》，时慧宝《戏迷传》，龚云甫、陈德霖《母女会》，筱翠花、朱素云《得意缘》，马连良、马连昆《定军山》，程砚秋、郭仲衡《烛影计》，尚小云、王又宸《桑园寄子》，梅兰芳、王凤卿《宝莲灯》，余叔岩、杨小楼、侯喜瑞、姚富才《八大锤》。

是日，谭小培之妻、德珺如之女、谭富英之母德氏因难产病故。

9月20日第一舞台湖南水灾义务戏：

韩世昌《闹学》，九阵风、周瑞安、许德义《青石山》，马连良、郝寿臣《开山府》，时慧宝《戏迷传》，王又宸、白牡丹《南天门》，龚云甫、陈德霖、荣蝶仙、金仲仁、王蕙芳《雁门关》，尚小云、筱翠花《虹霓关》，梅兰芳、杨小楼、余叔岩、王凤卿、姜妙香《回荆州》，程砚秋、王又荃、张鸣才《玉堂春》，梅兰芳、杨小楼、余叔岩、尚和玉、俞振庭、李万春、王长林、俞赞庭、郝寿臣、小振庭、筱翠花、钱金福《大八蜡庙》。

9月23日，余叔岩在得兴堂庆祝小儿弥月。

余叔岩得子，名敦明，阴历八月廿五日弥月，设筵得兴堂庆祝。

昨日余叔岩假得兴堂办小儿弥月，侠公赠贺联如下：

桂子宁馨名驹大器，兰芽继美续凤新声。

（《都门菊讯》，《顺天时报》1924年9月24日第五版）

在一些记载中，有人说我祖父是余三胜抱来的，这件事我在家时并未听人说起过，不知有何根据。然而我父亲倒真的为我们抱来过一个弟弟。父亲传宗接代的意识很强，我妈生下过一个男孩，下地七天就死了，后来再也未能生过男孩，我曾经看见她一个人在房间里为此事而流泪。有一次，父母去天津，返京时抱回来一个小男孩，长得十分可爱，他俩越看越欢喜。但我的一位伯父之子对此很嫉妒，因为多了一个人与他争祖上家产。于是父亲就放风出去，说这是他的亲生儿子，母亲在天津。我的这个弟弟十分聪明，父亲教学生走台步，学生尚未学会，不满三岁的弟弟却学会了，而且走得很好看。可惜天不假年，弟弟三岁即夭亡。后来一些记载中把这位抱来的螟蛉之子当作"私生子"，其原因即在于此。

（余慧清《回忆父亲余叔岩》）

10月8日，梅兰芳离京赴日本演出。

10月14日，余叔岩之故母三周年，邀准提庵僧众唪经。

10月18日开明戏院义务夜戏：

裴桂仙《御果园》，侯喜瑞《青风寨》，九阵风《泗州城》，陈德霖《落花园》，余叔岩、王蕙芳、赵芝香、王长林《珠帘寨》。

10月22日夜，冯玉祥发动"北京政变"，曹锟下野，段祺瑞担任"中华民国临时政府"执政。

余叔岩因时局暂不演唱，每日以蟋蟀娱乐，闻今年所获强者颇多。

（《都门菊讯》，《顺天时报》1924年10月31日第五版）

11月3日，奉军攻占天津，吴佩孚南下，第二次直奉战争结束。

11月5日，清逊帝溥仪被逐出宫。

12月1日，徐碧云在会贤堂与梅兰芳之妹成婚。

12月24日那家花园廖凤舒寿辰堂会：

俞振庭《水帘洞》，九阵风《蟠桃会》，林钧甫、世哲生《小放牛》，时慧宝《上天台》，李万春《神亭岭》，琴雪芳《打花鼓》，筱翠花《醉酒》，尚小云《思凡》，梅兰芳、王又宸、陈德霖《四郎探母》，程砚秋、郭仲衡《红拂传》，杨小楼《骆马湖》，余叔岩、裘桂仙《捉放曹》。

> 按：廖凤舒，系廖仲恺胞兄，日本东京帝国大学政治系毕业，曾任清政府外交官。民国时曾代表袁世凯出席南北议和会议，时任金陵海关监督等职。

12月30日岳宅堂会：

全班合演《大赐福》《百寿图》，九阵风、范宝亭《打韩昌》，陈德霖、钱金福《刺虎》，筱翠花、萧长华《文章会》，龚云甫《长寿星》，高庆奎、侯喜瑞《胭粉计》，程砚秋、王又荃、吴富琴《赚文娟》，余叔岩、裘桂仙、王长林、侯喜瑞《失街亭》，杨小楼、钱金福、王长林《骆马湖》，梅兰芳、王凤卿、郝寿臣、李万春、魏莲芳、蓝月春《宝莲灯》。

一九二五年（民国十四年·乙丑）三十六岁

> 按：是年，杨小楼、余叔岩、白牡丹（后正式更名荀慧生）合组双胜社，每周六日在新明戏院演出。同年北京剧界主要班社有：梅兰芳承华社、有王凤卿、尚和玉、小龙长胜等人，在开明戏院；程砚秋初为鸣盛社，后改鸣和社、有王瑶卿、贯大元、郭仲衡等人，在华乐园；朱琴心合胜社、有马连良等人，在华乐园；尚小云协庆社，先有言菊朋、筱翠花，后有谭小培、马连良等人，在中和园、三庆园；俞振庭双庆社，有尚小云、筱翠花、言菊朋、王又宸等，在广德楼；高庆奎玉华社，有王幼卿等，在中和园；徐碧云自组班，有王又宸、谭富英等人，在开明戏院、中和园。王幼卿、王又宸之又兴社，在三庆园；孟小冬首次赴京组永盛社，在开明戏院；姚玉英、姚玉兰、筱兰英，在华乐园；富连成社在广和楼；俞振庭斌庆社，有李万春、王少楼、俞少庭、俞步兰等，在广德楼。演出记录据《顺天时报》《晨报》及存世戏单整理。

1月14日双胜社开明戏院夜戏:

陈德霖、赵芝香《落花园》,白牡丹、王长林、陈桐云《红鸾禧》,余叔岩、杨小楼、钱金福、刘砚亭、迟月亭、范宝亭、罗福山《八大锤》。

1月15日双胜社开明戏院夜戏:

裘桂仙《锁五龙》,方连元《泗州城》,冯蕙林、慈瑞泉《连升店》,陈德霖《彩楼配》,余叔岩、白牡丹、扎金奎、福小田、王长林、郭春山《打渔杀家》,杨小楼、白牡丹、侯喜瑞、钱金福、鲍吉祥、赵芝香、范宝亭《长坂坡》。

据《晨报》广告载,此期演出票价:

楼上男女合座:花楼二十四元,前厢十二元,后厢八元,散座一元五角;楼下中厅一元五角,后厅一元,东廊前十排一元五角,后排一元,西廊女座一元五角,后厢八元,散座一元五角,前厅一元五角。

1月17日,双胜社在得兴堂祀神。

1月20日第一舞台正乐育化会义务夜戏:

郭仲衡、王又荃、茹富蕙《双狮图》,尚和玉、俞振庭、九阵风、周瑞安、俞赞庭、小桂花、范宝亭、周春亭、刘凤奎、阎岚亭、刘春利、姚富才、方连元、陈富瑞、扎金奎《青石山》,李万春、蓝月春《神亭岭》,时慧宝、王幼卿《朱砂痣》,马连良、朱琴心《游龙戏凤》,程砚秋、贯大元、侯喜瑞、张鸣才、傅小山、郭春山《庆顶珠》,尚小云、王又宸、筱翠花、朱素云、刘景然、罗福山、马富禄《御碑亭》,龚云甫、陈德霖、高庆奎、荣蝶仙、姚玉芙、金仲仁、李寿山、诸如香、朱桂芳《雁门关》,余叔岩、郝寿臣、王长林、德珺如、张彩林《卖马》,杨小楼、梅兰芳、王凤卿、姜妙香、钱金福、许德义、张春彦、迟月亭、慈瑞泉、曹二庚、傅小山、郭春山、贾多才、刘砚亭《霸王别姬》。

余叔岩为今日须生界之泰斗,声誉之隆,在京实足压倒兰芳。

客岁曾举相遇,畅谈甚欢,因拉杂记之,或亦谈梨闻掌故者所乐闻乎

（下述叔岩语）。

老谭之《庆顶珠》，系学于先家祖（指余三胜），先家祖演此戏穿洒鞋、裹腿，并品月色绸袜，衣服则系素古铜色英雄衣裤，外套蓝布坎肩儿。至唱"昨夜晚"时已将蓝坎肩，除去换外套紫灰褶子，老谭亦照此着法，抓地虎靴子并未穿过也。

《南阳关》伍云召装束，头场纱帽白蟒，二三场白靠甩发，四场白开氅甩发，当场脱去开氅，穿青马褂白素箭衣，下以后青褂箭衣到底，予（叔岩自称下均仿此）平日演剧服装，恪守先师谭氏矩矱，不敢丝毫违背而自作聪明也。

二次南游搭亦舞台，包银共一万八千，惟琴心去千二，长林一千，吉祥暨琴师鼓手并跟随人等约共去二千有零，予约实入一万三千左右，而强行期，本定十月朔，因便血旧恙复发，医劝静养，又清室及保定两处有堂会坚留不放，是以未能如期到沪。此事本出意外，予势处处万难，赖有保定专派委员乐十（京师警察督查长）与亦舞台来手赵鹤舫接洽多次，亦舞台始允缓期，然外间谣言已纷起，予受累诚不浅矣。

琴师李佩卿为妙香之弟子，胡琴均予所授。前因其境况极窘，一切皆予照料，渠娶妻亦予力助，始得过门，二次沪局，月费三百元，技尚平妥。

京师票友极多，有真实力量者似不多，觑各戏园营业均平平，即小楼亦不得意。盖叫天、林颦卿之流，外江派太重，都人不甚欢迎，女角有琴雪芳者，尚有一部份捧场。

艳秋渐有进步，富英为小培之子，此子将来有造，小小朵（即杨宝忠）乃小朵之子，近拜岩门下不甚用心。

皇室堂会三日（十四、十五、十六），予体大受影响，每晨五钟进内，晚八钟始出，十四演《青石山》（饰吕祖），系当年先师谭供奉杰作；十五因内廷会亲，予戏码排在大轴（是日定《琼林宴》）时间过逊，不及演之，晚在张敬兴宅演《珠帘寨》；十六演《失街亭》（清

帝亲点）《珠帘寨》，本尚有《庆顶珠》一剧，摄政王涛贝勒念予病体新愈，三出太累，始乞恩得免。帝后特赏毛诗一部，他人无一角得此，昔先师在时内廷特赏至多仅百六十元，此亦旷典，同行颇艳羡之。内务府大臣并召其前台，属令专至帝前谢恩，再三慰劳，问后台是否特别优待，予虽病躯疲乏，惟不能不有知己之感也。

（看云楼主《与余叔岩之一席话》，《申报》1925年1月31日）

2月7日双胜社新明戏院夜戏：

方连元《演火棍》，裘桂仙《御果园》，陈德霖《三击掌》，杨小楼、侯喜瑞、范宝亭《恶虎村》，余叔岩、白牡丹《坐楼杀惜》，余叔岩、杨小楼、白牡丹、钱金福、王长林、扎金奎、迟月亭《青石山》。

《青石山》杨小楼饰关平，钱金福饰周仓

是日为旧历正月十五，承华社在开明戏院演夜戏，梅兰芳演
《上元夫人》。吉祥园夜戏，尚小云、筱翠花演《梅玉配》；华乐园
夜戏，马连良、朱琴心演《陈圆圆》；中和园夜戏，高庆奎演《五杰
闹花灯》。

杨小楼与余叔岩在新明院合作，每星期演两夜，售座尚不恶。惟
杨、余为两大好老，自不免小有意见。如上次开演时，小楼出台电灯
放光，而叔岩则否，于是叔岩方面之看客均大表不满。此次开演台侧
名牌之次序本为杨小楼、余叔岩、陈德霖、白牡丹，忽于演剧时又改
以叔岩为第一牌，小楼亦有所不快。故以此推测余杨之合作，颇不易
维持久远云。

杨余向亦于星期六星期日在开明院唱，嗣以开明约梅兰芳来
演，杨余遂改往新明。至开明方面两次售座均好，尤以《上元夫
人》之两晚为极盛，西人往观者，此则梅登场时之特征，为他伶所
未有者也。

（养拙《北京剧界近讯种种》，《申报》1925年2月22日）

2月8日双胜社新明戏院夜戏：

王荣山《战樊城》，陈德霖《孝义节》，白牡丹、陈桐云、福小田
《花田错》，余叔岩、慈瑞泉、王长林《琼林宴》，杨小楼、侯喜瑞、钱
金福、迟月亭《挑滑车》。

是晚，承华社在开明戏院演夜戏，梅兰芳演《上元夫人》。

2月14日双胜社新明戏院夜戏：

方连元《泗州城》，陈德霖《宇宙锋》，白牡丹《荀灌娘》，余叔
岩、杨小楼、侯喜瑞、钱金福、王长林《定军山·阳平关·五截山》。

是晚，承华社在开明戏院演夜戏，梅兰芳演双出《思凡》《虹霓
关》，王凤卿演《鱼肠剑》。

2月15日双胜社新明戏院夜戏：

方连元《攻潼关》，裘桂仙《白良关》，白牡丹、陈桐云、福小田
《红柳村》，余叔岩、陈德霖《南天门》，杨小楼、钱金福、慈瑞泉《骆

马湖》。

是晚，承华社在开明戏院演夜戏，梅兰芳演《玉簪记》，王凤卿演《鱼肠剑》。

2月21日双胜社新明戏院夜戏：

方连元《无底洞》，白牡丹、韩金福《破洪州》，余叔岩、钱金福、裘桂仙《失街亭》，杨小楼、侯喜瑞、王长林《连环套》。

是晚，承华社在开明戏院演夜戏，梅兰芳演《廉锦枫》，王凤卿演《捉放曹》。

2月22日双胜社新明戏院夜戏：

陆凤琴、甄洪奎《荷珠配》，方连元、侯喜瑞《普球山》，白牡丹、慈瑞泉《鸿鸾禧》，余叔岩、裘桂仙、鲍吉祥《击鼓骂曹》，杨小楼、钱金福、范宝亭《安天会》。

是晚，承华社在开明戏院演夜戏，梅兰芳、王凤卿、郝寿臣演《宝莲灯代打堂》《金雀记·乔醋》。

2月28日双胜社新明戏院夜戏：

裘桂仙《铡美案》，范宝亭、方连元《嘉兴府》，陈德霖、刘景然、鲍吉祥《战蒲关》，余叔岩、杨小楼、白牡丹、侯喜瑞、钱金福、王长林、鲍吉祥、迟月亭、侯海林、慈瑞泉《战宛城》。

是晚，承华社在开明戏院演夜戏，梅兰芳、王凤卿演双出《美人计·回荆州》《游龙戏凤》。

3月1日双胜社新明戏院夜戏：

方连元、冯连恩、李三星、王玉吉、陶玉芝、诸连顺《娘子军》，白牡丹、王长林《小放牛》，余叔岩、陈德霖、裘桂仙《二进宫》，杨小楼、侯喜瑞、钱金福、迟月亭、鲍吉祥、慈瑞泉、刘砚亭、罗福山、傅小山、赵芝香《冀州城》。

是晚，承华社在开明戏院演夜戏，梅兰芳演《天女散花》，王凤卿演《举鼎观画》。

3月2日陆军部礼堂段祺瑞招待班禅堂会：

余叔岩《清官册》。

今日执政府为招待班禅，设宴演剧。礼官处昨来公函，并否认为此祝寿之事。原函如左：

敬启者，本年夏历二月初九日，即阳历三月三日执政寿辰，曾经奉谕以大局未定，停止庆祝，通告在案。此次班禅远道入觐，本府为国体起见，不得不加优礼。故特于阳历三月二日，设宴演剧一日，以示五族联欢之意。所有报载本府人员借欢迎班禅之名，行祝寿之实，蒐集名伶，演剧三日，以表祝贺各节，绝无其事。特此更正，顺颂日祉，临时执政府礼官处启。

（《执政府演剧招待班禅　并非祝寿》，《顺天时报》1925年3月2日）

3月3日，赴奉天参加张作霖祝寿堂会：

杨小楼、梅兰芳、程艳秋、余叔岩等，于初九日上午十时，乘专车赴奉，开演堂会三天，大约须候下星期方能返京，以故开明、新明、三庆各园，本星期内，均暂行停演云。

（《都门菊讯》，《顺天时报》1925年3月5日第五版）

3月5日奉天张作霖祝寿公署堂会日戏：

全班合演《五路封侯》，朱桂芳、朱湘泉、侯喜瑞、陆喜才、甄洪奎、杨中和、侯海林《夺太仓》，白牡丹、金仲仁、王瑶卿、罗福山、刘凤林、李广顺《得意缘》，陈德霖、王凤卿、张春彦《战蒲关》，龚云甫、鲍吉祥、韩金福《三进士》，时慧宝、沈福山、郭春山《雍凉关》，程砚秋、郭仲衡《骂殿》，言菊朋、郝寿臣《天门阵》，余叔岩、梅兰芳《戏凤》，杨小楼、钱金福、王长林、迟月亭、陈少武、傅小山、曹连孝《骆马湖》。

3月5日奉天张作霖祝寿帅府堂会夜戏：

钱金福、王长林《祥梅寺》，朱桂芳、迟月亭、范宝亭《青石山》，白牡丹、萧长华、金仲仁《拾玉镯》，程砚秋、郭仲衡、侯喜瑞《红拂

传》、陈德霖、龚云甫、言菊朋、金仲仁、王瑶卿、荣蝶仙《八本雁门关》，余叔岩、侯喜瑞、鲍吉祥《击鼓骂曹》，杨小楼、梅兰芳、王凤卿、姜妙香、钱金福、张春彦、许德义、范宝亭《霸王别姬》。

3月6日奉天张作霖祝寿公署堂会日戏：

全班合演《庆贺上寿》，时慧宝、郝寿臣《除三害》，朱桂芳、朱湘泉《摇钱树》，王瑶卿、王凤卿、金仲仁《万里缘》，龚云甫《长寿星》，言菊朋、张春彦、侯喜瑞《八义图》，程砚秋、郭仲衡《武家坡》，余叔岩、白牡丹《坐楼杀惜》，梅兰芳、陈德霖、姚玉芙、王立卿、郭春山、曹二庚《麻姑献寿》，杨小楼、钱金福、王长林、迟月亭、范宝亭《麒麟阁》。

3月6日奉天张作霖祝寿帅府堂会夜戏：

朱桂芳、朱湘泉、范宝亭、迟月亭《蟠桃会》，陈德霖、罗福山《落花园》，王瑶卿、萧长华《探亲家》，言菊朋、裘桂仙、钱金福《抚琴退兵》，时慧宝、扎金奎《马鞍山》，白牡丹、陈桐云《花田错》，程砚秋、侯喜瑞、郭仲衡《孔雀屏》，梅兰芳、白牡丹《二本虹霓关》，余叔岩、王长林、鲍吉祥《盗宗卷》，龚云甫《徐母骂曹》，程砚秋《花舫缘》，杨小楼、侯喜瑞、王长林、钱金福、范宝亭、刘砚亭、迟月亭《连环套》，梅兰芳、王凤卿、郝寿臣、姚玉芙、朱桂芳《头本西施》。

3月7日奉天张作霖祝寿公署堂会日戏：

郝寿臣《丁甲山》，萧长华、朱桂芳《百草山》，白牡丹、张春彦《胭脂虎》，时慧宝《戏迷传》，陈德霖、龚云甫《孝义节》，杨小楼、王长林、钱金福、许德义、刘砚亭、范宝亭《状元印》，言菊朋、慈瑞泉《琼林宴》，余叔岩、裘桂仙《战太平》，梅兰芳、王凤卿、姜妙香、姚玉芙、张春彦、慈瑞泉《宝莲灯》。

3月7日奉天张作霖祝寿帅府堂会夜戏：

白牡丹、王长林《小放牛》，陈德霖、言菊朋《二进宫》，龚云甫《行路训子》，程砚秋《风流棒》，杨小楼《骆马湖》，时慧宝《逍遥津》，王瑶卿、荣蝶仙、侯喜瑞、金仲仁《棋盘山》，梅兰芳、王凤卿、郝寿臣、姚玉芙、朱桂芳《二本西施》，余叔岩、杨小楼、钱金福、侯喜瑞、王长林《定军山·阳平关·五截山》。

3月9日，由奉天回京。

> 杨小楼、余叔岩、梅兰芳一行，日昨午后七钟余，由奉归京云。
>
> （《都门菊讯》，《顺天时报》1925年3月10日第五版）
>
> 奉天堂会开销之清单，兹特从预其事之某君觅得，录之如下：
>
> 梅兰芳五千元，杨小楼五千元，余叔岩五千元，程艳秋三千元，王凤卿一千元，白牡丹一千元，陈德霖一千元，龚云甫一千元，时慧宝一千元，王瑶卿一千元，言菊朋一千元，郭仲衡一千元，姚玉芙五百元，朱桂芳五百元，郝寿臣四百八十元，钱金福四百八十元，王长林四百八十元，裘桂仙四百八十元，姜妙香三百六十元，侯喜瑞三百六十元，萧长华三百六十元，金仲仁三百六十元，范宝亭二百四十元，迟月亭二百四十元，慈瑞泉二百四十元，王又荃二百四十元，荣蝶仙二百四十元，陈桐云二百四十元，张春彦一百八十元，罗福山一百八十元，鲍吉祥一百八十元，赵芝香一百八十元，王丽卿一百八十元，曹二庚一百八十元，郭春山一百八十元，又赏文武配角，及场面等二千元，合计共三万五千元。
>
> （养拙斋主《奉天堂会之清单》，《申报》1925年3月20日）

3月12日，孙中山逝世。

3月14日双胜社新明戏院夜戏：

刘景然《一捧雪》，方连元《百草山》，白牡丹、陈桐云、慈瑞泉《得意缘》，杨小楼、钱金福、范宝亭、丁永利、刘砚亭、迟月亭《铁笼山》，余叔岩、裘桂仙、王长林、鲍吉祥、扎金奎、张连升《洪羊洞》。

是晚，承华社在开明戏院演夜戏，梅兰芳、王凤卿等演《头本春秋配》。

3月15日双胜社新明戏院夜戏：

侯喜瑞、鲍吉祥《青风寨》，白牡丹、慈瑞泉《枪挑穆天王》，余叔岩、钱金福、裘桂仙、王长林、贾多才《战太平》，杨小楼、范宝亭、

陆凤琴、刘砚亭、郭春山《武文华》。

是晚，承华社在开明戏院演夜戏，梅兰芳、王凤卿等演《二本春秋配》。

3月21日双胜社新明戏院夜戏：

裘桂仙《牧虎关》，白牡丹、陈桐云《铁弓缘》，余叔岩、陈德霖《武家坡》，杨小楼《麒麟阁》，杨小楼、余叔岩、白牡丹、侯喜瑞、王长林、刘砚亭、傅小山、迟月亭《八蜡庙》。

是晚，承华社在开明戏院演夜戏，梅兰芳演《黛玉葬花》，王凤卿演《捉放曹》。

3月22日双胜社新明戏院夜戏：

裘桂仙《锁五龙》，陈德霖《落花园》，白牡丹、陈桐云、刘景然《玉堂春》，杨小楼、迟月亭、刘凤奎、刘砚亭《金钱豹》，余叔岩、杨小楼、侯喜瑞、钱金福、范宝亭、王长林《连营寨》。

是晚，承华社在开明戏院演夜戏，梅兰芳演双出《贵妃醉酒》，与王凤卿演《打渔杀家》。

3月28日双胜社新明戏院夜戏：

刘景然、侯喜瑞《开山府》，白牡丹、陈桐云、王长林《贵妃醉酒》，余叔岩、裘桂仙、鲍吉祥《捉放曹》，杨小楼、王长林、傅小山《水帘洞》。

是晚，承华社在开明戏院演夜戏，梅兰芳、王凤卿演《奇双会》。

3月29日双胜社新明戏院夜戏：

方连元、扎金奎《竹林计》，裘桂仙、赵芝香《探阴山》，王长林《巧连环》，余叔岩、白牡丹《汾河湾》，杨小楼、白牡丹、侯喜瑞、钱金福、鲍吉祥、范宝亭、迟月亭、刘砚亭《长坂坡》。

是晚，承华社在开明戏院演夜戏，梅兰芳演《麻姑献寿》，王凤卿演《战长沙》。

4月3日石驸马胡同李宅堂会：

余叔岩《击鼓骂曹》，梅兰芳《麻姑献寿》，杨小楼《连环套》。

4月4日双胜社新明戏院夜戏：

方连元、冯连恩《娘子军》，侯喜瑞、韩金福《打严嵩》，余叔岩、钱金福、鲍吉祥、扎金奎、王长林《大报仇》，杨小楼、迟月亭、范宝亭、刘砚亭《艳阳楼》，余叔岩、陈德霖、冯蕙林、王长林、韩金福、陆凤琴《御碑亭》。

是日，承华社在开明戏院演夜戏，梅兰芳演双出《女起解》《金山寺》，王凤卿演《鱼肠剑》。

4月5日双胜社新明戏院夜戏：

方连元、冯连恩、诸连顺《泗州城》，陈德霖、郭春山、冯蕙林《彩楼配》，杨小楼、迟月亭、范宝亭、傅小山、陆凤琴、王玉吉《状元印》，余叔岩、王长林、钱金福、侯喜瑞、贾多才、陆凤琴《奇冤报》，杨小楼、侯喜瑞、王长林、范宝亭、刘砚亭《霸王庄》。

是日，承华社在开明戏院演夜戏，梅兰芳、王凤卿、姜妙香、郝寿臣、张春彦、萧长华演《前本西施》。

4月10日聚贤堂堂会：

余叔岩、侯喜瑞《击鼓骂曹》，杨小楼、梅兰芳《霸王别姬》。

4月11日双胜社新明戏院夜戏：

方连元《竹林计》，王长林、罗文奎、冯蕙林《定计化缘》，杨小楼、侯喜瑞《八门金锁阵》，陈德霖、罗福山《孝义节》，余叔岩、杨小楼、钱金福、迟月亭、丁永利《八大锤》。

是日，承华社在开明戏院演夜戏，梅兰芳、王凤卿、姜妙香、郝寿臣、张春彦、萧长华演《后本西施》。

4月12日双胜社新明戏院夜戏：

王长林、钱金福《祥梅寺》，方连元《夺太仓》，余叔岩、侯喜瑞、王长林《伐齐东》，杨小楼、钱金福、范宝亭、丁永利、刘砚亭《赵家楼》，余叔岩、陈德霖、小客串《桑园寄子》。

是日，承华社在开明戏院演夜戏，梅兰芳、王凤卿、郝寿臣演《法门寺》。

4月13日养福堂献寿堂会:

朱桂芳《蟠桃会》,徐碧云《玉堂春》,程砚秋、侯喜瑞、郭仲衡《红拂传》,余叔岩《状元谱》,陈德霖《孝义节》,王凤卿、梅兰芳《汾河湾》,杨小楼、钱金福、侯喜瑞、王长林《连环套》,余叔岩、白牡丹、钱金福、王长林《珠帘寨》。

4月16日梁士诒寿辰堂会:

全班合演《百寿图》,朱桂芳《蟠桃会》,李万春《英雄义》,白牡丹《打樱桃》,卧云居士《钓金龟》,朱琴心《凤阳花鼓》,白牡丹《宝蟾送酒》,程砚秋《碧玉簪》,梅兰芳《御碑亭》,杨小楼、余叔岩《八大锤》。

> 按:梁士诒,北洋军阀旧交通系首领,时任"财政善后委员会"委员长、交通银行总理、关税特别委员会委员。

4月18日双胜社新明戏院夜戏:

裘桂仙《草桥关》,方连元《打瓜园》,慈瑞泉《连升店》,余叔岩、福小田、刘景然《搜孤救孤》,杨小楼、白牡丹、侯喜瑞、钱金福、王长林、范宝亭《战宛城》。

是日,开明戏院梅兰芳、姜妙香演《虹霓关》,王凤卿演《捉放曹》。

4月19日双胜社新明戏院夜戏:

方连元《无底洞》,侯喜瑞《丁甲山》,白牡丹、陈桐云、慈瑞泉《春香闹学》,余叔岩、裘桂仙、鲍吉祥《托兆碰碑》,杨小楼、钱金福、范宝亭、王长林、迟月亭《恶虎村》。

是日,开明戏院梅兰芳、王凤卿演《牢狱鸳鸯》。

4月20日,王少楼正式搭入斌庆社,在广德楼日戏演《珠帘寨》。

4月22日第一舞台段祺瑞执政府宴请善后会议委员演出:

尚小云、程砚秋、陈德霖、龚云甫、朱素云、王凤卿《南北和》,钱金福《芦花荡》,琴雪芳、琴秋芳《白门楼》,龚云甫、裘桂仙《徐母骂曹》,白牡丹、贯大元《梅龙镇》,筱翠花、王瑶卿、程继先、罗福

王少楼《珠帘寨》饰李克用

山、诸如香《得意缘》，余叔岩、梅兰芳、陈德霖、罗福山、金仲仁、张春彦《四郎探母》，程砚秋、王又荃、张春彦、曹二庚、吴富琴《聂隐娘》，杨小楼《夜奔》，言菊朋、王琴侬、裘桂仙《二进宫》，尚小云、朱素云《玉堂春》，余叔岩、侯喜瑞《群臣宴》，杨小楼、郝寿臣、王长林、钱金福、许德义《连环套》，梅兰芳、王凤卿、姚玉芙、姜妙香、张春彦、郝寿臣《西施》。

　　按：1924年北京政变后，段祺瑞在奉系军阀的支持下掌握北京政权，成立临时执政府。于翌年2月1日在北京召开善后会议，以对抗孙中山倡导之国民会议。到会代表86人。4月21日，善后会议草草收场。

今晚（二十二）善后会议召集各名伶在第一舞台演戏，酬庸各会员委员，闻已将戏券分发出，凡会员专门委员顾问秘书厅各职员，以及有劳绩于善会者，均得参与聆歌，每人戏券两张。该日戏目甚多，最佳者，为小翠花、王瑶卿之《得意缘带下山》，余叔岩、梅兰芳《探母》，杨小楼、郝寿臣、王长林之《盗马盗钩》，又以余之《骂曹》，梅之《洛神》，二出不常演之剧压轴，预料今晚西柳树井大街车水马龙，必有一番盛况也。

（《善会酬功演剧——今晚第一舞台之好戏》，《顺天时报》1924年4月22日第四版）

4月25日双胜社新明戏院夜戏：

方连元、范宝亭《嘉兴府》，余叔岩、白牡丹《游龙戏凤》，杨小楼、钱金福、迟月亭《铁笼山》，余叔岩、钱金福、王长林《琼林宴》，

荀慧生《游龙戏凤》饰李凤姐

杨小楼、白牡丹、慈瑞泉、刘景然《翠屏山》。

是日，开明戏院梅兰芳与尚和玉演《长坂坡》，与陈德霖演《风筝误》。

4月26日双胜社新明戏院夜戏：

裘桂仙《探阴山》，方连元《泗州城》，余叔岩、冯蕙林、王长林《打侄上坟》，杨小楼、钱金福、侯喜瑞、迟月亭、范宝亭《贾家楼》，余叔岩、杨小楼、白牡丹、钱金福、王长林《摘缨会》。

是日，开明戏院梅兰芳、王凤卿、陈德霖、龚云甫、姚玉芙演《四郎探母》。

4月27日，杨小楼、余叔岩等人离京赴徐州出演张宗昌祝寿堂会。

4月29日，李万春、蓝月春演《英雄义》，魏莲芳演《天女散花》，慈瑞泉演《连升三级》，王又宸演《朱砂痣》，程砚秋、林钧甫演《樊江关》，杨小楼演《长坂坡》，余叔岩、白牡丹、王长林演《打渔杀家》。

4月30日日戏：

斌庆社学生《八仙上寿》，刘宗杨《艳阳楼》，李万春《摩天岭》，白牡丹《花田错》，程砚秋、王又荃《奇双会》，王又宸《三本金钱豹》，余叔岩、杨小楼《八大锤》。

4月30日夜戏：

林钧甫、朱桂芬《戏凤》，李万春《两将军》，王又宸《失街亭》，程砚秋《玉堂春》，杨小楼《连环套》，余叔岩、白牡丹《珠帘寨》。

5月1日，李万春演《诈历城》，林钧甫、白牡丹演《二本虹霓关》，王又宸演《捉放曹》，程砚秋演《女起解》，余叔岩演《群英会》，杨小楼演《铁笼山》，程砚秋演《穆天王》，余叔岩、杨小楼、白牡丹演《摘缨会》。

5月6日悟善社重修吕祖阁义务戏：

全班合演吉祥新戏，魏莲芳《天女散花》，李万春、小桂花、蓝

月春《珠帘寨》，王长林《巧连环》，郝寿臣《瓦口关》，九阵风《泗州城》，俞振庭《铁笼山》，韩世昌《游园惊梦》，时慧宝《金马门》，徐碧云《木兰从军》，王又宸、尚小云、筱翠花、朱素云《金榜乐》，朱琴心、马连良《游龙戏凤》，余叔岩、杨小楼、钱金福《八大锤》，梅兰芳、姜妙香、萧长华、朱桂芳《廉锦枫》。

同日乌泽声宅堂会：

余叔岩、杨小楼、白牡丹《摘缨会》。

民十四年春，予家中聚名伶为一夕之娱乐。是日各名伶方受陆润生先生之约，在宅演神戏。叔岩与小楼合演《八大锤》后，即至予家，与慧生合演《摘缨会》，演毕醉之以酒，辞去时东方已白。

（《乌泽声理事记述余叔岩轶事一束》，《三六九画报》）

按：乌泽声，早年以公费留学日本，毕业于早稻田大学，归国后曾任众议院议员，长期在报界任职。1931年起供职于伪满洲国政府，后赴台湾。

5月9日第一舞台贫儿教养院义务戏：

尚和玉、九阵风《青石洞》，时慧宝《逍遥津》，李万春、蓝月春《英雄义》，周瑞安、方连元《金钱豹》，徐碧云《头本花木兰》，马连良、筱翠花《乌龙院》，龚云甫、陈德霖《孝义节》，尚小云、王又宸《南天门》，梅兰芳《廉锦枫》，余叔岩、杨小楼、郝寿臣、钱金福《定军山·阳平关·五截山》。

5月10日第一舞台贫儿教养院义务戏：

李万春、蓝月春《狮子楼》，时慧宝《雍凉关》，九阵风、王长林《打瓜园》，龚云甫、裘桂仙《骂曹》，徐碧云《二本花木兰》，尚和玉《四平山》，尚小云、王凤卿、朱素云《玉堂春》，白牡丹、陈德霖、朱素云、罗福山《得意缘》，余叔岩、梅兰芳《游龙戏凤》，杨小楼《冀州城》。

5月16日，余叔岩在百代公司灌制《捉放行路》《战樊城》《探母》《卖马》《法场换子》《上天台》《一捧雪》《琼林宴》《桑园寄子》

《八大锤》唱片，李佩卿操琴、杭子和司鼓。

　　小余之艺是否能传谭氏之衣钵，兹姑不论。但在今日之须生界中，余不无有多少胜人之处，此固嗜剧诸子所公认也，惟以自视过高，人亦高视之，遂养成其一种骄慢习气。人皆不满，常有贬词，即以请渠灌片一事而论，亦可谓用尽心机。今次百代竟以六千金得收余戏十三段，故足可贵，亦足有一述之价值也。在三年前百代已有收余片之动议，曾再三磋商，由余自定之价不肯稍让，百代终以价昂而罢，继有其他公司亦欲余唱，亦以价昂而未成，惟百代雄于资，且片之销数巨，复虑为他公司先得，遂忍痛出巨金，始成事实。戏目由舍予、少卿及悚等代定，曾在本报披露其梗概。兹蜡筒已到申，日昨承该公司经理张君函邀赴厂内试听，借以辨别发音优劣，余二时许往，由技师当面将在京所收之蜡筒临时翻成蜡板（平面的如出售之片较厚十分之八），每翻一段即试唱一段，翻时之慢度较开唱时似十与八之比较，如唱时三分钟为一面，翻时须二十四分也。过快恐昔调不准之虞，如欲音高，则翻板时加一金质度量如S形，重不过一二钱，音即高润不少，所以翻一面听一面者，尚有征求我人对于该片发音之佳美与高低商榷之意，设事我人认为稍为不满者，彼即从新翻过，务使其完美为止。是日计听小余《法场换子》〔快三眼〕一段，自"恨薛刚"起"夫人呐"，止有数句，腔颇有老谭《洪羊洞》"自那日"一段风味，《卖马》自"站在店中"起接〔二六〕带〔摇板〕，有几句口劲不如苏少卿味颇醇厚，亦佳片也。《捉放》两段，自"听他言"起带〔二六〕，末复接〔摇板〕"好言语劝不醒木牛蠢马"两句，惜乎尚有两句，因片不够未能唱全，否则紧接老谭宿店岂不更妙，此段颇为小余经意之作，并闻技师言小余自称是日嗓子十六年以来从未有过，所以必须今晚一夕唱完，否则明日即一段亦不唱，于是从八时起直收至四时止，十三段收完。余谓张君曰：此贵公司之福也。余片祗听此四段，后又听小梅《霸王别姬》一段，〔南梆子〕中有说白几句妙极，〔反二簧〕一段大约似《洛神》，腔如《六月雪》，亦极好。刘宝

全《宁武关》两段，佳至不可言状，较从前之《闹江州》《战长沙》尤妙，闻代价亦可观，每片八百金云。至此时已晚，乃不及多聆为憾，闻此数片九月一号须出售厂，经理周君谓或恐不及，但一般有话匣迷者得此消息，得勿渴望欤！

（丁悚《余片试听第一声》，《申报》1925年7月26日）

5月17日天津胡宅堂会：

杨小楼、余叔岩、白牡丹《定军山》《八大锤》《乌龙院》《夜奔》。

5月23日，田际云病逝。

5月30日双胜社新明戏院夜戏：

陈德霖《彩楼配》，白牡丹、裘桂仙《枪挑穆天王》，余叔岩、鲍吉祥、福小田《南阳关》，杨小楼、钱金福、王长林《骆马湖》。

是日，开明戏院梅兰芳、王凤卿演《枪挑穆天王》。

5月31日双胜社新明戏院夜戏：

裘桂仙、赵芝香《铡美案》，陈德霖、刘景然、王荣山《战蒲关》，余叔岩、白牡丹、福小田、王长林《打渔杀家》，杨小楼、钱金福、迟月亭、范宝亭、刘砚亭、蒋少奎《挑滑车代下书》。

是日，开明戏院梅兰芳演《廉锦枫》，王凤卿演《文昭关》。

6月5日，孟小冬首次赴京演出，组成永盛社，在三庆园演出夜戏大轴《四郎探母》，后在三庆园与开明戏院轮流演出。

6月6日双胜社新明戏院夜戏：

方连元《百草山》，裘桂仙《锁五龙》，陈德霖、罗福山《二度梅》，白牡丹、徐斌寿《马上缘》，余叔岩、王长林《天雷报》，杨小楼、白牡丹、钱金福、鲍吉祥、迟月亭《长坂坡》。

6月7日双胜社新明戏院夜戏：

方连元、冯连恩《娘子军》，裘桂仙《草桥关》，白牡丹、王长林、徐斌寿《醉酒》，余叔岩、陈德霖、王长林、王多寿《审头刺汤》，杨小楼、钱金福、王长林、迟月亭、范宝亭、陶玉芝、刘砚亭《恶虎村》。

孟小冬

6月11日，言菊朋正式搭班，加入双庆社，首日在广德楼演夜戏，与尚小云合演《汾河湾》。

6月17日第一舞台援助上海罢工失业同胞义务戏：

富连成社《五人义》，李万春《狮子楼》，周瑞安、九阵风《溪皇庄》，尚和玉《英雄义》，徐碧云、时慧宝《戏凤》，白牡丹、筱翠花、朱素云、朱琴心、王凤卿《穆柯寨·穆天王》，尚小云、言菊朋、龚云甫《四郎探母》，余叔岩、梅兰芳《打渔杀家》，杨小楼、梅兰芳、马连良、郝寿臣、钱金福《长坂坡》。

6月25日双胜社新明戏院夜戏：

侯喜瑞、方连元《普球山》，裘桂仙《白良关》，白牡丹、徐斌寿、马富禄《鸿鸾禧》，余叔岩、陈德霖、王长林《南天门》，杨小楼、钱金

言菊朋《汾河湾》饰薛仁贵，南铁生饰柳迎春

福、迟月亭《安天会》。

6月26日双胜社新明戏院夜戏：

慈瑞泉《一匹布》，方连元《嘉兴府》，侯喜瑞《取洛阳》，陈德霖、冯蕙林、福小田《宇宙锋》，余叔岩、白牡丹、罗福山、王长林《坐楼杀惜》，杨小楼、钱金福、迟月亭、刘砚亭、方连元《铁笼山》。

6月27日双胜社新明戏院夜戏：

范宝亭、方连元《嘉兴府》，杨小楼、迟月亭《八门金锁阵》，余叔岩、钱金福、王长林《问樵闹府·打棍出箱》，杨小楼、白牡丹、蒋少奎、刘景然、马富禄、慈瑞泉、马富禄《大英杰烈》。

6月28日怀柳堂堂会：

全班合演《富贵长春》，朱桂芳、朱湘泉、沈三玉、李三星《海屋添筹》，萧长华、刘凤林、罗文奎《绒花计》，筱翠花、朱素云、侯喜

瑞、慈瑞泉、马富禄《双铃记》，尚小云、王凤卿《武家坡》，陈德霖
《宇宙锋》，白牡丹、陈桐云、刘凤林《花田错》，程砚秋、王又荃、
慈瑞泉、曹二庚、张春彦、吴富琴、文亮臣《赚文娟》，孟小冬、王长
林、郝寿臣、裘桂仙《失空斩》，杨小楼、王长林、侯喜瑞《连环套》，
余叔岩、王长林、钱金福《定军山》，杨小楼、侯喜瑞、王长林《连环
套》，梅兰芳《洛神》。

7月4日堂会戏：

全班合演《赐福》，匏庵、随庵《看状》，李万春、蓝月春《两将
军》，朽木、敬棠《乔醋》，忆芹、骏定《佳期》，随庵《吃茶》，骏定、
匏庵《连环计·小宴》，孟小冬《空城计》，程砚秋《孔雀屏》，余叔
岩、梅兰芳、陈德霖《探母回令》。

7月11日双胜社新明戏院夜戏：

方连元《夺太仓》，杨小楼、王长林、钱金福《霸王庄》，白牡
丹、王又荃《奇双会》，余叔岩、杨小楼、钱金福、范宝亭、罗福山《八
大锤》。

是日，开明戏院梅兰芳、王凤卿演《打渔杀家》。

7月12日双胜社新明戏院夜戏：

裘桂仙《锁五龙》，侯喜瑞、方连元、王又宸《普球山》，刘景然、
白牡丹《审头刺汤》，杨小楼、钱金福、刘砚亭、陆凤琴、迟月亭、袁增
福、侯海林《夜奔》，余叔岩、白牡丹、钱金福、王长林、鲍吉祥、赵芝
香、冯蕙林、贾多才、王玉吉、丁永利《珠帘寨》。

是日，承华社在开明戏院演夜戏，梅兰芳演《红线盗盒》。

杨余休夏四十余天，七夕仍在新明演唱，白牡丹依旧。

（《都门菊讯》，《顺天时报》1925年7月25日第五版）

7月30日，德珺如病逝。

8月8日，尚小云、筱翠花、言菊朋组建协庆社，在中和园首演。

8月17日柯宅堂会：

全班合演《富贵长春》，陈富瑞、小小楼、于斌安、苏斌太《青风

寨》,黄智斌、盖春来、高斌峰、范斌禄、赵斌忠、李斌祥《盗魂铃》,魏莲芳、陈葵香《梅龙镇》,王少楼、小桂花、小桂芬、绿牡丹、小奎官《珠帘寨》,李万春、蓝月春《两将军》,孟小冬、小奎官、周斌秋、小木子《上天台》,白牡丹、慈瑞泉、张彩林《拾玉镯》,余叔岩、钱金福、鲍吉祥、慈瑞泉《定军山》,梅兰芳、张春彦、范宝亭、朱湘泉、胡长太、朱得山、李莲英《红线盗盒》。

是日,王少楼在得兴堂拜雷喜福为师。

8月20日,华乐园鸣和社开幕,程砚秋、贯大元、郭仲衡、王瑶卿、周瑞安等人主演。

8月29日,承华社在开明戏院演夜戏,梅兰芳、王凤卿、姜妙香、姚玉芙首演《头本太真外传》。

9月5日双胜社新明戏院夜戏:

慈瑞泉《打城隍》,陆凤琴、马富禄《一匹布》,方连元《娘子军》,钱金福《庆阳图》,余叔岩、裘桂仙、鲍吉祥《托兆碰碑》,杨小楼、侯喜瑞、王长林、迟月亭、傅小山、蒋少奎《连环套》。

是日,承华社在开明戏院演夜戏,梅兰芳演《奇双会》,王凤卿演《文昭关》。

9月6日双胜社新明戏院夜戏:

陆凤琴、马富禄《一匹布》,方连元《夺太仓》,侯喜瑞《开山府》,杨小楼、蒋少奎、傅小山、范宝亭《挑滑车》,余叔岩、钱金福、鲍吉祥、王长林、慈瑞泉《失街亭》。

是日,承华社在开明戏院演夜戏,梅兰芳、王凤卿、侯喜瑞在开明戏院演出《法门寺》。

9月17日吴宅堂会:

李万春、蓝月春《两将军》,慈瑞泉、曹二庚《打城隍》,王凤卿、尚小云、侯喜瑞、慈瑞泉《法门寺》,程砚秋《风流棒》,余叔岩、梅兰芳、陈德霖、龚云甫、姜妙香《探母回令》。

9月26—27日天津齐宅堂会：

剧目待考。

9月29日奉天会馆李木斋寿辰堂会：

昨日李木斋，假奉天会馆作寿，邀名伶彩觞，戏目有梅兰芳《盗盒》，叔岩《群英会》，小楼《挑滑车》，小云《祭塔》，小冬《跑城》等剧，政界及商榷会议会员到者逾千，颇极一时之盛。

（《剧界消息》，《顺天时报》1925年9月30日第五版）

据梅兰芳纪念馆馆藏戏单：建初堂献寿戏目，四时起至二时止。

全班合演《大赐福》《百寿图》《跳加官》，刘凤林、曹二庚《荷珠佩》，慈瑞泉、韩金福《连升三级》，王长林《巧连环》，尚小云《状元拜塔》，孟小冬《徐策跑城》，程砚秋、姜妙香、刘景然、曹二庚《玉堂春》，言菊朋、白牡丹、慈瑞泉、罗福山《乌龙院》，陈德霖、罗福山《孝义节》，余叔岩、裘桂仙《群臣宴》，杨小楼、钱金福、刘砚亭《挑滑车》，梅兰芳、张春彦、李寿山、杨春龙、李三星《红线盗盒》。

按：李木斋，即李盛铎，为清廷派出东洋西洋考查政治之五大臣之一，入民国尝任参政院参政、国政商榷会会长等职。富藏书，有《木犀轩藏书题记及书录》传世。

10月2日双胜社新明戏院夜戏：

方连元、诸连顺、冯连恩《竹林计》，陈德霖、冯蕙林《彩楼配》，王蕙芳、金仲仁《穆柯寨》，余叔岩、荀慧生《打渔杀家》，杨小楼、钱金福、迟月亭《骆马湖》。

10月3日双胜社新明戏院夜戏：

方连元《泗州城》，侯喜瑞、金仲仁《取洛阳》，陈德霖《战蒲关》，荀慧生、王蕙芳《樊江关》，余叔岩、裘桂仙、钱金福、王长林《问樵闹府·打棍出箱》，杨小楼、傅小山、迟月亭《麒麟阁》。

10月4日双胜社新明戏院夜戏：

慈瑞泉《定计化缘》，方连元、侯喜瑞《取金陵》，裘桂仙、赵芝香《草桥关》，荀慧生、王蕙芳、金仲仁、福小田、甄洪奎《虹霓关》，

荀慧生《打渔杀家》饰萧桂英。从1925年10月2日这场演出开始，荀慧生正式使用本名，不再用艺名白牡丹。

余叔岩、杨小楼、钱金福、范宝亭、迟月亭、傅小山《八大锤》。

10月5日姚宅堂会：

全班合演《大赐福》，琴雪芳、琴秋芳《麻姑献寿》，孟小冬、裘桂仙、侯喜瑞、马富禄、方宝全《失街亭》，白牡丹、王长林《小放牛》，言菊朋、尚小云、陈德霖《四郎探母》，余叔岩、梅兰芳《戏凤》，程砚秋、郭仲衡、王又荃、侯喜瑞、曹二庚《红拂传》，梅兰芳、姜妙香、姚玉芙、李寿山、郭春山《金雀记》，杨小楼、侯喜瑞、王长林、范宝亭、迟月亭《连环套》，余叔岩、陈德霖、裘桂仙《二进宫》，全班合演《风云会》。

10月10日双胜社新明戏院夜戏：

裘桂仙、蒋少奎、赵芝香《草桥关》，方连元、冯连恩《打瓜园》，王蕙芳、金仲仁《马上缘》，陈德霖《宇宙锋》，荀慧生、金仲仁《玉堂春》，余叔岩、鲍吉祥、王长林《盗宗卷》，杨小楼、钱金福、方连元《铁笼山》。

是日，梅兰芳在开明戏院演《邓霞姑》。

10月11日双胜社新明戏院夜戏：

侯喜瑞《普球山》，钱金福、冯蕙林《取洛阳》，王蕙芳、马富禄、蒋少奎《穆天王》，余叔岩、荀慧生、王长林、贾多才《审头刺汤》，杨小楼、傅小山、刘砚亭《艳阳楼》。

10月17日梁燕孙宅堂会：

孟小冬、裘桂仙《上天台》，白牡丹《打樱桃》，程砚秋《玉狮坠》，筱翠花、黄润卿《双摇会》，尚小云、王凤卿《汾河湾》，大轴梅兰芳、孟小冬原定《游龙戏凤》，改演《四郎探母》。

　　　按：是为梅、孟首次合作。

10月20日天津张宅堂会：

全班合演《天官赐福》《百寿图》，钱金福、王长林《祥梅寺》，方连元《夺太仓》，王蕙芳、慈瑞泉、扎金奎《浣花溪》，侯喜瑞、蒋少奎《闹江州》，慈瑞泉、马富禄《打城隍》，筱翠花、马富禄、张连升《贵妃醉酒》，余叔岩、王蕙芳、钱金福、鲍吉祥、王长林、赵芝香《珠帘寨》，杨小楼、钱金福《夜奔》，梅兰芳《奇双会》。

10月21日钟世铭寿辰堂会：

全班合演《赐福》《长生殿》《满床笏》，陆凤琴《荷珠配》，方连元、冯连恩《蟠桃会》，于云鹏《草桥关》，诸如香、马富禄《文章会》，方连元、冯连恩、罗连云《演火棍》，王凤卿、扎金奎《文昭关》，筱翠花、朱素云、马富禄、福小田、陆凤琴《花田错》，孟小冬、王连浦《群臣宴》，荀慧生、王长林《小放牛》，程砚秋、王又荃、刘景然、张春彦《玉堂春》，尚小云、言菊朋、陈德霖、罗福山、胡素仙、陆凤琴、慈瑞泉、扎金奎、冯蕙林、于茂如、律佩芳《四郎探母》，杨小楼、侯喜瑞、王长林、迟月亭、范宝亭《连环套》，梅兰芳、李寿山、范宝亭、张春彦、朱湘泉《红线盗盒》，余叔岩、钱金福、鲍吉祥、王长林

《定军山》，全班合演《遇龙封官》。

按：钟世铭系北洋政府财政部次长。

同日会贤堂陈宅堂会：

余叔岩《琼林宴》。

10月23日承华社开明戏院夜戏：

梅兰芳、王凤卿、姜妙香、侯喜瑞首演《二本太真外传》。

10月31日双胜社新明戏院夜戏：

方连元《芦林坡》，侯喜瑞《打严嵩》，裘桂仙《白良关》，荀慧生、王蕙芳、金仲仁《能仁寺》，余叔岩、钱金福、王长林、鲍吉祥《定军山》，杨小楼、迟月亭、傅小山、刘砚亭《武文华》。

11月1日双胜社新明戏院夜戏：

冯连恩、王玉吉《泗州城》，裘桂仙《御果园》，王蕙芳、马富禄、扎金奎《得意缘》，余叔岩、陈德霖《南天门》，杨小楼、荀慧生、钱金福、王长林《战宛城》。

11月11日，余叔岩在高亭公司灌制唱片六张，李佩卿操琴、杭子和司鼓。

中国名伶曾灌唱片者，沪伶最早，京伶继之。近年以来，男女优伶灌戏片者，逐渐加增，扩布风雅，诚为可喜可庆之现象焉。

近据知非君来函，余梅消息，大略如左：

旧历九月廿五日，东城东堂子胡同天利洋行内，高亭公司于是日晚九时请余叔岩灌戏片，计六片，戏目为《搜孤救孤》两段，《空城计·城楼》两段，《洪羊洞》《碰碑》《战太平》《八大锤》《珠帘寨》《乌盆计》《鱼肠剑》《状元谱》等戏。当日小余精神勃勃，声调并好，惟《战太平》尤好。又廿七日午后五时，该公司并请梅兰芳灌《辕门射戟》《奔月》《散花》《御碑亭》计四段为两片，以《御碑亭》为最，戏词系"见休书"一场云云。

（辻听花《留声机中之余梅》，《顺天时报》1925年11月23日第五版）

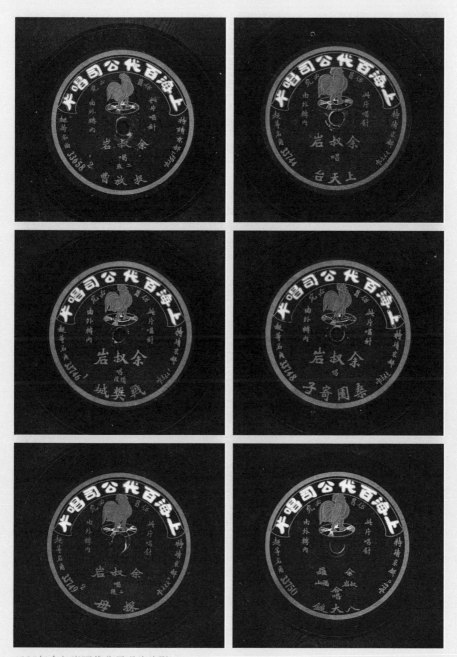

1925年余叔岩百代公司唱片片影

1925年余叔岩高亭公司唱片片影（钟锦先生藏片）

11月21日双胜社新明戏院夜戏：

陈桐云、蒋少奎《雅观楼》，方连元、冯连恩、王玉吉、陆喜才《打瓜园》，王蕙芳、金仲仁、马富禄《穆柯寨》，裘桂仙、龚云甫《遇皇后》，陈德霖、福小田、冯蕙林《宇宙锋》，余叔岩、荀慧生、王长林、鲍吉祥、福小田、扎金奎《庆顶珠》，杨小楼、荀慧生、鲍吉祥、侯喜瑞、钱金福、范宝亭《长坂坡》。

此为双胜社最后一场夜戏，不久即报散。

11月25日，荣蝶仙新组之荣华社在开明戏院，徐碧云、王又宸、谭富英、尚和玉等人演出。

12月9日，孟小冬入城南游艺园，首日演《探母回令》，据《顺天时报》载每月包银一千五百五十元。

一九二六年（民国十五年·丙寅）三十七岁

　　按：是年，余叔岩未组班演出营业戏，仅演义务戏及堂会戏。同年北京剧界主要班社有梅兰芳承华社，有王凤卿、尚和玉、侯喜瑞等人，在开明戏院；杨小楼忠庆社，在新明戏院；程砚秋鸣和社，有郭仲衡、贯大元等人，在华乐园；尚小云协庆社，初用马连良、后用高庆奎，在明星戏院、中和戏院；荀慧生庆生社，有谭小培等人，在三庆园、华乐园、开明戏院；言菊朋、筱翠花之又兴社，演于开明戏院及明星电影院；朱琴心协和社，有马连良等人，在开明戏院；富连成盛字科在广和楼；斌庆社李万春、王少楼、俞步兰等人，在广德楼；徐碧云荣华社、有谭富英等人，并有坤伶雪艳琴、金桂芬等之奎德社，在中和戏院；孟小冬演于城南游艺园。演出记录据《顺天时报》《大公报》及存世戏单整理。

1月2日，开明戏院承华社夜戏，梅兰芳演《奇双会》，王凤卿演《捉放曹》。

1月3日，开明戏院承华社夜戏，梅兰芳演《思凡》，与王凤卿演《宝莲灯》。

1月4日，开明戏院承华社夜戏，梅兰芳演《二本太真外传》。

1月10日，开明戏院承华社夜戏，梅兰芳演《女起解》，王凤卿、尚和玉、侯喜瑞演《阳平关》。

1月11日，开明戏院承华社夜戏，梅兰芳、王凤卿、侯喜瑞演《法门寺》。

1月21日第一舞台窝窝头会义务戏：

孙小山《赐福》，朱桂芳《演火棍》，谭富英《定军山》，马连良《阳平关》，孟小冬《骂曹》，朱琴心、王又宸《打渔杀家》，荀慧生、王长林《小放牛》，高庆奎、于连泉《坐楼杀惜》，尚小云《五龙祚》，程砚秋、贯大元、周瑞安、郭仲衡、侯喜瑞《回荆州》，余叔岩、徐碧云、陈德霖、金仲仁、鲍吉祥《四郎探母》，杨小楼、梅兰芳、王凤卿《别姬》。

1月23日，言菊朋、筱翠花、王幼卿、孙毓堃等人组建又兴社，在开明戏院首演，言菊朋、王幼卿演《四郎探母》。

2月1日，梅兰芳由前门外北芦草园迁移东城无量大人胡同五号，同日谭小培续弦，在同兴堂办事。

2月6日天津大罗天剧场夜戏：

余叔岩、王幼卿《打渔杀家》。

是晚，承华社在开明戏院演夜戏，梅兰芳首演《三本太真外传》。

2月7日天津大罗天剧场夜戏：

余叔岩《珠帘寨》。

是日，中和戏院正式破台开张；开明戏院承华社夜戏，梅兰芳、王凤卿演《三本太真外传》。

2月9日第一舞台正乐育化会义务戏：

尚和玉《四平山》，筱翠花、言菊朋《戏凤》，贯大元、龚云甫、陈德霖、金碧艳《雁门关》，程砚秋、李万春《宝莲灯》，余叔岩《琼林宴》，梅兰芳、杨小楼、王凤卿《别姬》。

2月13日，开明戏院承华社夜戏，梅兰芳演《贵妃醉酒》，王凤卿演《朱砂痣》。

2月14日，开明戏院承华社夜戏，梅兰芳演《彩楼配》，王凤卿演《战长沙》。

2月20日，开明戏院承华社夜戏，梅兰芳、王凤卿演《武家坡》。

2月21日，开明戏院承华社夜戏，梅兰芳、王凤卿演《御碑亭》。

2月27日，开明戏院承华社夜戏，梅兰芳、王凤卿演《上元夫人》。

2月28日，开明戏院承华社夜戏，梅兰芳、王凤卿演《上元夫人》。

3月6日，开明戏院承华社夜戏，梅兰芳演《游园惊梦》，王凤卿演《取成都》。

3月7日，开明戏院承华社夜戏，梅兰芳、王凤卿演《宝莲灯》。

3月13日，开明戏院承华社夜戏，梅兰芳演《六月雪》，王凤卿演《群英会》。

3月14日，开明戏院承华社夜戏，梅兰芳、王凤卿演《汾河湾》。

4月15日，张宗昌、张学良率直鲁联军进入北京。

4月30日—5月6日，第一舞台举行欢迎直鲁联军伶界合演。

此次京中剧界全体艺员在第一舞台，自四月三十日至五月五日，共演剧六日，特为欢迎张少帅张督办暨联军诸将领。所有场中头二级十数厢，均由督办包订，藉赏随员观剧，其余各厢，以及楼下座位，商民踊跃订购，表示联欢。至于场内秩序维持，并戏目支配，则咸由李总监偕同徐仲仁、侯松泉二处长、白子睿、延少白二署长，暨马愉忱队长等，筹拟一切。记者每日如时前往，见二帅均着便服，并厢而坐，一位翩翩英武，一位豪迈奇伟，其一种谈笑从容之态度，令人钦仰不置。辻听花先生亦与此盛会，将所著作之中国剧赠送少帅、督办各一册，系由津浦铁路局李宝枢局长转呈，颇蒙赞许。至余梅艺员合演《庆顶珠》时，少帅侧耳静听，俯首拍板，意极称赞，每逢杨小楼献艺，尤为鼓掌嘉许，其一种爱慕英雄之慨，令人起敬，闻此六日共

卖一万一千五百零七元（约计六成军用券，四成现洋），除前台开销外，下余之款，闻送梨园公益会，公同支配。

　　（何卓然《第一舞台观剧记》，《顺天时报》1926年5月9日第五版）

　　4月30日，俞赞庭、朱桂芳《青石山》，李万春、蓝月春《两将军》，萧长华《连升店》，筱翠花《荷珠配》，程砚秋、郭仲衡、侯喜瑞《红拂传》，余叔岩、筱翠花、鲍吉祥《珠帘寨》，杨小楼、梅兰芳《霸王别姬》。

　　5月1日，俞赞庭、朱桂芳《溪皇庄》，王少楼、魏莲芳《戏凤》，李万春《神亭岭》，朱琴心《打花鼓》，筱翠花《双铃记》，程砚秋、郭仲衡、侯喜瑞《法门寺》，余叔岩、尚小云、王琴侬、龚云甫《探母回令》，杨小楼、梅兰芳、贯大元《长坂坡》。

　　5月2日，魏莲芳《鸿鸾禧》，李万春《英雄会》，筱翠花、朱琴心《双摇会》，徐碧云、萧长华《女起解》，尚小云《玉堂春》，程砚秋、贯大元、郭仲衡、周瑞安、侯喜瑞、王又荃、张春彦《美人计·回荆州》，杨小楼《夜奔》，余叔岩、梅兰芳、郝寿臣、王长林《打渔杀家》，杨小楼（张桂兰）、余叔岩（朱光祖）、梅兰芳、徐碧云（黄天霸）、九阵风（费德功）、龚云甫（费兴）、朱桂芳（褚彪）、郝寿臣（张妈）、诸如香（院子）、钱金福（贺人杰）、龚云甫（费兴）、侯喜瑞（小姐）、萧长华（施公）、朱素云（金大力）、俞赞庭（丫鬟）《反串八蜡庙》。

　　5月3日，俞华亭《宏碧缘》，魏莲芳《虹霓关》，李万春《狮子楼》，徐碧云、朱琴心、贯大元《五花洞》，尚小云、筱翠花、郭仲衡《御碑亭》，程砚秋、张春彦《聂隐娘》，余叔岩《战太平》，杨小楼《麒麟阁》，梅兰芳、王凤卿、侯喜瑞《西施》。

　　5月4日，魏莲芳《穆柯寨》，李万春《恶虎村》，徐碧云《三江口》，程砚秋《弓砚缘》，尚小云、侯喜瑞《秦良玉》，余叔岩、筱翠花、萧长华、罗福山《坐楼杀惜》，梅兰芳、朱素云、姜妙香《奇双会》，杨小楼、郝寿臣《连环套》。

5月5日，俞少庭《安天会》，魏莲芳《牡丹亭》，李万春《摩天岭》，徐碧云、贯大元《梅龙镇》，尚小云、筱翠花《樊江关》，程砚秋、王又荃《赚文娟》，杨小楼、郝寿臣《挑滑车》，余叔岩、王长林《别母乱箭》，梅兰芳、姜妙香《廉锦枫》。

5月6日，李万春《剑峰山》，徐碧云、谭富英《汾河湾》，尚小云、马连良《林四娘》，程砚秋《宇宙锋》，梅兰芳、王凤卿《木兰从军》，龚云甫《沙桥饯别》，余叔岩、王长林《天雷报》，杨小楼《冀州城》。

> 张汉卿军长二次来京，昼办公务外，由旧历三月廿二日至廿五日，在第一舞台观戏四晚。或服便装，或着西服，态度沉静，雍容大雅，视之俨然一文学博士，不似一统兵大将。坐在包厢，注意观戏，鲜少谈话。此四晚，梅、杨、余、尚、程之重要戏，均系亲自所派，既不重复，且极恰当。如廿五之戏，梅之《花木兰》，杨之《冀州城》，余之《天雷报》，龚之《沙桥饯别》，尚之《林四娘》，程之《宇宙锋》，分配得当，尤脍炙人口也。
>
> （《张学良氏之戏提调》，《顺天时报》1926年5月8日第五版）

5月，梨园公会文武生行立匾，由余叔岩题写"管领霓裳"。

6月6日，富连成社东家沈玉亭病逝。

7月4日酺忍堂张宗昌夜宴堂会：

全班合演《赐福》，李万春、蓝月春《两将军》，琴雪芳《花田错》，荀慧生、萧长华《拾玉镯》，筱翠花《醉酒》，余叔岩《定军山》，梅兰芳《红线盗盒》，杨小楼、钱金福《骆马湖》，梅兰芳、余叔岩《游龙戏凤》。

> 张宗昌、张学良、李景林等，前番战胜来京，曾经各界假第一舞台演剧三晚，表示欢迎。兹二张为酬答起见，业于昨晚八时在旧刑部街奉天会馆，设宴款待各界人士，并请名伶余叔岩、杨小楼、梅兰芳等演剧助兴。临时会馆内设有招待庶务等处，非有入场券

余叔岩书"管领霓裳"匾

者，一概不准入门，兹将被请人名，及戏码录左：

被请人名：（甲）元老：王士珍、赵尔巽；（乙）政界：杜锡珪、杨文凯、田应璜、任可澄、顾维钧、张志潭、张国淦、王宠惠、李垣、庄蕴宽、王荫泰、张竞仁、符定一、江天铎、王湘、孔昭焱、陈任中、陆梦熊、金绍曾、吴纫礼、劳之常、恽宝惠，（丙）代表：张其锽、温寿泉等；（丁）军警界：王怀庆、李寿金、杨绍寅、米振标、于珍、万福麟、荣臻等三十余人；（戊）银行界：张公权、谭荔生、卢学溥、周作民、周诒春等十余人；（己）商界：孙学仕、高金钊等十余人。

剧目：（一）李万春、蓝月春《两将军》，（二）余叔岩、梅兰芳《游龙戏凤》，（三）雪琴芳《花田错》（四）梅兰芳《红线盗盒》，（五）余叔岩《定军山》，（六）杨小楼、侯喜瑞、王长林等《骆马湖带水擒公堂》。

（《奉天会馆昨晚之太平宴——所邀之人物与名伶之戏码》，《顺天时报》1926年7月5日）

7月21日皕忍堂张宗昌夜宴堂会：

全班合演《大赐福》，李万春、蓝月春《神亭岭》，王幼卿、姜妙香《玉堂春》，余叔岩、钱金福《南阳关》，王瑶卿、尚小云《樊江关》，余叔岩、梅兰芳、萧长华《一捧雪》，筱翠花、荀慧生《双摇会》，尚和玉、朱小义《战滁州》，梅兰芳、杨小楼、王凤卿《霸王别姬》。

张宗昌、张学良、潘复三氏，昨晚八时，在奉天会馆设宴答谢王怀庆、李寿金、李垣、杨绍寅等公宴，当晚有名伶演剧，各方要人均在被邀之列云。

（《奉天会馆昨晚之彩觞》，《顺天时报》1926年7月22日）

7月29日织云公所商界全体欢迎直鲁联军堂会：

谭富英、尚和玉《阳平关》，徐碧云《虞小翠》，时慧宝《上天台》，郝寿臣《黄一刀》，尚小云、朱素云《玉堂春》，余叔岩、徐碧云《汾河湾》，杨小楼《水帘洞》。

8月15日奉天会馆金宅寿辰堂会：

全班合演《赐福》《百寿图》，胡素仙、冯蕙林《满床笏》，方连元、冯连恩《蟠桃会》，陆凤琴、马富禄《荷珠佩》，傅小山、甄洪奎《二龙山》，李多奎、陈少武《长寿星》，李荣升、扎金奎《定军山》，尚富霞、张连升《鸿鸾禧》，方连元、罗连云《娘子军》，金继贤、福小田《失街亭》、裘桂仙、律佩芳《黑风帕》，程继先、方宝全《探庄》，尚和玉、朱小义《挑滑车》，言菊朋、王幼卿《探母》，尚小云、朱素云《玉堂春》，余叔岩、王长林《打棍出箱》，杨小楼、钱金福《连环套》，梅兰芳、姚玉芙《洛神》，全班合演《风云会》。

8月21日，梅兰芳、杨小楼、余叔岩、赵尔巽、冯耿光等人在李宣韩宅欢迎日伶守田勘弥一行。

日昨午后四时，梅兰芳为欢迎守田一行，假大方家胡同李宅，具备茶点，开大茶会，是日来会者，除该一行四十余名外，尚有杨小楼、余叔岩、尚小云、筱翠花、王琴侬、杨小朵、姚玉芙、徐兰沅等剧界艺员数十人，暨中日双方各机关要人，共计约有二百余人，一

8月21日京剧界在李宣韩宅欢迎日伶

同聚会，先行摄影，茗谈之间，又有种种游玩，颇极一时之盛，六时半始一同尽欢而散云。

（《梅兰芳欢迎日伶之大茶会——中外来宾二百余人》，《顺天时报》1926年8月22日）

8月28日第一舞台庆祝直鲁联军胜利抚恤京兆灾民义务戏：

全班合演《天官赐福》，福小田、李广顺《班师回朝》，雷喜福、孙甫亭、曹连孝《盗宗卷》，方连元、冯连恩、罗连云、诸连顺、陶玉芝《娘子军》，时慧宝、时玉奎《上天台》，谭富英、马连良、刘永奎、尚和玉、朱小义、张德发、马连昆、鲍顺义《定军山·阳平关》，高庆奎、郝寿臣、徐碧云、萧长华、诸如香、马连昆、马富禄、罗福山、张连升《法门寺》，梅兰芳、尚小云、筱翠花、尚富霞、朱素云、姜妙香、王长林、慈瑞泉《虹霓关》，余叔岩、杨小楼、钱金福、鲍吉祥、扎金奎、冯蕙林《镇潭州》，梅兰芳、荀慧生、筱翠花、尚小云、杨小楼、余叔岩、裘桂仙、朱桂芳、王长林、慈瑞泉、萧长华、马富禄、傅小山、范宝亭、朱湘泉、刘砚亭《四五花洞》。

《镇潭州》（余的岳飞、杨的杨再兴）我在第一舞台看过一次，据我知，他们只合演过这一次。他们二人对打的戏，除《战宛城》外，也只有这一出。《镇潭州》这出戏的枪架子头，大路都是打"五枪

352

头",杨、余演这出戏不打"五枪头"。我看这戏的时候,已经向陈绍武先生学了这出戏。我看出杨、余这套把子特别,但叫不出名来,只觉得气派很大,视觉上好象打了很多,实际并没有几下,但很火炽,非常好看。后来我向刘砚芳先生学戏的时候,学了这套把子。据刘砚芳先生说:"谭老板、王楞仙二位老先生是这个打法,我们老爷子(指杨小楼)学的就是这套。那次在第一舞台他跟叔岩唱《镇潭州》,打的就是这套。"

(朱家溍《观余记略》)

庆贺战胜抚恤灾民筹备处各筹备员,现已积极分头创办各事,并定于今日下午七时,为第一舞台开演。兹将该处昨日(廿七)已办者,计(一)悬挂今日义务夜戏戏目;(二)变更戏价,系按历来义务戏办法,分(甲)楼上,二层包厢一级一百元、二级六十元、三级四十元,又东西木炕每位三元,又后背每位二元,又三层前三排三元,后四排二元(乙)楼下,池座每位最前五排十元,前五排八元,中五排五元,后六排三元,东西旁厅一律三元,按票号对照座号入座;(三)由警察厅将二十八九两日戏票,统交由二十区警署分发各段,向各住户劝售。因交各机关,为时太促,不易进行也。两日票如全数售出,总计可售得洋二万零六百余元云;(四)昨由警厅派巡警

《镇潭州》余叔岩饰岳飞，程继先饰杨再兴

十人，将楼上下第号条，概行贴就，并装修二层楼，南厢房多间，为办公之用。此次筹备事项，仍以警厅所派之职员之延世五君为最得力，至两日戏目，业已印就，式如普通文凭，红地金边，印黑字。一面戏目，一面印"庆贺战胜"四字，以留纪念。每张售洋二角，拟置包厢等处售之。初本拟即用售得戏价、抚恤灾民，但京兆尹李垣氏，主张在场内酌量募捐，以期众擎易举。闻第一舞台每日租金系四百元，此次房主愿将两日租金八百元，全数捐助，并闻演戏各艺员，除己尽义务外，复愿将本班包银提出数成，赈济灾民，其好善不倦，有足多者。

（《恤灾义务夜戏今晚七点开演》，《顺天时报》1926年8月28日）

昨日为恤灾义务夜戏开演之第一日，四机关所派之筹备员，均忙碌异常。至下午八时，尚有各区署退回之戏票多张，其第一日票，白地印红字；第二日票印黑字，两日不能通用。其派出之职员，分为"稽查""招待""筹备员"共一百人，各佩大红绫花、黄绫徽章。另派"售品募捐"二十人，佩红花，红绫徽章，茶役均佩红花，白布徽章。第一舞台进院门，有临时售票处，大门上贴有黄纸书"奉谕，制服军人不得入门"字样。门首保安队宪兵卫戍司令毅军，分班担任保护。并有消防队防守一切。财政次长夏仁虎捐洋二百元，黄稼寿捐洋二十元，许太太捐洋十元，其他陆续捐款者甚多云。

（《恤灾义务戏第一日》，《顺天时报》1926年8月29日）

8月29日第一舞台庆祝直鲁联军胜利抚恤京兆灾民义务戏：

方连元、冯连恩、罗连云《泗州城》，雷喜福《宫门带》，徐碧云、王又宸《汾河湾》，郝寿臣、高庆奎、马连良、程继先、裘桂仙、萧长华《群英会》，尚小云、李万春、慈瑞泉、陆凤琴《五龙祚》，杨小楼、钱金福、范宝亭、迟月亭、郭春山、傅小山、陶玉芝、陆喜才、丁永利、刘砚亭《安天会》，余叔岩、梅兰芳、王凤卿、龚云甫、王长林、吴彩霞、鲍吉祥《探母回令》，杨小楼、梅兰芳、余叔岩、王凤卿、徐碧云、王长林、徐碧云、钱金福、尚和玉、郝寿臣、刘宗杨，范宝亭、朱小义、傅小山、张德发、朱桂芳《八蜡庙》。

8月30日福合堂夜宴堂会：

碧玉花《鸿鸾禧》，玉无瑕《打花鼓》，李万春、蓝月春《两将军》，金桂芬、高媚兰《戏凤》，荀慧生、筱翠花《樊江关》，雪艳琴《千金一笑》，尚小云、马连良、蒋少奎《林四娘》，尚和玉、朱小义《战滁州》，梅兰芳、姜妙香《偷诗》，余叔岩、裘桂仙《群臣宴》，梅兰芳、杨小楼、王凤卿、龚云甫、郝寿臣、姜妙香《回荆州》。

9月25日第一舞台梨园公会筹款义演：

全班合演《天官赐福》，福小田、李广顺、赵春锦、韩福元《大回朝》《金光洞》，尚和玉、朱小义、张德发、鲍顺义、丁秉春、鲍吉祥、沈福山、朱玉康、福再山、吴玉铃、钱富川、文春宝、谢春芳《战滁州》，马连良、朱琴心、张连升、律佩芳《宝莲灯》，徐碧云、谭富英、郝寿臣、许德义、吴堃芳、鲍顺义、沈三玉、杨春龙、孙甫亭、李斌祥、王玉吉、李四广、焦凤池、高连峰《八大锤》，尚小云、朱素云、高庆奎、诸如香、慈瑞泉、李洪福、马富禄、陆凤琴、刘玉泰、胡长太、霍仲三、王多寿、徐寿琪《玉堂春》，杨小楼、钱金福、刘砚亭、丁永利、郭春山、沈福山、王玉吉、陶玉芝、袁增福《夜奔》，余叔岩、筱翠花、王长林、罗福山《坐楼杀惜》，梅兰芳、姜妙香、萧长华、朱桂芳、罗福山、李春林、罗文奎、扎金奎、孙甫亭、福再田、孙小山、赵春锦、李春义《廉锦枫》。

9月26日第一舞台梨园公会筹款义演：

全班合演《富贵长春》，福小田、陈少武、韩福元、陈二格《风云会》，时慧宝、刘景然、时玉奎、吴彩云、董玉林、耿永顺、张凤祥《柴桑口》，李万春、蓝月春《英雄义》，谭富英、蒋少奎、李洪春、曹连孝、韩金福、李四广、律佩芳、王多寿、孙小山《定军山》，马连良、茹富兰、刘永奎、许德义、韩富信、钱少卿、李春义、王玉吉、陈富康、吴玉铃、谢春芳、张连廷《阳平关》，李吉瑞、马富禄、李洪春、焦凤池《骆马湖》，贯大元、徐碧云、裘桂仙、张连升、姜连彩、胡长太《二进宫》，龚云甫、茹富蕙、谭春仲、赵春锦《钓金龟》，杨小楼、郝寿臣、王长林、范宝亭、迟月亭、刘砚亭、扎金奎、甄洪奎、沈福山、郭春山、袁增福、杜俊芳、侯海林、陶玉澍《连环套》，余叔岩、梅兰芳、鲍吉祥、王长林、姜妙香、钱金福、吴彩霞、王多寿、高连峰、徐寿琪、李广顺、杨忠和、周瑞祥、侯澍田《珠帘寨》，梅兰芳、尚小云、荀慧生、筱翠花、高庆奎、王凤卿、俞振庭、朱桂芳、萧长华、慈瑞泉、朱湘泉、沈三玉、王福山、马富禄、方连元、孙晓华、杨春龙、王玉吉、罗文奎、陆喜才、李三星《四五花洞》。

10月2日天津新明大戏院八善堂义务戏演出：

王凤卿《文昭关》，余叔岩、王幼卿《南天门》，杨小楼《连环套》，梅兰芳《奇双会》。

10月3日天津新明大戏院八善堂义务戏演出：

龚云甫《钓金龟》，余叔岩、王幼卿《打渔杀家》，杨小楼、梅兰芳《霸王别姬》。

记得当年天津有八个盐商，合办一个慈善机构名叫八善堂，创办的那一天，他们邀请梅先生和杨小楼先生合演一场义务戏，戏码是《霸王别姬》，这一场演完后就将〔慢板〕改为〔散板〕。

（徐兰沅《梅兰芳与霸王别姬》，《光明日报》1962年4月3日）

10月4日天津下天仙茶园八善堂义务戏演出：

王幼卿、王长林《女起解》，杨小楼《安天会》，梅兰芳、杨小楼、余叔岩、王凤卿、郝寿臣、龚云甫、姜妙香、刘景然《回荆州》，赵子英《水淹七军》，梅兰芳、余叔岩《游龙戏凤》。

票价：花楼二百元，顶级包厢六十元，二级包厢四十元，三集包厢三十元；头级池座八元，二级池座六元，三级池座四元，月台三元。

10月9日济南督署堂会：

李万春《英雄义》，坤角《戏凤》，朱桂芳、范宝亭、朱湘泉《打瓜园》，尚和玉、高庆奎、蒋少奎《阳平关》，尚小云、王凤卿、筱翠花、慈瑞泉《御碑亭》，梅兰芳、余叔岩、诸如香、姚玉芙、姜妙香《四郎探母》，杨小楼、郝寿臣、王长林、范宝亭、迟月亭《连环套》。

10月10日济南督署堂会：

李万春《两将军》，马笑云《打花鼓》，坤角《武家坡》，朱桂芳、范宝亭《演火棍》，朱素云、慈瑞泉《鸿鸾禧》，尚和玉《战滁州》，筱翠花《醉酒》，李万春《神亭岭》，梅兰芳《红线盗盒》，王凤卿《取成都》，荀慧生、姜妙香《拾玉镯》，尚小云、高庆奎、诸如香、郝寿臣、慈瑞泉《法门寺》，杨小楼、范宝亭、钱金福、迟月亭《麒麟阁》，余叔岩、梅兰芳、钱金福、王长林、冯蕙林、鲍吉祥《珠帘寨》，梅兰芳、尚小云、筱翠花、余叔岩、杨小楼、高庆奎、萧长华、慈瑞泉、郭春

山《四五花洞》。

10月11日济南督署堂会：

马笑云《小放牛》，诸如香、慈瑞泉《得意缘》，李万春《赚历城》，朱素云《连升店》，尚和玉《四平山》，高庆奎、尚小云《汾河湾》，荀慧生、于连泉、罗福山《樊江关》，梅兰芳、王凤卿、慈瑞泉、郝寿臣《宝莲灯》，余叔岩、钱金福、慈瑞泉、王长林《打棍出箱》，杨小楼《安天会》。

10月12日济南上舞台义务夜戏：

马笑云《母女会》，刘宗杨《乾元山》，李万春《狮子楼》，尚和玉《车轮战》，筱翠花《穆柯寨》，荀慧生《枪挑穆天王》，高庆奎《辕门斩子》，梅兰芳、余叔岩、王长林《打渔杀家》，杨小楼、尚小云、郝寿臣《长坂坡》。

初六日上舞台赈灾戏，上座颇佳，特别包厢售三百元，普通包厢二百五十元及二百元三种，散座二十元及十元两种。是晚当场募捐者，有一万多元。

《长坂坡》未演时，张督办登场演说，黄河决口，淹冲房屋无算，现该民嗷嗷待哺，故办赈灾戏筹款云云。演说毕阖园鼓掌，并中西乐队吹奏，戏散钟鸣四点矣。

（《剧界消息·济南通讯》，《顺天时报》1926年10月17日第五版）

10月13日济南上舞台义务夜戏：

坤角《戏凤》，尚和玉、朱桂芳、范宝亭《八蜡庙》，马笑云《打花鼓》，荀慧生、筱翠花、姜妙香、慈瑞泉《虹霓关》，尚小云、王凤卿、朱素云《玉堂春》，梅兰芳、姜妙香、李寿山《奇双会》，高庆奎《定军山》，杨小楼、余叔岩、郝寿臣、钱金福、王长林《阳平关》。

10月14日济南上舞台义务夜戏：

坤角《浣纱记》，尚和玉《铁笼山》，荀慧生、筱翠花、朱素云《能仁寺》，杨小楼、梅兰芳《霸王别姬》，高庆奎、李万春《八大锤》，余叔岩、尚小云《南天门》。

《别姬》原定大轴，因兰芳赴天津演堂会，改倒第三，庆奎、万春《八大锤》改倒第二，叔岩、小云《南天门》改唱大轴。

兰芳当夜三时廿分赴津，在吕海寰宅演《御碑亭》，津浦铁路李副局长，特备专车，并派副官，同车有李参赞，代表张督办，与吕翁祝寿，十六号早车兰芳仍回济南。

（隐侠《济青演剧筹款记》，《顺天时报》1926年10月22日第五版）

10月16日，济南上舞台义务夜戏，梅兰芳演《廉锦枫》，尚小云、筱翠花演《得意缘》，杨小楼、迟月亭演《金钱豹》，其余剧目待考。

山东堂会，自初一日下午一时出发，与叔岩、畹华同居一室，三人各说笑话一二则为乐，叔岩固健谈，畹华犹滑稽，夜未成寐，次日晚抵鲁，即夕演剧，连演三日夜。昨日由济南来青岛，演赈灾戏二日。胶澳旧为租界，今为我国收回。天然形胜，风景绝佳。予比年奔走沪、汉、杭、鲁各埠，论风物景致自以杭州、青岛两埠为最，他年当结庐小住，一洗胸中尘俗之气也。

（《荀慧生日记》丙寅年九月初五日）

10月18日青岛上舞台赈灾义演：

李万春《神亭岭》，尚和玉《宁国府》，筱翠花、荀慧生《虹霓关》，高庆奎、尚小云《汾河湾》，余叔岩《失街亭》，杨小楼、梅兰芳《霸王别姬》。

10月19日青岛上舞台赈灾义演：

马笑云《打花鼓》，吴铁庵《黄鹤楼》，尚和玉《挑滑车》，高庆奎《斩黄袍》，尚小云、筱翠花《金山寺》，梅兰芳、王凤卿《御碑亭》，余叔岩《定军山》，杨小楼、郝寿臣《连环套》。

10月20日青岛上舞台赈灾义演：

吴铁庵《琼林宴》，尚和玉《英雄义》，高庆奎《上天台》，尚小云、李万春《五龙祚》，杨小楼、梅兰芳、郝寿臣《长坂坡》，余叔岩

《珠帘寨》，全体合演《五花洞》。

10月21日济南督署欢迎青浦子爵堂会：

萧长华、黄润卿《绒花计》，李万春、蓝月春《两将军》，高庆奎、筱翠花、荀慧生、朱素云《御碑亭》，尚和玉、郝寿臣《挑滑车》，余叔岩、尚小云、王长林、鲍吉祥《打渔杀家》，杨小楼、梅兰芳、王凤卿、姜妙香《霸王别姬》。

闻此晚演剧，戏资两万元，另赏一万元，张督办款待子爵一行，亦可谓豪矣。

（辻听花《续山东游记》，《顺天时报》1926年12月1日第五版）

二十号，本拟随李局长参观潜水艇，及他名胜。因事冗未果，深以为憾。晚六时商会隋会长、胶济铁路赵局长、前警察程厅长，假山东实业银行，设宴会欢迎杨小楼、梅兰芳、余叔岩、尚小云等十八人，并谢筹款赈灾盛意。席间用火光拍照，为山东路鼎章照相馆所摄。

是晚上座之多，为青岛戏园从来所未有，综计三日筹款四万余元，夜二时演毕，三时登车，二十一号下午五时到济南，原拟稍停归京，嗣因青浦子爵来东游历，张督为联络邦交起见，特留诸伶演剧一日。廿三号上午五时启程，下午三时至天津，车行迟，至夜二时始到京。此次三百余人，在济青演剧，虽属过事劳乏，幸到处收效，结果圆满，未负此行也。

（隐侠《济青演剧筹款记》，《顺天时报》1926年10月30日第五版）

10月25日，赴鲁演出名角抵京。

山东此次赈灾堂会，盛极一时。各处叠有记载，兹更得珍闻若干，足为读者告也。

堂会调取名角，有北京警厅任之，故倾国以行。合计配角场面仆役等，一行计有三百三十余人，名角自梅兰芳以次，无不加入。唯陈德霖病喘，唱不成声。龚云甫年高称病，未预其列。

济南军署,堂会三日。舞台义务赈灾三日,义务期内,售得计十二万元。戏价包厢二百五十元,二百元两种。池子二十元,十元两种。而座无隙地,可谓极一时之盛,办理斯举者,以事关灾赈,故凡名角,均未发给包银。龙套杂角,则按日给饭金五角。将来开销一切后,或提给若干,则此时犹未成议。

各角住处,均在城外,军署则在城中,相距约八九里许。诸名角多自包车马来往,或假熟人之车。惟稍次诸角,临时雇车。天明散戏,至不易得,多以步行,天寒路远,相继苦之。

军署以各名角惠然来莅,特开欢迎盛会,宅眷亦出居主座。所备西餐,至为丰腆。而京角诸年长者钱金福、尚和玉等多不耐西餐,刀叉杂陈,有不易应用之苦。

鲁督于演剧之余,复请诸名角赴城外观演重炮、铁甲车、手榴弹等,声震屋瓦,金戈齐鸣。观者多为却步,颇不同于舞台上所出演之真刀枪把子矣。

演操之日,将军复为越墙跳壕之举。请诸名角随行试演,年少无嗜好者,尚能一试身手。年事较长者,多不能耐。独李万春、蓝月春,欣喜欢跃,将军亦赏异之。

舞台演剧之际,将军躬自登台演说,观众均起立示敬。有时将军假寐,观众亦遂不复鼓掌,惧扰清梦。会尚小云演《玉堂春》,全场为之寂静。

济南剧事既毕,复齐赴青岛。路局为备花车以行。抵站军队军乐。欢迎如仪,至剧事部叙,容再详之。

(《梅兰芳弦歌洙泗·山东堂会戏之琐闻》,《申报》1926年10月26日)

11月5日,梅兰芳、王凤卿、李万春等人离京赴沪演出。

11月10日江西会馆李达三之子李幼三成婚堂会:

筱翠花、马连良《乌龙院》,徐碧云、谭富英《汾河湾》,朱琴心、朱素云《闺房乐》,荀慧生、筱翠花《能仁寺》,余叔岩、尚小云、王长

林《打渔杀家》，余叔岩、杨小楼、郝寿臣《阳平关》，杨小楼、王长林《骆马湖》。

11月20日第一舞台赈灾义务戏：

谭富英《琼林宴》，尚和玉《四平山》，朱琴心《打花鼓》，时慧宝《马鞍山》，贯大元、徐碧云《三江口》，郭仲衡、程砚秋《骂殿》，尚小云《祭塔》，高庆奎、筱翠花、周瑞安《浔阳楼》，余叔岩、杨小楼、马连良、郝寿臣《定军山·阳平关·五截山》。

11月21日第一舞台赈灾义务戏：

九阵风《青石山》，尚富霞《入府》，王又宸《卖马》，尚和玉《铁笼山》，筱翠花《双铃记》，徐碧云《奇双会》，龚云甫、陈德霖《孝义节》，谭小培、荀慧生《戏凤》，高庆奎、尚小云《庆顶珠》，程砚秋《琵琶缘》，余叔岩、杨小楼《八大锤》。

11月，余叔岩移居椿树头条。

余叔岩移椿树头条，日来内外行友人，纷赴新第贺乔迁之喜。

（《都门菊讯》，《顺天时报》1926年12月2日第五版）

12月18日第一舞台天津妇孺救济会筹款义演：

郭仲衡《完璧归赵》，贯大元《连营寨》，谭富英《打棍出箱》，徐碧云、程继先《金山寺》，马连良、筱翠花《坐楼杀惜》，高庆奎、陈德霖、程砚秋、龚云甫《四郎探母》，余叔岩、尚小云、郝寿臣、王长林《打渔杀家》，杨小楼《恶虎村》。

12月19日第一舞台天津妇孺救济会筹款义演：

九阵风《百草山》，尚和玉《英雄义》，谭富英、徐碧云《戏凤》，尚小云、高庆奎、朱素云、周瑞安《美人计·回荆州》，荀慧生《女起解》，余叔岩、程砚秋《汾河湾》，杨小楼、郝寿臣《连环套》。

一九二七年（民国十六年·丁卯）三十八岁

按：是年，余叔岩重组胜云社，在新明戏院演夜戏。同年北京剧界主要班社有：梅兰芳承华社，有王凤卿等人，在开明戏院；杨小楼永胜社，有安舒元、贯大元等人，在开明戏院；高庆奎普庆社，有高秋颦、尚和玉等人，在庆乐园；荀慧生庆生社、先用杨宝森、后用谭富英、吴彦衡等人，在开明戏院；程砚秋鸣和社，有郭仲衡、贯大元等人，在华乐园；朱琴心协和社、先用马连良、后用言菊朋等，在开明戏院；尚小云协庆社、有王又宸等，在中和戏院；马连良春福社，有王幼卿、郝寿臣等，在庆乐园。演出记录据《顺天时报》《晨报》及存世戏单整理。

1月18日第一舞台窝窝头会义务戏：

周瑞安、九阵风、阎岚亭、孙振升、周喜如、绿牡丹、赵绮霞《青石山》，徐碧云、朱斌仙《女起解》，朱琴心、荀慧生、金仲仁、姜妙香、萧长华、沈福山、小桂花、诸如香《双沙河》，贯大元、马连良、俞赞庭、陈富瑞、范斌禄、李斌祥、于斌安、刘斌轩、苏斌太、陈少武《定军山·阳平关》，筱翠花、高庆奎、马富禄、孙甫亭、徐寿琪《乌龙院》，王又宸、尚小云、陈德霖、龚云甫、朱素云、王长林、慈瑞泉《探母回令》，程砚秋、郭仲衡、侯喜瑞、王又荃、曹二庚、吴富琴、蒋少奎《红拂传》，梅兰芳、王凤卿、李万春、郝寿臣、郭春山、蓝月春、赵春瑞、盖春来、小小楼、小桂花《宝莲灯》，余叔岩、杨小楼、钱金福、范宝亭、迟月亭、刘砚亭、罗福山、袁增福、王玉吉《八大锤》。

1月19日第一舞台窝窝头会义务戏：

全班合演《天官赐福》，黄智斌、李长胜、刘春升《托兆碰碑》、时慧宝、刘永奎、王立卿、杨斌昌《上天台》，尚和玉、娄廷玉、朱小义、张德发、云里飞《四平山》，马连良、郝寿臣、马富禄《开山府》，李万春、蓝月春、小桂芬、盖春来、刘庆元《两将军》，高庆奎、裴桂仙、徐碧云、张彩林、胡长太、吴彩云《二进宫》，程砚秋、郭仲衡《梅

龙镇》、王又宸、尚小云、筱翠花、朱素云、罗福山、慈瑞泉、扎金奎
《御碑亭》，余叔岩、荀慧生、王长林、钱金福、鲍吉祥、郭春山、唐长
立《打渔杀家》，杨小楼、梅兰芳、王凤卿、姜妙香、李寿山、张春彦、
范宝亭、迟月亭、刘砚亭、袁增福、王玉吉《霸王别姬》。

1月22日，承华社在开明戏院演夜戏，梅兰芳在京首演《四本太
真外传》。

1月25日第一舞台梨园公会救济同业义务戏：

谭春仲、高登甲、乔玉林、李玉安、沈福山、程清芬、冯蕙林、赵达
斋、方宝全、李春林、李春福、唐长立、何春喜、周瑞翔、黄少山《富
贵长春》，裘桂仙、董俊峰、时玉奎、李广顺、蒋鸣龙、周瑞麒、王多
寿、赵春锦、何二格、张凤祥、李莲英、姜连彩、钱宝奎、方洪顺、方
宝奎《大回朝》，斌庆社全体学生《收关胜》，富连成社全体学生《乾
元山》，时慧宝、郭效青、陈喜星、孙甫亭、钱少卿、高荣庭、刘玉泰、
时青山、焦凤池、董玉林《朱砂痣》，李万春、周瑞安、尚和玉、茹富
兰、孙毓堃、俞赞庭、诸如香、吴彩霞、侯喜瑞、许德义、张春彦、蓝月
春、程丽秋、吴富琴、蒋少奎、刘春利、娄廷玉、周春亭、丁秉春、甄洪
奎、韩富信、韩金福《长坂坡》，马连良、王又宸、朱琴心、程继先、尚
富霞、计砚芬、姜妙香、刘景然、李洪福、文亮臣、马富禄、扎金奎、张
彩林《御碑亭》，高庆奎、郝寿臣、高秋颦、张鸣才、李多奎、茹富蕙、
陈桐云、耿永顺、霍仲三、徐幼田、张连升、高富远、高连峰《辕门斩
子》，陈德霖、龚云甫、贯大元、王幼卿、王蕙芳、金仲仁、阎岚秋、朱
桂芳、朱素云、李洪春、黄润卿、马连昆、李寿山、王立卿、福小田、胡
素仙、任凤侣《六本雁门关》，程砚秋、郭仲衡、王又荃、张连升、律佩
芳《贺后骂殿》，梅兰芳、尚小云、筱翠花、荀慧生、杨小楼、王凤卿、
高庆奎、钱金福、王长林、萧长华、傅小山、罗文奎、方连元、许德义、
范宝亭、马富禄、杨春龙、沈三玉、贾多才、迟月亭、冯连恩、王福山、
罗连云、周喜如、刘连湘《五花洞》，余叔岩、王幼卿、曹二庚、鲍吉
祥、郭春山、罗福山、李春义、吴彩霞《南天门》，余叔岩（朱光祖）、

杨小楼（张桂兰）、梅兰芳（黄天霸）、王蕙芳（费兴儿）、尚小云（贺人杰）、阎岚秋（褚彪）、王长林（关泰）、郝寿臣（张妈）、朱素云（金大力）、朱桂芳（费德功）、萧长华（大人）、侯喜瑞（小姐）、李寿山（丫鬟）、芙蓉草（院子）、荀慧生（王栋）、筱翠花（王梁）、王琴侬（老道）、邱富棠（窦虎）、诸如香（院子）《反串八蜡庙》。

2月6日，梅兰芳、余叔岩、尚小云、程砚秋、荀慧生等人，启程山东济南参加张宗昌父亲及张宗昌本人寿辰堂会，杨小楼因妻患病未参加。

2月9日济南公署堂会：

王幼卿、蒋君稼《女起解·玉堂春》，尚和玉《金钱豹》，荀慧生《铁弓缘》，高庆奎《斩黄袍》，王又宸、程砚秋《四郎探母》，尚小云《秦良玉》，余叔岩《定军山》，梅兰芳、郭仲衡《宝莲灯》。

2月10日济南公署日戏堂会：

程砚秋《弓砚缘》，荀慧生、尚小云、高庆奎《穆柯寨·穆天王》，梅兰芳《廉锦枫》，余叔岩、李万春《八大锤》。

为欢迎曹锟赴张府祝寿，余叔岩、梅兰芳特加演《游龙戏凤》。

我告诉余先生："我有些戏，是按照您的唱法唱的。《珠帘寨》这出，就走的是您的路子。哪天我请您赏光。往后还得求您指教。"

从此以后，我不断来余先生家里，学了《状元谱》《盗宗卷》《伐东吴》《打鱼杀家》等戏。像《珠帘寨》一类我会的戏，就由余先生给我加工提高，哪儿该改的，改过来，按照他的唱法唱。

在我跟余先生学戏的时候，斌庆社应邀到济南，给军阀张宗昌演堂会。梅兰芳、尚小云、程砚秋，以及余先生、杨先生都在应邀之中。到了济南，住在侠路宾馆。正巧有一出戏是余先生的《八大锤》，余先生让我扮演陆文龙。他把我叫到跟前，跟我说："小子，这是个好机会。借这个机会，我把这出《八大锤》给你说了。你再瞧我怎么唱，这么着学起来可快得多。"

由于机会合适，这出《八大锤》算是余先生教得最细致的一

出。王佐的"吊毛",是个重点,"走"得必须干净、俏皮。余先生就在床上走吊毛,让我看着,看明白了怎么"走",跟着照样儿练。还把被子铺在地上,我们爷儿俩一前一后地"走"这个"吊毛"。这个"吊毛",余先生的演法是:唱完"天作主张",双腿起"法儿",露出左膀子,右手拿宝剑,拍桌子,宝剑削左膀子。甩发往前甩。走"吊毛"的时候,宝剑从身上过去。紧跟着把假胳膊扔向下场门。要利落、快,让观众瞧着紧凑。既是戏,有艺术的美,又跟真的一样。起初,还真不好学,不是动作慢,就是"走"不利落。余先生一遍一遍地耐心教,又掰开揉碎,做分节动作,终于使我"走"出来的各个动作合乎了要求。他高兴地点着头,说:"不错、不错,我没白费劲。"

(《菊海竞渡——李万春回忆录》)

2月11日赴掖县演堂会:

李寿义、周瑞祥、韩金福《百寿图》,程砚秋、尚小云、曹二庚、李四广、贾多才《樊江关》,李万春、蓝月春、毛庆来、扎金奎《两将军》,筱翠花、王又荃、罗文奎《醉酒》,高庆奎、尚小云、孙小三、霍仲三《汾河湾》,萧长华、冯蕙林、贾多才、李春义、李四广《连升店》,余叔岩、梅兰芳《游龙戏凤》,李万春、蓝月春、毛庆来《神亭岭》,筱翠花、王又荃、罗福山、王丽卿、霍仲三《得意缘》,梅兰芳、李寿山、姜妙香、曹二庚、韩金福《奇双会》,余叔岩、程砚秋、慈瑞泉、蒋少奎、鲍吉祥、李四广、赵春锦《庆顶珠》。

2月15日济南公署堂会:

王又宸、蒋君稼《御碑亭》,李万春《恶虎村》,荀慧生《马上缘》,高庆奎《上天台》,尚小云、筱翠花、李七《金山寺》,程砚秋《玉狮坠》,梅兰芳《拷红》,余叔岩《击鼓骂曹》,梅兰芳、尚和玉、王幼卿《长坂坡》。

2月16日济南公署张宗昌寿辰堂会:

周喜芬、诸如香《朱砂痣》,贵俊卿、黄润卿《胭脂虎》,马笑云《醉酒》,蒋君稼、朱桂芬《戏凤》,尚和玉、吴铁庵《青石山》,王又宸、王幼卿《武家坡》，郭仲衡、荀慧生、尚小云、文亮臣《银空山·回龙阁》，李万春《英雄义》，余叔岩、梅兰芳、萧长华《审头刺汤》，高庆奎、筱翠花《珠帘寨》，寒云主人、程砚秋《琴挑》，梅兰芳、尚小云、荀慧生、程砚秋、筱翠花、余叔岩、高庆奎（反串包公）、尚和玉《四五花洞》。

2月17日济南公署堂会：

贵俊卿《盗宗卷》，黄润卿《探亲》，王长林、朱桂芳《打瓜园》，马笑云《小放牛》，王又宸、蒋君稼《汾河湾》，荀慧生《春香闹学》，尚和玉《战滁州》，筱翠花《贵妃醉酒》，高庆奎《定军山》，王幼卿《女起解》，程砚秋、尚小云《会审·监会》，梅兰芳《廉锦枫》，寒云主人、程砚秋《琴挑》，余叔岩、李万春、侯喜瑞《八大锤》。

2月19日，赴济演出所有名伶回京。

梅兰芳、余叔岩、尚小云、程艳秋等，已于昨日夜内一时许，由山东归京，车至天津，运输司令部电告北京梨园公益会，转知各家到东车站去接，有此通知，故届时以汽车来接者殊不少。

（《济南通讯》，《顺天时报》1927年2月20日第五版）

2月28日懋业银行堂会：

余叔岩《击鼓骂曹》，杨小楼《连环套》。

3月26日第一舞台习艺所妇女习工厂义务戏：

全班合演《大赐福》，萧长华、尚富霞《龙凤配》，茹富兰、阎岚秋、沈三玉《乾元山》，王又宸、刘景然、吴彩霞、时玉奎《搜孤》，尚和玉、朱小义《战滁州》，陈德霖、王琴侬、姜妙香、诸如香、王立卿、郭春山《戏目连》，龚云甫、裘桂仙《遇皇后》，王瑶卿、金仲仁、王幼卿、福小田《能仁寺》，朱琴心、姜妙香、陆凤琴、茹富蕙《闺房乐》，高庆奎、董俊峰、张鸣才、娄廷玉、郭春山《胭粉计》，尚小云、筱翠花、李寿山、朱素云、慈瑞泉、范宝亭、蒋少奎《秦良玉》，余叔岩、梅兰芳《游龙戏凤》，杨小楼、梅兰芳、郝寿臣、钱金福、贯大元、王蕙芳、范宝亭、王长林、刘砚亭、迟月亭《长坂坡》。

3月27日第一舞台习艺所妇女习工厂义务戏：

时玉奎《大回朝》，方连元、沈三玉、冯连恩、诸连顺、罗连云《蟠桃会》，贯大元、福小田《黄金台》，李万春、蓝月春、陈富瑞《斩颜良》，周瑞安、周春亭、刘春利、刘凤奎、陆喜才《艳阳楼》，高庆奎、张鸣才、诸如香、福小田、曹连孝、贾多才、韩金福《斩黄袍》，荀慧生、朱琴心、萧长华《虹霓关》，尚小云、王又宸《汾河湾》，程砚秋、侯喜瑞、郭仲衡、王又荃、曹二庚、吴富琴、文亮臣、蒋少奎、刘凤林《红拂传》，余叔岩、王长林、裘桂仙、慈瑞泉、罗文奎《打棍出箱》，杨小楼、筱翠花、郝寿臣、钱金福、迟月亭、傅小山、诸如香、鲍吉祥、范宝亭、刘砚亭、郭春山、丁永利、王玉吉《战宛城》，梅兰芳、姚玉芙、李寿山、扎金奎、陈少武《天女散花》，梅兰芳、杨小楼、陈德霖、荀慧生、尚小云、筱翠花、程砚秋、尚和玉、郝寿臣、侯喜瑞、许德义、范宝亭、周瑞安、朱桂芳、阎岚秋《混元盒·金花聚妖》。

3月30日聚贤堂李宅堂会：

剧目待考。

4月2日，开明戏院承华社夜戏，梅兰芳演《廉锦枫》，王凤卿演《定军山》。

4月3日，开明戏院承华社夜戏，梅兰芳、王凤卿演《汾河湾》。

4月16日，开明戏院承华社夜戏，梅兰芳、王凤卿演《御碑亭》。

4月17日，开明戏院承华社夜戏，梅兰芳演《洛神》，王凤卿演《战樊城》。

4月18日，南京国民政府成立。

4月20日第一舞台梨园公益会义务戏：

全体合演《大赐福》，常少亭、霍仲三、朱德奎《风云会》，富连成社全体学生《太湖山》，裘桂仙、董俊峰、周瑞翔、焦凤池、董宝森、律佩芳、高荣庭、何二格《白良关》，贯大元、郭仲衡、福小田、李洪福、张凤祥、韩福元《战长沙》，王又宸、朱琴心、甄洪奎、钱少卿、时青山、高连峰、福再田、韩金福、李庆芳、李长奎《南天门》，关丽卿、言菊朋、高秋颦、诸如香、金仲仁、张春彦、李洪春、慈瑞泉、徐寿琪《御碑亭》，尚和玉、九阵风、茹富兰、傅小山、娄廷玉、范宝亭、方连元、朱桂芳、邱富棠、刘连湘、陶玉芝、朱湘泉、朱小义、韩富信、王玉吉、张德发、李三星、曹连孝、罗文奎、高富远、丁秉春、陆喜才《溪皇庄》，李万春、蓝月春、毛庆来《神亭岭》，于连泉、荀慧生、侯喜瑞、朱素云、王又荃、萧长华《双沙河》，杨小楼、梅兰芳、余叔岩、王凤卿、龚云甫、高庆奎、郝寿臣、周瑞安、姜妙香、蒋少奎、罗福山、鲍吉祥、郭春山、张连升、陈少武、霍仲三、贾多才、赵春锦、谷德才、吴玉铃、沈鸣连《甘露寺·美人计·回荆州》，尚小云、程砚秋、曹寿石、文亮臣、李四广、王多寿、李莲英、胡长太《樊江关》，余叔岩、杨小楼、梅兰芳、钱金福、王长林、刘砚亭、钱宝奎、扎金奎、丁永利、杨春龙、朱玉康、袁增福、孙小山、董玉林、陶玉澍、耿永顺、侯海林、姜连彩《摘缨会》。

4月30日，开明戏院承华社夜戏，梅兰芳、程继先演《奇双会》。

5月1日，开明戏院承华社夜戏，梅兰芳演《牢狱鸳鸯》。

5月6日天津倪嗣冲夫人寿辰堂会：

马艳云、马艳秋《武家坡》，贯大元、王幼卿《探母》，孙菊仙《三四本四进士》，李万春《神亭岭》，荀慧生、金仲仁《铁弓缘》，马艳云、蓝月春、马富禄、鲍吉祥《珠帘寨》，程砚秋《玉狮坠》，贯大元、王幼卿《汾河湾》，李万春《夜奔》，陶畏初、赵鸿庆《捉放曹》，余叔岩、荀慧生《打渔杀家》。

5月7日，开明戏院承华社夜戏，梅兰芳演《黛玉葬花》，王凤卿演《群英会》。

5月8日，开明戏院承华社夜戏，梅兰芳演《金针刺红蟒》，王凤卿演《捉放曹》。

5月14日胜云社新明戏院夜戏：

陈少五、霍仲三《龙虎斗》，方连元、冯连恩《蟠桃会》，裘桂仙、

福小田《草桥关》，陈德霖、刘景然、王荣山《战蒲关》，筱翠花、诸如香、侯喜瑞、王又荃、慈瑞泉、陆凤琴《花田错》，余叔岩、钱金福、鲍吉祥、王长林、贾多才《定军山》。

据《晨报》广告载，票价：楼上男女合坐：特厢十八元，前厢八元，后厢六元，楼座一元二角；楼下厅座一元二角、后厅九毛，女座一元二角。

余叔岩久未登台，一般顾曲家热心待之，望眼欲穿。筱翠花亦因机会未臻，或演或辍，极属憾事。

兹闻叔岩、翠花合作已成，加以陈德霖、钱金福、王长林、裘桂仙、王又荃、诸如香等，组成一社，定名胜云，定于今晚（阴历十四日星期六）在新明戏院即行开幕。届时香厂道上车水马龙，颇极热闹，不卜可知也。

查余伶现为京中须生之泰斗，于伶（翠花之姓）亦为独一无二之花旦。今幸机会已臻，合作亦成，余为两伶庆之，又为剧界贺之。余切望两伶，自今以后协心戮力，掌固社楚，弘扬风雅，维持营业，余有厚望焉。

并闻余于两伶今明两晚剧目，大约如左：

今晚余叔岩《定军山》，筱翠花《花田错》。

明晚余叔岩《失街亭》，筱翠花《得意缘》。

（辻听花《欢迎余叔岩筱翠花合作》，《顺天时报》1927年5月15日第五版）

5月14日，开明戏院承华社夜戏，梅兰芳演《洛神》，王凤卿演《文昭关》。

5月15日胜云社新明戏院夜戏：

冯蕙林、慈瑞泉《连升店》，方连元《攻潼关》，侯喜瑞《青风寨》，陈德霖、刘景然《三击掌》，筱翠花、诸如香、王又荃、罗福山、福小田、赵芝香《得意缘》，余叔岩、钱金福、裘桂仙、鲍吉祥、王长林《失街亭》。

于连泉

　　是日，开明戏院承华社夜戏，梅兰芳、王凤卿演《玉堂春》，王凤卿、尚和玉演《阳平关》。

　　5月19日天津新明戏院夜戏：

　　朱桂芳《取金陵》，郝寿臣、周瑞安《盗御马·连环套》，王凤卿《取成都》，余叔岩、梅兰芳《打渔杀家》。

　　5月20日天津新明戏院夜戏：

　　周瑞安《艳阳楼》，关丽卿《玉堂春》，余叔岩、钱金福《定军山》，梅兰芳、王凤卿、郝寿臣《西施》。

　　5月21日天津新明戏院夜戏：

　　周瑞安《两将军》，王凤卿、关丽卿、郝寿臣《法门寺》，余叔岩、钱金福、王长林《打棍出箱》，梅兰芳、朱桂芳、姜妙香、萧长华《廉

锦枫》。

5月22日天津新明戏院夜戏：

朱桂芳《蟠桃会》，钱金福、王长林《祥梅寺》，关丽卿《女起解》，郝寿臣《打龙棚》，余叔岩、陈德霖《南天门》，梅兰芳、周瑞安《霸王别姬》。

5月23日天津新明戏院夜戏：

周瑞安、诸如香、钱金福《长坂坡》，王凤卿《朱砂痣》，余叔岩、郝寿臣《失街亭》，梅兰芳《洛神》。

余从叔岩学戏第一出为《奇冤报》。某次叔岩应天津剧院约演出，余同去津，由叔岩家至车站，在车内一路说《奇冤报》反调，叔岩在津演出《奇冤报》《空城计》《战太平》三剧，又同回京，即排练身段，穿上厚底靴走台步，滚桌子，排完后即在饭庄演唱。

（张伯驹《红毹纪梦诗注》）

按：是年，张伯驹始从余叔岩学戏，据余叔岩演出史实与张伯驹本人回忆，时间前后不差。唯天津所演剧目略有不同。

5月27日第一舞台窝窝头会义务戏：

董俊峰《草桥关》，关丽卿《玉堂春》，郭效青《女起解》，赵君玉、白玉昆《千里送金娘》，尚和玉、茹富兰《溪皇庄》，高庆奎、徐碧云《汾河湾》，尚小云、王又宸、陈德霖、龚云甫《四郎探母》，程砚秋、郭仲衡《贺后骂殿》，梅兰芳《盗盒》，余叔岩、杨小楼、郝寿臣、筱翠花《战宛城》。

5月28日第一舞台窝窝头会义务戏：

董俊峰《大回朝》，阎岚秋、周瑞安、朱桂芳、方连元、俞赞庭、何佩亭《青石山》，荀慧生、小桂花、王又荃、萧长华《双摇会》，赵君玉、白玉昆、赵鸿林、芙蓉草、杜文林、张芥仁、郭德奎、陈俊亭《刘娘娘怒杀皇宫》，高庆奎、王幼卿、马连昆、扎金奎《南天门》，茹富兰、徐碧云、高庆奎、尚和玉、张鸣才、张春彦《三江口》，程砚秋、郭仲衡、李万春、蓝月春、郝寿臣、俞华庭、小桂花《宝莲灯》，筱翠花、朱素云、慈瑞泉、李寿山《马思远》，陈德霖、龚云甫、贯大元、朱素云、诸如香、王立卿《雁门关》，余叔岩、尚小云、王长林、侯喜瑞、鲍吉祥、钱宝奎《打渔杀家》，杨小楼、梅兰芳、王凤卿、姜妙香、钱金福、张春彦、迟月亭、范宝亭、刘砚亭、袁增福《别姬》。

5月29日第一舞台窝窝头会义务戏：

裘桂仙、张连升、扎金奎、王多寿《锁五龙》，谭富英、关丽卿《武家坡》，尚和玉、朱小义、娄廷玉《四平山》，白玉昆、赵君玉、赵鸿林、芙蓉草、杜文林、张芥仁、郭德奎、陈俊亭《陈琳抱装盒》，荀慧生、阎岚秋、罗福山、贾多才、李多奎《樊江关》，王凤卿、贯大元、蒋少奎、扎金奎《战长沙》，徐碧云、朱琴心、王幼卿、郭效青、茹富兰、尚和玉、裘桂仙、阎岚秋、朱桂芳、俞赞庭、俞华庭、周瑞安《五花洞》，筱翠花、朱素云、李寿山、慈瑞泉、马富禄《马思远》，程砚秋、马连良、王又宸、郭仲衡、王又荃、侯喜瑞、李洪春、吴富琴、曹二庚、文亮臣《美人计·回荆州》，尚小云、王又宸、李万春、诸如香、慈瑞泉、李寿山《五龙祚》，杨小楼、钱金福、范宝亭、迟月亭、刘砚亭、郭春山、罗福山《安天会》，余叔岩、王瑶卿、钱金福、鲍吉祥、王长林、徐斌寿、赵芝香、律佩芳、茹富蕙《珠帘寨》，梅兰芳、王凤卿、姚玉芙、姜妙香、萧长华、侯喜瑞、张春彦、慈瑞泉、李春林《西施》。

6月4日胜云社新明戏院夜戏：

侯喜瑞、冯蕙林、扎金奎、曹连孝《取洛阳》，诸如香、慈瑞泉、贾多才《探亲家》，方连元、冯连恩、王玉吉、杨春龙《五毒传》，陈德霖、张连升、福小田《彩楼配》，筱翠花、马富禄、王又荃《鸿鸾禧》，余叔岩、钱金福、裘桂仙、王长林《问樵闹府·打棍出箱》。

是晚，开明戏院承华社夜戏，梅兰芳、王凤卿演《头本太真外传》。

6月5日胜云社新明戏院夜戏：

裘桂仙、福小田、赵芝香《白良关》，诸如香、王荣山、王又荃《胭脂虎》，方连元、诸连元、侯喜瑞、冯连恩、王玉吉、张春龙、罗连云、陶玉芝《取金陵》，钱金福、郭春山、鲍吉祥、张连升、周瑞祥、罗文

奎、孙甫亭、霍仲三《庆阳图》，刘景然、陈德霖、王长林、曹连孝《审头刺汤》，余叔岩、筱翠花、罗福山、慈瑞泉、马富禄《坐楼杀惜》。

6月7日会贤堂朱文均为母七十寿辰祝寿堂会：

程继仙、萧长华《连升店》，陈德霖、刘景然《三击掌》，尚和玉《四平山》，余叔岩《骂曹》，梅兰芳《醉酒》。

前晚什刹海会贤堂朱宅堂会，系盐务署运销厅长朱文均为母作寿，除用斌庆社班底外，名角有程继仙、萧长华之《连升店》，陈德霖、刘景然之《三击掌》，梅兰芳之《醉酒》，尚和玉之《四平山》，余叔岩之《骂曹》。闻因有人介绍，戏价较廉，《四平山》二百五十元，《醉酒》三百元，《骂曹》四百元。又闻原有白牡丹之《女起解》，因牡丹病体尚未恢复，故未演唱云。

（《梨园近讯》，《晨报》1927年6月9日）

我对于会贤堂一次最深的印象，是丁卯年五月初八日，我祖母70岁寿日，在会贤堂宴客演戏。我记得的戏有梅兰芳的《醉酒》，余叔岩的《骂曹》，尚和玉的《四平山》，陈德霖、刘景然的《三击掌》，程继仙、萧二顺的《连升店》。正值杨小楼不在北京。所以让他外孙刘宗杨演双出，白天一出《连环套》，晚上一出《长坂坡》。李万春的《战马超》，王少楼的《定军山》，俞少庭的《安天会》，赵绮霞的《荷珠配》等戏。这一天是赵芝香的戏提调。

（朱家溍《什刹海梦忆录》）

6月9日，马连良自组春福社在庆乐园开幕，首日演《定军山》。

6月11日第一舞台奉天赈灾义务戏：

全班合演《大赐福》，尚富霞、马富禄《下河南》，贯大元、雷喜福、吴彩霞、福小田《搜孤》，周瑞安、方连元、刘凤奎、周春亭《金钱豹》，赵君玉、白玉昆、筱玉楼、小少奎、修少泉《坐楼杀惜》，徐碧云、高庆奎《武家坡·算军粮》，荀慧生、郭仲衡、王又荃、刘景然《银空山》，程砚秋、王又宸、王幼卿、文亮臣、曹连孝、李四广《回龙鸽》，尚小云、筱翠花、朱素云、侯喜瑞、罗福山、王立卿、刘凤林《得意缘》，余叔岩、钱金福、裘桂仙、诸如香、赵芝香、慈瑞泉、冯蕙林《战太平》，杨小楼、郝寿臣、王长林、范宝亭、迟月亭、刘砚亭《连环套》，梅兰芳、姜妙香、朱桂芳、张春彦、罗福山、萧长华、扎金奎《廉锦枫》。

6月12日第一舞台奉天赈灾义务戏：

常少亭《龙虎斗》，九阵风《泗州城》，诸如香、尚富霞《双摇会》，李万春《英雄义》，芙蓉草、赵君玉《白门楼》，白玉昆、赵鸿林《夺妻恨》，陈德霖、龚云甫《探窑》，徐碧云、高庆奎、马连良《借东风》，程砚秋《玉狮坠》，杨小楼《骆马湖》，余叔岩《击鼓骂曹》，梅兰芳《醉酒》。

6月16日，张作霖在北京建立中华民国军政府，自任中华民国安国陆海军大元帅，潘复任国民总理。

6月18日第一舞台北京慈幼女工厂筹款义务戏：

全体合演《大赐福》，裘桂仙、福小田、李玉泰、钱少卿、耿永顺、律佩芳、何二格《草桥关》，九阵风、朱桂芳、沈三玉、朱湘泉、杨春龙、焦凤池、李三星、杨忠和、陆喜才、陶玉芝、刘玉芳《蟠桃会》，尚和玉、朱小义、娄廷玉、张德发、丁秉春、谢春芳、朱玉康、吴玉铃、文春宝、谷德才《战滁州》，周瑞安、郭仲衡、蒋少奎、冯蕙林、鲍吉祥、张连升、李春义、李长奎《黄鹤楼》，李万春、蓝月春《两将军》，马连良、鲍吉祥《盗宗卷》，王凤卿、王又宸、荀慧生、程继先、诸如香、扎金奎、刘景然、罗福山、陈少武《御碑亭》，高庆奎、徐碧云、钱金福、张鸣才、冯蕙林、马富禄、吴彩霞、贾多才、韩金福、赵富荣、侯澍田《珠帘寨》，筱翠花、尚小云、程砚秋、侯喜瑞、朱素云、王又荃、慈瑞泉、吴富琴、曹连孝、霍仲三、刘玉泰、罗文奎、孙小山《虹霓关》，杨小楼、郝寿臣、王长林、范宝亭、迟月亭、刘砚亭、扎金奎、甄洪奎、袁增福、周瑞翔、郭春山、陶玉澍《连环套》，余叔岩、梅兰芳、陈德霖、龚云甫、姜妙香、姚玉芙、萧长华、张春彦、曹寿石、王立卿、刘凤林、赵春锦《四郎探母》。

6月19日第一舞台北京慈幼女工厂筹款义务戏：

全班合演《富贵长春》，尚和玉、九阵风《青石山》，赵君玉、白玉昆、赵鸿林《同恶报》，李万春、蓝月春《神亭岭》，徐碧云《英杰烈》，龚云甫、蒋少奎《骂曹》，王又宸、马富禄《卖马》，荀慧生、于连泉、朱素云、王又荃、萧长华、侯喜瑞《双沙河》，高庆奎《探阴山》，程砚秋、马连良、郭仲衡、周瑞安、程继先、文亮臣《回荆州》，尚小云、王凤卿《汾河湾》，杨小楼、郝寿臣、范宝亭、迟月亭、刘砚亭《冀州城》，余叔岩、钱金福、王长林《定军山》，梅兰芳、姚玉芙、朱桂芳、姜妙香、罗文奎《洛神》。

票价：头级包厢一百元，二级包厢六十元，三级包厢四十元，前七排六元，中七排四元，后七排三元，旁厅三元，木炕四元，包厢后背二元，三层前三二元，三层后四一元，准七点开演。

6月20日开始，辻听花在《顺天时报》开展梅兰芳、尚小云、荀慧生、程砚秋、徐碧云五大名伶新剧选举活动。

6月25日胜云社新明戏院夜戏：

诸如香、慈瑞泉、侯喜瑞、王又荃《穆柯寨》，钱金福《瓦口关》，王长林、范宝亭、方连元《打瓜园》，筱翠花、马富禄、甄洪奎《打刀》，余叔岩、陈德霖、裘桂仙《二进宫》。

6月26日胜云社新明戏院夜戏：

诸如香、马富禄、李四广《一匹布》，侯喜瑞、方连元、慈瑞泉《普球山》，钱金福、王长林、贾多才、周瑞祥、高连峰《祥梅寺》，福小田、冯蕙林《忠孝全》，筱翠花、陈德霖、王又荃、陆凤琴、赵芝香《得意缘》，余叔岩、裘桂仙、鲍吉祥《捉放曹》。

是晚，承华社开明戏院夜戏，梅兰芳、王凤卿演《二本太真外传》。

7月20日，《顺天时报》公布"五大名伶"选举结果：

梅兰芳《太真外传》得票1431，《洛神》得票779；

尚小云《摩登伽女》得票6628，《林四娘》得票901；

荀慧生《丹青引》得票1254，《元宵谜》得票314；

程砚秋《红拂传》得票4785，《青霜剑》得票388；

徐碧云《绿珠》得票1709，《薛琼英》得票484。

8月13日，杨小楼组永胜社在新明戏院开幕，首日夜戏与侯喜瑞演《连环套》，老生为安舒元，旦角为王幼卿。

8月14日，新明戏院永胜社夜戏，杨小楼演《安天会》。

8月20日胜云社新明戏院夜戏：

方连元《娘子军》，裘桂仙《牧虎关》，钱金福《庆阳图》，黄桂秋、王长林《起解》，筱翠花、侯喜瑞、王又荃、马富禄《花田错》，余叔岩《战樊城》。

是晚，开明戏院承华社夜戏，梅兰芳、王凤卿演《法门寺》。

演来凛凛有威风，甩发扔枪见武工。看到后场精彩甚，抱鞭夹铜更开弓。

《战樊城》一剧精彩短炼，为叔岩之拿手戏。余从叔岩学戏为第二出，此戏一出场即表现出兄弟二人风度各有不同，兄为忠厚长者，弟则英俊机警，威风凛凛，使下书人见而生畏。与武成黑对打时，打小快枪，要下场，右手推枪扔出，左手接枪，甩发，举右手而下，后场扫武成黑扒虎，右手抱马鞭，右腿夹铜开弓射死武成黑，精彩之至。时叔岩出演于开明戏院，每星期六、星期日各演一次，有人烦其演他戏叔岩不应。第一日演《战樊城》，第二日演《奇冤报》，专为余看，甚可感也。

（张伯驹《红毹纪梦诗注》）

8月21日胜云社新明戏院夜戏：

方连元《瑞草园》，慈瑞泉、诸如香《探亲家》，侯喜瑞《丁甲山》，黄桂秋、刘景然《玉堂春》，筱翠花、王又荃、马富禄《鸿鸾禧》，余叔岩、王长林、裘桂仙、陆凤琴、钱金福《奇冤报》。

是晚，开明戏院承华社夜戏，梅兰芳演《贵妃醉酒》，王凤卿演《文昭关》。

余叔岩《战樊城》饰伍子胥

8月25日天津明星大戏院夜戏：

陈德霖《战蒲关》，余叔岩、筱翠花《坐楼杀惜》。

8月26日天津明星大戏院夜戏：

王长林《时迁偷鸡》，筱翠花、朱素云《得意缘》，余叔岩《托兆碰碑》。

8月27日天津明星大戏院夜戏：

钱金福、王长林《祥梅寺》，筱翠花《头本马思远》，余叔岩《击鼓骂曹》。

8月28日天津明星大戏院夜戏：

黄桂秋《女起解》，筱翠花《二本马思远》，余叔岩、陈德霖、钱金福、王长林《珠帘寨》。

9月3日会贤堂堂会：

有余叔岩、程砚秋、马连良等人，剧目待考。

9月10日胜云社新明戏院夜戏：

方连元、冯连恩《演火棍》，裘桂仙、福小田《草桥关》，侯喜瑞、王长林、王福山《五人义》，黄桂秋、王又荃、马富禄、诸如香《虹霓关》，陈德霖、刘景然、曹连孝《三击掌》，余叔岩、茹富兰、钱金福、诸连顺、韩富信、张连亭《八大锤》。

是晚，开明戏院承华社夜戏，梅兰芳演《嫦娥奔月》，王凤卿演《取帅印》。

9月11日胜云社新明戏院夜戏：

茹富兰《挑滑车》，陈德霖《彩楼配》，余叔岩《托兆碰碑》。

9月17日第一舞台义务戏：

赵鸿林、赵君玉、白玉昆《投军别窑·误卯三打》，尚和玉《英雄义》，荀慧生《花田错》，程砚秋、高庆奎、陈德霖、龚云甫《四郎探母》，余叔岩《盗宗卷》，梅兰芳、杨小楼、王凤卿《霸王别姬》。

9月19日奉天会馆堂会：

客串《玉堂春》，程砚秋《红拂传》，余叔岩《问樵闹府》，杨小楼

9月20日北京梨园公会欢迎夏月润留影

《骆马湖》，梅兰芳《贵妃醉酒》。

9月20日，北京梨园公益总会举行仪式，欢迎上海伶界联合会会长夏月润，杨小楼、梅兰芳、余叔岩等人均参加。夏月润此次携子夏荫培在京组班演出，当年11月演于第一舞台。

9月24日第一舞台女子职业学校义务戏：

全班合演《大赐福》，福小田、霍仲三《大回朝》，方连元、王玉吉、李三星、诸连顺、罗连云、沈三玉、陆喜才《蟠桃会》，赵君玉、赵鸿林、筱玉楼、吴喜昆、王长德、李富春《佘太君出世》，尚和玉、朱小义、娄廷玉、丁永春、张德发、陶玉芝、刘玉芳《铁笼山》，马连良、高庆奎、郝寿臣、程继先、萧长华、马连昆《群英会》，荀慧生、马富禄、金仲仁、曹连孝、孙甫亭《文章会》，龚云甫、罗文奎《钓金龟》，程砚秋、侯喜瑞、王又荃、郭仲衡、曹二庚、刘凤林、李洪春《红拂传》，余叔岩、裘桂仙、鲍吉祥《捉放曹》，杨小楼、钱金福、许德义、王长林、迟月亭、刘砚亭、杨春龙《恶虎村》，梅兰芳、王凤卿、陈德霖、姚玉

北京梨园公益总会於丁卯年八月二十五日

芙、姜妙香、朱桂芳、诸如香、魏莲芳、李连贞、甄洪奎、陆凤琴、刘凤林《上元夫人》。

9月25日阎总长宅堂会：

全班合演《赐福》，成秋农《捉放》，余习礼《骂曹》，杨子玉《问樵》，刘叔度《斩黄袍》，谢第《庆顶珠》，姜第《玉堂春》，余叔岩《打棍出箱》，梅兰芳《醉酒》，言菊朋《昭关》，程玉菁《起解》，程砚秋、律佩芳、郭仲衡《贺后骂殿》，杨小楼《骆马湖》。

10月15日胜云社新明戏院夜戏：

陆凤琴、王多寿《背凳》，黄桂秋、诸如香、王又荃、曹连孝《虹霓关》，茹富兰、韩富信、姚富才、张连庭、朱连顺《英雄义》，方连元、鲍吉祥、王荣山、侯喜瑞、裘桂仙《取金陵》，陈德霖、罗福山《孝义节》，余叔岩、钱金福、裘桂仙、王长林、马富禄《问樵闹府·打棍出箱》。

是日，开明戏院承华社夜戏，梅兰芳、王凤卿演《前本木兰从军》。

10月16日胜云社新明戏院夜戏：

方连元《无底洞》，韩富信、茹富兰《武文华》，刘景然、诸如香《胭脂虎》，钱金福、王又荃《瓦口关》，裘桂仙、福小田《白良关》，黄桂秋、马富禄《女起解》，余叔岩、陈德霖、鲍吉祥、王长林、罗福山《南天门·走雪山》。

是日，开明戏院承华社夜戏，梅兰芳、王凤卿演《后本木兰从军》。

10月26日天津张宅堂会：

全班合演《大献瑞》，铁巨川《大回朝》，孙少仙《大登殿》，五麟童《艳阳楼》，喜小风《杏花村》，冯月仙、冯少仙《玉玲珑》，小八仙旦《钱塘县》，喜彩凤、王桂廷《八十八扯》，九阵风《演火棍》，贯大元、裘桂仙《捉放曹》，孟小茹、黄润卿《游龙戏凤》，姜妙香《玉门关》，王蕙芳《探亲》，陈德霖《孝义节》，王凤卿、王琴侬《武昭关》，杨小楼《铁笼山》，龚云甫《沙桥饯别》，侯俊山《八大锤》，筱翠花、王瑶卿、朱素云《得意缘下山》，余叔岩、程砚秋《打渔杀家》，杨小楼、董俊峰《连环套》，梅兰芳、姚玉芙、李寿山《天女散花》。

11月11日，织云公所杨宅堂会，有梅兰芳、余叔岩、杨小楼、程砚秋等人，剧目待考。

11月14日，北京新明戏院毁于大火，胜云社暂时停演。

11月18日那家花园杨毓珣为父母祝寿堂会：

全班合演《大赐福》，韩金福《长生乐》，陈少武、霍仲三《百寿图》，王荣山、冯蕙林《镇潭州》，刘景然、福小田、张连升《忠孝全》，黄桂秋《雷峰塔》，方连元《取金陵》、诸如香《荷珠佩》，裘桂仙《御果园》，慈瑞泉、冯蕙林《连升三级》，王长林《九龙杯》，钱金福《火判》，茹富兰《状元印》，余叔岩、尚小云《打渔杀家》，陈德霖《探母》，程砚秋《起解》，梅兰芳、王凤卿、姜妙香《玉堂春》，余叔岩、裘桂仙《上天台》，杨小楼、许德义、迟月亭、傅小山、刘砚亭《水帘洞》，筱翠花、朱素云、慈瑞泉、李寿山《马思远》，余叔岩、杨小楼、梅兰芳、钱金福、王长林《摘缨会》。

按：杨毓珣即杨梧山，为北洋重臣杨士骧之侄，袁世凯之婿。

1927年，杨梧山在北京金鱼胡同那家花园举办堂会，我随长辈晚间去听戏，特别是要听余叔岩的《上天台》——一出他平时不唱的戏。这次演出，他戴王帽，穿蟒，不拿扇，唱"人辰辙"的王九龄——谭鑫培派的《上天台》，辞句和唱腔都经过他的认真加工，真是大方脱俗，稳妥漂亮，与众不同，显示出他的真正艺术水平。我自小听过两种《上天台》，还有一种是时慧宝所唱的"江阳辙"——孙菊仙派的《上天台》。扮相是戴九龙冠，穿帔、拿扇。孟小冬最初也采用过这种唱法。应当说这种唱法并不亚于"人辰辙"的唱法，两者的辞句、唱腔都好，两种唱法在辞句上的一个大的差别是："江阳辙"的唱，"孝三年，改三月，孝三月、改三日……"，孝字在上；"人辰辙"的唱，"三年孝、改三月，三月孝、改三日……"，孝字在下。在唱法上的一个不同是："江阳辙"的第三段由〔慢板〕转〔原板〕，"人辰辙"的由〔原板〕转〔慢板〕。总的说，两种唱法难分轩轾。

那天晚间戏，有孙毓堃的《状元印》，李万春的《夜奔》，程艳秋的《女起解》，梅兰芳的《玉堂春》，余叔岩的《上天台》，杨小楼的《水帘洞》，杨小楼、梅兰芳、余叔岩、钱金福、王长林的《摘缨会》。这次戏好的一个原因，是余叔岩任戏提调。戏提调是办堂会的人家特请的一个人，负责安排戏、邀演员，计划花费，一般是请戏界有威望的内行担任，例如当初梨园公会负责人王琴侬常被请做这一角色。这次余叔岩担任提调是由于他与杨梧山有交情，当然余以外还有具体办事人。

（刘曾复《忆余叔岩演的堂会戏与义务戏》）

先在家中吊几回，行腔上下句安排。全厅坐满都无地，不觉天台是舞台。

张作霖为大元帅时，杨毓珣时任陆军次长，其母寿在金鱼胡同那家花园设宴演剧宴客。倩叔岩演《上天台》，叔岩不常演此戏，

由李佩卿先到家吊唱，余即于戏单上写戏词，余问叔岩如何唱法，叔岩曰：就是一个上句一个下句，安排一下好了。后来了解音韵，知五声之念法与三级韵之运用，就是这样，自能结合剧情安排唱腔，同身段一样。知道节骨眼、起范儿、内外工、子午相也，自能安排身段。是日余同叔岩去那家花园全厅已无隙地，叔岩演戏，余坐于台上地毯上，听了一出《上天台》。记得倪嗣冲寿日，其家堂会，叔岩与荀慧生演《打渔杀家》，台原搭在院外，忽天雨乃移客厅内地毡上演出，余坐地毡前左方，至"天气炎热，将船摇在芦苇之中，凉爽凉爽"时萧恩亦坐前左方，余与叔岩在一起互相谈话，今日回忆，皆为趣事，都如一梦矣。

（张伯驹《红毹纪梦诗注》）

按：倪嗣冲宅堂会见本年5月6日记录。

11月19日东四六条崇宅潘复总理欢迎香港总督莱克蒙德堂会：

全班合演《百寿图》，韩世昌《思凡》，盖荣萱《白水滩》，高庆奎、福小田《辕门斩子》，筱翠花、王瑶卿、朱素云、罗福山、李寿山《得意缘》，尚小云、张彩林《雷峰塔》，梅兰芳《红线盗盒》，程砚秋、王又荃、郭仲衡《玉堂春》，余叔岩、王凤卿、梅兰芳、陈德霖、龚云甫、姚玉芙、朱素云、王长林、萧长华、扎金奎《四郎探母》，杨小楼、余叔岩、筱翠花、侯喜瑞、钱金福、诸如香、傅小山、鲍吉祥《战宛城》。

一九二八年（民国十七年·戊辰）三十九岁

按：是年，杨小楼与余叔岩再度合作，仍用杨小楼永胜社名义，每周三、四于开明戏院演夜戏，亦在中和戏院作短期夜戏演出。同年北京剧界的主要班社有梅兰芳承华社，有王凤卿、尚和玉等，演出于中和戏院及开明戏院；程砚秋鸣和社，有郭仲衡、贯大元、周瑞安等，演出于华乐戏院；荀慧生庆生社，有谭富英、孙毓堃等人，演出于中和戏院；尚小云协庆社，有筱翠花、王又宸等人，演出于开明戏院；徐碧云云庆社，有程继先、孙毓堃、郝寿臣等人，演出于中和戏院；马连良春福社，有黄桂秋、郝寿臣等人，演出于华乐园；言菊朋、郝寿臣等人演于华乐戏院；斌庆社，有李万春、王少楼、俞步兰、俞华庭等人，演出于广德楼；坤班李桂芬、雪艳琴、章遏云、杨菊芬等人轮流演出于城南游艺园及开明戏院。演出记录据《顺天时报》《京报》《晨报》及存世戏单整理。

1月13日第一舞台梨园公会义务夜戏：

王琴侬、黄桂秋《彩楼配》，陈德霖、刘景然《三击掌》，王幼卿、松介眉《探寒窑》，李万春、芙蓉草《平贵别窑》，周瑞安、九阵风《误卯三打》，马连良、朱琴心、王长林、罗文奎《赶三关》，余叔岩、程砚秋《武家坡》，白牡丹、郭仲衡、侯喜瑞、罗福山《算粮》，王凤卿、筱翠花、朱素云《银空山》，梅兰芳、杨小楼、尚小云、龚云甫、慈瑞泉、鲍吉祥、贾多才《大登殿》。余叔岩（朱光祖）、杨小楼（张桂兰）、梅兰芳（黄天霸）、程砚秋（黄天霸）、尚小云（贺人杰）、马连良（关泰）、郝寿臣（张妈）、朱素云（金大力）、朱桂芳（费德功）、诸如香（大人）、侯喜瑞（小姐）、李寿山（丫鬟）、芙蓉草（院子）、荀慧生（王栋）、筱翠花（王梁）、王琴侬（老道）、邱富棠（窦虎）、姜妙香、吴彩霞、刘砚芳、陆凤琴（四官将）、姚玉芙、黄润卿、吴富琴、尚富霞（四龙套）《反串八蜡庙》。

1月14日第一舞台梨园公会义务戏：

马连良、尚小云《审头刺汤》，程砚秋、王凤卿、龚云甫《四郎探母》，梅兰芳《女起解》，余叔岩、陈德霖《南天门》，杨小楼、梅兰芳、郝寿臣《长坂坡》。

杨小楼、余叔岩两伶，在今日京剧界中，为不可或缺之重要人物，惟年前因事决裂，迄未联袂上台，极属憾事焉。

兹闻两伶，深有所感，恢复合作，仍用永胜社名义，定于明晚旧历廿九日（明正改演白天）在开明戏院演封箱戏，鼓吹风雅，京中歌舞台上，可谓更添光彩矣。

由来剧中人，偶因细故，发生意见，即行决裂。例如各社人物，集合离散，晨不计夕。为其确证也。余切告两伶，顾念大局，掷弃小我，协心戮力，久持社运，以鼓舞戏剧，维持营业。予有厚望焉。

并闻该社明晚拟演重要剧目，大略如左：

杨小楼、侯喜瑞、王长林《连环套》

余叔岩、钱金福《定军山》

陈德霖《孝义节》

王幼卿《六月雪》

（辻听花《欢迎杨余合作之恢复》，《顺天时报》1928年1月20日第五版）

1月21日永胜社开明戏院夜戏：

王幼卿《虹霓关》，陈德霖《孝义节》，余叔岩、钱金福、鲍吉祥、慈瑞泉《定军山》，杨小楼、侯喜瑞、许德义、王长林《连环套》。

票价：楼下前排一元六角，后排一元，楼上散座一元。头级包厢三座九元，四座十二元，六座十八元，二级五座十元，七座十四元。

1月24日永胜社开明戏院夜戏：

许德义《九龙杯》，王幼卿《彩楼配》，杨小楼、钱金福《英雄会》，余叔岩、侯喜瑞、冯蕙林、王长林、罗文奎《黄金台》，杨小楼、余叔岩、钱金福、邱富棠、陈少五、慈瑞泉、傅小山《青石山》。

法驾来临青石山，云端慧眼看人间。左肩背带纯阳剑，右鬓斜簪白牡丹。

叔岩与小楼在开明戏院合演时，元旦后开箱戏第一日叔岩必演《定军山》，第二日叔岩于前演一短戏，大轴与小楼演《青石山》，叔岩饰吕仙，此戏之唱祇〔二黄倒板〕后一段〔原板〕，写符时一段〔原板〕。惟扮相极美，绰有仙风之致，穿黄帔，戴道冠，持拂尘，背宝剑，剑柄向左，右鬓插一牡丹花。

（张伯驹《红毹纪梦诗注》）

是日，承华社在中和戏院演夜戏，梅兰芳演《贵妃醉酒》，王凤卿演《朱砂痣》，尚和玉演《青石山》。

1月25日，承华社在中和戏院演夜戏，梅兰芳、王凤卿演《御碑亭》，尚和玉演《水帘洞》。

2月1日永胜社开明戏院夜戏：

诸如香、慈瑞泉《查关》，王幼卿《宇宙锋》，余叔岩、侯喜瑞、王长林、鲍吉祥《失街亭》，杨小楼、钱金福、许德义、迟月亭、傅小山《麒麟阁》。

2月2日永胜社开明戏院夜戏：

诸如香《鸿鸾禧》，侯喜瑞《取洛阳》，王幼卿、王长林《女起解》，余叔岩、杨小楼、钱金福、许德义、罗福山《八大锤》。

2月6日永胜社开明戏院夜戏：

王长林《跑驴子》，王幼卿《六月雪》，余叔岩《击鼓骂曹》，杨小楼《水帘洞》。

是晚，开明戏院承华社夜戏，梅兰芳演《上元夫人》。

2月7日永胜社开明戏院夜戏：

侯喜瑞《青风寨》，王幼卿《三击掌》，余叔岩、钱金福、裘桂仙《战太平》，杨小楼《骆马湖》。

是晚，开明戏院承华社夜戏，梅兰芳、王凤卿、陈德霖演《上元夫人》。

2月10日，中和戏院承华社夜戏，梅兰芳首演《前部春秋配》，王凤卿演《伐东吴》，尚和玉演《恶虎村》。

2月11日，中和戏院承华社夜戏，梅兰芳、王凤卿、尚和玉首演《后部春秋配》。

　　叔岩继老谭自成一派，南北须生靡不仿其腔调，目为可法。后起人才亦莫不愿以师事之，就中杨宝忠、谭富英、王少楼三人，或已入

门墙，或拟从之学戏，不失为叔岩之高足，三人皆名人后嗣，倘热心受教，将来均非池中物矣。

　　宝忠为杨朵仙之孙，孝亭之子，幼唱须生，早获盛誉，首拜叔岩为师，登堂入室，受益良多。富英祖原受教于余三胜，乃祖转教叔岩，叔岩复教富英，不失汉派基础，三胜老谭虽死犹生。少楼系王毓楼之子，聪明颖悟，竞进艺业，一日千里，兹叔岩乐与之说戏，并愿收为弟子，深为吾侪所赞同者也。

　　（《隐侠剧谈·余叔岩之高足》，《顺天时报》1928年2月12日第五版）

2月15日永胜社开明戏院夜戏：

诸如香、慈瑞泉《探亲》，王幼卿、计艳芬、王长林《虹霓关》，余叔岩、裘桂仙、鲍吉祥《捉放曹》，杨小楼、侯喜瑞、钱金福《挑滑车》。

2月16日永胜社开明戏院夜戏：

王幼卿《彩楼配》，诸如香、慈瑞泉、计艳芬《双摇会》，杨小楼、钱金福、迟月亭、傅小山《状元印》，余叔岩、裘桂仙、侯喜瑞、王长林《洪羊洞》。

　　是晚，中和戏院承华社夜戏，梅兰芳演《琵琶缘》《思凡》，王凤卿演《鱼肠剑》。

　　2月17日，中和戏院承华社夜戏，梅兰芳首演《全本宇宙锋》。

2月22日永胜社开明戏院夜戏：

计艳芬、侯喜瑞《穆柯寨》，诸如香《绒花计》，杨小楼《武文华》，余叔岩、杨小楼、王幼卿、钱金福、王长林《摘缨会》。

2月23日天津褚玉璞太夫人祝寿堂会：

全班合演《百寿图》，尚小云、李寿山、姚玉芙《春香闹学》，荀慧生、贾多才《打樱桃》，梅兰芳、姜妙香、姚玉芙《游园惊梦》，余叔岩、尚小云《汾河湾》，程砚秋、姜妙香、李寿山、曹二庚《奇双会》，余叔岩、梅兰芳《梅龙镇》。

2月24日天津褚玉璞太夫人祝寿堂会：

白玉昆《葭萌关》，荀慧生《铁弓缘》，尚小云、筱翠花《能仁寺》，程砚秋《思凡》，余叔岩《打棍出箱》，尚小云、荀慧生、筱翠花、程砚秋《四五花洞》，余叔岩《盗宗卷》，筱翠花《马思远》。

夏历二月初四日，为褚玉璞太夫人寿辰之期。太夫人以兵戈连年，不欲铺张，适讨赤各将领在京会议，闻之咸谓太夫人寿高德崇，不能不庆祝。乃临时约京中名伶如余叔岩、梅兰芳、尚小云、程艳秋、荀慧生、筱翠花等来津演剧。初三晚有余梅合演《梅龙镇》、余尚合演《汾河湾》、梅另演《游园惊梦》、尚另演《闹学》，此外如艳秋之《奇双会》，慧生之《打樱桃》等，均系杰作。不佞以事冗未能饱聆为憾。次日为正寿，兰芳因交通常部长预定在中和招待外交旅行团聆戏，故返京演剧。不佞于晚十一时许入场，则何雅秋《彩楼》及白玉昆《葭萌关》均已演过。台上正演《鱼肠剑》，少焉慧生之《铁弓缘》登场焉，不久张效帅、张汉卿军团长、孙馨帅、吴黑督、王景韩司令及主人褚蕴帅均到池子前排聆戏。此外军师旅长前来庆贺者亦不少。慧生于二次送茶时之形态极妙，定亲时表情尤佳。高富远之店婆，亦能当行出色。次为尚小云、筱翠花《能仁寺》，小云饰张金凤，翠花饰十三妹，素云安公子，李寿山赛西施。小云于定亲一场演得最出神入化，翠花口齿伶俐，亦能恰到好处，素云亦称职。德山赛西施，丑则丑矣，惟矫而又俗，昔见张文斌演此，丑而不俗，滑稽而不矫作，诚上品也。

是戏终，继以艳秋之《思凡》，扮相身段，俱臻上乘，随唱随做，虽唱工身段繁重，而能举重若轻，四座均称扬不止。下为余叔岩之《问樵闹府·打棍出箱》，长林樵夫，刻画入微，叔岩特别卖力，自始至终，精神饱满，台下颇多鼓掌称善者。不佞于叔岩是剧已十余聆矣，而以此次为最满意。调在软工，嗓音尚佳，不佞在六排，听得甚清。不佞亦喜唱是戏，虽大部与叔岩腔相似，而是晚复学得数小腔，为前所未及者。盖长腔易为学者所注意，而偶有一二简巧之小腔，往

于连泉、尚小云、朱素云在天津新明戏院演出《能仁寺》实况照片

往为人所忽也。张少帅于是戏完后即他往,待叔岩《盗宗卷》过半时
又来。是戏毕,继以《四五花洞》,小云、翠花之真金莲,艳秋、慧生
之假金莲,四人服装一律,颇为美观;名旦荟萃,诚大观也。唱〔慢
板〕时,各有鼓掌称善者。盖是晚剧场极为清静,仅《闹府》与《五
花洞》有鼓掌声耳。此戏未带打,下接小余《盗宗卷》,叔岩张苍,
吉祥陈平。小余仍极卖力,虽此戏不易讨好,而演来仍处处精彩。
惟因时间关系,未带头场,叔岩自"正在府中愁眉解,陈平有帖请我
来"起。大轴为翠花之《马思远》,不佞仅聆头场,倦极欲睡,割爱离
场。时晨曦将上,已六时矣。

　　　　　　(《督署顾曲记》,《顺天时报》1928年3月4—5日第五版)

　　2月24日,承华社在开明戏院演夜戏,梅兰芳、王凤卿演《头部
西施》。

2月25日，承华社在开明戏院演夜戏，梅兰芳、王凤卿演《后部西施》。

2月29日永胜社开明戏院夜戏：

邱富棠《无底洞》，诸如香、慈瑞泉《贪欢报》，计艳芬《贵妃醉酒》，王幼卿《斩窦娥》，余叔岩、裘桂仙、钱金福、王长林《奇冤报》，杨小楼、侯喜瑞、鲍吉祥、许德义、王幼卿、迟月亭、刘砚亭、傅小山《长坂坡》。

王少楼近已拜余叔岩为师，余为少楼，更正不少。

（《都门菊讯》，《顺天时报》1928年3月1日第五版）

按：王少楼拜余叔岩为师，据其1949年后所写自传，在其12岁即1923年时。但据《顺天时报》前后所载，当在1928年。

3月1日永胜社开明戏院夜戏：

王幼卿、诸茹香、裘桂仙、慈瑞泉、邱富棠《五花洞》，余叔岩、钱金福、鲍吉祥《战樊城》，杨小楼、侯喜瑞、许德义、王长林《江都县》。

3月2日，承华社在中和戏院演夜戏，梅兰芳演《玉簪记》，王凤卿演《取帅印》。

3月4日第一舞台直隶赤城赈灾义务戏：

全班合演《富贵长春》，尚富霞、高富远《入侯府》，时慧宝、时玉奎《上天台》，茹富兰、朱桂芳、沈三玉《金光洞》，谭富英、马连昆《开山府》，尚和玉、朱小义、娄廷玉、张德发、福小田《车轮战》，荀慧生、金仲仁、芙蓉草、蒋少奎《花田错》，马连良、程砚秋《梅龙镇》，梅兰芳、龚云甫、萧长华、曹二庚《六月雪》，余叔岩、杨小楼、筱翠花、郝寿臣、王长林、钱金福、鲍吉祥、迟月亭、刘砚亭、陆凤琴《战宛城》。

3月5日第一舞台直隶赤城赈灾义务戏：

李万春《狮子楼》，周瑞安《冀州城》，陈德霖、贯大元《战蒲关》，荀慧生、金仲仁、张春彦、马富禄、迟月亭、蒋少奎《英杰烈》，

马连良、郝寿臣、曹连孝《捉放曹》，程砚秋、侯喜瑞、张春彦、王又荃、傅小山、文亮臣、曹二庚、吴富琴、杨春龙《孔雀屏》，余叔岩、王长林、鲍吉祥、张连升、罗福山、钱少卿《盗宗卷》，杨小楼、梅兰芳、王凤卿、姜妙香、甄洪奎、许德义、扎金奎、李寿山、刘景然、傅小山、迟月亭、贾多才、陈少武、刘砚亭《霸王别姬》。

3月10日，承华社在中和戏院演夜戏，梅兰芳演《女起解》，王凤卿演《捉放宿店》。

3月14日永胜社开明戏院夜戏：

计艳芬《一匹布》，邱富棠、侯喜瑞《取金陵》，王幼卿、贾多才、诸如香《五花洞》，杨小楼、许德义、迟月亭《安天会》，余叔岩、钱金福、王长林《打棍出箱》。

3月15日永胜社开明戏院夜戏：

邱富棠《瑞草园》，裘桂仙《探阴山》，计艳芬、诸如香《马上缘》，余叔岩、王幼卿、钱金福、王长林《打渔杀家》，杨小楼、侯喜瑞、许德义《战冀州》。

3月16日，承华社在中和戏院演夜戏，梅兰芳演《廉锦枫》，王凤卿演《战成都》，尚和玉演《艳阳楼》。

3月17日，承华社在中和戏院演夜戏，梅兰芳演《思凡》《琵琶缘》。

3月18日，承华社在中和戏院演夜戏，梅兰芳演《全本宇宙锋》。

3月20日奉天会馆张宗昌、张学良、孙传芳宴客堂会：

郝寿臣、姜妙香《取洛阳》，王蕙芳、黄润卿《双摇会》，尚和玉《战滁州》，陈德霖、王凤卿、裘桂仙《二进宫》，荀慧生《英杰烈》，杨小楼《夜奔》，尚小云、程砚秋《樊江关》，梅兰芳、余叔岩《打渔杀家》。李万春、蓝月春《神亭岭》，程砚秋《文姬归汉》，筱翠花《双铃记》，梅兰芳、王凤卿、杨小楼《霸王别姬》，尚小云《婕妤挡熊》，余叔岩、扎金奎《一捧雪》，梅兰芳、程砚秋、尚小云、荀慧生、王幼卿、筱翠花、杨小楼、余叔岩、高庆奎、萧长华、慈瑞泉、曹二庚、贾多

《六五花洞》剧照，摄于3月20日奉天会馆堂会演出之后。

才、高连峰、罗文奎《六五花洞》。

3月21日永胜社开明戏院夜戏：

计艳芬《荷珠配》，钱金福《庆阳图》，王幼卿、诸如香、慈瑞泉《五花洞》，余叔岩、裘桂仙、鲍吉祥《托兆碰碑》，杨小楼、侯喜瑞、王长林《连环套》。

3月23日，承华社在中和戏院演夜戏，梅兰芳、王凤卿、侯喜瑞演《宝莲灯》。

3月24日，承华社在中和戏院演夜戏，梅兰芳演《闹学》，与王凤卿演《武家坡》。

3月25日，承华社在中和戏院演夜戏，梅兰芳首演《俊袭人》，王凤卿演《凤鸣关》，尚和玉演《四平山》。

3月28日永胜社开明戏院夜戏：

邱富棠、许德义《嘉兴府》，计艳芬《鸿鸾禧》，王幼卿《女起解》，杨小楼、余叔岩、田桂凤、钱金福、侯喜瑞《战宛城》。

3月29日永胜社开明戏院夜戏：

王幼卿《宇宙锋》，杨小楼《铁笼山》，余叔岩、田桂凤《坐楼杀惜》。

今春叔岩、小楼合组永胜社，每星期三四两晚，出演于西珠市口之开明，各演好戏，如余之《骂曹》《樊城》，杨之《安天会》《水帘洞》等，久形黯淡之剧界颇为之一振，有戏癖者尤觉兴高采烈。于是有怂恿请老伶工田桂凤临时加入，演《战宛城》之议，报界如汪侠公等主之允力，未几果成事实。是剧余去张绣、杨去典韦、田去邹氏，加以侯喜瑞之曹操、张春彦之贾诩、王拴子之胡车儿，可称珠联璧合，惜因事未得见，次晚余、田贴《坐楼杀惜》，垫以小楼之《铁笼山》，亦均之不可多得者，乃欣然往。

佩剑起霸殊不易，而小楼演来漂亮已极，较尚和玉有过之无不及。场面除原有之钹外，又赠一大钹，甚觉悦耳。

小余头场"那一日"一段唱八句，以"富贵岂容人妄想，自有天爷作主张"两句最为出色动听，李佩卿之胡琴亦托得极严，是晚小余大卖力气。田之服装一切，均为老式。衣长过膝，与时伶完全不同。脸上皱纹尽显，虽浓脂厚粉不能掩饰。嗓哑几不能唱，有时竟不免荒腔走板。惟做派细致已极，脸部表情亦好，眼珠甚流利，做鞋手势及下楼时之细步尤佳，博得满堂彩声，实超出连泉、慧生之上。余于进院阎婆惜坐后加"自讨无趣"一句，又自己搬椅子时，加哼一句"自己的椅子自己搬"，均细，猜心事之做作，亦是独到处。宋江去后，田以耳贴门而听，并不开门，颇有见地。余之"都道你私通了张文远"一句之末三字，高入行云，与战太平〔倒板〕之"齐眉盖顶"一腔异曲同工，可称绝奏。下场临睡时，将窗上之纸帘卷下（北方窗多用可卷之纸帘），又将方巾取下，田亦卸其首饰，俟天明醒时复将方巾戴上，卷起窗帘，以观天色，此窗系在台之右方，左方尚有一小窗（此种窗均为想象的，旧剧之美处在此），斯时系关闭，及阎醒后拾书时乃开此左方之小窗，在窗下借亮读之，宋江回来觅书不得，乃回忆临行时之动作，此处小余演来，极其细腻，后忽抬头见左方小窗已开，乃知阎氏已起后复睡，于是恍然大悟，惊慌失措，此种假设的意想的动作，实能充分表现旧剧之艺术，绝非一般普通伶人所能想见。后写休书是，阎念至"任凭改嫁张"之"张"字，突然停住，宋江即将笔用力在桌上一掼，随接连问几个"张什么"，紧凑已极，仿佛身当其境，及宋将杀阎时，阎向宋冷笑曰："你要骂我，你敢"，其冷酷奸险之态，溢于言表，盖彼已视宋为釜中鱼矣。此种奸刁表情，尤非时下伶人所能及。

去张文远者为慈瑞泉，亦一老角，与阎情话时云"我们来叙叙老交情"，及阎佯作不理，乃又云"糟了，几年不见，老交情都没有了"，触景生情，临机应变，颇觉有趣。

台下听众对桂凤一举一动，均以好报之，盖捧其老声名也。田亦倚老卖老，在台上与小余大逗玩笑，当宋伸手索鞋观时，田大声曰："你瞧你的手，多脏，尽是大烟。"后二人翻脸时，宋向阎曰："我把

你这个狗淫妇。"阎亦曰:"哎哟,我把你这个活王八。"斯时,宋江应将双手作王八状,而此次小余做来,尤形容尽致,田即顾台下曰:"你们看余叔岩像个王八不像!"台下为之捧腹不止,而余则仍处之泰然,亦以其为桂凤耳,设为他人,则早发脾气矣。

桂凤当年声名不在老谭下,今久不登台,且年事已非,故一旦重现色相,轰动九城,内行到者甚多,名旦如荀慧生等均在场,极一时之盛,桂凤本拟在再演数晚,戏码传为《关王庙》《送灰面》等,后因故作罢,则余得聆此名作,不可谓非幸事也。犹忆五年前老伶田际云(即响九霄)曾出演开明两晚,并有龚云甫陈德霖言菊朋等,当因事未克前往,今际云已归道山,思之犹称恨事。

(苏重威《戏剧月刊·记余叔岩田桂凤之坐楼杀惜》)

4月6日,承华社在中和戏院演夜戏,梅兰芳、王凤卿、尚和玉首演《凤还巢》。

4月7日,承华社在中和戏院演夜戏,梅兰芳、王凤卿、尚和玉演《凤还巢》。

4月8日第一舞台梨园全体修造东岳庙梨园祖师殿义务戏:

福小田、霍仲三、姜连彩《大回朝》,陈少武、周瑞翔、李玉泰《百寿图》,朱桂芳、朱湘泉、沈三玉、杨春龙、谢春芳、李三星、王玉吉、李玉臣《泗州城》,九阵风、郭春山、高富远《打花鼓》,尚和玉、周瑞安、李万春、王幼卿、蓝月春、裘桂仙、侯喜瑞、诸如香、李洪福、周春亭、刘春利、刘凤奎、朱小义、丁秉春、张德发、李玉广《长坂坡》,王又宸、筱翠花、萧长华《乌龙院》,程砚秋、贯大元、郭仲衡、陈德霖、龚云甫、曹寿石、朱素云、吴富琴、李洪春、罗文奎、刘凤林、律佩芳《四郎探母》,余叔岩、尚小云、钱金福、慈瑞泉、茹富蕙、鲍吉祥、刘玉泰《打渔杀家》,杨小楼、梅兰芳、王凤卿、姜妙香、许德义、迟月亭、刘砚亭、李寿山、傅小山、甄洪奎、贾多才、刘景然、韩金福《霸王别姬》。

4月14日,承华社在中和戏院演夜戏,梅兰芳、王凤卿演《前部木兰从军》。

4月15日，承华社在中和戏院演夜戏，梅兰芳、王凤卿演《后部木兰从军》。

4月18日永胜社开明戏院夜戏：

邱富棠、许德义《取金陵》，计艳芬、诸如香《贪欢报》，钱金福《芦花荡》，杨小楼、迟月亭、傅小山《艳阳楼》，余叔岩、王幼卿、侯喜瑞《一捧雪》。

> 在这一年里《一捧雪》演出过两次，我记得第一次演《一捧雪》是春天，正值张作霖的军队节节失利，北京夜间戒严，夜戏散场只得提前。那次演出，压轴戏《艳阳楼》演到高登酒醉，过场唱"好教俺火迸流星，这贱婢言语癫狂"时，因受戒严影响，上座不十分好，杨先生不怎么高兴，就一般地演过去了；而余演《一捧雪》却精神饱满地唱了"搜杯""法场""审头"（不带"刺汤"）。那天是扎金奎的莫怀古，王幼卿的雪艳、福小田的严世蕃、陈绍武的戚继光、慈瑞泉的汤勤，我的座旁边是一位著名谭派老生票友王颂臣(人称王五爷)，他是我的老长亲。散戏之后，他说："小余还是唱陆炳好，莫成不对工，他扮相太漂亮了，气派又大，不象个院子（仆人）。"他的话，后来我理解了。但当时我是全神贯注的听、看、学，没有分析的余地。
>
> （朱家溍《观余记略》）

4月19日永胜社开明戏院夜戏：

诸如香《查关》，王幼卿《彩楼配》，侯喜瑞《青风寨》，余叔岩、钱金福、罗福山《别母乱箭》，杨小楼、钱金福、许德义《殷家堡·骆马湖》。

4月20日，承华社在中和戏院演夜戏，梅兰芳、王凤卿、尚和玉演《凤还巢》。

4月21日，承华社在中和戏院演夜戏，梅兰芳演《红线盗盒》，王凤卿演《战成都》，尚和玉演《艳阳楼》。

余叔岩《别母乱箭》饰周遇吉

4月25日天津李宅堂会：

余叔岩、田桂凤《坐楼杀惜》，荀慧生《荀灌娘》，余叔岩、荀慧生、茹富兰《摘缨会》。

4月27日，承华社在中和戏院演夜戏，梅兰芳演《天女散花》，王凤卿演《捉放曹》，尚和玉演《战滁州》。

4月28日，承华社在中和戏院演夜戏，梅兰芳演《贵妃醉酒》，王凤卿演《伐东吴》，尚和玉演《英雄义》。

因北伐战争再度爆发，北京实行宵禁到夜间二十三点，承华社、永胜社、协庆社、鸣和社、庆生社、春福社等主要班社均停演。

6月3日，张作霖率奉军撤出北京，退往关外。4日，"皇姑屯事件"爆发，奉系军阀张作霖身亡。

6月8日，国民革命军进驻北京，北洋政府统治宣告结束。

6月21日永胜社开明戏院夜戏：

王幼卿《虹霓关》，杨小楼《安天会》，余叔岩《定军山》。

6月22日永胜社开明戏院夜戏：

余叔岩、杨小楼《八大锤》。

是日，承华社在中和戏院演夜戏，梅兰芳演《晴雯撕扇》，王凤卿演《战长沙》，尚和玉演《艳阳楼》。

6月24日，承华社在中和戏院演夜戏，梅兰芳首演《廉锦枫》。

6月27日永胜社开明戏院夜戏：

王幼卿《三击掌》，余叔岩、程继先《群英会》，杨小楼《麒麟阁》。

陈少霖每日赴余叔岩处学戏，闻学《一捧雪》《打渔杀家》《探母》等，日见进步，嗓音亦有起色。

(《剧界讯息》，《顺天时报》1928年6月27日第五版)

6月28日永胜社开明戏院夜戏：

余叔岩《琼林宴》，杨小楼、王幼卿《长坂坡》。

6月29日，承华社在开明戏院演夜戏，梅兰芳演《红线盗盒》，王凤卿演《捉放曹》。

7月1日，承华社在开明戏院演夜戏，梅兰芳演《洛神》，王凤卿演《取帅印》，尚和玉演《赵家楼》。

7月4日永胜社开明戏院夜戏：

王幼卿《玉堂春》，杨小楼《挑滑车》，余叔岩《失街亭》。

7月5日永胜社开明戏院夜戏：

诸如香《顶花砖》，许德义、邱富棠《娘子军》，侯喜瑞《取洛阳》，王幼卿、程继先、曹连孝《玉堂春》，杨小楼、钱金福、王长林、刘砚亭、傅小山、慈瑞泉、鲍吉祥、迟月亭《骆马湖》，余叔岩、裘桂仙、鲍吉祥《托兆碰碑》。

7月7日，承华社在中和戏院演夜戏，梅兰芳演《黛玉葬花》。

7月8日，承华社在中和戏院演夜戏，梅兰芳演《凤还巢》。

7月11日永胜社开明戏院夜戏：

刘松岩《游六殿》，邱富棠《蟠桃会》，诸如香《荷珠配》，王幼卿、程继先、贾多才《穆天王》，余叔岩、钱金福、慈瑞泉、裘桂仙、赵芝香、冯蕙林、何喜春《战太平》，杨小楼、侯喜瑞、刘砚亭、傅小山、许德义、迟月亭、鲍吉祥《江都县》。

7月12日永胜社开明戏院夜戏：

裘桂仙、扎金奎、周瑞祥《白良关》，许德义、傅小山《九龙山》，诸如香、罗文奎、铁林甫《幽界关》，程继先、福小田、甄洪奎《雅观楼》，余叔岩、王幼卿、侯喜瑞、鲍吉祥、慈瑞泉《打渔杀家》，杨小楼、钱金福、迟月亭、刘砚亭、邱富棠、谢春芳《铁笼山》。

7月19日第一舞台河北战地灾民义务戏：

全班合演《大赐福》，福小田《大回朝》，裘桂仙、钱宝奎《草桥关》，九阵风、尚和玉、阎岚秋、朱湘泉、沈三玉、张德发、阎岚亭、罗文奎、周喜如《青石山》，谭富英、黄桂秋、朱琴心、姜妙香、诸如香、刘景然、王多寿、文亮臣《御碑亭》，荀慧生、马连良、马富禄《坐楼杀惜》，程砚秋、郭仲衡、李万春、曹寿石、贾多才《宝莲灯》，梅兰芳、龚云甫、萧长华、郭春山《六月雪》，高庆奎、许德义、王长林、张鸣才、曹连孝、扎金奎、蒋少奎《定军山》，余叔岩、杨小楼、郝寿臣、钱金福、迟月亭、李四广、甄洪奎、罗文奎、韩金福、杨春龙、鲍吉祥、刘砚亭、吴玉铃、钱富川、张连升《阳平关·五截山》。

7月20日第一舞台河北战地灾民义务戏：

全班合演《富贵长春》，蒋少奎、霍仲三、律佩芳《白良关》，九阵风、朱桂芳、邱富棠、方连元、朱湘泉、周喜如、沈三玉、阎岚亭《泗州城》，尚和玉、朱小义、张德发《战滁州》，陈德霖、贯大元、刘景然《战蒲关》，马连良、高庆奎、郝寿臣、程继先、周瑞安、马连昆、萧长华、王又荃、范宝亭《借东风》，荀慧生、小桂花、马富禄《辛安驿》，郭仲衡、程砚秋、李洪春《贺后骂殿》，余叔岩、鲍吉祥、罗福山、王长林、陈少武、张连生、赵芝香《盗宗卷》，梅兰芳、杨小楼、王凤卿、钱金福、姜妙香、许德义、迟月亭、慈瑞泉、傅小山、刘砚亭、李寿山、张春彦《霸王别姬》。

8月8日永胜社中和戏院夜戏：

邱富棠、冯连恩《蟠桃会》，钱金福、罗福山《庆阳图》，王幼卿、诸如香、慈瑞泉、程继先、曹连孝《虹霓关》，余叔岩、裘桂仙、鲍吉祥《捉放曹》，杨小楼、侯喜瑞、王长林、扎金奎、迟月亭、许德义《连环套》。

8月9日永胜社中和戏院夜戏：

邱富棠、姚富才、冯连恩《娘子军》，裘桂仙、王荣山《铡美案》，侯喜瑞、冯蕙林《取洛阳》，诸如香、程继先、赵芝香《得意缘》，余叔岩、王幼卿、鲍吉祥、王长林、罗福山、慈瑞泉《南天门》，杨小楼、钱金福、许德义、刘砚亭、傅小山、迟月亭《状元印》。

8月15日永胜社中和戏院夜戏：

杨小楼《水帘洞》，余叔岩《奇冤报》。

9月5日永胜社中和戏院夜戏：

王幼卿《彩楼配》，余叔岩《卖马》，杨小楼《长坂坡》。

余叔岩、杨小楼、侯喜瑞、许德义、迟月亭、刘砚亭、谢春芳、罗福山、郭春山《八大锤》。

9月7日，承华社在开明戏院演夜戏，梅兰芳、王凤卿、尚和玉首演《春灯谜》。

9月8日，承华社在开明戏院演夜戏，梅兰芳、王凤卿演《法门寺》。

9月9日，承华社在开明戏院演夜戏，梅兰芳演《黛玉葬花》。

9月12日永胜社中和戏院夜戏：

余叔岩《打棍出箱》，杨小楼《武文华》。

9月14日，承华社在中和戏院演夜戏，梅兰芳演《春灯谜》。

9月15日，承华社在中和戏院演夜戏，梅兰芳演《春秋配》。

9月19日永胜社开明戏院夜戏：

诸如香、慈瑞泉《荷珠配》，裘桂仙、陈少武《御果园》，邱富棠、冯连恩《红桃山》，杨小楼、侯喜瑞、王长林、邱富棠《殷家堡》，王幼卿、曹连孝《三击掌》，余叔岩、杨小楼、鲍吉祥、钱金福、傅小山、许德义、刘砚亭、迟月亭、冯蕙林、福小田《连营寨》。

9月20日永胜社开明戏院夜戏：

王荣山《摘缨会》，许德义、姚富才、邱富棠、冯连恩《嘉兴府》，诸如香、罗文奎《下河南》，裘桂仙、曹连孝、陈少五、福小田《白良关》，杨小楼、侯喜瑞、钱金福、刘砚亭、慈瑞泉、迟月亭《战冀州》，余叔岩、王幼卿、鲍吉祥、王长林《一捧雪》。

在这一年里《一捧雪》演出过两次……第二次是秋天，鲍吉祥的莫怀古，王长林的汤勤，其余角色照旧。"法场"一段的表演最能显示余的风格，做功深刻生动而无"洒狗血"的倾向。〔红绣鞋〕牌子中的搓步，像僵死的身躯在被拖着移动，非常入戏。余演陆炳，引子的词是："为官清正，秉忠心，报效朝廷。"定场诗是："少年科第早成名，身受皇家爵禄恩。全凭方寸心田正，上报君亲下为民。"这是和老路子以及流行的词不同之处。还有转堂时，念一句"转堂",不唱"狗汤勤下堂喜洋洋"四句〔摇板〕。对戚继光唱的〔四平调〕,"自古道人亏天不亏……"只有四句,并且不使什么腔。全出的念白清润而严劲,神情严正而俊逸。王长林和慈瑞泉都是好角,他们各有许多独到的好戏,但对于汤勤这个人物,都表现着不甚对工。

（朱家溍《观余记略》）

9月21日,承华社在开明戏院演夜戏,梅兰芳、王凤卿演《前部西施》。

9月22日,承华社在开明戏院演夜戏,梅兰芳、王凤卿演《后部西施》。

9月28日永胜社开明戏院夜戏:

裘桂仙《锁五龙》,许德义《芦林坡》,王幼卿、福小田《宇宙锋》,余叔岩、侯喜瑞、鲍吉祥《击鼓骂曹》,杨小楼、钱金福、王长林、迟月亭、慈瑞泉《骆马湖》。

9月29日永胜社开明戏院夜戏:

诸如香《查头关》,许德义《采石矶》,杨小楼《黄龙基》,余叔岩、杨小楼、王幼卿《摘缨会》。

10月6日,承华社在开明戏院演夜戏,梅兰芳、王凤卿演《前部西施》。

10月7日,承华社在开明戏院演夜戏,梅兰芳、王凤卿演《后部西施》。

10月17日,梅兰芳携承华社赴广州演出。

10月22日天津明星戏院夜戏:

娄廷玉、小吕布《英雄义》,龚云甫、王长林《钓金龟》,余叔岩、钱金福、裘桂仙《失街亭》。

10月23日天津明星戏院夜戏:

龚云甫、鲍吉祥《训子》,余叔岩、裘桂仙、王长林《乌盆记》。

10月24日天津明星戏院夜戏：

钱金福《取洛阳》，龚云甫《断后》，余叔岩、陈德霖、王长林、霍仲三《一捧雪·审头刺汤》。

11月14日永胜社开明戏院夜戏：

王幼卿《六月雪》，杨小楼、王幼卿、许德义、迟月亭、范宝亭、诸如香、慈瑞泉《长坂坡》，余叔岩、裘桂仙、钱金福、王长林、罗文奎《琼林宴》。

11月21日永胜社开明戏院夜戏：

王长林、诸如香《跑驴子》，杨小楼、许德义、范宝亭、迟月亭、傅小山、郭春山、杨春龙、沈福山《状元印》，余叔岩、郝寿臣、裘桂仙、鲍吉祥、慈瑞泉《失街亭》。

1928年冬天的一场戏，余叔岩演《空城计》，杨小楼演《状元印》，这一天是个星期四。在星期三的一场戏是余演《打棍出箱》，杨演《长坂坡》，因钱金福请假，本来应演张郃的许德义，升格演张飞。这个班本来没有范宝亭，临时特约范演张郃。星期四《状元印》，管事的因为许、范二位是同等地位，就把本来钱金福应演的赤福寿派了范宝亭，而许德义则仍演他原来应演的李金荣，这样比较公平。可是许认为既然钱先生不来，凡钱的角色都应该由自己来演，于是没有服从管事的分派，早进后台就勾上油红三块瓦。范宝亭进后台看到这个情况，就向管事提出质问，管事向范道歉，请范改扮陈友谅。这一场没有发生纠纷就这样过去了。《状元印》演到反出科场，常遇春和赤福寿见面，大刀削头不慎把常遇春盔头削掉。杨到后台发现自己脸上颜色已被盔头网子抹掉，无法再出场，于是许进后台时就打了许一巴掌，当时许也要还击，被很多人拉开。这时场上正是李金荣站在桥上，念"反贼们，谁敢来"，众举子不敢过桥，应该常遇春内白"常遇春来也"。但这时候常遇春正在重新戴盔头，不能及时出场。迟月亭扮演的方国珍忙从场上走进后台代替常遇春念内白，场上已出现停顿的状态，好不容易才出来，草率的过桥,这出戏才算对付完了。事后余叔岩出面请客调解,许和杨彼此道了歉。余当面说明下期照常演,并提议演《八大锤》。但管事的怕上场再出事故,《八大锤》的严正方本是许的应工,可是派了姚富才,另派许演一出《嘉兴府》。许唱完《嘉兴府》就向管事提出辞班,并向余说明:"您的好意是唱一出《八大锤》把咱们都拴在一块,可是管事不派我的严正方,还是没买您这本帐,我已经辞班了。"余叔岩因为出面调解无效,也很不高兴。可巧杨小楼因病又停演两期,余更误会是有意散班,就退出永胜社。

(朱家溍《观余记略》)

按:关于杨许失和事件,朱文所忆大部详尽可靠,但《状元印》《失空斩》演出是在周三,而非周四;所忆"余演《打棍出箱》,杨演《长坂坡》"是在杨许失和的上一个周三,周四之戏因余叔岩患病回戏顺延至下一周三。

12月19日永胜社开明戏院夜戏:

裘桂仙《草桥关》,吴彩霞《宇宙锋》,许德义、姚富才、李三星、傅小山、邱富棠、冯连恩《嘉兴府》,高秋颦、黄润卿、慈瑞泉、铁林甫《樊江关》,陈德霖、鲍吉祥、王荣山《战蒲关》,杨小楼、余叔岩、钱金福、范宝亭、迟月亭、刘砚亭、罗福山、杨春龙、王玉吉、郭春山《八大锤》。

小楼自与第一舞台脱离关系后,值余叔岩继谭鑫培而兴起,杨余乃协议共组一班,所约角色多系剧界之优秀人物,小楼之武剧,早为人所乐道,又经德义、钱金福、迟月亭、王长林之烘托,无处不见生色,德义独演一剧时甚少,盖小楼之剧中,几无一出不有德义矣。此班之班运甚佳,市面上亦不似今日之冷落,每一出演,观者满堂,论者竟拟之于中和时代之同庆班,其言虽不尽然,然小楼叔岩声价之高,于此可见,嗣小楼德义因某项事发生误会,次日即未出演,叔岩居间调停,双方涣然冰释,再议重整旗鼓。小楼之戏目,为《八大锤》,锤将中向有德义在内。独是日命其中场演《嘉兴府》,叔岩颇不

余叔岩《翠屏山》饰石秀，王长林饰海师利

余叔岩《洗浮山》饰贺天保

谓然，德义意亦不怿。叔岩乃以有病为词，向班中请病假，此班失去中坚，只得宣告休息，叔岩由是迄今，尚未登台，计已一年有半矣。

（大同《抵掌谭话·许德义》，《全民报》1931年3月31日）

12月29日，张学良宣布"遵守三民主义，服从国民政府，改旗易帜"，公开宣布支持国民政府，史称东北易帜，南京国民政府在形式上统一中国。

一九二九年（民国十八年·己巳）四十岁

按：自1929年直至逝世，余叔岩再未组建任何班社进行营业演出，只演少数义务戏和堂会戏。

1月10日第一舞台北平特别市反日会筹款义务夜戏：

陈少五、耿永顺、姜连彩、李庆芳《太平桥》，裘桂仙、甄洪奎、李玉泰、周瑞祥、唐芝芳、李春义《白良关》，尚和玉、朱小义、丁秉春、张德发、钱少卿、何连涛《一箭仇》，贯大元、陈德霖、龚云甫、王幼卿、金仲仁《雁门关》，刘凤林、赵春锦、孙小山、李四广、孙大柱《荷珠配》，九阵风、阎岚亭、孙振升、杨春龙、李三星、陆喜才《泗州城》，朱琴心、王幼卿、慈瑞泉、茹富蕙《打花鼓》，王又宸、芙蓉草、徐碧云、王长林、徐斌寿、曹连孝《御碑亭》，荀慧生、高秋鼙、程继先、马富禄《虹霓关》，马连良、吴彩霞、时青山《马义救主》，朱素云、筱翠花、尚小云、李寿山、罗福山、王丽卿《雌雄镖》，时慧宝、何春喜、刘景然《朱砂痣》，高庆奎、许德义、张鸣才、罗文奎《定军山》，余叔岩、杨小楼、郝寿臣、范宝亭、迟月亭、鲍吉祥《阳平关》。

2月3日第一舞台梨园公会义务戏：

时慧宝《上天台》，尚和玉《战滁州》，郭仲衡、王幼卿《宝莲灯》，徐碧云、程继先《虹霓关》，言菊朋、朱琴心、陈德霖、龚云甫

《探母回令》，荀慧生、金仲仁《辛安驿》，余叔岩《别母乱箭》，杨小楼、侯喜瑞、郝寿臣、程砚秋、高庆奎《长坂坡》。

3月16日第一舞台义务戏：

王又宸《黄金台》，尚和玉《战滁州》，荀慧生《醉酒》，马连良、郝寿臣《打严嵩》，高庆奎、王幼卿、龚云甫、陈德霖《四郎探母》，余叔岩、茹富兰《八大锤》，梅兰芳、杨小楼、王凤卿《霸王别姬》。

4月27日第一舞台山西赈务会特约北平全体艺员合演筹款义务夜戏：

全班合演《大赐福》，孙砚廷、罗文奎、张连升、周瑞祥《荷珠配》，邱富棠、沈三玉、冯连恩、姚富才、钱少卿、李三星、陆喜才《蟠桃会》，裘桂仙、蒋少奎、扎金奎、王立卿、高连峰《白良关》，茹富兰、孙毓堃、钱金福、尚和玉、朱小义、侯喜瑞、朱琴心、黄桂秋、高秋鼙、郭仲衡、傅小山《长坂坡·汉津口》，陈德霖、王又宸、王幼卿、王又荃、曹寿石、茹富蕙《四郎探母》，荀慧生、高庆奎、马富禄、时青山《坐楼杀惜》，杨小楼、王凤卿、程砚秋、马连良、郝寿臣、周瑞安、龚云甫、贯大元、程继先、鲍吉祥、马连昆、郭春山、罗福山、赵春锦、贾多才、霍仲三《甘露寺·美人计·回荆州》，梅兰芳、余叔岩《戏凤》，梅兰芳（黄天霸）、杨小楼（张桂兰）、余叔岩（朱光祖）、程砚秋（贺人杰）、郝寿臣（张妈）、马连良（关太）、黄桂秋（费兴）、阎岚秋（褚彪）、朱桂芳（费德功）、姜妙香（金大力）、诸如香（老院子）、萧长华（施大人）、陆凤琴（老道）、邱富棠（米龙）、侯喜瑞（秦小姐）、李寿山（丫鬟）、刘凤林（王梁）、陶玉芝（窦虎）、曹砚亭（将官）、金仲仁（将官）、曹连孝（将官）、马富禄（将官）、方连元（将官）、王立卿（将官）《反串八蜡庙》。

7月1日福全馆唐生智宅堂会：

魏莲芳《打金枝》，新艳秋《红线盗盒》，王幼卿、金仲仁、松介眉《得意缘》，程砚秋《玉堂春》，梅兰芳、姜妙香《廉锦枫》，杨小楼、余叔岩《八大锤》。

余叔岩《别母乱箭》饰周遇吉，钱金福饰李过

7月2日第一舞台唐生智宅堂会：

荀慧生《铁弓缘》，程砚秋《红拂传》，余叔岩、王幼卿《打渔杀家》，梅兰芳《贩马记》，杨小楼《夜奔》。

唐总司令第一台堂会演《铁弓缘》。是日仅有小楼《夜奔》，兰芳《三拉》，叔岩、幼卿《打渔杀家》，艳秋《红拂传》，共五剧。

（《荀慧生日记》1929年7月2日）

一九三〇年（民国十九年·庚午）四十一岁

4月19日，《全民报》记者一得轩主林醉陶采访余叔岩，采访内容连载于《全民报》4月25—30日第五版《名伶访问记》。

日前（十九）午后九时，轩主赴宣外椿树上头条十五号，访问余叔岩。兹节录其谈话于次：

演戏经过

余（余君自称，下同）鄂人，现年四十一岁，名第祺，艺名叔岩，字叔远。余祖余三胜，唱须生；余父余紫云，唱青衫，在梨园中，具有声誉。余九岁，入姚增禄老师所组织之班社学戏，时出演于景泰园及南药王庙，初学短打武生，继习靠把武生，最后乃改须生，与吴连奎（习做工老生）同班。承姚指导，艺进颇速。十四岁，靳六爷、张二爷组织德胜魁名班于天津，余遂入该班坐科三年，与白玉昆、苗胜春同科，时出演于津沽，颇得美誉，人以余祖故，咸呼余为"小小余三胜"焉。至二十五岁，余拜谭鑫培为师，谭亲授余《探母》《寄子》《战太平》《定军山》《珠帘寨》《卖马》《琼林宴》等十二出，不吝教诲，盖谭艺当年系学余之祖父，今则以余祖之艺，而传之余也。余自学戏以来，拜师者凡十有六，而传艺得力者，当以姚谭二师为最，余此时得以鬻艺糊口，饮水思源，未始非谭姚二师及诸师之德也。年来献艺于平津汉沪等处，谬应虚名，现因病辍演，未登台者年余，刻虽稍愈，但医嘱静养，故未演唱也。

音调研究

戏剧为一种艺术之表现，因地域水土之关系，而有南曲北曲之分。南曲如昆曲，用南音，苏人倡之；北曲如二黄，用北音，鄂人始之。南北二曲各有一种特长。余鄂人也，且所习北曲也，故舍昆腔而言二黄。二黄之唱，与念白同，字有字之准音，上下阴阳，平上去入，不能丝毫糊混。平字之音，既有上下之分，而分上下平后，又有阴阳之别。或以为上下平，即阴阳平，实误也。古乐，五音为宫商角徵羽，由五音而为心肝肾肺脾五脏，由五脏而为金木水火土五行，相克相生，其理一也。今再以胡琴而论，胡琴一乐器耳，而其构造之成分，则有"金石丝竹匏土革木"之八音（言至此，取桌上胡琴，逐一指以相告）。胡琴定音高下之铜钩，金也；其上两轴，石也，盖轴原系石制，今则改为竹制矣；两弦，丝也；中间之杆，竹也；杆末之管，匏也；管上之松香，土也；管之一端，蒙以皮，革也；皮外挡弦之马，木也。此不但胡琴为然，其他之乐器，大概亦相似，盖无论何种乐器，不能外此"金石丝竹匏土革木"八音，或八音中之一部之构成也。至于吾人唱戏之声音腔调，亦各有分别，非笼统之名称。盖由丹田刚发出者为声，至于喉咙变为音，音有"喉齿唇鼻颚舌"等音，再由唱出之声浪而为调，调延长而为腔，然后方有韵，复杂极矣，固非片言所能详尽也。现在学戏剧者，对于腔调之分别，多混合而为一，而字音之准确与否，则茫然莫解者甚多，戏剧之衰微，可发一叹。

做派研究

音调之复杂，既如上述矣。而做派之烦难，亦与音调相类。今且以手指而论，各脚色之手指，各有一定之准绳，一定之格式，非可以随便伸屈开合也。花脸之手，五指分开，老生之手，五指虽分开，而须略弯曲，武生之手，五指并合，小生之手，则大指按在掌心，其余四指直伸合拢，旦脚之手，则五指如兰花，柔曲合于一处。此其常例之大概也。然有时出于例外者，则必有别特之状态矣。又如抬脚一节，工夫最深，生脚抬腿，尤为繁难，且有一定之姿势，不能稍易毫厘。抬腿工夫，内行推杨小楼、钱金福，票界则推侗五，其火候已到纯青时矣。总之，种种做派，非研究有根底者，非失之飘，则失之莽，甚则至于瘟，是在于演戏者之能否体悟耳。然必下十年苦功夫，始可以语此也。

上下场门

旧剧台上，例有上场门与下场门，即俗所谓左青龙、右白虎者也。近来演新剧之台，则或仅有中门，或左右各二门，或三门、五门不等，因其与旧剧之关系、之编制不同，另当别论。而旧剧之演唱，

则均从下场门而上，说者谓之不对，并有谓上下场门亦应取消者，是不知旧剧之深意也。盖旧剧台上，所表演者是古人，是前人，而演者由下而上，即表明台上所扮演者，系后人饰前人，今人做古人之事，即逆而上之之意，若由上而下，则不但后五百年之事，非演者所能知，即明日之事，亦不能知，其中实含有至大之理性，不但上下场门不能取消，而由下而上之定规，亦不容稍有更改也。

国剧特征

旧戏脚色，分为十门，"末""净""生""丑""旦""外""小""贴""副""杂"是也。俗所谓"生、旦、净、末、丑"五门，不过举其大概耳。或谓中国之戏，过于失真，如执鞭谓之乘马，提舵谓之坐船……实不如外国戏之真马、真船、真水也，然此实未知旧剧之真意义耳。盖中国旧剧，犹绘画之写意，如以手扶空，作步步登高状，虽台上并未有扶梯切末。而见者即知其为上楼矣。若必事事求真，则雄兵三千，必上三千人，虽台上已有二千九百九十九人，仅欠一人，亦不能称其为三千也。演至杀人者，必于台上真杀一人，可乎？此实胶柱之见也。又有谓旧戏上场，报名，报事，殊为无谓，今古天下人，断无立而自呼其名、自道其事者，苟有之，非神经错乱，即狂吠无伦，此等举作言语，应予取消，此又为不明旧戏真意义之尤者。盖报名报事，即为暗场之表示，为其心中之意思，并未发之于声音者也。与背弓之唱白相同，如《武家坡》之薛平贵，听王宝钏说明后之"薛平贵离家一十八载……"一段说白，及"洞宾曾把牡丹戏"一段〔摇板〕，说唱半天，而对面同立之王宝钏，一字未曾闻见，断无此理也。其于说唱之前，举手横遮，即为所说所唱之语言，系其心中意思之表示。使不如是，则聆者何由其心中之意思乎？诸如此类，不胜枚举，是即戏为写意之一大明证也。

须生三派

昔时须生，计分三派，三派为何？即张派、程派、余派也。张派为张二奎，工皇帽戏，许荫棠、周春奎宗之；程派为程长庚，汪桂芬、王凤卿宗之；余派为予祖讳三胜，字起云，予父讳紫云，字砚芬，习青衫，与时小福（时慧宝之父），同时负盛誉于梨园，予得予祖（指余三胜）之秘传，兼承予师（指谭鑫培）之口授，潜心研究，略窥门径，但戏剧虽小道，然博而且宏，非研究有根底者，实未可以率尔操觚而谈之也。今且以盔头而论，某君曾著书，论述盔头，不下数十种，连篇累牍，几数千言，但亦一鳞半爪，未可称为全豹，盖盔头一门为戏剧中行头所最复杂者，谈论盔头之书，当以故宫中乾隆藏本为最完备，惜见之者少矣。其他盔头外之各行头，亦略同，均有一定之名词，在考梨园典故者，是有知之必要也。

曹之知音

目下内外行中，对于戏剧，可称为知音者，厥推曹君心泉。曹君工昆曲，善制谱，与老伶工陈德霖君为把兄弟。当清末之时，侗五造国乐，招曹听之，曹出，语人曰：清将亡矣。人问其故，曹曰：乐有亡国之音，不祥之兆也。未及一年，而武昌举义，清室覆矣，高山流水，曹君其亦今之钟期欤？

戏可养神

戏剧之繁难，既如上述矣，而学戏者，不无过于操劳，损神促寿乎。则又异乎是。盖戏剧一道，实足以怡神养性，却病延年也。以梨园一行而论，上寿者大有人在，如现在之王长林、陈德霖、钱金福等，或年逾八十，或寿近古稀，可为予言之一明证。盖学戏者，如能守身洁己，循规蹈矩，而不作戕贼心身之事行为，乐其天年，保其天真，未有不长寿者也。予曾谓学戏如学道，实为养生之良法，而夭短者，实自戕耳。知者或不疑予言之过也。今承君枉顾，畅叙逾欢，予亦放浪形骸，拉杂而语，诚不足以博大雅一粲，惟以限于时间，未能倾尽积愫，稍暇当再陈述，以就教于高明耳。

轩主曰：余君为现时须生泰斗，其艺术之渊深，早已脍炙于全国，故无待轩主之赘述。轩主聆余君之戏，十余年矣，于君之艺，仰赞殊深。盖君文武全才，昆乱不当，而阴阳尖团，一字不苟，其字之

准确，梨园中可首屈一指。轩主来京已晚，不得一聆余张程诸大先进之佳奏，然闻之老伶工言，咸谓谭贝勒为得余派之正宗，而君又得谭之嫡传，克绍祖业，为梨园光，尤足令吾人赞扬无已也。轩主不才，承君不弃，谬许知音，不吝赐教，诚足以开茅塞矣，暇当再往请益，余君其许我乎。

7月10日，朱素云病逝。

7月27日，余叔岩岳父陈德霖病逝。

8月6日，余叔岩参加岳父陈德霖出殡仪式，送挽联如下：

与先君为莫逆交，当年少小趋庭，相攸忝附东床选；

恨斯世无长生术，此日凄凉返驾，营奠难伸半子情。

一九三一年（民国二十年·辛未）四十二岁

2月，余叔岩与张伯驹合著《近代剧韵》，由北平京华印书局初版。但不久余叔岩即将此书全部收回，不再公开发行。

3月8日，王长林病逝。

3月21日，余叔岩参加王长林送圣仪式。

6月9—11日，上海杜家祠堂落成典礼堂会，余叔岩未南下参加。

后来杜月笙先生在浦东的家祠落成，约请平沪所有的名角到浦东去演唱堂会，在北平方面除了余氏之外，都应召而至，盛况空前。那次余氏之不参加，实在是为了从前屡次发生不愉快的事情，另有苦衷。如若去了，再有人约唱营业戏，唱也不好，不唱也不好，所以再三考虑之下，就毅然决然地不参加，况且身体也实在是太坏，所以就向杜氏婉言推辞了。

（孙养农《谈余叔岩》）

有一次，上海另一个青帮头子杜月笙家里要立祠堂，唱三天堂会戏，派专人到北京邀角儿，凡是名角都邀了去，为的是显示他的财势，夸耀他的派头。这次堂会可说是空前盛会了，梅兰芳、尚小云、杨

陈德霖葬礼

小楼、陈德霖、王凤卿、程砚秋、龚云甫、荀慧生、侯喜瑞、金少山、郝寿臣都被邀去了，唯有余叔岩不去。当时就有人劝他，上次你得罪了黄金荣，这次再得罪了杜月笙，以后可就不能再到上海去了。可不管怎么劝，余叔岩硬是没去。那一时期，凡是大堂会，如果没有梅兰芳、余叔岩和杨小楼三人参加，或是缺其中之一，就算不上讲究，就不够派头，不算阔气。余叔岩这次没去上海，杜月笙也奈何他不得。但是一个艺人脾气耿直，敢于顶撞黄金荣、杜月笙，也是担风险的。所以他从此不再去上海，虽说是赌气，说实在的，也是提防这些人下毒手。明枪易躲，暗箭难防啊！做艺人吃戏饭，真是提心吊胆！

（杭子和《回忆我和余叔岩合作的情况》）

7月31日，琴师李佩卿卒。此后余叔岩改用朱家夔操琴。

8月27日，中华戏曲专科学校聘任委员会成立，梅兰芳、余叔岩、王瑶卿、程砚秋、曹心泉、溥侗、程继先等人出任委员。

9月11日第一舞台北平梨园公益总会十六省水灾急赈义务戏：

全班合演《百寿图》，陆凤琴、李四广、韩金福、甄洪奎、胡长云《一匹布》，朱桂芳、周瑞安、刘春利、朱湘泉、周春亭、吴玉铃、刘凤奎、李三星《青石山》，谭富英、蒋少奎、陈少武、罗文奎、周瑞苏《定军山》，尚小云、侯喜瑞、姜妙香、裘桂仙、扎金奎、王多寿《穆柯寨》，程砚秋、王少楼、李洪春、霍仲三、张连升、律佩芳《贺后骂殿》，杨小楼、筱翠花、郝寿臣、钱金福、刘砚亭、迟月亭、傅小山、鲍吉祥、杨春龙、王玉吉、郭春山、孙砚亭《战宛城》，余叔岩、梅兰芳《游龙戏凤》。

9月13日第一舞台北平梨园公益总会十六省水灾急赈义务戏：

全班合演《战太平》，陈喜兴、时玉奎、高荣亭《搜孤救孤》，阎岚秋、阎岚亭、李三星、杨春龙、钱富川《泗州城》，言菊朋、陈少五、裘桂仙《击鼓骂曹》，筱翠花、朱琴心、萧长华、王又荃、罗文奎《双摇会》，尚小云、范宝亭、陶玉芝、周瑞安、周春亭、刘玉芳《娘子军》，杨小楼、梅兰芳、程砚秋、尚和玉、马连良、龚云甫、李洪春、谭

曹心泉

富英、程继先、王凤卿、郝寿臣、李多奎、刘砚亭、扎金奎、孙甫亭、贾多才、蒋少奎、赵春锦《甘露寺·美人计·回荆州》，梅兰芳、余叔岩、钱金福、慈瑞泉、鲍吉祥、郭春山、霍仲三、李四广《打渔杀家》。

票价：八座包厢一百二十元，头级六座包厢九十元，头级四座包厢六十元；二级包厢八十元，三级包厢四十八元，前七排十元，中七排六元，后七排四元，旁厅三元，木炕四元，包厢后背二元，三层前三二元，三层后四二元。

12月21日，北平国剧学会正式成立，地址在虎坊桥四十五号。梅兰芳、余叔岩在北平国剧学会宴请李石曾、于学忠、胡适之、章守和、徐永昌等人，余叔岩、梅兰芳先后致辞。

今天兰芳与叔岩兄奉约诸公，在此极简陋地方便饭，荷蒙不弃，

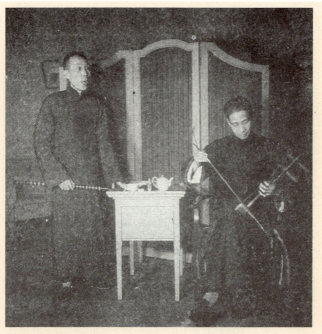

朱家夔为余叔岩吊嗓

诸位光临，不胜荣幸。我们创办国剧学会的缘起，已行宣言，想诸位必已见过，今天所补充的不外二点，第一，戏剧的力量是极雄伟的，有许多民族，他们精神的强弱，差不多全以他的国内戏剧性质为标准。第二，戏剧的范围是极广大的，有许多艺术都是与戏剧有关系的。兰芳根据这二点，所以不辞在这国难中间来做这整理工作。同时也觉得这种机关，应该愈多愈好，兰芳前年赴美，曾历受他们研究戏剧的团体欢迎，我们也加入美洲戏曲协会。所以我回来与叔岩兄讨论，觉得有努力整理国剧的必要，所以有这种小小规模的集合。叔岩兄对剧学造诣甚深，尤肯努力合作，不过我们二人力量既薄，智识又浅，只能替各位喜欢研求的做一领路者，今天请诸公来，就是敬求指教。至于招待不周之处，统祈各位原谅为幸。

（《国剧画报》1932年1月15日创刊号）

中华戏曲专科学校聘任委员会照片

《国剧学会宣言》：

　　世界上一切学术，所以存在，皆赖于学者本身，为不断之研究、精密之改良。以中国固有戏剧言，百年以来，风靡一世者，及至晚近，日渐衰微，矩镬散乱，寖失旧观。兰芳前岁薄游美洲，亲见彼邦宿学通人，对吾国旧剧之艺术，有缜密之追求，深切之赞叹，愈信国剧本体，固有美善之质，而谨严整理之责任，愈在我剧界同人。一年之间，各校对于国剧，研求既已异乎旧时之观念。叔岩年来闭门，勤加研讨，以为剧艺之精微博大，苟非亲传广益，终必至袭貌遗神，渐趋沦落。发扬光大之举，尤以为不可或缓。集议既同，顾及斯时，有所自效。唯以二人学识短浅，志而未逮，故谨邀集诸君子，助以机缘，许以通力合作。礼延海内贤豪、剧坛耆宿，为国剧学会之组织。并设国剧传习所，为有志学国剧而未知门径者之讲肆机

关，一切办法，另详简章。自忘谫陋，愿效前驱。所冀以转移风俗、探求艺术之工具，收发扬文化、补助教育之事功。区区苦衷，惟我国人，共赐谅鉴。

梅兰芳　余叔岩同启

《北平国剧学会组织大纲》：

一、宗旨：本学会以研究国剧学术发扬其固有精神为宗旨。

二、组织：本学会有创办人与赞成人组织之。设理事会基金委员会，分负会中一切责任。

三、会员：本会会员须经本会四人介绍，分下列三种：

甲，基本会员，每年捐洋二百元；

乙，特别会员，一次捐洋或募集基金在一百元以上者，或捐助物品图籍价值在一百元以上者，亦得特别会员；

丙，普通会员，每月捐洋四元，普通会员得享受本会阅书、听讲、观演等利益。

四、理事会：理事会管理本会一切事务，其理事由基本会员及特别会员推举，其章程另定之。

五、基金委员会：基金委员会管理本会基金及募集，除创办人为当然委员外，其他委员由理事会推定或延聘，其章程另定之。

六、国剧传习所：本会附设国剧传习所，由理事会规定之。

七、选举：理事会及基本委员每三年改选一次，凡基本会员及特别会员，有理事与基金委之被选举权及选举权，凡普通会员有被推为办事人员之权。

八、会期：本会每年开大会二次，由理事长召集，报告会务，每半年一次，其会期临时通告之。

附则：本会组织有未尽时，经大会增改之。

（《国剧画报》）

12月31日，梅兰芳、余叔岩在北平国剧学会宴请溥西园、刘半农、郑颖荪、金仲荪、刘天华、梁思成、焦菊隐、王泊生、吴瑞燕、陈振先、傅佩青、王梦白、管翼贤、陈墨香、徐凌霄、徐汉生等三十余人。

一九三二年（民国二十一年·壬申）四十三岁

1月3日，下午七时，梅兰芳、余叔岩在虎坊桥国剧学会宴请剧界同人，有曹心泉、叶春善、王琴侬、王瑶卿、李宝琴、郭际湘、尚小云、程砚秋、荀慧生、于连泉、尚和玉、阎岚秋、朱桂芳、程继先、姜妙香、王凤卿、高庆奎、时慧宝、萧长华、郭春山、裘桂仙、王幼卿、王少卿、徐兰沅等三十余人。

1月5日吉祥戏院夜戏：

陈少霖、李香匀首演余叔岩亲授之《一捧雪·审头刺汤》。

1月13日织云公所高宅堂会：

杨小楼、郝寿臣《连环套》，梅兰芳、余叔岩《打渔杀家》。

1月15日，国剧学会会刊《国剧画报》首卷正式发刊。

1月26日铁狮子胡同张宗昌宅堂会：

梅兰芳、余叔岩《游龙戏凤》。

> 按：此场演出以《半月戏剧·三十年来我所见到的余叔岩》一文中梅花馆主记载为据。

2月1日第一舞台梨园同业义务夜戏：

全班合演《富贵长春》，裘桂仙、陈少五、姜彩莲、周瑞祥、宋继亭、钱少卿、慈永胜、孙福亮《白良关》，刘凤林、李玉泰、李四广《荷珠配》，阎岚秋、朱桂芳、阎岚亭、朱湘泉、吴彩霞、律佩芳、李三星、杨春龙、徐寿琪、高荣亭《泗州城》，贯大元、侯喜瑞、李四广、刘玉泰、张连升、赵春锦、刘俊峰、王多寿《黄金台》，尚和玉、茹富蕙、沈三玉、王玉吉、孙甫亭、吴玉玲《艳阳楼》，王又宸、朱琴心、慈瑞泉《乌龙院》，荀慧生、筱翠花、马富禄、程继先、贾多才、高连峰《双摇会》，余叔岩、梅兰芳、鲍吉祥、萧长华、郭春山、孙小山、孙福亮、霍仲三、徐寿琪、胡长泰《审头刺汤》，杨小楼、梅兰芳、高庆奎、郝寿

余叔岩《盗宗卷》饰张苍。从背景上看，这张照片拍摄于第一舞台后台，为乐元可拍摄，曾刊于1932年3月11日《国剧画报》，题为《余叔岩君近照之〈盗宗卷〉》，或为2月2日第一舞台义务戏演出时所摄。

臣、刘砚亭、诸如香、杨春龙、迟月亭、王福山、罗文奎、甄洪奎、范宝亭、侯海林、袁增福、韩金福《长坂坡》。

　　2月2日第一舞台梨园同业义务夜戏：

　　全班合演《大赐福》，阎岚秋、周瑞安、朱桂芳、孙毓堃、朱玉康、朱湘泉、阎岚亭、宋继亭、蒋少奎、刘玉芳、陈富康、李春义、李三星、陆喜才、吴玉林、罗文奎、陶玉芝、李庆芳、李玉臣《青石山》，贯大元、陈喜兴、蒋少奎、吴彩霞《搜孤救孤》，尚和玉、沈三玉《战滁州》，王又宸、郝寿臣、朱琴心、文亮臣、贾多才、李洪春、李四广、茹富蕙、诸如香《法门寺》，筱翠花、荀慧生、马富禄、侯喜瑞、程继先、金仲仁《双沙河》，高庆奎、尚小云、杨春龙、高连峰、甄洪奎、傅小山、丁永利《酸枣岭·刺巴杰》，余叔岩、鲍吉祥、慈瑞泉、李玉泰、孙甫亭、律佩芳《盗宗卷》，梅兰芳、杨小楼、王凤卿、扎金奎、陈少五、姜妙香、张春彦、萧长华、刘砚亭、范宝亭、迟月亭、王福山、韩金福《霸王别姬》。

票价：八座包厢一百一十元，头级六座包厢九十元，头级四座包厢六十元；二级包厢八十元，三级包厢四十八元，前七排十元，中七排六元，后七排四元，旁厅三元，木炕四元，包厢后背二元，三层前三排二元，三层后四排二元。

2月16日鲍宅堂会：

全班合演《天官赐福》《百寿图》，朱桂芳《蟠桃会》，王少亭、诸如香《麒麟送子》，新艳秋、郭仲衡、王又荃、张星洲《风尘三侠》，李经武《捉放曹》，王幼卿《彩楼配》，高庆奎《定军山》，荀慧生、金仲仁、马富禄《花田八错》，筱翠花、杨四立《拾玉镯》，乐元可《法门寺》，邹剑珮《凤阳花鼓》，李万春、毛庆来、高斌峰、李德春《战滁州》，杨小楼、郝寿臣、刘砚亭、迟月亭、王福山《连环套》，南铁生《玉堂春》，余叔岩、鲍吉祥《盗宗卷》，梅兰芳、杨小楼、王凤卿、姜妙香、张春彦、刘连荣《龙凤呈祥》。

> 富禄来，同赴鲍毓麟局长宅堂会，有叔岩、兰芳、翠花、小楼等；并票界南铁生演《玉堂春》，乐元可演《法门寺》，李觐武演《捉放曹》，高庆奎演《定军山》，坤伶新艳秋演《红拂传》，邹剑珮演《打花鼓》，余与富禄、仲仁等合演《花田错》。

（《荀慧生日记》1932年2月16日）

2月20日萌忍堂张宗昌宅堂会：

朱桂芳《蟠桃会》，筱翠花《得意缘》，杨宝森、徐碧云《游龙戏凤》，高庆奎《定军山》，李万春《古城会》，荀慧生《元宵谜》，杨小楼、余叔岩《八大锤》，梅兰芳、程继先、姜妙香《奇双会》。

> 午饭后阖家至哈尔飞，日戏演《埋香幻》。戏毕回寓，稍息。和儿同郭际香、吴堃芳等先至张宅堂会，余用饭后亦至张宗昌宅。余入门时遇翠花赶吉祥，未下装，急乘汽车而去。可笑翠花因赶吉祥，《得

意缘》带《下山》，本有两小时之久，伊只演半小时。和儿《戏凤》急忙化装，几乎误场。宝森饰老生，与和儿合演。《戏凤》毕应演《元宵谜》，因仲仁、富禄与翠花在吉祥演《双沙河》，未至，垫《逛灯》《吊龟》两出。仲仁、富禄彩扮急至，余化装候伊等约有两小时之久。周市长、吉世安、陈副官、李释勘等至后台闲谈。十时半登场，十二时三刻演毕。余本应入内拜寿，陈副官云，督办因看鲍宅堂会，又因赴津迎母，感冒、伤寒甚重，概不见客。陈氏代为说之，寿礼缎帐一轴。观客甚众，皆是旧时要人，颇极一时之盛。今日堂会有兰芳、小楼等。

（《荀慧生日记》1932年2月20日）

2月29日第一舞台慰劳上海抗日将士大会筹款义务夜戏：

时玉奎、周瑞翔、高连峰、赵春锦《得胜回朝》，朱桂芳、朱湘泉、吴玉玲、陶玉芝、李三星、王立卿、甄洪奎《泗州城》，陈喜星、高荣庭、韩福元、罗文元《马鞍山》，李万春、刘宗杨、李三星、毛庆来、李德春、侯海林《莲花湖》，尚和玉、沈三玉、曹玺彦、刘玉芳、吴玉铃、耿永顺、文春宝《铁笼山》，筱翠花、谭富英、曹寿石《乌龙院》，高庆奎、荀慧生、马富禄、曹连孝、陆凤琴、李四广《翠屏山》，余叔岩、孙甫亭、钱金福、王福山、李玉泰、律佩芳、沈福山、谭春仲、张连升、郭春山、陈少武《一门忠烈》，梅兰芳、杨小楼、马连良、王凤卿、姜妙香、李多奎、鲍吉祥、钱少卿、刘砚亭、胡长太、韩福元、韩金福、董玉林《美人计》。

票价：头级八座厢，一百二十元；头级六座厢，九十元；头级四座厢，六十元；二级包厢，八十元；三级包厢，四十八元；前七排，十元；中七排，六元；后七排，四元；东旁厅、西旁厅，三元；东西木炕，四元；包厢后背，二元；三层前三，三元；三层后四，二元。

3月3日，余叔岩在长城公司灌制《捉放宿店》《摘缨会》《打严嵩》《打渔杀家》《乌龙院》《失街亭》唱片，共八面四张，朱家夔操琴、杭子和司鼓。

长城所收灌之四张，灌唱时期，在民国二十一年二月二十五日子夜四时,不谈代价,由长城酌筹一万二千元。销售以《捉放宿店》一片为最多,愚与李徵五先生主其事。

(梅花馆主《余叔岩灌片详记》,《半月戏剧》1943年6月1日)

上海长城唱片公司业经与余叔岩订立灌片合同,每片两面,给洋四千元。该公司经理郑子褒、叶庸方均已返沪,约旧历三月间来平,叔岩始行灌唱,戏目亦未决定。

(《歌台》,《全民报》1932年2月13日)

此次梨园公会所组织之义务戏,入款五千余元,不日即寄往上海。余叔岩之《宁武关》,"扑火"一场用力过猛,归寓后极感劳顿,次日便血甚剧,现正疗养。

长城公司与余叔岩订立灌片合同一节,曾志前报。闻日昨叔岩共灌唱三片,每片四千元,戏目为《开山府》《打渔杀家》《捉放曹》。

(《歌台》,《全民报》1932年3月4日)

按:梅花馆主郑子褒回忆余叔岩灌长城公司唱片时间为"二月二十五日",今从《全民报》记载。余叔岩此期灌制《摘缨会》,特在报头时加上"送李徵五先生留作纪念"。因唱片时间关系,只唱了十二句。张伯驹在《红氍纪梦诗注》中记录了二十六句的完整余派剧词:

叔岩灌有唱片,但以时间限制,唱词未予唱全,原辞为:

劝梓童休得要把本奏上,听孤王把前情细说端详。都只为斗越椒欺君罔上,他父子掌兵权搅乱家邦。孤摘他司马印惟恐犯上,又谁知这老儿心怀不良。孤兴兵灭陆戎狼烟扫荡,中途路行叛逆与孤争强。天降下养由基英雄良将,只杀得这老儿四窜奔忙。斗越椒生得来性情倔强,清河桥比箭法老贼身亡。孤还朝在渐台论功行赏,命梓童代孤王赐过琼浆。又谁知一时间狂风下降,吹灭了满堂中灯烛无光。文武臣坐筵前四无声响,竟有那无知徒酒后癫狂。孤若是查明了把罪下降,恐怕那文武官议论短长。论国法本不该君臣放荡,也是孤一时间失了主张。劝梓童把此事休挂心上,劝梓童把此事付与汪洋。官

娥女掌银灯引归罗帐，孤与你同偕老地久天长。

以上唱词共二十六句。

后赵贯一所录为二十四句，谭富英所录为二十二句。

4月15日，余叔岩在《国剧画报》第一卷第13期发表《老八板》一文。

5月15日，国剧学会内新建舞台落成后，晚八时举行演出典礼，余叔岩因病未参加演出。

《庆顶珠》，李仲恩、程霭如《捉放曹》，王泊生《芦花荡》，张伯驹、姜妙香、钱宝森、陈香雪《阳平关》，朱作舟《铁笼山》，《女起解》，梅兰芳（褚彪）、张伯驹（黄天霸）、钱宝森（张桂兰）、程继先（朱光祖）、白寿芝（金大力）、李仲恩（贺人杰）、徐兰沅（关泰）、陈鹤荪（施世纶）《反串八蜡庙》。

老夫越老越精神，让我黄忠战几春。难得点头夸一语，工夫原是不亏人。

叔岩为余说《阳平关》趟马、请令数场，与徐晃对打几场则与钱宝森排练。此剧余屡演之，国剧学会成立演戏招待来宾，余演《阳平关》，由姜妙香饰赵云，钱金福在台下观，点头曰：工夫不亏人。能使钱老相许，实为难得。

八蜡庙前捉巨奸，亲承圣命下淮安。于今只剩黄天霸，褚老英雄早化烟。

国剧学会成立演剧大轴为反串《八蜡庙》，梅兰芳饰褚彪，余饰黄天霸，朱桂芳饰费德功，程继先饰朱光祖，徐兰沅饰关泰，钱宝森饰张桂兰，王蕙芳饰费兴，姚玉芙饰院子，朱作舟饰小姐，白寿芝饰金大力，陈鹤荪饰施公，李仲恩饰贺人杰，程霭如饰老妈，陈香雪饰老道，姜妙香饰王栋，王泊生饰王梁，演前畹华练习甩髯口数次，此为其演戏带髯口之第一次。叔岩是日因病未参加演出。今畹华逝世已十三年，只余黄天霸尚在矣。

（张伯驹《红毹纪梦诗注》）

6月10—14日，《世界日报》第八版连载《余叔岩访问记》，作者为王柱宇。

【特讯】近代第一皮黄老生余叔岩，不常登台献技。旧都嗜戏人士，想念殊深。至其不常出演原因，谈者众说纷纭，莫衷一是。本报记者特于昨晚赴宣外椿树头条余君之寓所，加以访问，承余君接见，谈话甚久，所言种种，多足供研究戏剧者之参考，兹分志如次：

精神满足

记者投名刺后，阍人旋出云："请。"乃导记者入余之书房，余君急拱手相迎，请记者坐。坐既定，记者视余君，体格矫健，面色莹白光润，二目闪动，烁烁有光，其拱手及让客姿势，非常活泼而恳切，殊无病容。室内陈列器物，精雅有古意。北首窗下，为余君之书桌，南有木炕一，为余君休息之所。西首列一长沙发，东首列长方桌一，其旁各有靠椅，盖余君之书房，亦余君内客厅也。从人献烟茶毕，记者乃与余君为左列之谈话。

便血未愈

记者问：闻余君有便血症，然欤？余君答：本人夙有此隐疾，二十年于兹矣。时发时愈，病根难除，近年以来，乃连绵不断，殊以为苦。余君时着白洋布裤褂，言间，指其裆际，有血迹一块，盖甫经换上，即染血迹也。记者问：观君言动，精神甚为满足，逾于恒人，然则便血病，于精神无伤乎？余君答：当然亏损元气，幸保养尚足，言语行动，无甚妨碍，而日与药炉为伴，终为人生憾事。

衷气稍弱

记者问：余君在剧界，为泰山北斗，学戏者，皆以余君为宗法。但余君久不登台，谈者谓余君金玉其音，究竟余君之本意如何？余君答：先严初意，原不欲本人学戏，后因种种关系，既习于此道，所能者，所谈者，亦遂寝馈于斯。承各界谬相赞许，良用惭怍，雕虫之技，何敢自秘，但便血既久，衷气不足，唱戏一道，首须气足，若乃敷衍了事，贻讥于人，便不如不唱，本人不常登台，实别有苦衷，偶值赈

灾公益各戏，义不容辞，不得不力疾出演。好在本人便血之症，外间共闻共知。纵有疵谬，而事关义务，但能加以原谅。一般于本人不常出演之原因，深滋怀疑，则不暇计及矣。

嗓音进步

记者问：便血于嗓音，有无影响？余君答：衷气与嗓音，截然二事，嗓音须练而成，衷气宜养而改。本人在现时，衷气虽差，而嗓音则一如平音，且闭户自修，结果尚比较进步。言已，张口试喊各种嗓音，或沙或亮，或纵或横，或高扬而清幽，或跌宕而沉着，或雄浑，或淡雅，运用自如，韵味各极其妙。

工湖北话

记者问：闻余君系湖北罗田人，县城乎？乡村乎？余君答：闻先生为湖北人，本人忝属同乡。原籍罗田县余家湾，乡下人也。问：余君能湖北话乎？答：不会不会，不过可以学一两句。余君此语，完全为汉口土话。记者听去，恍如置身汉口，听当地人说话，乃笑云：余君之湖北话，妙极矣！但余君生长此间，所与往还接谈者，皆此间人。然则此一口湖北话，从何处学来？余君答：故乡戚友，常有北来盘桓者。本人相与晤谈，或三五月，或一二载，皆说湖北话。惟矫揉学语，不免闹出笑话，对付而已。

先世北来

记者问：余君先世，于何时北来？余君答：先祖三胜公，以清嘉庆年间入都，遂流寓此间。问：尊府同族，尚有在故乡者乎？答：敝族人丁极旺，同族除本人一支以外，皆在故乡，所谓"余家湾"，盖以敝族为地名也……

只有汉调

记者问：令祖唱戏，闻以巧妙制胜，为徽调乎？余君答：所谓徽调，实无所谓徽调，盖所唱之腔，原为汉调。不过，四大徽班入京时，因安徽人最多，故谓之徽班。其腔调，亦遂谓之徽调。谈者展转相沿，皆传言之误也。

余叔岩赏荷图

　　记者问：谭鑫培之戏，学自令祖乎？答：谭老师系先祖之弟子，其腔调，多得力于先祖，不宁唯是，程长庚之戏，亦往往就正于先祖，盖先祖系道地鄂省人，咬字极纯正，为外省人所不及也。

　　鄂音为主

　　记者问：唱戏应以湖北音为主乎？余君答：先生为湖北人，亦喜唱，占便宜处极多。湖北人说话，若加以腔调，即成绝妙好戏。因湖北居吾国之中心点，皮黄由发源于汉调也。问：皮黄咬字，完全与汉调相同乎？答：唱戏以湖北音为主，此系不可变更者。但所取者，为湖北之音，非湖北之读法。湖北之音，平正通达，不卑不亢，以入音乐，极中庸之能事。惟读法简单，尖团不分。出字时，听之不甚了了。故皮黄取湖北之音，而取中州部之读法。

师谭鑫培

记者问：余君言必称谭老师，然则余君之师，为谭鑫培老板乎？余君答：固也。本人之戏，十九得力于谭老师，不过，本人之师，总计凡十余人。本人幼在德胜奎科班坐科，初习昆曲，继习武生，最后始改唱老生。如昆曲，则师承于姚增禄，做工多取法于吴连奎。其他师傅，各有所长，不胜枚举也。问：余君之戏，一般皆知为谭派正宗。但余君之巧妙，常有高出谭老板处。所谓青出于蓝，而胜于蓝者欤？余君笑而言曰：不好不好！余君此语，又为一句纯粹汉口话。

以说话喻

记者问：唱戏以湖北音为主，既闻高论矣。但今日之唱戏者，派别繁多，谭派而外，尚有所谓汪派、孙派以及刘派等等。其咬字发音，则多与湖北音不同，至于青衣，虽专以唱工见长，而律以湖北音，则往往格不相入。岂谭派用湖北音，而其他各派无出湖北音之必要。或者老生应取湖北音，而青衣不必用湖北音乎？余君答：说话所以表示吾人之意思，唱戏亦所以表示吾人之意思。凡唱戏，以口音平正为主，故凡角色，皆宜用湖北音。唱老生倒字，固属大忌。唱青衣倒字，尤属不当。请以说话喻，男人说话，以口音清楚为贵；女人说话，可以不必清楚。此言能成立乎？先严紫云公，唱青衣，一字不倒，而不碍于行腔。近人唱青衣者，皆以字就腔，倒字满口。一般人听成习惯，亦遂视若固然。此种唱法，实剧界之罪人也。

行腔责任

记者问：唱戏行腔之责任何在？余君答：适已言之，唱戏与说话等，以原理言，初无行腔之必要。不过，唱戏须合音乐规则。两音相同者，须使之齐出。高下悬殊者，在过渡时必以腔连贯之。他如感喟无既，则引之使长；慷慨悲歌，则力事跌宕。而收音时，总期能还至本音。因此种种关系，始有行腔之产生。其责任，当然以能过渡，能表示意思，能还至本音为止。至于字音明了，无行腔之必要者，当然以短秃为原则。若乃无病呻吟，哼哼不已。其可笑未免太甚。

汪笑侬派

记者问：汪笑侬亦自成一派，其所演唱各剧，余君亦能演唱乎？余君笑答：我不唱，我不唱。问：强而后可，何如？答：必欲本人演唱，亦未始不可。不过，本人唱戏，其取音，其读法，其行腔，只知用谭老师之规则。与谭老师之原则相背者，本人不愿摹仿，实亦无摹仿之价值也。

鄂音长处

记者问：皮黄之音，以汉语之音为主，咬字则宜用中州韵，余君前既言之。但"峥峥""楚楚"，依中州韵，应读如"zhengzheng""chuchu"，皮黄唱来，则又读如"zenzen""cucu"，为上口音，恰为湖北读法，其故何耶？余君答：所以然者，因读中州韵，其音沉闷，有不能脱口而出之虞。故取湖北读法，贵其响亮也。此外，尚有"连夺我的三城多侥幸"字，多数唱者，读如"ziao"。其实，此字，无上口之必要，而鄂人读侥如"jiao"，为团字，非上口音，其音平正可听，不如此音之刺耳。故仍读如鄂人读法。此等处，须以湖北口音，与音乐原则相参证也。

谭不倒字

记者问：唱戏有无简单之原则？余君答：唱戏，首须研究音韵，四声各分阴阳，以音出口，以韵行腔，曲折迂回，总期适可而止。若音韵不倒，纵其腔调不佳，亦无大疵谬。问：一般谈戏者，皆奉谭老板为圣人，然谭老板唱戏，果能一字不倒乎？答：谭老板之戏，实一字不倒。襄陈十二（字彦衡，号称胡琴圣手）自谓研究音韵，业已升堂入室，曾谓谭老师有倒字处，盖管蠡之见，殊足贻笑方家耳！

论陈彦衡

记者问：陈君之说，可得闻欤？余君答：陈十二曾谓谭老师说《卖马》中"黄大人"之"人"字读如阴平，"人"字实为阳平，乃谭老师倒字处。其实，唱戏之法，有时因腔调关系，不能不用阴出阳收，或阳出阴收者，即以"黄大人"之"人"字而论，若开口即读阳平，腔调

殊难入耳，故谭老师唱来，取阴出阳归之法，在唱戏中，舍此其道末由。即以陈十二之主张而论，彼谓须出口即读阳平，亦不免为阳出阴归，而唱入腔调，其固陋实可大哂。陈十二责人固属不当，自知尤属不明。彼近灌有留声机一面，为《空城计》之〔西皮三眼〕之一段，彼唱"周文王"之"文"字，硬以阳平唱为阴平，读"文"如"温"，识者齿冷，彼盖无暇计及矣。

论杨小楼

记者问：然则名伶亦常倒字乎？余君答：近人唱戏，倒字之处，俯拾皆是，不如不听之为愈。本人亦在其内，可谓无一够唱戏资格者。谈戏者，动曰尖团字，须分析清楚，其实能分析清楚者，能有几人？问：杨小楼以口音清楚名家，彼或无倒字之事乎？答：此亦难言。所谓人非圣贤，孰能无过，是也，杨君曾念"说书唱戏"之"戏"字为尖字，实则"粗细"之"细"字，为尖字，唱戏之戏字，为团字，是尖团混淆。杨君亦不能免也。

胡琴之妙

记者问：唱戏何以非胡琴不可？余君答：在昔唱戏，系以双笛合唱。故至今言皮黄者，一律谓之二黄。后有人发明胡琴，乃为一无上完备之乐器。此发明人，至极高明。言间，伸其大指，旋谓：胡琴之为用，可谓趋音乐之极点，故唱戏，非用胡琴不可，因其抑扬顿挫，清幽宏亮，各尽音乐之能事也。

八音克谐

记者问：胡琴何以高妙？其道可得闻欤？余君答：音乐原料，都凡八种，曰"金石丝竹匏土革木"求音乐之完备者，莫不兼收并蓄，有缺一不可之概，而胡琴一物则八音兼备。千斤钩，金也。担子头，金用骨质，实为大谬，昔日用玉石为之，石也。里外弦，丝也。担子、弓子，竹也。筒子，匏也。松香烧之，滴于筒上，土也。蛇蟒皮，马尾，草（"草"或系"革"字之误，著者注）也。转轴，木也。一胡琴耳，具有如此妙用，故成其名贵乐器。彼以云母石代替蛇蟒皮，制为改良胡琴，盖亦不知胡琴之妙用耳。

论徐兰沅

记者问：谈胡琴者，共推陈彦衡、孙老元、陆五等，为硕果仅存之人物。究竟在现时，应推何者为名手？余君答：徐兰沅，王少卿，谈者谓其为后来居上，但最近本人在国剧传习所，曾问徐兰沅：汝为胡琴名家，何者为老八板？兰沅则答称：此系初学胡琴，即用以发蒙者，何得不知？非"工工四尺上，合四上，四上上工尺，工工四尺上，合四上，四尺上四合……乎"？本人即谓，此谱试记以板数，不只四十八板，何得云八板？兰沅竟无以对，兰沅之为人，殆亦好拉胡琴，不求甚解者。

八板之意

记者问：然则老八板之意何解？余君答：老八板，亦谓八板头，因其为头子也。无论西皮二黄，无论三眼原板，其头子，皆系八板。八板头过去，即张口唱戏，此项问题，无所谓研究，亦无所谓价值。本人不过在学戏之始，得之师授。忆本人在学戏之始，不能听胡琴，不知张口之处。师则曰：汝其志之，凡西皮二黄，三眼原板，从开始第一板起，至第八板止，为头子。唱二黄，则由第九板张嘴；唱西皮，则由第

马连良《借东风》饰诸葛亮

八板后之眼上张嘴。本人遂永远永志不忘。言已，余君以琴谱证之，即念"合工尺上四合工尺工工四合四合""合四上尺工尺上四合四合四上尺"等，而同时，于掌上以手拍板，记者听之，至张口以前，果俱为八板。

论马连良

记者问：近今谈戏者，每谓唱戏等于写字。写字非摹仿前人，或为颜柳欧苏，或为米黄，或为王羲之。故唱戏亦非摹仿前人不可。唱老生者，曰谭曰汪，非孙即刘。余君为谭派正宗，近今又有所谓"余派"者，则奉余君为教主。果学戏非摹派不可乎？余君笑答：其实，唱戏何尝有派？本人师承于谭老师，因谭老师之唱做白哭笑，手眼身法步，各有特长，实可高出一切。以为舍谭老师之法，不足以言唱戏。盖所谓"唱戏等于写字"者，实在懂戏与不懂戏之间耳。问：马连良之戏，以余君批评，何如？余君迟疑久之，微笑而颔其首曰：他那另是一路罢了！

论余胜荪

记者问：令弟余胜荪之戏，何如？余君笑答：本人学戏，凡二三十年，一举一动，一字一腔，遇高明者而请益。所用苦功，外人无从而知。近虽薄有微名，究属率尔操觚。舍弟一外行耳，于唱戏一道，直可谓之不知门径。乃亦大唱高调，自命为摹仿程长庚。本人曾笑问其学程大老板，近何如矣？彼吃吃无以应。总之，唱戏的一碗饭，亦不容易吃。舍弟欲在梨园界，占一席地位，前途殊非乐观。

叫座问题

记者问：有人谓，戏无论好坏，能叫座者，即是好戏。余君以为何如？余君答：此理非一语所可解释，以戏剧原理言，总以雅俗共赏为佳，由此言之，则能叫座者，即属好戏。但稠人广众之中，往往无真是非。譬之，聚众至数百以上，一人发难呼打，则众声齐和，轰然呼打。此种影响，可以置一人于死地。其实，此被打死者，或竟为一圣人君子。又如开会时，一人倡首云，今天公推某先生主席，则全场鼓掌赞成。究竟，所鼓掌赞成者，是何理由？是否崇拜某先生之为人？恐鼓掌赞成者，亦无法答复。故唱戏，有真好，有假好。真好之例，为冷场；假好之例，为大声长气，令人或失惊而叫好，或见其可怜而叫好。原因繁多，不可一概而论也。

假好实例

记者问：假好之实例，可得闻欤？余君思索良久，笑曰：报端上可不宣其名。某夕，有某君在某处唱义务戏，其戏码，为《击鼓骂曹》，彼唱"谗臣当道谋汉朝"〔导板〕，竟用"恨杨广斩忠良谗臣当道"之哭腔，实乃大谬。盖"谗臣当道谋汉朝"，应用《战太平》"叹英雄处处遇罗网"之腔，表现愤怒之意，于出场后，始有骂曹操之可能，若乃未骂先哭，等于我要和您拼命，在拼命之前，我先哭一阵，还拼什么命？然此君之倒板唱完，台下即轰然叫好，此即所谓假好，所谓令人失惊，或听者见其可怜，不得不报以一声好也。

二六之意

记者问：凡开口唱戏以前之胡琴，皆系八板，已闻高论。但〔二六〕之意何解？余君答：从前唱〔二六〕者，其前尚拉头子，为十二板，盖二六一十二，以算法言也。现时多扫去，或紧接家伙，或俟胡琴一响，立即张口。今内行中，尚有不知〔二六〕之命意者。实则顾名思义，其理至浅显也。

论言菊朋

记者问：言菊朋以字正著名，余君以为何如？余君答：所谓字正者，务期适可而止。含混固为大忌，故意使力，亦成笨伯。又同样之字，有在甲处应着力如千斤重，而在乙处只宜出以四两者。此则须综合全段腔调而论，并审度字义。斟酌剧情出之，言君咬字，似太着色相耳。

论王凤卿

记者问：剧中人以手指指人，有何等规则？余君答：做派架式，各有不同。如武生、花脸，应用大架式。开口跳，应用小架式。老

生，则宜儒雅大方。至于以手指人，武生应伸二指，老生概伸一指。国
剧学会中，悬有王凤卿之鲁肃戏像一幅，竟伸出二指，一般以为极富
神理，实违戏剧之规则也。

唱重情理

记者问：登台唱戏，所应注意者何事？余君答：唱戏非至烂熟，
不能登台。上台以后，只知极力由情理中唱出喜怒哀乐爱恶欲之意
味，其他则更不顾虑。若乃上得台去，首先顾虑忘词，次虞荒腔走
板，心猿意马，罔知所指。唱戏者，头晕目眩，听戏人，亦捏一把汗，
此种戏，便不如不唱。

佳嗓之义

记者问：唱戏以嗓音为根本，何者为佳嗓？余君答：四声五音俱
备为佳嗓，欠缺或种者为劣嗓。质言之：唱戏须高音，矮音，纵音，横
音，壮音，闷音，沙音，哑音，响脆音，幽细音，门门俱有。有人谓：谭
老师嗓音太小，许荫棠嗓子宽大。此言，皆不懂戏者。谭老师惟求各
种声音兼备，惟求韵味浓厚，故不得不比较稍小，而究能完全送入听
者之耳鼓。其以大嗓为能事者，所欠缺之音，实不可数计。彼卖水萝卜
之嗓，可谓脆亮矣。但其声浪，嚎也，非唱也。

五味妙喻

记者问：刘鸿升一派之高音，何如？余君答：简言之，唱戏仍以
各种声音俱有为宜，与食物须能五味调和，其理正同。全系酸味，酸
得牙痛；全系甜味，甜得起腻；全系辣味，辣得出汗；全系苦味，苦得
皱眉；全系咸味，咸得难当。故唱戏，阴阳平上去入，宫商角徵羽，无
一欠缺，方能胜任。

吊嗓之法

记者问：余君练嗓，如何练法？余君答：不外勤于用功而已。本
人虽不常登台，而吊嗓则无一日间断。吊嗓之法，缺何种音，则吊何
种音。有何种音，即不必吊。盖吊嗓之目的，在自己用功，非令人听
也。本人有时吊嗓，喊之不出，比哭还难听。语云："要得露脸，背下

现眼"，此言，实自修之唯一方法。不过，极力挣扎之后，仍正式唱一段，因恐嘶喊结果，其他嗓音，俱回去也。

出演时期

记者问：余君闭户自修，苦心孤诣，但一般皆以余君不常登台为憾。敢问余君，预定何时可以出演？余君答：唱戏者，求各种嗓音之完备，非至一定年龄不可。昔谭老师之嗓音，至五十岁始告完成，足以运用自如。本人今年才四十三岁，正在用功之时。不过，迩来自修结果，嗓音既稍进步，亦勉强可以问世。本人之溺血症，如能告愈，即预定自明年春初，开始公演，演期亦只以三年为限。如不能愈，则不唱矣。先生爱唱，无事可来此，大家凑一凑，固无妨也。

7月4日晚七时，余叔岩在北平国剧学会进行演讲，全面介绍了他对京剧老生唱、念及身段表演的艺术要求。

余叔岩先讲身段。第一点是身段要有规律，要好看，要美术化。单说老生台步，走台步不可显出来长胳膊拉腿的。迈台步要向外斜着出脚，可不是腿画圈，腿要有蹬出去的劲儿，迈出前脚后别探着身子硬往前落脚，而是在前脚落地之前，后脚就已经使上劲预备往前迈，等前脚落地时身子就跟上来了，原来的后脚现在换成前脚，这样再接着往前迈，也就是两脚一倒一倒地迈。起霸时抬腿，要等腿落下来之后才真往前迈步，走还是一样的道理。穿箭衣的、穿官衣的、穿褶子的、扎靠的、穿靴子的、穿鞋的、上岁数的、带黑三的，各种人的台步都不一样，但原则上都是这样倒步，不同的只是劲头不同。当然，迈台步不就是腿脚的事，腰、上身、胳膊、眼神也都得配合好，和台步是一个整体。

第二点是身段要自然。比方说，拉云手要圆，要自然，劲不外露，要隐含在内，也就是要有心劲。有心劲就是得会使气口。拉云手时，手、腰、脚有张有松，一张一松都要跟气口一致，张时要吸，松时要呼，拿神要闷气。使心劲就是调和气口，调气不能外露。气、劲不能横。

国剧学会余叔岩打鼓，徐兰沅操琴。

国剧学会余叔岩打鼓，梅兰芳操琴。

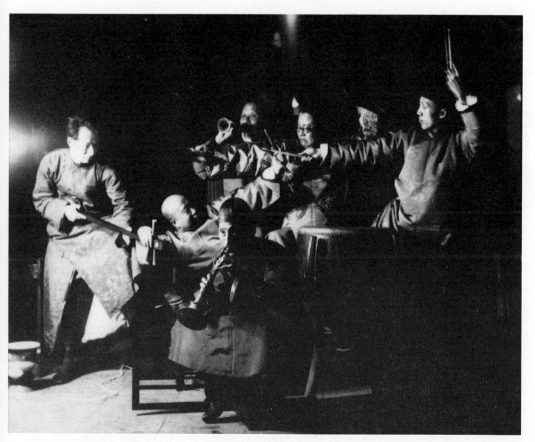

国剧学会游戏照

　　第三点是身段要讲潇洒。身上不能僵着，走台步时肩膀别端着，要松下来，劲要用到手上，有水袖的要压着水袖，大拇指往上挑，一步一抬太难看了。两手不能一边平，要分出前后手。子午像是站丁字步，转上身倒出前后手，眼往前瞧。站、走台步、打把子都要分出前后手。当然，手、眼、腰、脚的劲头要成为一体。文武、老少劲头不同，样子也不一样。比方说站时，老的、文的身子就往后贴住，年轻的、武的身子就往前冲些。

　　余叔岩在讲到唱念时说，唱念要懂音韵，反切、四声、阴阳平、尖团、十三辙、上口等等，都是皮黄音韵问题。唱念要会用"三级韵"。几个字连在一块，都是阴平声，如果唱成一样，那就成了直调了，字音倒是没错，腔可就不好听了。一串阴平字若赶在一起，要用上、中、下或高、中、低的工尺来安排唱、念的声调，再配上轻、重、疾、徐、抑、扬、顿、挫，才能铿锵悦耳，听起来有味儿。念字须有厚有薄，这和用嗓子有关系，两者不可分。声音有高低、有宽窄。都要与字音配合。什么地方用哑音，什么地方用亮音，什么地方用宽、窄、高、低，都要活用，不能一成不变。唱念要有气口，要会用擞音，别光使拙劲喊。唱念要整，比方说收腔尺寸不合适，场面先生没法给你下键子。

　　余叔岩认为，唱戏不能光知其然，还要知其所以然。江西瓷壶好，不是好使，是好看，为什么好看，先要明白江西瓷是什么材料做的，怎么烧的。唱戏光会板眼、腔调、身段，光知道有几个工尺、几个刀花还不成，还要唱出滋味，耍出劲头才成。味儿就是劲儿，学戏就是要学劲头，练功夫、吊嗓子也是练劲头。台上把戏唱好，就是靠劲头。劲头不对白费劲。

（刘曾复《论余叔岩讲演、剧照和著作》）

7月28日铁狮子胡同张宗昌宴客堂会：

余叔岩《群英会》，梅兰芳《奇双会》。

7月29日，孙菊仙在天津病逝。

9月3日，孟小冬在天津大华饭店拜苏少卿为师。是日，张宗昌于济南车站遇刺身亡。

11月，梅兰芳赴上海，次年定居于沪。

一九三三年（民国二十二年·癸酉）四十四岁

12月4日，余叔岩之妻陈淑铭病逝。

余叔岩之妻陈氏，于月之四日午时病故，是日原系夫妻双寿之期，所有送寿礼者，均临时璧回。

（《歌台》，《全民报》1933年12月5月）

余叔岩致挽联如下：

二十年深资壸政，持家有度，教女有方，伯道纵无儿，还期永举齐眉案；

一门内克树坤仪，御下以宽，款宾以礼，安仁伤失偶，何堪学作悼之词。

12月16日，余叔岩之妻陈淑铭发引。

余叔岩妻陈氏之丧，今日发引，停枢龙泉寺，昨日伴宿吊唁者甚众。

（《歌台》，《全民报》1933年12月16日）

余叔岩之妻陈氏病故，各界送挽联幛子花圈等极多，就中傅增湘、楚溪春、高友唐、王锡福、余晋龢之挽文，尤为其家所珍重。前日伴宿，自午至夕来宾弗绝，银行界及剧票界至者亦不少。是日有僧道番唪经，下午四时余送库，至虎坊桥焚化，其时步送者有一百余人。昨日发引，灵枢出门时，在上午十点余，由其侄执绋，先用二十四人杠小抬，道经椿树胡同，自琉璃厂至大栅栏东口外，换四十八人大杠。由西珠市口往西，在龙泉寺停灵。事毕已钟鸣一点矣。闻叔岩念故妻贤德，嗣后决不续娶，因乏嗣亦不葬入祖茔云。

（《余叔岩之故妻伴宿出殡记》，《全民报》1933年12月17日）

余叔岩妻陈氏之丧，前日发引，送殡者甚多。其赠以联幛者，有

汪兆铭、曾仲鸣、陈公博、李鸣钟、楚溪春、余晋龢、高友唐、王锡符等。年来叔岩时与政学报商各界往还，此次为妻治丧，吊唁者外行似多于内行云。

（《歌台》，《全民报》1933年12月18日）

12月31日，裘桂仙卒。

一九三四年（民国二十三年·甲戌）四十五岁

11月1日隆福寺福全馆杨宅堂会：

余叔岩《盗宗卷》。

12月20日，杨宝忠在同兴堂举行仪式，拜锡子刚为师，正式转入场面行。

> 昨日杨宝忠在同兴堂拜场面锡子刚为师，内外行到者一百余人，下星期一晚，马连良出台吉祥园，即由宝忠操胡琴，此为宝忠改业琴师之始。

（《大公报（天津）·舞榭歌台》1934年12月21日）

12月27日，陈少霖在新丰楼拜张春彦为师。

一九三五年（民国二十四年·乙亥）四十六岁

7月6日，余叔岩续弦，在同兴堂与姚淑敏举行结婚典礼。

> 名伶余叔岩，昨日下午四时，假前门外取灯胡同同兴堂，与前清御医姚文卿之女姚淑敏女士，举行结婚典礼。到余氏各界友好约五百余人，朝野名流如河成、褚民谊、曾仲铭、何起巩、潘复等，均有贺仪致送。陶孟和、戢翼翘等亲到观礼，梨园行到者有杨小楼、谭富英等。余氏平头，黑边眼镜，蓝袍黑褂，漆皮鞋，周旋来宾间，甚为忙碌。四时余，新娘乘马车至，余氏由伴郎盐业银行职员张伯驹偕之迎于门外。新娘姚淑敏，由伴娘平大女子文理学院学生白丽文女士，伴

余叔岩与姚淑敏婚礼

同步入礼堂。稍事休息，即奏乐行礼，由白寿芝司仪。礼堂内外，拥挤不堪。加以天气闷热，到处有人挥扇。各人入席后，首由证婚人盐业银行经理岳乾斋宣读证书，除省略两家三代外，略称结婚人余叔岩，现年四十岁，湖北人。姚淑敏，现年二十三岁，北平人。介绍人，李汉文、陈敬尧。女主婚人姚贵荣，男方由余氏自主。后经各人分别用印，行礼如仪。又由证婚人岳乾斋宣读书面贺词，并谓本人在银行界服务四十余年，用印章时很多，但每盖印章，均极守信用。今天盖印章，更意义重大，祝新夫妇今后多财、多子、多健康云。继由前热河镇守使谭庆林代表来宾致贺词，旋礼成摄影，并招待来宾入席。

（《余叔岩昨日续弦》，《大公报》1935年7月7日）

10月21日开明戏院湖北水灾义务戏：

宋继亭、高荣庭、张连升《战樊城》，王盛意、鲍吉祥、孙甫亭《胭脂虎》，茹富兰、张连庭、韩盛信、苏富恩《状元印》，王幼卿、程继先、芙蓉草、朱斌仙《能仁寺》，余叔岩、蒋少奎、范宝亭、王福山、时青山、钱少卿《琼林宴》。

票价：楼下前排5元，中排3元，后排1.5元；楼上头级四座包厢20元，二级5座包厢15元，楼上单座1.5元。

按：是为余叔岩最后一场营业公演。

名须生余叔岩，为此时谭派之传人，年来因病，未登台者达七载矣。一般嗜剧周郎，无不渴望。兹者叔岩悯鄂灾之惨重，桑梓关怀，毅然应旅平湖北同乡水灾筹赈会之邀约，登台演唱，筹款救济，民胞物舆之怀，仁心义念之举，尤足令人钦佩无已也。

下星期一登台

叔岩登台决定后，鄂灾会即办理一切手续，邀约同台角色，经多日之筹备，多方之商洽，遂决定于二十一日下星期一晚在开明登台。其戏码定为余叔岩、蒋少奎、朱斌仙之《琼林宴》（《问樵闹府·打棍出箱》），王幼卿、芙蓉草、程继先之《能仁寺》，茹富兰之《状元印》。票价定为前排五元，中排三元，后排一元五角，包厢四座二十

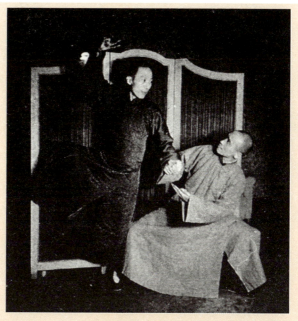

余叔岩、王福山在家中排练《问樵》

元，二级包厢每人三元，楼上散座一元五角，并规定下午六时开剧，大轴于午后九时四十五分开幕，十二时完戏。

鄂灾救会启事

旅平湖北救济会，为余叔岩演义务戏事，刊登启事如左：敬启者，天降浩劫，运丁阳九，江汉水惊滔天，桑田惨成泽国，庐舍既尽付波浪，孑遗尚倒悬泥途。同人等眷顾桑梓，心伤桑梓，心伤流离，泣父老昆季，口悲斯饥，披发缨冠，责无旁贷。爰本剥体切肤之心，作首山呼癸之举，商请剧界须生泰斗余叔岩，表演义务，集资助赈。余氏久困二竖，计阅七载，日与药炉厮伴，未再檀板登场。既蒙情殷毛里，力疾牺牲，订本月二十一日（星期一）晚在开明戏院出演生平得意杰作《打棍出箱》，为鄂省请命，继为全国呼援。敢情各界仁人善士，名门淑媛，联袂莅止，惠然偕来，普发婆心，众擎共举。此时解囊倾箧，争洒杨柳之春。驻看仁粟义浆，咸拜雨露之赐。谨布缘起，

敬祝菩提。

厢座预售一空

叔岩以久未登台,一般谭迷之癖者,咸渴望之。故该院一经露布叔岩登台之消息后,预定厢座,摩肩接踵,遂以五元一人,二十元一厢之巨价,而未经数日,厢座除后排外均预售一空,连日向该院定前排池子及头级包厢者,均以为捷足先得,不得其位怅怅去者不知凡几,于此可见叔岩之先声夺人。又孰谓故都为不景气所笼罩,居民穷窘耶?盖亦富者自富,贫者自贫,形成一畸形之社会形状,上级社会与中下级社会,相差奚啻天壤也欤?

余叔岩语记者

日昨有某记者,往访余叔岩氏,对于演鄂灾义务戏事,有所询问,据余氏云:"我(叔岩自称,下同)因身体不好,一直牺牲六年的时间,这次公演赈灾戏,纯是为着故乡(叔岩鄂籍)水灾的惨重才出演的。然而六年没有登台了,况且身体到现在还是很弱,自己估量着气力,临时还不一定能演得怎么样,所以到时候演出来,恐难以使观者满意,这是不得不预先声明一下的。然而我一定要尽我的力量去做,虽然以往曾演过一次戏,要有半个月的筋疲力尽。"

配角成一问题

近些天来,我每天都在家吊嗓子,时间有时下午五六点钟,有时晚上九十点钟不等。虽然只是吊嗓子,已是感觉很吃力。微弱的身体,真令人可恨。此外还有关于配角问题也很勉强,昔日和我搭班的这些人,差不多都死亡殆尽了。场面上只有打鼓的杭子和,这次当然还得请他帮忙。拉胡琴的是朱家夔担任,现在还差强人意。重要配角中的樵夫和煞神,在襄昔是王长林的樵夫,钱金福的煞神。现在王钱都相继去世了,这次演唱,这两位角色将要由王长林的公子王福山,和钱金福的公子钱宝森担任。因为他二位无论如何,总还得过乃翁的指导。

不愿演剧谋生

至于其他配角，那只好由义赈会方面去邀约，我倒是没什么意见。慈善性质的演戏助赈，我向不敢后人。只要我的力量来得及，假若这次我演出的成绩还过得去，那我一定自动的还演一次各省的赈灾戏，不用人的约请。如果成绩太坏，那就另说了。

最后记者问他未来是不是继续奏艺，他叹了一口气道："哎，合适搭班的人，死的死，走的走，只剩我在台上耍，有什么意思。况且我气力不好，也不胜其累。然而，并不是说完全脱离舞台生活，有意义的，或是朋友的邀约，仍可以唱，不过不打算作谋生性质、时常演唱罢了。因为有几方面，都使我不得不消极。"

（岫《余叔岩演鄂灾义务戏——廿一晚在开明演琼林宴》，《全民报》1935年10月16—17日）

长年养晦，离别红氍毹上七载之久的余叔岩，此次悯灾黎之流离，关心桑梓，毅然牺牲色相，于前晚在开明演剧筹款。消息传出，轰动平津，而一般戏迷，无不手舞足蹈，盼"星期"之早临，聆其"久别欣重逢"之佳奏，而慰其七年渴慕之思。故虽以五元一座廿元一厢之巨昂戏价，而于三四间间，千张戏票，咸不翼而飞，于此可见华北人民对于余氏之热忱矣。

记者最近因友人之烦托，转向叔岩索书扇面，曾两次赴椿树上头条余氏家中访谈。为时均系午后八时许，正值叔岩吊嗓，得以饱聆其曲，预料开明成绩，必有绝优之结果。果也，人山人海，座无隙地，至于加凳，为不景气笼罩下之故都，一现其紧张情势，余氏诚可以傲视于侪辈矣。

记者为聆红氍毹上之叔岩，故一闻其登台有期，即电开明留定座，孰意竟为捷足先登，厢座均已预订一空。后经管君翼贤费了九牛二虎之力，始代购五元票四张。而津门友人，专为听叔岩之戏而来平者，多于票数之半。不得已婉转烦托，始购得楼上座票。以此一端，可见余三爷之魔力，诚不小矣。

前晚记者入园时，迎面即见红缎横幡，黑绒字，系湖北水灾会所赠，题"桑梓仁风"四字，上款为"叔岩先生息影故都，人间响闭，久已难闻，今因湖北水灾现身筹赈，谊维桑梓，仁可扬风，敬缀片言，以志仰感"，下题为"湖北旅平同乡水灾救济会敬赠"。

开演《赐福》，而《樊城》，而《胭脂虎》，而《状元印》，而《能仁寺》，以不关于本文，从阙。《能仁寺》演毕，已十时二刻，照例休息十分，至十点四十分，而万目睽睽之《琼林宴》，于此登场矣。

余氏饰范仲禹，内念"走哇"两字，彩幕一掀，彩声雷动，可见一般人对于余氏之同情。出场唱"山前山后俱找到，不知我的妻儿在哪条"两句〔散板〕，韵足味深。"问樵"一场，向樵夫询问妻儿下落，与樵夫之对白，形容"高子""矮子""胖子""瘦子"之身段，一招一式，极其好看，而腰腿灵活，尤有可观。樵夫为王福山，乃父长林与余合演斯剧，已然熟睹，又得长林传授，故演来尤见精彩，一招一式与余合作，极为严整，为全剧生色不浅。

"闹府"一场，余氏上唱〔哭头〕，"啊，妻儿呀"及念白。毕，唱"恨贼子把我的牙咬断"三句。唱毕，接以吊毛，异常干净利落。"饮酒"一场，唱"我本是一穷儒"〔原板〕，腔调抑扬，字正腔圆，博得全堂彩声。蒋少奎饰葛登云，嗓音宏亮，生色不少。"书房"一场，余氏唱〔四平调〕"听谯楼打罢了初更时分"三段，音韵悠远，怨楚凄凉，其甩发甩髯之敏捷，不减当年。见煞神时之"软僵尸"，非腰工有深根底者，不能如此好看。毕竟名伶名奏，胜凡一筹。范宝亭煞神，虽无金福之耍牙、喷火之技术。然脸谱身段，均为不恶，不可多得。

"出箱"第一场，余氏一挺而出，一滚而下，极其好看，唱"在城隍庙内挂了号""你骂我是一个狂书生""我叫一声范金儿""我叫一声白氏妻"四段〔四平调〕，尤有可聆，其扔帽之姿势，亦与他人不同，余系左右两转，始向左右扔出，自是美观。是晚余氏唱六字半调门，后半出较前半出尤佳。

场面之组织，为胡琴朱家夔，大鼓杭子和，大锣方立善，小锣杭世维，弦子贾梦华，月琴陆宝麟，大衣箱任金泉，盔箱闫世祥，检场贾文惠，理事李玉安，后台大管事乔玉林。

售票洋数如下：头级包厢六座一百元两个，四座二十元，三座十五元两个，二级包厢七座二十一元一个，五座十五元八个，散座前十五排五元座共四百八十七张（加凳在内），中五排三元座共一百三十张，后四排一元五角座共九十三张，正面楼上一元五角座共一百十张。共合九百六十九位，计售券资三千九百二十元零五角。

（《惠及灾黎——余叔岩前晚演义务戏，共售三千九百廿元零五角》，《全民报》1935年10月23日）

11月11日，余叔岩之妻陈淑铭安葬。

余氏之原配陈氏（已故名伶陈德霖之女）逝世后，灵柩停于龙泉寺，尚未安葬。近已择于今日（十日）将灵柩移于永安门外地藏庵内，举行空经追悼，明（十一日）晨七时出安葬祖茔。

（《全民报》1935年11月10日）

一九三六年（民国二十五年·丙子）四十七岁

按：据吴小如记载，余叔岩本年春曾在堂会戏中与王幼卿合演《打渔杀家》。

3月13日，杨小楼收延玉哲、傅德威为徒，在中山公园水榭举行拜师典礼。余叔岩、尚小云等人均往参加。

3月14日杨毓琨四十寿辰堂会：

富连成社班底，吕宝槃《黄金台》，吕宝芬《出塞》，孟小冬、尚小云《四郎探母》，余叔岩、朱琴心《梅龙镇》，杨小楼《铁笼山》。

3月16日萧振瀛封翁及太夫人六旬寿辰堂会：

富连成全班合演《富贵长春》《满床笏》，韩盛富、沈富贵《英雄会》，毛世来、沙世鑫《游龙戏凤》，于世文《忠报国》，裘盛戎《牧虎关》，杜元田《华容道》，李世芳《能仁寺》，毛世来《弓砚缘》，全班合演《溪黄庄》，郝寿臣《醉打山门》，近云馆主、程霭如《探母坐宫》，尚小云《汉明妃》，陆素娟《廉锦枫》，余叔岩、鲍吉祥、律佩芳《盗宗卷》，程砚秋、侯喜瑞、俞振飞《红拂传》，谭富英、尚小云《探母回令》，杨小楼《骆马湖》。

1936年春，萧振瀛（当时的天津市长）在他的北京秦老胡同本宅演堂会戏。有郝寿臣、郭春山的《醉打山门》；陆素娟、姜妙香、朱桂芳、萧长华、王少亭、孙甫亭的《廉锦枫》；近云馆主、程君希贤的《坐宫》；程砚秋、俞振飞、程继仙、侯喜瑞的《红拂传》；余叔岩的《盗宗卷》；尚小云、谭富英的《探母回令》；杨小楼的《骆马湖》等戏。余叔岩是唯一以朋友身份送戏的演员，当然不取资。余这次演的《盗宗卷》演得太好了，不管是原来听过余叔岩的，还是这次头一回听的，无不交口称赞，认为可以算是一个传世之作。余的这次演出，由鲍吉祥、王福山、律佩芳、徐寿祺、李春义、李玉太等人配演，都是老资格的演员了。全戏，包括场面，演得非常"整"，真是到了化境。由于台子是临时搭的，台板不平，余在"自刎"扔刀时，只用左袖盖头，右手指刀，免去了抬右腿的动作。这样一来，反而显得自然大方。这一身段显示出子午像，前后手，眼、手、脚、腰的劲头完全到了家了。台步也是腰、腿、脚的劲头，恰到好处。下摆甩得别提多好

余叔岩在"自刎"扔刀时，只用左袖盖头，右手指刀，免去了抬右腿的动作。

萧宅堂会余叔岩、鲍吉祥、王福山演《盗宗卷》实况照片

萧宅堂会余叔岩演出《盗宗卷》实况照片

看了。一切都能看出余的功夫之深，绝非一般所能比及。

（刘曾复《忆余叔岩演的堂会戏与义务戏》）

按：是日，余叔岩《盗宗卷》有直录唱片存世，共三张六面，现藏于中国艺术研究院图书馆。

7月28日，北平梨园公会改组，推选杨小楼为董事长，尚小云、筱翠花为副董事长，董事为杨小楼、尚小云、筱翠花、荀慧生、程砚秋、梅兰芳、余叔岩、谭富英、赵砚奎、马连良、高庆奎、王又宸、刘砚芳、王凤卿、李盛藻十五人，候补理事为周瑞安、侯喜瑞、程继先、高连奎、李万春、朱琴心、王瑶卿、金仲仁、郝寿臣、姜妙香、李春林、马富禄、萧长华、王松龄、言菊朋。

9月5日，北平梨园公会举行欢迎梅兰芳大会。

9月10日，上海盐业银行经理王绍贤在北平什刹海会贤堂为其母举办祝寿堂会，原定大轴为梅兰芳、余叔岩合演《打渔杀家》，因堂会来客过多，恐临时搭建的看戏棚座垮塌发生危险，临时停演。

10月10日中南海怀仁堂宋哲元庆祝双十节堂会戏：

余叔岩、程继先、鲍吉祥《群英会》，杨小楼、郝寿臣《连环套》，马连良、尚小云《赶三关》，梅兰芳、谭富英《武家坡》，谭小培、筱翠花《银空山》，王凤卿、程砚秋、荀慧生、李多奎《大登殿》。

1936年10月10日，当时北京军政当局首领宋哲元在中南海怀仁堂办堂会戏，庆祝"双十"节，邀请各界看戏。那天是夜场，有余叔岩、程继先、鲍吉祥、王福山等人的《群英会》。这出戏，余是请教过王凤卿的，唱念、身段大方，绝无蛇足之处。在周瑜与孔明交谈中，余没有自言自语的小插话，《盗书》一场，藏书挡灯稳步下场，《借箭》时也没有把酒浇在眼上的做派。总之，没有引人发笑的表演。另外，有人曾说鲁肃唱"为朋友我只得顺水推舟"一句下场时，余叔岩有特殊身段，但是那晚余还是右袖盖头左转身反着由上场门下。

（刘曾复《忆余叔岩演的堂会戏与义务戏》）

按：是日，余叔岩《群英会》有直录唱片存世，共一张两面，现藏于私人手中。

10月16日，天津明星戏院茶商李伯芝夫人寿辰堂会，有杨小楼《铁笼山》，梅兰芳《宇宙锋》，程砚秋《玉堂春》，谭富英《定军山》，程继先《连升店》等戏。原定余叔岩演出《群英会》，后改由奚啸伯临时替演。

一九三七年（民国二十六年·丁丑）四十八岁

2月4日吴幼权为母祝寿堂会戏：

余叔岩、马连昆演《托兆碰碑》。

1937年初，阴历腊月二十三日，吴幼权家办堂会，余叔岩演了一出《李陵碑》，由马连昆配演七郎，临时请程砚秋的鼓师白登云司鼓。余在堂会戏中常唱《打渔杀家》《游龙戏凤》《盗宗卷》之类的戏，这次唱《李陵碑》完全是靠主人的情面。主人那天串演《青石山》中的吕祖，余给他化装。此时白登云来找余对戏，他说："台上见，错不了，您多辛苦！"果然，到〔反二黄〕"寻一个避风所再作计较"一句唱完，余所耍的"扁"刀花与白打的"软"收头，真是严丝合缝，没法再"整"了。在"碰碑"一场有个小插曲。当令公的大刀被苏武化身接走下后，令公念："清风一阵，老丈不见，将我的宝刀拿去。哎呀！有道是，为大将者宁舍千军，不舍寸铁，待我将他赶上。"之后，走一圆场来到苏武庙。这个圆场应该是在"五击头"锣鼓中走。那天，场面起了"水底鱼"，余一听不合适，硬是不动，"水底鱼"打完也不走，等重新叫起"五击头"之后才走。当时大家和场面都说，余先生真有火候，一个"水底鱼"硬是没有把他打动弹了。

（刘曾复《忆余叔岩演的堂会戏与义务戏》）

按：吴幼权即吴泰勋，奉系军阀吴俊升独子，十六岁晋授陆军少将，妹吴彬青，夫人朱洪筠系朱启钤之女。是日演出，吴幼权使用小

吴幼权宅堂会余叔岩《碰碑》饰杨继业。

型私人录影机摄制成无声电影，辗转卖与朱家燮，1949年后曾欲请赵贯一为之配音，后竟不知所踪。

大约1936年末，吴幼权家有一次堂会，地点好象是地安门里一带，院子里搭的戏台也是席棚。这次堂会戏，有叔岩先生演的《托兆碰碑》，还有程砚秋和票友周大文演的《回龙阁》，程演的《弓砚缘》，坤角票友吕宝芬和马连良合演的《回荆州》和另外一出《青石山》（吕宝芬的九尾狐、吴幼权的王半仙、吴彦衡关平、韩富信周仓助演）。那时，我已拜鲍桂山先生为师，与程砚秋合作了一段，程的戏当然归我打，吕的戏我也承担了；而余叔岩先生事先派人约我给他打这出《托兆碰碑》，我无法推辞。那天，我进了后台，对叔岩先生说："您给我说说吧，免得一出好戏，我别给打乱了。"这时叔岩先生正给一票界朋友化妆，对我很客气，笑嘻嘻地说："老戏，咱们台上见。"那天，鲍吉祥先生演杨六郎，马连昆演杨七郎。朱家燮的胡琴，我打鼓，下手都是程砚秋先生的班底。叔岩先生演戏非常大方，稳练，一切按老规矩演，没有其他花哨东西；再加上我看过他不少戏，所以音乐和他唱做的尺寸、节奏非常合适。"碰碑"时他的身段与我的锣鼓在适应与配合上都恰到好处。这头一次合作，我们彼此都留下较深的印象。

（白登云《我所知道的余叔岩》）

3月4日福全馆张伯驹四十寿辰堂会：

郭春山、方宝全《回营打围》，程蔼如、陈香雪《洪羊洞》，程继先、钱宝森《临江会》，魏莲芳《女起解》，王凤卿《鱼肠剑》，杨小楼、钱宝森《英雄会》，筱翠花、王福山《丑荣归》，张伯驹、余叔岩、杨小楼、王凤卿、程继先、陈香雪、钱宝森、王福山、郭春山、霍仲三、冯蕙林《空城计》。

羽扇纶巾饰卧龙，帐前四将镇威风。惊人一曲空城计，直到高天尺五峰。

余四十岁生日，叔岩倡议演剧为欢，值河南去岁发生旱灾，乃以

《空城计》余叔岩饰王平，杨小楼饰马谡，张伯驹堂会当日摄于福全馆后台。

张伯驹堂会当日，于连泉、王福山演出《小上坟》。

偉大的空城計

此曲祇應天上有

攝影者樂元可 ▷

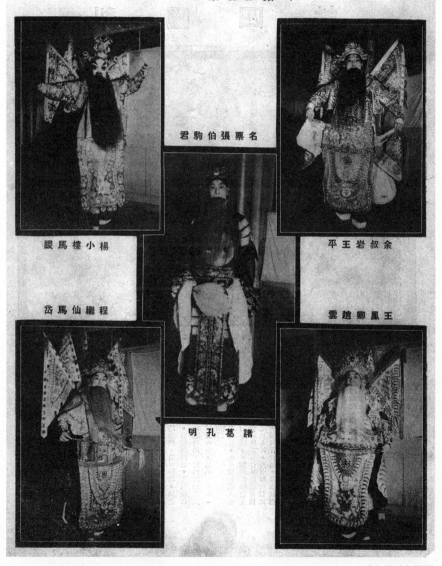

名票張伯駒君

余叔岩王平

楊小樓馬謖

王鳳卿趙雲

程繼仙馬岱

諸葛孔明

《空城計》劇照

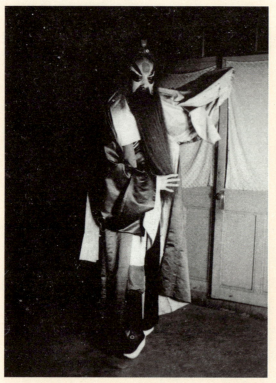

杨小楼《英雄会》饰黄三太，摄于福全馆后台。

演戏募捐赈灾，出演于福全馆。开场为郭春山《回营打围》，次为程
继仙《临江会》，因畹华在沪，改由魏莲芳演《起解》，次为王凤卿
《鱼肠剑》，次为杨小楼、钱宝森《英雄会》，次为于连泉、王福山
《丑荣归》，大轴为《空城计》，余饰武侯，王凤卿饰赵云，程继仙饰
马岱，余叔岩饰王平，杨小楼饰马谡，陈香雪饰司马懿，钱宝森饰张
郃，极一时之盛。后遍载各戏剧画报，此为乱弹到北京后称为京剧之
分水岭。本年夏即发生卢沟桥事变，叔岩病重，小楼病逝，继仙、凤
卿亦先后去世，所谓京剧至此下了一坡又一坡矣。

（张伯驹《红毹纪梦诗注》）

按：是为余叔岩一生最后一场演出，张伯驹与吴幼权都摄制了

私人录影。

7月7日，卢沟桥事变，抗日战争全面爆发。

9月25日，钱金福病逝，27日"接三"，30日"迎七送库"。

10月3日，钱金福发引，葬于永定门外钟伯寺茔地。

是年，余叔岩幼女余慧龄出生。

一九三八年（民国二十七年·戊寅）四十九岁

2月14日，杨小楼病逝。

2月16日，余叔岩参加杨小楼"接三"仪式。

2月23日，王又宸病逝。

10月19日，余叔岩收李少春为徒。

10月21日，余叔岩收孟小冬为徒，孟之琴师王瑞芝始为余叔岩操琴吊嗓。

余叔岩收李少春为徒后，酝酿多日之孟小冬正式拜师事，亦于旧历九月二十一日（星期五）正午在椿树二条十五号余寓举行矣。是日并未柬请来宾观礼，只数介绍人光临，仪式虽极简单，然颇隆重，从后小冬为"余门正式弟子矣"！叔岩并对其《捉放曹》诸剧有所指正。

（《孟小冬拜余礼成》，《实事白话游艺报》1938年10月26日头版）

王瑞芝先生说："我从一九三八年开始给余先生调嗓，虽然相处的日子，只有五六年，但还是学到了不少东西。他调嗓的程序，开头先调正板二黄，常唱的是《桑园寄子》的'叹兄弟……'，《七星灯》的'叹高皇……'，《沙桥饯别》的'提龙笔'。有时嗓子不痛快就从《马鞍山》'老眼昏花路难行……'调起，我记得第一次调《马鞍山》时他还教我一个过门，余先生对胡琴的衬托垫补非常在行，并且还有创造。他调嗓的调门是由软六字调起逐渐涨到正工调，然

10月19日李少春拜师仪式合影

后再回到软六字调。但有时嗓子痛快，唱完正工调正板后，再饶几句《下河东》的散板'陪王驾来愿王兴……'，稍稍休息就接着调西皮，西皮也是六字调起，他喜欢唱《摘缨会》《焚绵山》等舞台上不常见的冷戏。据他说《焚绵山》是向周长顺学的，但在台上没有唱过。因为这出戏唱做繁重，费力不讨俏，而观众对它陌生，所以就搁起来了。以上是余先生晚期调嗓的情况。虽然剧目与早期有不同，但由低而高、再由高而低的程序，多少年来是不变的。余先生认为由低到高，能够保护嗓音不致受伤。"

（梅兰芳《舞台生活四十年》第三卷）

12月3日新新大戏院夜戏：

李少春首演余叔岩亲授《战太平》，余叔岩亲自为李少春把场。

12月24日新新大戏院日戏：

孟小冬首演余叔岩亲授《洪羊洞》，余叔岩亲自为孟小冬把场。

一九三九年（民国二十八年·己卯）五十岁

　　按：余叔岩收孟小冬、李少春为徒后，授孟小冬诸剧，按正式上演顺序，有《洪羊洞》《失空斩》《奇冤报》《黄金台》《搜孤救孤》《盗宗卷》《捉放曹》《武家坡》《御碑亭》《法门寺》等，另《击鼓骂曹》系正式拜师前就已经余改正。其他如《一捧雪》《法场换子》《宫门带》《连营寨》《八大锤》《战太平》《定军山》《桑园寄子》《南阳关》《碰碑》《四郎探母》等，或有记载，或有零段录音，或有剧照。

余叔岩、李少春师徒与介
绍人李育庠

王瑞芝与陈少霖

李少春《战太平》

孟小冬《洪羊洞》

　　余叔岩授李少春诸剧，上演者有《战太平》《定军山》《打渔杀家》《洗浮山》《八大锤》等。李少春从余叔岩学戏期间，营业演出从未停止，常为文武双出，武戏、猴戏也常在京津上演。

　　《法场换子》一剧，余叔岩当年欲向陈彦衡学习，因陈索价过高未果。后经李适可提供旧本，余叔岩兼容岳父陈德霖《祭塔》〔反二黄〕诸腔，试验了一个"三段体"的《法场换子》〔反二黄〕，从未上台出演。后将此段唱腔教与孟小冬，孟欲于余叔岩六十寿辰演唱，甫料余氏五十四岁即病故，孟小冬即将此剧封存不唱。故孟小冬于港台所授弟子赵培鑫、黄金懋、蔡国蘅等人，均未习此剧。

　　余叔岩之近友如李适可、张伯驹及刘曾复等人皆习得此段，王瑞芝亦有此剧记谱本，授予谭富英。此剧后传有十余种版本不止，异同互见。

余叔岩、孟小冬、李少春师徒合影。

　　《宫门带》一剧余叔岩只在1919年喜群社时期唱过一次，1939年原拟在国乐公司灌片，未果。即传孟小冬，据云命她只能在堂会唱一次，电台唱一次，营业戏唱一次。另张伯驹《红氍纪梦诗注》中记录唱词，与孟小冬说戏录音大体相同。

　　唱词如下：劝皇儿休得要珠泪滚滚，孤王的心中明如灯。将二妃打至在冷宫院，他自羞自惭自丧残生。无德的君迈虎步忙下龙庭，用手儿搀起了褚先生。满朝中文武臣各有议论，怎比得先生你赤胆忠心。为皇儿在朝房与群臣议论，为皇儿全不顾性命残生。为皇儿装尽了疯魔病症，为皇儿哪顾得全家满门。为皇儿你把君臣大礼全然不问，为皇儿衣冠不整来见当今。为皇儿连奏过十道保本，为皇儿你把那夏桀商纣历代的昏君比与孤听。孤封卿吏部大堂，代管都察院太子太保陪伴寡人，再赐卿上方剑如山压定，压定文臣武将、大小官员不遵国法先斩后奏，一本一本奏与寡人，你是开国老臣。好一个孝道世民子，赤胆忠心褚先生。孤的皇儿残生命亏你救应，明日里命皇儿拜为师生。内侍臣与孤王筵宴摆定，孤与皇儿的先生来压惊。左手带定世民子，右手带定了褚先生。孤的皇儿李世民，孤的先生褚爱卿，你本是皇儿的恩人孤的爱卿，劝皇儿休流泪免悲声，放大

余叔岩为李少春说《打渔杀家》，反串教师爷。

了胆一步一步随定寨人。

1月19日，俞振庭去世。

1月21日，余叔岩参加俞振庭"接三"仪式。

2月3日新新大戏院夜戏：

马艳芬《骂殿》，周瑞安《殷家堡》，李多奎《游六殿》，姜妙香《胭脂虎》，孟小冬、王泉奎、鲍吉祥、侯喜] 瑞《失街亭·空城计·斩马谡》。

按：是为孟小冬拜余后首演此剧。

2月4日新新大戏院夜戏：

李多奎《祥符县》，周瑞安《金钱豹》，魏莲芳《玉堂春》，李慧琴《樊江关》，孟小冬、李春恒、鲍吉祥《击鼓骂曹》。

按：是为孟小冬拜余后首演此剧。

2月8日新新大戏院日戏：

朱桂芳《取金陵》，吴彦衡《战濮阳》，张君秋《骂殿》，孟小冬、李春恒、慈瑞泉、苏连汉、贾多才、张蝶芬《奇冤报》。

2月12日新新大戏院夜戏：

孟小冬、裘盛戎、李春恒、鲍吉祥《失街亭·空城计·斩马谡》。

2月19日新新大戏院夜戏：

孟小冬、李春恒、慈瑞泉、慈少泉《黄金台》。

2月25日新新大戏院夜戏：

李少春《打渔杀家》。

6月2日，上海《新闻报》刊登广告，大赍馆主为筹赈救灾，将余叔岩1931年手抄谭词剧本《天雷报》《法门寺》影印出版。

按：余叔岩手抄原件2012年10月29日在中国嘉德秋拍近现代书画专场，以25.3万人民币拍出。

9月10日京津水灾筹赈义务夜戏：

戏曲学校学生《林冲夜奔》，马云樵、王泉奎《捉放曹》，黄雅珠、常富华《困龙床》，徐东明、徐东霞《宝莲灯》，吴素秋、赵

孟小冬《空城计》

啸澜、赵金蓉、梁韵秋、董慧宝、赵曼云、李砚秀、李砚宾《八五花洞》，王玉蓉、金仲仁、张春彦《玉堂春》，孟小冬、李春恒、慈瑞泉《乌盆记》。

9月28日新新大戏院正字慈善义务夜戏：

周瑞安《长坂坡》，陈丽芳《女起解》，孟小冬《失街亭·空城计·斩马谡》。

10月12日新新大戏院夜戏：

周瑞安《艳阳楼》，陈丽芳、姜妙香《玉堂春》，孟小冬、魏莲芳、鲍吉祥、王泉奎《搜孤救孤》。

10月19日新新大戏院山东水灾义务戏：

董慧宝《女起解》，李砚秀《活捉三郎》，鲜蕊芳《得意缘》，赵啸澜《穆柯寨》，徐东明《辕门斩子》，徐东霞《穆天王》，王玉蓉《玉堂春》，孟小冬《盗宗卷》。

11月19日，余叔岩在国乐公司灌制《沙桥饯别》《伐东吴》《打侄上坟》唱片，共两张四面，王瑞芝操琴，白登云司鼓。

余叔岩国乐公司唱片

余叔岩近应国乐唱片公司约，以灌制新版唱片为请，其事得名流李育庠等绍介，双方商妥条件后，遂定于十九日晚灌音焉。先是：余之灌片，须以余嗓音为断，故双方未能约定时日。十九日午，余嗓绝佳，遂决定晚间灌制，届期由管事李玉安召集场面，至时自余宅出发，打鼓则由白登云任之，琴师即孟小冬操琴之王瑞芝是也。惟是晚白登云迟到（白是晚间赴百景楼小酌），余等已在电台久候多时，九时后开始灌音，计唱《打侄上坟》一面，"有别人家吃的，难道没有自己家子侄吃的"一段白口起，并后段之唱，与《伐东吴》之慢板，共为一片。另灌《沙桥饯别》二面（一段分二面唱完），共各片均各灌二面，以防不中意也。惟公司之技师，不懂京戏，坚说二黄不使劲不好听。余氏气极，经电某当局到场说明始完事，而灌完余已九小时未抽烟（防唱不出），以致汗流浃背矣。

（《余叔岩灌片纪详》，《三六九画报》1939年11月23日）

再一次合作是在四十年代初，那时已是叔岩先生的晚年了。有一天，他派管事李玉安（李四广之兄）来到棉花二条7号我家，说余先生请我过府一叙。我家离椿树头条余家很近，只隔几条胡同。李玉安先生陪着我到了余先生家中，李进门就高声递话："白先生来了！"叔岩先生立即从堂屋里迎出来，客气地招呼："白先生来了，快请屋里坐。"我一进屋，抬头看见柱子上挂着谭鑫培老先生的半身大照片，便不由地说："谭老头儿这张照片照得真好！"余先生诚挚地笑着说："咱们可比不了。咱们九牛一毛，也比不了。"叔岩先生当时的艺术威望已很高，犹如当年的谭鑫培老先生，但是他对老师谭鑫培先生发自内心的如此尊重，让人钦佩，更令人沉思。我们谈话时，孟小冬在旁边站着，正抱着叔岩先生最小的女儿。小冬刚来北京时只有17岁，当时有孙佐臣先生的胡琴保驾，她头一次与马艳云唱《武家坡》，就是我打鼓。我比她大两岁，我们合作过很长时间。这时，她是余门弟子，我是她老师请来的客人，她只能点头一笑，打个招呼而已。

　　我落座后，叔岩先生很客气地说，他想灌点唱片约我打鼓，并问我灌什么好？我说："您灌哪一段我都爱听，您自己想灌哪段？"他笑了笑说："我想灌'沙桥'。谭老头儿当年吊嗓时，常吊这段'沙桥'，这回咱们也把这段灌了。"《沙桥饯别》是老旦（扮唐僧）的正戏，王子（李世民）是配角，可是其中〔二黄慢板〕"提龙笔写牒文大唐国号……"一段很有特色。遂议定灌这段"沙桥"，另外，还有《打侄上坟》和《伐东吴》的两段〔西皮原板〕。当时因给余叔岩拉胡琴的朱家夔先生这时已不在余家了，孟小冬正在余家学戏，王瑞芝跟着听腔和吊嗓，这次灌唱片时，胡琴就没有再找别人了。

　　正式灌唱片那天，我在广德楼正有戏。李玉安先生来催请时，我便到了余家，只见上上下下人很多，等了半天还不走，后又听说，余先生觉得嗓子不痛快，想改天嗓子好一点再灌。后来他还是在前呼后拥之下，大家分乘几辆汽车去唱片公司了。先录"沙桥"，试录了两句，叔岩先生问我："嗓子行吗？"我说："很好嘛，别嘀咕了，灌吧！"于是，这一段唱腔就一次录下来了。休息了一下，接着又录《伐东吴》和《打侄上坟》。我倒觉得余先生这天的嗓子很不错。事实上他的嗓子也就这样了，这些年他不常演出，身体又有病，不可能再象以前了。可是叔岩先生要求高，希望更好，对这次所灌的片，并不十分满意。但从他当时的年龄和身体来看，很难超过于此。余叔岩先生这两张唱片录得不错，是叔岩先生留给后人的一份珍贵的音响资料。

（白登云《我所知道的余叔岩》）

12月13日新新大戏院夜戏：

陈丽芳《骂殿》，周瑞安《金钱豹》，孟小冬《捉放宿店》。

12月19日新新大戏院山东水灾义务戏：

孟小冬《盗宗卷》。

12月20日新新大戏院夜戏：

马履云《行路》，周瑞安、阎世善《刺巴杰》，姜妙香、林秋雯《得意缘》，孟小冬、鲍吉祥、王泉奎、刘连荣、哈宝山《洪羊洞》。

12月27日新新大戏院夜戏：

孟小冬《奇冤报》。

是年，票友赵贯一从余叔岩学戏。

一九四〇年（民国二十九年·庚辰）五十一岁

1月7日新新戏院中华同赈会冬赈义务夜戏：

孟小冬、王泉奎、鲍吉祥演《击鼓骂曹》。

1月15日新新大戏院夜戏：

马艳芬《女起解》，孟小冬《搜孤救孤》。

1月22日新新大戏院新民会冬赈义务夜戏：

周瑞安《战马超》，王玉蓉、哈宝山《贺后骂殿》，梁韵秋《起解》，赵啸澜、尚富霞《英杰烈》，徐东明、徐东来《武家坡》，孟小冬、侯喜瑞、吴素秋、慈瑞泉《法门寺》。

1月30日新新大戏院夜戏：

周瑞安《莲花湖》，孟小冬、鲍吉祥、慈瑞泉、李春义《盗宗卷》。

2月3日新新大戏院夜戏：

马艳芬、哈宝山《贺后骂殿》，孟小冬、鲍吉祥、侯喜瑞、王泉奎、慈瑞泉《失街亭·空城计·斩马谡》。

2月14日新新大戏院夜戏：

马艳芬《花田错》，周瑞安《青石山》，孟小冬《黄金台》。

5月8日新新大戏院日戏：

李多奎《目连救母》，孟小冬、李春恒、慈瑞泉、苏连汉、贾多才、张蝶芬《奇冤报》。

5月，孟小冬因祖茔迁葬事赴上海，其间又同杜月笙夫人姚玉兰赴香港。

6月9日，孟小冬在上海参加张啸林寿辰宴会，席间清唱《盗宗

李少春《洗浮山》

卷》四句散板。

6月21日，孟小冬自上海回京。

10月19日，余叔岩长女余慧文与刘植源长子刘如松成婚，在同兴堂举行婚礼。

11月12日吉祥戏院夜戏：

孟小冬《奇冤报》。

11月29日吉祥戏院夜戏：

阎世善《小放牛》，李宝奎《九更天》，李少春《洗浮山》。

    按：是为李少春拜余后首演此剧。

一九四一年（民国三十年·辛巳）五十二岁

4月5日新新大戏院庆祝民国政府还都华北政务委员会成立周年纪念夜戏：

宋德珠、佟德新、赵德钰《杨排风》，李少春、毛庆来《挑滑车》，孟小冬、金少山、侯喜瑞、鲍吉祥、萧长华、贾多才《失街亭·空城计·斩马谡》。

6月8日新新大戏院华北演艺协会主办合作夜戏：

沈富贵《恶虎村》，南铁生、姜妙香、孙甫亭《春秋配》，孟小冬、金少山、鲍吉祥、程玉菁《搜孤救孤》。

票价：七元、六元、四元、三元、二元。

7月，余叔岩因尿道软瘤入协和医院，由医生谢元甫手术治疗。

    父亲二十余岁时，每遇演出过累，小便即带血，经手术后有过一个较长时期的稳定。他的病情在续弦后逐渐加重，最初只是排尿不畅，时而带血，特别是在湖北演赈灾戏《打棍出箱》后更加厉害。后由德国医生史悌夫主治，此次并未开刀，只是用一种机器放入膀胱内将肿瘤吸出，此后逐渐好转。但相隔不到三年旧病复发，进了协和医院，由泌尿科主任医师谢元甫做手术，经化验确诊为癌症。据谢大

夫讲，如早点手术还不会变成恶性，因德国医院用机器吸肿瘤受刺激，以致变成了恶性。在协和医院他整整住了三个多月，日日夜夜只有我一人看护，因大姐慧文正临分娩。

（余慧清《回忆父亲余叔岩》）

7月7日天津陈光远宅堂会：

全班合演《大赐福》《百寿图》，李金鸿《蟠桃会》，杨宝森、新艳秋《四郎探母》，程继先、萧长华《连升店》，李少春、李宝奎、李幼春、高维廉、毛庆来《金钱豹》，马连良《甘露寺·美人计》，金少山《牧虎关》，孟小冬《失街亭·空城计·斩马谡》。

　　这回天津陈家的堂会，真是轰动一时，尤其是有所谓"冬皇"孟小冬的戏码。

　　小冬到天津，是住在英租界展宅。

　　这次堂会的提调，是河北省银行经理的兄弟王秋舫，副提调是天津海关俱乐部的剧务主任刘惠昌。

　　那天杨宝森的《探母》因为时间问题，没带"回令"。

（《小新闻》，《三六九画报》1941年第10卷）

7月30日，余叔岩长女余慧文生子刘康，余叔岩特赐名"叔孙"。

一九四二年（民国三十一年·壬午）五十三岁

1月30日长安大戏院市总会冬赈义务夜戏：

全班合演《永平安》，于莲仙、计砚芬、罗世铭、李盛芳《双摇会》，李盛斌、刘砚亭、朱盛富《四杰村》，李金鸿、孙盛武《杏花村》，孙毓堃、许德义、迟月亭《铁笼山》，南铁生、刘连荣、尚富霞《宇宙锋》，李玉芝、贾多才《铁弓缘》，孟小冬、金少山、鲍吉祥、裘盛戎、萧长华、高富远《失街亭·空城计·斩马谡》。

2月4日，高庆奎病逝。

孟小冬《四郎探母》

孟小冬《碰碑》

　　当她拍这张《碰碑》照片的时候，一共照了两种，还有一种耍了"半啦"刀花之后，拄刀下场那个姿势。一切全照好之后，她也回到家去了，她才想起那个姿势应当甩着一只靠袖，而她在照的时候，一疏神没甩，所以马上打电话给那家照像馆，那张底板务必毁掉，以免贻笑大方。

　　　　　　　（《孟小冬一张未完成的〈碰碑〉》，《三六九画报》1941年第11卷）

2月6日长安戏院中华同义会冬赈义务戏：

李多奎《行路哭灵》，李玉芝《女起解》，吴素秋《玉堂春》，孟小冬、金少山《捉放宿店》。

2月12日长安戏院先天道会冬赈义务夜戏：

崔喜云《打樱桃》，范宝亭《青风寨》，周瑞安《神亭岭》，李玉芝、贾多才《探亲家》，王玉蓉、叶盛兰、李洪福《玉堂春》，孟小冬、侯喜瑞、萧长华、尚富霞、萧盛萱《黄金台》。

3月12日，赵贯一在广德楼演《失空斩》，王瑞芝操琴，杭子和司鼓。

3月28日长安戏院夜戏：

孟小冬《黄金台》。

4月1日长安戏院夜戏：

孟小冬、张君秋、姜妙香《御碑亭》。

4月30日开明戏院北京公益联合会义务夜戏：

李玉芝《铁弓缘》，金少山、王福山《李七长亭》，李金鸿《扈家庄》，孟小冬、张君秋、姜妙香、萧长华、鲍吉祥、任志秋、韦三奎、何盛清《御碑亭》。

5月24日开明戏院夜戏：

王金璐《挑滑车》，李玉芝《能仁寺》，孟小冬、王泉奎、萧长华《奇冤报》。

6月14日长安戏院先天道会西城分会义务戏：

孟小冬《法门寺》。

6月20日，言菊朋病逝。

7月20日，余叔岩长女余慧文生子刘真，余叔岩赐名"岩孙"。

7月25日，梅兰芳自港回沪，蓄须明志。

10月10日戴陈霖母寿堂会：

孟小冬、尚小云《武家坡》。

10月25日，余叔岩次女余慧清与李永年举行结婚典礼。

12月20日长安戏院夜戏：

孟小冬、李玉芝《武家坡》。

一九四三年（民国三十二年·癸未）五十四岁

1月29日开明戏院中华同义会主办大合作戏：

万小甫《法场换子》，马德成、李金鸿、侯喜瑞、吴玉铃、王福山《刺巴杰·巴骆和》，李世芳、江世玉、张盛利《廉锦枫》，孟小冬、李玉芝、叶盛兰、马富禄、张春彦、任志秋《御碑亭》。

5月19日，余叔岩因膀胱癌逝于北京。

5月20日，余叔岩大殓仪式举行。

名伶余叔岩于前晚逝世后，噩耗传出，内外行均极哀悼。其爱徒孟小冬帮助料理一切，至昨晨八时余始返东城寓所休息。昨日下午五时余，有京西戒台寺和尚十人闻讯来京，至灵前唪经转咒，盖叔岩生前为该寺大施主，每岁均有所布施也。

下午七时余，始由龙泉寺僧人十一人再度唪经转咒，即于内室举行大殓。时在侧含视者除余之妻女及至戚姚某某、果仲莲、刘松年及次婿等外，小冬亦参加。是日小冬衣重孝于灵前哭之甚恸。感于恩师生前所惠艺学之厚谊，为状令人酸鼻。

余氏生前至友如窦公颖、张玉衡、周润甫、孙霭仁诸氏，于午前即先后至余宅董理一切。内行则有王瑞芝、杨宝忠、王福山，或以世谊，或以弟子之礼前往。今晚接三，预卜内外行友好必均至余寓吊唁。素车白马。当有一番盛况。至于伴宿及发引日期，昨亦大致决定于二七与三七之间（一说为下月三日）举行，则须今日待与窦公颖商订也。并闻余氏遗柩，已在法源寺停放加漆（须加至十九道）云。

（《余叔岩逝世后昨举行大殓》，《戏剧报》1943年5月21日）

余氏所用寿材，质系金丝楠木。乃于十年前所购置者。此木材

余叔岩灵堂

来源，为昔时拆除西便门外小桥之横梁，由宣外荣盛椟厂购得，共制寿材三具，一为张宗昌死时购用，一为余氏购得。以此时定价而论，当在联币一万元以上也。

（节自《余叔岩逝世详记》，《半月戏剧》1943年6月1日第4卷第10期）

5月21日，余叔岩"接三"仪式举行。

6月1日，余叔岩"点主""伴宿""送库"仪式举行。

名须生余叔岩逝世后，已届二七，今日伴宿受吊，晨八时成主，由祝书元院长主题，拟定仪式极为隆重。明日（二日）辰刻发引出殡，暂厝法源寺，梨园公会会长尚小云、暨理事于永利等，决于明日在虎坊桥，设路祭棚。梨园公会七行七科，均派代表公祭，极一时哀荣云。

（《余叔岩之丧今日成主明日发引》，《戏剧报》1943年6月1日）

须生余叔岩逝世后，昨日伴宿受吊，昨日下午四时起，椿树上头条一带，素车白马极一时之哀荣。计到有来宾，窦公颖、张玉衡、潘燕生、祝砚溪、吉世安、李习之、刘植源、吉世安、岳乾斋、哈云裳、王琦、白永吉、乐元可、杜襄宸、费海楼、本社朱社长、新北京报凌社长、晨报宗社长、及百川、天久、显宗、德明诸大庙方丈，名票赵贯一。内行有程砚秋及其弟子刘迎秋、杨宝森、万子和、万小甫、梨园公会代表于永利、荀令香、陈大濩、朱桂芳、时青山、李菊生、王福山、李玉太等二百余人，由其弟子孟小冬、李少春等照料招待，备极哀荣。七时余送库。今晨十时发引，路线自东椿树胡同，经北新华街、前门大街、西珠市口、骡马市，至西砖胡同，至法源寺停厝。梨园公会在虎坊桥所设之路祭棚，昨晚已布置停妥，今日七行代表齐集，预备届时公祭云。

（《素车白马悼余贤——余叔岩昨日伴宿之哀荣》，《戏剧报》1943年6月1日）

6月2日，余叔岩"发引"仪式举行，停灵法源寺。

一代宗工名须生余叔岩，自逝世后连日治丧情形，已见报端。昨

晨发引，八时起余氏生前内外行友好，即齐集余寓。参与治丧诸友，即忙于布置各项事宜，并分别祭奠。十时四十分灵柩出堂，余夫人及三女并高足孟小冬、李少春等举哀，哭声悲涌，闻者落泪。用三十二小杠，抬至北新华街土地祠迤北，换用六十四人大杠，由余之三女执幡，其女弟子孟小冬亦步行相送。杠前置"五半堂"执事，李少春孝敬之纸汽车，影亭。余晋龢督办、何其常校长所送花圈多具外，有军乐一队，继之为僧、道、番约二百余众。殡仪长达里许，为近年梨园中治丧之仅见盛况，极尽一时哀荣。出西河沿至前门大街西珠市口一带，茶桌林立，下午三时十分抵虎坊桥梨园公会所设之路祭棚，即设影棚中。由首事人于永利读祭文，七行代表公祭，□众人山人海。祭讫复西行进西砖胡同，四时十五分到达法源寺，灵柩停置前院西配殿中，分别由余氏遗族及众友好祭奠后，即封灵竣事，时已六时四十五分矣。

　　（《余叔岩灵柩昨日移厝法源寺》，《戏剧报》1943年6月3日）

　　余大贤之岳父姚文卿医生，自闻悉余逝世消息，即痛心异常，引起老病之复发。余氏前日受吊时，恰值姚医生病重，昨晨病势更剧，而余夫人因正在发引时，亦不克往侍。迨余氏灵柩甫出堂，即接姚宅来电，报告姚医生病逝，余夫人更为哀痛，当于下午由法源寺返家时赶往一睹遗容。姚医生享寿七十，有子二，女二。

　　（节自公冶《余叔岩大出丧》，《海报》1943年6月9日）

　　一代宗工名须生余叔岩，自于五月十九日夜十时半逝世于寓所后，所有治丧情形均见日报揭载，丧事筹备亦经其生前所嘱诸友料理，亦完备妥贴。三十日伴宿受吊，晨八时由其挚友祝砚溪氏点主，吉世安氏襄题。自四时以后，吊者盈门，内外行至者数百人，花圈、祭幛以外，挽联数百，外院四壁，成一片白色，状至惨肃，而招待来宾者，以万子和、王福山、李玉安等为最辛劳。六时余送库至虎坊桥畔，则观众道旁林立，盖为看两个徒儿孟小冬与李少春也。

　　六月一日晨十时四十分发引，灵舆所经，自东椿树胡同、琉璃厂，达北新华街始换大杠，其女弟子孟小冬以羸弱之身，冒风沙步行相送，殊为难得。路旁茶桌林立，自余寓达虎坊桥畔所历凡四小时，想见其盛况矣。

国剧职业分会同人于虎坊桥左侧京华印书局大楼前设棚路祭，各执事人已前时在棚内指导，观众人海。因忆民国十九年陈德霖逝世时，其弟子王琴侬亦于此设棚致祭，其盛况与今日无殊别，然陈丧由叔岩总理其事，当发引时叔岩以病躯步行，随灵照料，为是日观众集中视线之人物，与今日余氏殡仪中之孟（小冬）、李（少春）、刘（如松）、李（永年）（余之两婿）情形亦正仿佛，此不胜兴沧海桑田之感焉。

下午四时十五分到达法源寺，灵柩停前院西配殿中，位置东南向。布置停妥，旋由僧道番绕棺诵经；继之友好临祭，再次为家族奉祭。于此亦略有可记者：一即其女高足孟小冬之哭，盖于灵叩首甫毕，热泪即夺眶而出，呜咽不能成声；次之为相随叔岩廿余年之管家朱顺，自遗椟移入西殿时，朱已双泪滂沱，直至家祭礼毕而由饮泣唏嘘，余氏诸友好睹此亦为黯然久之。六时余停灵始事毕，一代名伶从此寄魂萧寺，听晨钟鼓，留得艺名任后人评量矣。

（《余叔岩身后之哀荣》，《三六九画报》1943年6月6日）

按：余叔岩"发引"仪式当在6月2日，此文误记为6月1日。

10月15日，余叔岩安葬于永定门外祖茔。

余叔岩今夏病逝后，即移灵法源寺停灵。余之祖茔在永定门外管家村地方，余妻姚氏以祖茔新修工竣，乃于十月十五日由法源寺将余枢移往祖茔下葬。午间以三十二人杠将灵抬出，到有余之两女公子及门婿等，两位弟子孟小冬、李少春亦往照料一切。午后三时许下葬完毕，从此一代艺人长眠地下与一黄土为伴矣。

（《立言画刊》1943年第265期）

谱　后

一九四七年

　　杜月笙六十寿辰在上海举行名伶义演，孟小冬最后公演，两日剧目均为《搜孤救孤》，两次演出均有蜡盘及钢丝录音存世。

　　9月7日中国大戏院夜戏：

　　庆祝杜月笙先生六十寿辰委员会救济水灾平剧义演，并蒙北平国剧公会、上海伶界联合会、上海剧院业联谊会、上海戏院业职工会共同协助。

　　阎世善（陶三春）、叶盛章（陶洪）、高盛虹（郑子明）《打瓜园》，汪志奎（狄龙康）、叶盛兰（卢昆杰）、盖三省（丫头）、邵章遏云（狄鸾英）、芙蓉草（郎霞玉）、马富禄（太夫人）《全本得意缘》，赵培鑫（公孙杵臼）、孟小冬（程婴）、魏莲芳（程妻）、裘盛戎（屠岸贾）《搜孤救孤》。

　　9月8日中国大戏院夜戏：

　　庆祝杜月笙先生六十寿辰委员会救济水灾平剧义演，并蒙北平国剧公会、上海伶界联合会、上海剧院业联谊会、上海戏院业职工会共同协助。

　　阎世善（陶三春）、叶盛章（陶洪）、高盛虹（郑子明）《打瓜园》，汪志奎（狄龙康）、叶盛兰（卢昆杰）、盖三省（丫头）、邵章遏云（狄鸾英）、芙蓉草（郎霞玉）、马富禄（太夫人）《全本得意缘》，赵培鑫（公孙杵臼）、孟小冬（程婴）、魏莲芳（程妻）、裘盛戎（屠岸贾）

《搜孤救孤》。

一九四九年

4月27日，孟小冬随杜月笙、姚玉兰全家赴香港。

一九五二年

孟小冬在香港收赵培鑫、钱培荣、吴必彰为徒，孙养农举香，黄金懋、蔡国蘅等人也向孟小冬学艺。2月，王少楼被聘为私立艺培戏校（次年改北京市戏曲学校）的教务主任兼老生教师。同年起，中国戏曲研究院邀余胜荪、李适可、张伯驹等人录钢丝录音。

一九五三年

9月，孙养农著《谈余叔岩》一书在香港出版，孟小冬为之作序。

一九五四年

载涛、张伯驹、钱宝森、王福山、朱家溍、刘曾复等人成立京剧艺术基本研究社。11月，张伯驹整理余派《空城计》演出本，油印发行。

一九五五年

1月10日，中国京剧院成立，李少春任三团团长。12月，北京京剧团成立，谭富英任副团长。同年王瑞芝从香港返回大陆，临行前应邀录制《乌盆记》《打侄上坟》《沙桥饯别》《摘缨会》《失街亭》《搜孤救孤》等空拉伴奏。

一九五六年

8月28日，天津京剧团成立，杨宝森任团长，首日演出《失街亭·空城计·斩马谡》。11月，陈少霖随张君秋加入北京京剧团。12月29日至次年1月20日，杨宝森携天津京剧团末次赴沪演出，上海人民广播电台录制《杨家将》（1月2日）、《伍子胥》（1月16日）、《洪羊洞》（1月19日）等实况录音。

一九五七年

王瑞芝加入北京京剧团，为谭富英操琴，并于7月在中央人民广播电台录制《洪羊洞》《桑园寄子》《奇冤报》等选段。

一九五八年

1月28日，杨宝森在中国唱片社最后一次录音《文昭关》。2月10日，杨宝森在北京去世。3月9日，程砚秋在北京去世。同年，杨宝忠开始在天津市戏曲学校教学。

一九五九年

本年年底，李适可去世。

一九六一年

8月8日，梅兰芳在北京去世。

一九六二年

8月9日，北京人民剧场举行梅兰芳逝世一周年纪念演出，谭富英与梅葆玖、曲素英、李金泉合演《大登殿》，是为谭富英最后一场公演。

一九六三年

2月，张伯驹为纪念余叔岩逝世二十周年，增订重印《近代剧韵》，更名《京剧音韵》。4月，北京京剧团赴港公演，在香港《大公报》举行的招待晚宴上，孟小冬与马连良、裘盛戎、谭元寿等人晤面留影。

一九六六年

12月1日，杭子和去世。

一九六七年

1月22日，王少楼在北京去世。7月9日，陈少霖在北京去世。12月28日，杨宝忠在天津去世。9月，孟小冬由香港移居台湾。

一九六九年

5月30日，谭富英为马长礼讲授王瑞芝所传余派《法场换子》，由李慕良口念过门，录音留存。

一九七三年

赵贯一去世。

一九七五年

9月21日，李少春在北京去世。

一九七六年

7月，余叔岩长女余慧文在北京去世。11月5日，王瑞芝在北京去世。

一九七七年

3月22日，谭富英在北京去世。5月26日，孟小冬在台北去世。

一九八二年

2月26日，张伯驹在北京去世。

一九八九年

本年春，北京成立"余叔岩艺术研究会"，刘曾复任会长，吴春礼任常务理事兼秘书长，朱家溍、吴小如、于世文、王世续等任常务理事。《余叔岩艺术评论集》一书由中国戏剧出版社发行。

一九九〇年

12月3—5日，上海人民大舞台举行纪念余叔岩诞辰100周年专场演出。12月3日，陈志清《奇冤报》，李宝春《上天台·打金砖》，李玉声《挑滑车》，张学津《击鼓骂曹》。12月4日，许锦根《李陵碑》，李玉声《定军山》，陈志清《珠帘寨》，李玉声《小商河》。12月5日，奚中路《洗浮山》，陈志清《洪羊洞》，孙钧卿《战太平》，迟世恭《秦琼卖马》。

一九九三年

余叔岩后人将余叔岩灵柩迁往北京福田公墓安葬。

一九九四年

4月24日，北京举办纪念余叔岩先生诞辰104周年演出，刘曾复致词，李新庚《卖马耍锏》，梁庆云、袁国林《捉放宿店》，朱家溍《宁武关》。

一九九五年

11月20日，余叔岩、孟小冬艺术研讨会在天津召开，成立余叔岩、孟小冬艺术学会筹备理事会，推举刘曾复为理事长，余慧清为荣誉会

长,钱培荣、丛鸿逵、丁存坤为名誉会长。

一九九七年

余叔岩次女余慧清在上海逝世。

一九九八年

11月28日,第二届余叔岩、孟小冬艺术研讨会在天津召开,并举行《余叔岩孟小冬暨余派艺术》一书首发仪式。

二〇〇五年

5月21日,纪念余叔岩冥诞115周年,余叔岩外孙、余慧文次子刘真与张业才、文震斋主编《余叔岩艺事》一书在北京湖广会馆举行发行仪式。

二〇〇七年

为纪念孟小冬百年诞辰,余叔岩外孙刘真编辑出版《孟小冬艺事》一书。

二〇〇八年

3月15日,北京长安大戏院举行"纪念京剧大师孟小冬百年诞辰专场演出",姜培培、杨淼、哈福丽、王文端、姚爽、李静、吴苏培等人清唱《洪羊洞》《捉放曹》《击鼓骂曹》《战太平》等,大轴王珮瑜彩唱全部《搜孤救孤》。

二〇一一年

3月9日,纪念余叔岩诞辰一百二十周年暨《余叔岩与余派艺术》一书发布活动在国家京剧院畅和园剧场举行,由余叔岩外孙刘真与前全国工商联副主席王治国策划,谭鑫培后人谭元寿、谭孝曾、谭正岩,梅兰芳之子梅葆玖,程砚秋之子程永江,荀慧生之孙荀皓,于连泉之孙于万增,钱金福之孙钱荣顺,李佩卿、王瑞芝、杭子和后人,京剧研究家刘曾复、欧阳中石及几代余派后学共同出席。《余叔岩与余派艺术》一书由学苑出版社出版,刘真、文震斋、张业才任主编。

二〇一四年

12月5日,余叔岩外孙刘真因病在北京逝世。

参考文献

报纸类：

《顺天时报》，北京，1905年—1930年。

《京报》，北京，1919年—1937年。

《群强报》，北京，1913年—1928年。

《晨报》，北京，1925年—1928年。

《实事白话报游艺版》，北京，1938年—1939年。

《戏剧报》，北京，1939年—1943年。

《全民报》，北京，1930年—1938年。

《世界日报》，北京，1925年—1948年。

《大公报》，天津，1902年—1949年。

《益世报》，天津，1915年—1949年。

《津报》，天津，1905年—1907年。

《申报》，上海，1872年—1949年。

《新闻报》，上海，1893年—1949年。

《时报》，上海，1906年—1949年。

《戏世界》，上海，1935年—1936年。

《晶报》，上海，1919年—1939年。

《大汉报》，武汉，1919年—1920年。

《汉口中西报》，武汉，1921年。

期刊类：

《国剧画报》，北京，1932年—1933年。

《三六九画报》，北京，1939年—1942年。

《立言画刊》，北京，1938年—1945年。

《戏剧旬刊》，上海，1935年—1937年。

《十日戏剧》，上海，1937年—1941年。

《半月戏剧》，上海，1937年—1948年。

著作类：

《七修本余氏宗谱》，1935年。

《都门纪略》，杨士安著，1879年。

《伶史》，穆辰公著，宣元阁印本，1917年。

《余叔岩》，静漪著，石印本，1917年。

《五十年来北平戏剧史材》，周明泰著，几礼居自印本，1932年。

《小留香馆日记》，荀慧生著，手稿本。

《那桐日记》，那桐著，新华出版社，2006年。

《清代伶官传》，王芷章著，商务印书馆，2014年。

《中国京剧编年史》，王芷章著，中国戏剧出版社，2003年。

《舞台生活四十年》，梅兰芳述，许姬传、许源来、朱家溍记，团结出版社，2006年。

《谈余叔岩》，孙养侬著，刘真自印本，2005年。

《红毹纪梦诗注》，张伯驹著，香港中华书局，1978年。

《京剧新序》，刘曾复著，北京燕山出版社，1999年。

《故宫退食录》，朱家溍著，北京出版社，1999年。

《余叔岩艺术评论集》，吾群力主编，中国戏剧出版社，1990年。

《余叔岩孟小冬暨余派艺术》，张业才主编，中国戏剧出版社，1998年。

《余叔岩艺事》，刘真、张业才、文震斋主编，自印本，2005年。

《余叔岩与余派艺术》，刘真、张业才、文震斋主编，学苑出版社，2011年。

代后记：今月曾经照古人
——兼怀刘真先生

当这部《余叔岩年谱》正式完稿的时候，我除了如释重负，更多的是五味杂陈。这部年谱，从最初构想到如今正式出版，已经有整整七年时间。在这七年里，有四位曾经审阅此稿的前辈离开人世，他们分别是刘曾复先生、黄金懋先生、王家熙先生、刘真先生。其中刘真老师是我最早认识的，也是他把我引荐给另外三位先生。在这部年谱的结尾，我不吝笔墨，也不惜浪费各位读者的时间，把一些事情完整地写出来，作为对刘真老师及其他各位先生的怀念，亦是对那段时光的一个纪念。

最初看到刘真老师的名字，是我在北京梨园书店邮购《余叔岩艺事》一书，知道该书编者刘真是余叔岩的外孙。当时我15岁，中考失利，暑假在家读书听戏，第一次完整地听到余叔岩十八张半的所有录音，也从那本书里读到很多从未听说的梨园往事。到2007年，我在咚咚锵网站上看到一个广告，刘真老师为纪念孟小冬百年诞辰，私人制作《孟小冬录音选》，索价20元。因为之前读过刘真老师出版的书，所以觉得很可靠，就寄了20元过去。同时附带一封信，信里写了一些我对余派艺术及京剧艺术的认识。没想到，之后不久我就收到刘真老师的挂号信，其中有《孟小冬唱腔选》《余慧清唱腔选》两张CD、一本经他重印的孙养农著《谈余叔岩》，还有我寄出的20元钱。在信里，刘真老师对我充分鼓励，说这些资料可能对我有用，并一再强调不要耽误日常学业，他解释道："你是学生，没有收入，这20元钱原数退回。"那是我第一次听到余慧清的录音，觉得有些处理比孟小冬还好。从那以后，我们一直书信往来，

刘真老师经常为我寄些资料,如《余叔岩与孟小冬唱腔集》等,每次都嘱咐我不要因京剧耽误学业。

2008年年初,我到北京参加一个自主招生考试,第一次见到刘真老师。上午见面没多长时间,他就提出来即刻带我去拜访刘曾复刘老,让我喜出望外。说实话,作为一个京剧的小学生,想想要见到一向高山仰止的刘曾复先生,实在有些紧张。见面之后,老先生的随和幽默马上就使我放松下来。记得那天,刘老谈到杨小楼《野猪林》"走蹉儿"的技法,谈到余叔岩的湖北字调,谈到富连成的教学,一聊就是三个多小时。刘真老师征得刘曾复先生的同意,送给我一张刘曾老的演唱光盘,有《平五路》《雄州关》《焚绵山》《华容道》等录音,这在当时还是挺稀罕的资料。之后刘真老师又带我拜访陈志明老师,参观东四轿子胡同孟小冬故居。那年的自主招生考试我没有成功,却有更多的收获。当年7月,我考上同济大学,刘真老师非常高兴,至今我仍记得他在电子邮件里的谆谆教导。此后我每到假期回家,必从北京经过,去刘真老师家,去刘曾老家,刘真老师戏称我是"海绵吸水"。

2009年春,刘真老师结识了已离休的全国工商联副主席王治国先生,他们一起到上海拜访回国探亲的张文涓先生,我也得以同去拜谒。当年秋天,刘真老师开始着手准备2010年余叔岩诞辰120周年的纪念活动,要出版一本《余叔岩与余派艺术》及一本画册《余叔岩》,约我帮他搜集资料。为搜集史料,他专程赶到上海,带我去王家熙先生家。王先生不仅将手中余派相关资料倾囊相赠,还对我一见如故,让我帮他记录文章,整理资料,一去就是五年,直到他去世。

刘真老师为那两本书真的是呕心沥血,每天跑图书馆找资料,还要筹措资金,听取各方面的意见。我建议搞一个余叔岩先生的"演出志",附于画册之后,也就是这部《余叔岩年谱》的雏形。2010年暑假,我到北京,住在刘真老师家旁边的宾馆里,每天去国家图书馆查阅《顺天时报》缩微胶片。刘真老师则每日修改《余叔岩与余派艺术》的校样,特别提携我与他一起完成书末的《余叔岩艺事年表汇编》。当时做的演出志很简略,用表格的形式,将余叔岩每天的戏码记录下来,其他信息没有注意保存。初稿完成后,我打印出来一份送到刘曾复先生北医三院附近的家里，请他过目。刘老看到后非常高兴，聊起很多往事，让我对他的记忆力特别佩服。他回忆的许多场次，竟跟我所查到的丝毫不差。他谈及1936年春天在萧振瀛宅看余叔岩唱《盗宗卷》，唱"白亮亮的钢刀"那句时，因台板不平，余叔岩没有单腿独立，还曾有人对此表示怀疑。幸好这场戏、这个动作有照片留下来，跟刘曾老记忆中的一模一样。

两本书的出版以及纪念活动的筹备，进行得并不顺利，我几次看到平素谦谦君子的刘真老师动怒。最后《余叔岩与余派艺术》一书的出版以及纪念活动的举行，竟拖到2011年3月，是在王治国先生帮助下完成的。而画册《余叔岩》由于经费问题只能暂时搁浅。那一次纪念活动的规模称得上是空前的，地点在国家京剧院畅和园剧场，嘉宾盈门自不必说。最可贵的是，那天几乎所有余叔岩重要合作者，甚至场面行在内的后人都到齐了。这些后人惜未单独合影，这件憾事刘老师一直念念不忘。《余叔岩与余派艺术》一书获得了业内外专家、爱好者的许多好评，记得和宝堂老师说刘真老师"是拿原子弹上天的精神做书"。这话听着像玩笑，其实真挺恰当的，我总觉得刘真老师后来生病跟那几年的操劳有一定关系。白居易《题文集柜》里说"只应分付女，留与外孙传"，余叔岩先生若是有知，定会有同感吧！

虽然《余叔岩》画册的出版暂时搁浅，《演出志》的编撰我却一直没有停止，看到有用的资料就记下。每一天的戏码或某一个事件，需要查阅几份史料相互参证。不少史实，往往须通过几条材料补充才得完整。像《那桐日记》中记载1921年3月27日有一场谢金事为其母祝寿的堂会，没有具体戏码。恰巧在查阅张豂子撰写的系列文章时，有一篇详细记录谢宅堂会的观感，没有写具体月日。两下拼补，才形成一个基本可信的记载。内容上，我的想法亦经历过几次改变，我觉得只记余叔岩本人的演出是不行的，至少同场的合作者、同天还有哪些戏都得记下来；进而我发觉像杨小楼、梅兰芳这些人的演出，京剧界的一些活动也有必要记下来，这样更能从宏观的角度来看余叔岩当时所处的位置。再者，当时有些报刊上的评论纯属套话、假话，有些评论则写得很中肯、实在，值得收录。就这样，《演出志》中填充的史料越来越多，第一手史料的比重增加不少，准确性也比原来高了一些。

　　不断填充史料的同时，我听取、吸纳了许多师友的意见，收获很大。像王家熙老师，他对1925年杨、余、荀双胜社时期的有些问题提出看法；陈志明老师是陈德霖先生之孙，陈少霖先生之子，对陈余两家的史料谙熟于心，陈老师晚年致力于京剧史料的开掘与研究，教给我许多方法，是我在京剧史研究上的引路人；徐英鹏先生是著名摄影师，精通旧照修版，他又是孙钧卿、范石人的高足，余派名票，这本年谱中的插图大都经过他的修复；我还曾受刘老师之托，给孟小冬弟子黄金懋先生送书，后来又多次去他家，把《演出志》给他看，那时他已九十高龄，给我讲了很多孟小冬向余叔岩学艺的事。我由此觉得余叔岩弟子的有些史实也应该记入其中。黄金懋先生手中有很多珍贵的史料，像孟小冬各个时期的便照、剧照，以及葬礼上的照片，他保存得很完整，有些就是他拍的。但黄先生生性谨慎，这些资料决不肯外传，在他身后也基本散佚，着实是件很令人叹息的事。

　　当《演出志》过了十万字、各方面的内容都丰满起来，我觉得可以独立成书、改作《余叔岩年谱》了。2014年春节过后，我去北京，惯例到刘真老师家小坐，那时他的身体已经不太好，但只跟我说是腰部做过手术，在休养恢复中。我觉得他消瘦不少，人却是一如既往的真诚豁达。我跟他提及独立出版《余叔岩年谱》的想法，他非常支持。转天我去陈志明先生家，才获知刘真老师其实是罹患肺癌，竟已转移到腰椎。回到上海，我认识了华东师范大学哲学系副教授钟锦先生，聊起京剧志趣相投，颇有相见恨晚之感。钟锦兄对出版《余叔岩年谱》的事十分赞同，热心地给予了许多帮助。

　　得知刘真老师患病之后，我一直找各种机会去北京看他，他的状态时好时坏，有一次去，他几乎都不能起身。之后由于治疗得法，加上夫人何景彦老师的悉心照料，恢复不少。即使在身体最虚弱的时候，他依旧很是乐观，向我详细地坦陈自己的病情，说"老人都送走了，孙女也长大了。该做的事基本做完，没有任何牵挂了"。当年6月12日王家熙先生病逝，我没敢把这个消息告诉病中的刘真老师，还是他主动向我问起。10月，我再次去北京，那几天首都大雾弥漫，刘真老师在家里戴着口罩，精神状态依然很好。他把自己手里很多积累的资料（有录音光盘，有复印材料）都拿给我，让我捡有用的拿走。那次谈起

《余叔岩》画册的出版事宜，我向他许诺在上海出版。此后一个多月，我再没去北京，还觉得他能带病延年，坚持下去。12月的一天，我和朋友正在鹿鸣书店买书，忽然接到何毅兄的短信，"刘真先生已于上周去世"，当时觉得仿佛做梦。这两本书，刘真老师终究没能看到。

其实遗憾的事不止这些，2010年我随刘真老师在中国艺术研究院图书馆查资料，在工作人员的帮助下，居然找出余叔岩1936年萧宅堂会演《盗宗卷》的直录唱片，共三张六面。这绝对是一件令人欣喜若狂的事，但因种种原因，三张唱片的录音始终没能面世。我们曾想过如果录音能拿出来，可以给刘曾复、吴小如两位先生鉴定，那天的堂会他们都在场。如今两位先生连同刘真老师都不在了，希望将来有一天，这三张唱片的录音能够公之于众。

《余叔岩年谱》能够顺利出版，全仗钟锦兄的多方奔走推荐，幸而得以在中华书局付梓问世。特别要感谢中华书局的金锋老师、许旭虹老师和许丽娟老师，从选题申报、排版校对，到最后成书，都给我极大帮助，也让我学到很多东西。

作为一个比余叔岩先生整整晚生一百年的后辈，我特别有幸，能为这样一位震古烁今的艺术大师修撰年谱，当然也是各位前辈交给我的使命。同时，正如我在"自叙"里所说，这本年谱不仅仅是文字考古工作，还是希望今天的戏剧从业者，能从大师的艺术历程中得到更多实际的收获，这才是修撰《余叔岩年谱》的最大意义所在。

不足之处，恳请各位前辈、同好指正！

张斯琦
二〇一八年十月